ABHANDLUNGEN DES GEOGRAPHISCHEN INSTITUTS
ANTHROPOGEOGRAPHIE

BAND 32

VERANTWORTLICH FÜR DIESEN BAND:
F. SCHOLZ

ABHANDLUNGEN DES GEOGRAPHISCHEN INSTITUTS
ANTHROPOGEOGRAPHIE

BAND 32

HARTMUT ASCHE

Mobile Lebensformgruppen Südost-Arabiens im Wandel

Die Küstenprovinz Al Bāṭinah im erdölfördernden Sultanat Oman

BERLIN 1981

DIETRICH REIMER VERLAG BERLIN

CIP-Kurztitelaufnahme der Deutschen Bibliothek

Asche, Hartmut:
Mobile Lebensformgruppen Südost-Arabiens im Wandel : d. Küstenprovinz Al Bāṭinah im erdölfördernden Sultanat Oman / Hartmut Asche. - Berlin : Reimer, 1981.
(Abhandlungen des Geographischen Instituts ; Bd. 32 : Anthropogeographie)
ISBN 3-496-00302-2

NE: Institut für Anthropogeographie, Angewandte Geographie und Kartographie <Berlin, West >: Abhandlungen des Geographischen ...

Dr. Friedrich Kaufmann
Unter den Eichen 57, 1000 Berlin 45

Gedruckt mit Unterstützung
des Fachbereichs Geowissenschaften der Freien Universität Berlin

VORBEMERKUNG

Das Interesse an orientbezogenen Themenkreisen wurde während meines Studiums in zahlreichen, auch interdisziplinären Lehrveranstaltungen der Geographie, insbesondere der Herren Professoren Drs. F. Scholz und H.-J. Nitz, geweckt. Der Anstoß zur Entstehung dieser Arbeit geht auf Anregungen meines verehrten Lehrers, Prof. Dr. F. Scholz, zurück, die ich in seinen Seminaren und als Mitarbeiter des von ihm geleiteten Forschungsprojekts Südost-Arabien erhielt. Ihm gilt mein besonderer Dank. Die Auslandsaufenthalte im Untersuchungsgebiet und zu Archivarbeiten in London (*India Office Library and Records*) sowie ein Sprachkurs wurden von der Stiftung Volkswagenwerk finanziert. Dafür sei an dieser Stelle herzlich gedankt. Das Seminar für Arabistik an der Universität Göttingen ermöglichte die Durchführung und Teilnahme an einer achtmonatigen Einführung in die arabische Sprache unter der Leitung der Herren Dr. Richter-Bernburg und Dr. Elshazli. Dieser Sprachkurs konnte dankenswerter Weise im *markaz at tadrīb* der omanischen Erdölgesellschaft P.D. (O.) durch zweimonatige Dialektstudien unter der Leitung von Hadīyah al Barwānī fortgesetzt werden. Allen Beteiligten schuldet der Verfasser Dank.

Die Feldforschungen im Sultanat Oman wären nicht möglich gewesen ohne die Unterstützung einer Vielzahl von Regierungsbehörden, staatlichen und privaten Institutionen und Persönlichkeiten des Öffentlichen Lebens. Ihnen allen an dieser Stelle namentlich Dank zu sagen, verbietet sich aus Platzgründen und so seien nur der 1980 verstorbene Sayyid Ṭāriq b. Taymūr Āl Sa'īd und dessen Sohn, Sayyid Qais b. Ṭāriq Āl Sa'īd genannt. Dankenswerte Unterstützung fand der Verfasser auch durch die Deutsche Botschaft Maskat (Herren Dr. Mez, Dreike und Hösselbarth) sowie durch die deutschen Firmen Hochtief/Essen und Strabag/Köln (Herren Brockmann, Eickler, Kilian und Schünemann). Im Untersuchungsgebiet schulde ich der Gastfreundschaft und Hilfe von Beduinen und Fischern sowie regionalen Regierungsinstitutionen Dank, von denen hier stellvertretend der *shaykh* der Āl Ḥamad, Muḥammad b. Sa'ūd al Yaḥmadī, und der *nā'ib al wālī* Ṣuḥār, Nāsir b. Khalfān Āl Bū Sa'īd, genannt seien. Sālim Ar Rawās war bei der Zusammenstellung des Glossars behilflich, Dr. Wolfgang Zimmermann ermöglichte die Diskussion mancher inhaltlicher Probleme; für kartographische Beratung gebührt den Herren Prof. Dr. Mayer (Trier), Seng, Sprengel und Dipl. Geogr. Topel (Braunschweig) Dank. Die Reinschrift des Manuskripts besorgte Renate Wilken. Auch allen hier namentlich nicht erwähnten Persönlichkeiten und Institutionen, von denen der Verfasser bei seiner Arbeit Unterstützung erhielt, sei gleichfalls gedankt.

Die vorliegende Studie wurde im Januar 1980 bei der Philosophischen Fakultät der Universität Göttingen als Dissertation eingereicht. Den Herausgebern und Betreuern der Abhandlungen des Geographischen Instituts - Anthropogeographie - der Freien Universität Berlin bin ich für ihre freundliche Bereitschaft, die Arbeit in ihre Reihe aufzunehmen, zu Dank verpflichtet, ebenso der Stiftung Volkswagenwerk, die die Drucklegung der Arbeit finanziell unterstützt hat.

Der größte Dank aber gilt den omanischen Beduinen und Fischern der Bāṭinah, die durch ihr Verständnis und ihre Verbundenheit dem Verfasser eine empirische Erforschung ihrer Lebensformen erst ermöglicht haben.

Göttingen, im Sommer 1981 H.A.

إلى

زوجتي ملهمتي وحبيبتي

زيجرد

INHALTSÜBERSICHT

VORBEMERKUNG

ABSCHNITT 1 EINFÜHRUNG IN DIE KONZEPTION DER STUDIE

1.1 Anmerkungen zum Wandel im nomadischen Lebensraum und der Funktion staatlicher Einheiten 1

1.1.1 Staaten des arabisch-islamischen Orients 1

1.1.2 Arabische Golfstaaten 8

1.2 Thesenbildung und Begriffsklärung 12

1.3 Fragestellung und methodischer Aufbau der Studie, Konventionen 16

1.4 Quellenlage 18

ABSCHNITT 2 DIE OMANISCHE KÜSTENPROVINZ AL BĀṬINAH: EINFÜHRUNG IN IHRE PHYSIO- UND ANTHROPOGEOGRAPHISCHEN VERHÄLTNISSE

2.1 Physiogeographische Verhältnisse 22

2.1.1 Naturräumliche Großgliederung 22

2.1.2 Oberflächenaufbau und Böden 25

2.1.2.1 Wadiregion 25

2.1.2.2 Küstenregion 27

2.1.3 Klimatische Verhältnisse 28

2.1.4 Vegetation 36

2.1.5 Zusammenfassende Bewertung 38

2.2 Historisch-anthropogeographische Verhältnisse 41

2.2.1 Grundzüge der Geschichte der Küstenprovinz Bāṭinah 41

2.2.2	Bevölkerungsgruppen der Bāṭinah	47
2.2.2.1	Ethnische Heterogenität	47
2.2.2.2	Soziale Differenzierung	51
2.2.2.3	Ökonomische Differenzierung	53
2.2.2.4	Regionale Verbreitung	53
2.2.3	Territoriale Struktur und Administration des Sultanats	58
2.2.4	Wirtschaftliche Entwicklung der Bāṭinah bis 1970	66
2.2.5	Zusammenfassung	71
ABSCHNITT 3	DIE TRADITIONALEN WIRTSCHAFTS- UND LEBENSFORMEN DER FISCHER- UND NOMADISCHEN BEVÖLKERUNGSGRUPPEN DER BĀṬINAH	
3.1	Traditionale Produktionsbereiche der nomadischen Bevölkerungsgruppen	79
3.1.1	Mobile Viehwirtschaft	80
3.1.1.1	Kleinviehhaltung	84
3.1.1.2	Kamelzucht	86
3.1.1.3	Traditionale Arbeitsprozesse im Produktionsbereich Viehhaltung	88
3.1.1.4	Zusammenfassung	91
3.1.2	Ackerbau	92
3.1.3	Ergänzende Wirtschaftsbereiche	95
3.1.3.1	Karawanentransport	96
3.1.3.2	Haushaltshandwerke	97
3.1.3.3	Sammeln	101
3.1.3.4	Zusammenfassung	101

3.2	Traditionale Wirtschaftsform der Fischer	104
3.2.1	Fischfang	104
3.2.1.1	Arbeitsinstrumentarium	107
3.2.1.1.1	Fanggeräte	109
3.2.1.1.2	Boote	114
3.2.1.2	Traditionale Arbeitsprozesse	119
3.3	Ergänzende Wirtschaftsbereiche	123
3.3.1	Transportdienste	123
3.3.2	Perlfischerei	123
3.3.3	Landwirtschaft	126
3.4	Zusammenfassung	128
3.5	Das räumliche Verwirklichungsmuster von Fischern und nomadischen Bevölkerungsgruppen vor der Öffnung des Sultanats	131
3.5.1	Traditionales Regional-Mobilitäts-Verhalten der nomadischen Bevölkerungsgruppen	133
3.5.1.1	Saisonal-periodische Wanderung	134
3.5.1.2	Ganzjährig-periodische Wanderung	137
3.5.1.3	Umweltwechselnde saisonale Wanderung	139
3.5.2	Anmerkungen zum traditionalen Regional-Mobilitäts-Verhalten der Fischer	142
3.5.3	Traditionales Siedlungsverhalten der Fischer und nomadischen Bevölkerungsgruppen	144
3.5.3.1	Fischer	145
3.5.3.2	Nomadische Bevölkerungsgruppen	147

ABSCHNITT 4 DER WANDEL IN DER ÜBERGEORDNETEN GESELLSCHAFT

4.1	Der sozioökonomische Wandel im nomadischen Lebensraum: Anmerkungen zu den organisatorischen, planerischen und ökonomischen Voraussetzungen	160
4.1.1	Organisatorische Voraussetzungen	160
4.1.2	Planerische Voraussetzungen	165
4.1.2.1	Ziele der Entwicklungsstrategien	165
4.1.2.2	Maßnahmen der Entwicklungsstrategien	168
4.1.2.2.1	Ausbau der technischen Infrastruktur	168
4.1.2.2.2	Ausbau der sozialen Infrastruktur	171
4.1.2.2.3	Entwicklungsmaßnahmen im Agrarsektor	175
4.1.2.2.4	Entwicklungsmaßnahmen im Fischereisektor	180
4.1.3	Räumliche Voraussetzungen	181
4.2	Überregionale Entwicklungszentren und ergänzende Wirtschaftsbereiche	184
4.3	Wandel der traditionalen Lebensform	190

ABSCHNITT 5 DER JUNGE WANDEL IM LEBENSRAUM DER FISCHER UND NOMADISCHEN BEVÖLKERUNGSGRUPPEN DER BĀṬINAH

5.1	Entwicklung der traditionalen Produktionsbereiche	198
5.1.1	Stattgefundener Wandel in der Wirtschaftsform der nomadischen Bevölkerungsgruppen	198
5.1.1.1	Mobile Viehwirtschaft	199
5.1.1.2	Ackerbau	204
5.1.2	Stattgefundener Wandel in der Wirtschaftsform der Fischer	215

5.1.2.1	Fischfang	215
5.1.2.2	Ergänzende Wirtschaftsbereiche	220
5.2	Marktbeziehungen der Fischer und nomadischen Bevölkerungsgruppen	223
5.2.1	Nomadische Bevölkerungsgruppen	225
5.2.2	Fischer	231
5.3	Zusammenfassung	234
5.4	Wandel des räumlichen Verwirklichungsmusters	238
5.4.1	Stattgefundener Wandel des Regional-Mobilitäts-Verhaltens der nomadischen Bevölkerungsgruppen	238
5.4.2	Stattgefundener Wandel des Regional-Mobilitäts-Verhaltens der Fischer	244
5.4.3	Stattgefundener Wandel im Siedlungsverhalten	247
5.4.4	Anmerkungen zur Wirkungsweise staatlicher Entwicklungsstrategien	260
ABSCHNITT 6:	VORLÄUFIGE WANDLUNGSBILANZ, BEWERTUNG UND PERSPEKTIVEN	
6.1	Ergebnisse des Wandels	273
6.1.1	Ausgangslage	273
6.1.2	Wandlungsbilanz	274
6.1.3	Zusammenfassende Bewertung	277
6.2	Probleme der staatlichen Entwicklungsstrategien	278
6.3	Perspektiven des künftigen Wandels	280

VERZEICHNIS DER TABELLEN

(1) Die größten wādīs der Bāṭinah 26

(2) Bāṭinah - Jahreszeiten 29

(3) Bāṭinah - Temperaturmessungen ausgewählter Stationen 31

(4) Bāṭinah - Relative Luftfeuchte 32

(5) Schätzungen des Viehbestandes nomadischer Bevölkerungsgruppen (1975) 80

(6) Viehwirtschaftliche Nutzung der natürlichen Vegetation in der Wadiregion 81

(7) Die traditionale Wirtschaftsform der Bāṭinah-Badū - Jahreszyklus der Produktionsbereiche 103

(8) Anteil der Fischer an der Bevölkerung ausgewählter Küstensiedlungen (1977) 105

(9) Traditionaler Fischfang: Regionale Verbreitung der Arbeitsinstrumente in der Bāṭinah 108

(10) Bestand von Fischerbooten in ausgewählten Fischersiedlungen der Bāṭinah (1900-1972) 117

(11) Traditionaler Fischfang: Fangmethoden, Arbeitsinstrumente und Arbeitskräfte 120

(12) Die traditionale Wirtschaftsform der Fischer - Jahreszyklus der Produktion 127

(13) Traditionale Wirtschaftsformen der Lebensformgruppen der Bāṭinah im Vergleich 129

(14) Entwicklung der technischen Infrastruktur: Bau von Asphaltstraßen in der Bāṭinah (1971-1978) 170

(15) Entwicklung des Produktionsbereichs Viehzucht an einigen ausgewählten Lagerstandorten der Bāṭinah-Badū 201

(16) Landverteilung in der Bāṭinah: Nutzungskategorien 206

(17) Wandel der landwirtschaftlichen Produktion der Bāṭinah-Badū - Anbaupflanzen 209

(18) Verkaufspreise von Kamelen und Ziegen (vor/nach 1970) 226

(19) Marktbeziehungen der Bāṭinah-Badū: Bedarfsdeckung einer Wandergruppe im sūq Barkā' (1977) 229

(20) Wandel in der Wirtschaftsform der Badū und Fischer der Bāṭinah 237

VERZEICHNIS DER KARTEN

(1) Naturräumliche Großgliederung der Bāṭinah 23

(2) Traditionale Regionen Nord-Omans 24

(3) Ausgewählte Klimafaktoren der Bāṭinah 30

(4) Grundwassertiefen und Einzugsbereiche von Wadisystemen (Süd-Bāṭinah) 35

(5) Bāṭinah - Profil von SW nach NE 39

(6) Soziale Differenzierung der Bevölkerungsgruppen der Bāṭinah 52

(7) Verbreitung der Bevölkerungsgruppen der Bāṭinah - Beispiel Barkā' 55

(8) Die wichtigsten nomadischen Bevölkerungsgruppen der Bāṭinah - Verbreitung und traditionales Regional-Mobilitäts-Verhalten 56

(9) Territoriale Herrschaft des Sultanats (ca. 1900) 61

(10) Indische Händler und Steuereinzug des Sultanats (ca. 1900) 62

(11) Untersuchungsschwerpunkte der Studie 82

(12) Traditionales Regional-Mobilitäts-Verhalten der Bāṭinah-Badū - Beispiel Āl Ḥamad 85

(13) Materielle Kultur der Bāṭinah-Badū (I) 98

(14) Materielle Kultur der Bāṭinah-Badū (II) 98

(15) Materielle Kultur der Bāṭinah-Badū (III) 100

(16) Traditionale Fangmethoden der Bāṭinah-Fischer 111

(17) Traditionale Bootstypen der Bāṭinah-Fischer 115

(18) Traditionales Regional-Mobilitäts-Verhalten der Bāṭinah-Fischer 125

(19) Traditionales und aktuelles räumliches Verwirklichungsmuster der Bāṭinah-Badū - Modell 136

(20) Umweltwechselnde saisonale Wanderung der Bāṭinah-Badū - Beispiel Āl Ḥamad (1978) 141

(21) Traditionales Siedlungsverhalten der Bāṭinah-Badū - Temporärer Lagerstandort einer Āl Ḥamad-Wandergruppe 148

(22) Traditionale Behausungsformen der Bāṭinah-Badū 151

(23) Entwicklung der Planungsorganisationen des Sultanats Oman (Stand 1980)

(24) Infrastruktureller Ausbau der Bāṭinah seit 1970 - Beispiel technische Infrastruktur 169

(25) Infrastruktureller Ausbau der Bāṭinah seit 1970 - Beispiel soziale Infrastruktur 172

(26) Schulversorgung in der Bāṭinah - Beispiel Shināṣ (Stand 1978) 174

(27) Medizinische Versorgung der Bāṭinah-Badū - Beispiel Ṣuḥār (Stand 1978)

(28) Landverteilung an Bāṭinah-Badū - Beispiel Al Wahībah/Billah (1978)

(29) Wandel des Regional-Mobilitäts-Verhaltens der Bāṭinah-Badū - Beispiel Āl Ḥamad (1978) 243

(30) Umweltwechselnde saisonale Wanderung der Bāṭinah-Fischer Beispiel Sidāb/Ḥarādī (1977) 246

(31) Winter-/Sommer-Siedlungsstandort der Bāṭinah-Badū - Beispiel Sayḥ Aflāj (1978) 249

(32) Aktuelle Behausungsformen der Bāṭinah-Badū (I) 252

(33) Aktuelle Behausungsformen der Bāṭinah-Badū (II) 255

(34) Wandel des Siedlungsverhaltens der Bāṭinah-Badū - Permanenter Siedlungsstandort Ṭawī 'Asay 256

(35) Wandel des Siedlungsverhaltens der Bāṭinah-Badū - Beispiel Salāḥah (1978) 258

(36) Landverteilung/Agrarnutzung in der Bāṭinah - Beispiel Ṣuḥār (1978) 263

1 EINFÜHRUNG IN DIE KONZEPTION DER STUDIE

1.1 Anmerkungen zum Wandel im nomadischen Lebensraum und der Funktion staatlicher Einheiten

1.1.1 Staaten des arabisch-islamischen Orients

Seit dem Beginn der kolonialen Durchdringung des islamisch-arabischen Orients werden besondere Anstrengungen unternommen, gerade auch die nomadischen Bevölkerungsgruppen in die Wandlungsprozesse des ländlichen Lebensraumes einzubeziehen. Ohne nähere Differenzierung wurden dabei die nomadischen Bevölkerungsgruppen ("Nomaden") mit "Beduinen" (badawī, pl. badū) im Sinne kriegerischer, mobiler ("nomadisierender") und schwarze Ziegenhaarzelte benutzender Kamelzüchter gleichgesetzt (1). Die Eingliederung dieser wenig bekannten, sich jedem Zugriff leicht entziehenden Bevölkerungsgruppen war i.d.R. von dem Bestreben getragen, diese traditional jeder Autorität feindlich gegenüberstehenden, stammesmäßig organisierten Badū in die stammesübergreifende Gesellschaft zu überführen. Mittel dazu waren vor allem die Einschränkung der natürlichen Existenzgrundlage und die (gewaltsame) Öffnung der tribalen Organisation.

Im nordafrikanischen Maghrib, wo ab 1830 die europäische Kolonialmacht Frankreich Algerien, Tunesien (1881) und Marokko (1905) ihrer Herrschaft unterwarf, wurden durch die militärische Eroberung der im Saumbereich zur Wüste lokalisierten Oasen, mit denen die nomadischen Bevölkerungsgruppen auf vielfältige Weise verbunden waren, auch Formen der Kontrolle über nomadische Bevölkerungsgruppen etabliert (HERZOG, 1956,217; 1967,8; MENSCHING, 1971,157). Die graduelle Einbeziehung in eine territoriale Administration der kolonialisierten Räume "curbed the freedom of the nomad tribes" (BERQUE, 1959,491). Durch die Überwachung von Karawanenwegen und die Erschließung des nomadischen Lebensraumes durch motorisierten Verkehr (Sahara, 1925) wurde sowohl die Kontrolle über die nomadischen Bevölkerungsgruppen verstärkt als auch Teilbereiche ihrer Wirtschaftsform den traditionalen Funktionen enthoben (LEIDLMAIR, 1965,91; MENSCHING/WIRTH, 1973,109). Nicht nur militärische Überwachung und territoriale Kontrolle des nomadischen Lebensraumes "had already dealt a serious blow to the structure of the noble tribes, by abolishing not only their military, but also, at the same time, one of their main economic functions - the safeguarding or 'insurance' of desert transport and the suzerainty of the oases" (BERQUE, 1959,491).

Einschränkung und Durchdringung des nomadischen Lebensraumes waren geprägt von der Bewertung, daß Nomadismus eine der "modernen", westlichen Konzeptionen unterliegenden Entwicklung der Territorien des arabisch-islamischen Orients entgegenstehende Wirtschafts- und Sozialform sei (KRAUS, 1969,8; JETTMAR, 1969,82; RENESSE, 1965,308-310) und die nomadischen Bevölkerungsgruppen eine Gefährdung der territorialen Ordnung darstellten (AWAD, 1959, 32; BERQUE, 1959,492; HERZOG, 1963,166-167; 1967,16; SHARKAWY, 1957,23). Durch großangelegte Agrarkolonisationsmaßnahmen in den französischen Territorien des Maghrib und Projekte der Seßhaftmachung wurde der Lebens- und Wirtschaftsraum der nomadischen Bevölkerungsgruppen stetig weiter eingeengt (BERQUE, 1959,491; HERZOG, 1967,10; MENSCHING, 1971,162).

Als Alternative zur bisherigen mobilen Lebens- und Wirtschaftsform erscheint die Seßhaftigkeit, angestrebt wird eine "Entnomadisierung"(LEIDLMAIR, 1965,97). Diese Entwicklung hat sich nicht nur im Maghrib vollzogen, sie lief in ähnlicher Form auch in den übrigen Ländern Nordafrikas, dem syrisch-mesopotamischen Steppenbogen und dem Sudan ab (AWAD, 1959; 1962; GAUTIER, 1921; KASAB, 1968; LEIDLMAIR, 1965; MAHHOUK, 1956; MARX, 1967; MONTEIL, 1959; MUHSAM, 1959; SILBERMAN, 1959; STEIN, 1967; WIRTH, 1962).

Diese für die Phase kolonialer Beherrschung gültige Politik wurde von den im Zuge der Dekolonisation etablierten Nationalstaaten fortgeführt. So schreibt WISSMANN (1961,51):

"Die meisten heutigen Staaten des Orients, besonders die nicht kolonialen, sehen den einzigen Zukunftsweg darin, den unbequemen, schwer zu leitenden Nomaden zum Seßhaften zu machen".

Aus dem für die Länder der Dritten Welt, zu denen die Staaten des Orients zählen, charakteristischen Tatbestand, daß die Eliten der jungen Nationalstaaten die ökonomischen, sozialen und gesellschaftlichen Vorstellungen der europäischen Zentren (Großbritannien, Frankreich) übernahmen und vertraten, erklärt sich die Kontinuität der Nomadenpolitik. Zwei Textbeispiele mögen dies verdeutlichen. OPPENHEIM (1900,84) zufolge kann zwar

"der Beduine unsere Sympathie beanspruchen, doch darf nicht verkannt werden, daß er ein Hindernis für die Ausnutzung natürlicher Hilfsquellen Syriens und Mesopotamiens ist und nötigenfalls der Entwicklung dieser Länder, mit deren wirtschaftlicher Erschließung eben erst begonnen ist, zum Opfer fallen muß".

Ganz ähnlich - wenn auch aus einer anderen ideologischen Position heraus formuliert - findet sich diese Auffassung im Statut der syrischen Ba'th-Partei (ḥizb al ba'th) von 1947. In § 47 wird festgestellt:

"Das Nomadentum ist ein primitiver Zustand der gesellschaftlichen Entwicklung. Es läßt einen Teil der Gesellschaft unproduktiv und hemmt damit die Entwicklung der Gesellschaft. Die Partei kämpft für die Abschaffung der Stammesgesetze sowie für die Verteilung von Land an die Nomaden, um sie seßhaft zu machen" (nach DUDIN, 1976,60).

Die Auffassung LEIDLMAIRs (1965,93), der Zusammenbruch des Nomadismus sei nicht so sehr durch den europäischen Einfluß verursacht, läßt somit wesentliche, strukturelle Aspekte außer Acht. Daß der "Abbau der europäischen Bevormundung und der Gewinn der staatlichen Souveränität (...) dem Nomadismus als einer bodenständigen Lebensform keine Garantien, sondern eher einen beschleunigten Verfall gebracht (haben)" (LEIDLMAIR, 1965,94), ist nicht als Gegensatz, sondern als Element einer kontinuierlichen Entwicklung zu begreifen.

Im syrisch-mesopotamischen Steppenbogen begann die Ansiedlung von nomadischen Bevölkerungsgruppen bereits unter der Herrschaft des Osmanischen Reiches und wurde unter französischem Mandat fortgeführt. Neben der politischen Forderung der Ba'th-Partei fließt diese Praxis in die Verfassung des 1950 formal souveränen Syrien ein, die in Artikel 58 die Seßhaftmachung der nomadischen Bevölkerungsgruppen "zur Regierungsaufgabe" erklärt (HERZOG, 1963,12; ferner LEIDLMAIR, 1965,93-94).

Zwölf Jahre später vertritt die Administration des Sudan folgende Auffassung (zit. in HERZOG, 1967,13):

"Nomadism is a waste detrimental to the economic development of the country particularly as regards agriculture and labour. The right approach to the problem is to educate the nomads to accept settlement as a superior mode of life".

Am deutlichsten wird die allgemeine Einschätzung der nomadischen Bevölkerungsgruppen durch die Ägypter ABOU-ZEID und AWAD (1959) formuliert:

"Rightly or wrongly, it is generally assumed in Egypt that nomadism and semi-nomadism represent a phase of deterioration which is no longer compatible with the acutalities of modern life and therefore should be abolished" (ABOU-ZEID, 1959,553).

"(The duty of any strong government) must be to carry out a policy of settling, either completely or partially, the nomad groups. Whether prompted by humanitarian, political, economic, strategic of administrative motives, such a purse must be adopted, and the desired results achieved, as quickly as possible" (AWAD, 1959,35).

Diese Ausführungen drängen die Frage nach dem Bild von nomadischen Bevölkerungsgruppen, das den genannten Entwicklungsmaßnahmen zugrunde liegt, auf. Die Zitate verdeutlichen, daß die Bewertung der nomadischen Bevölkerungsgruppen auf einer Vorstellung vom Nomaden fußt, die eher den Idealtypischen als konkreten Erscheinungsformen nomadischer Bevölkerungsgruppen in den genannten Ländern verpflichtet ist. Die erste deutschsprachige Beschreibung nomadischer Bevölkerungsgruppen durch RAUWOLF (1582) vereint bereits alle wesentlichen Charakteristika der nomadischen Bevölkerungsgruppen, die er als "Beduini", "Baduini", "Arabes" oder "Moren" bezeichnet (STEIN, 1968,65,72).

(1) "Deßhalben verhalten sich in den Wüstinen Arabische Völcker Beduini genannt / die kain stete Wohnung haben / sondern ligend jimmer zu Feld / vund durchstraiffen dise Landtschafft mit hauffen / weil sie für jhr Vihe vund Camel gute Wayd finden".

(2) "Also wann sie kommen zu einem Bächlein / darumb ein wenig laub und gras wachset / richten sie bald an dem Ort jre gezelten auff / da so lange zubleiben / biß sie mangel halb getrungen werden / weitere andere Ort zusuchen".

(3) "Wandlen derhalben hin und wider / überfallen unnd berauben die Carouanen".

(4) "Arabes, die des bawens unnd pflantzens wenig achten / leyden lieber hunger / dann sie mit jhrer handarbeit etwas gewinnen sollten (...) also jhr einkommen gar klein / muß man jhnen vast alles / was sie bedörfften / von anderen Orten zufüren".

(5) Das aus grober Ziegenwolle gewebte schwarze Zelt (bayt ash sha'r) war die übliche Behausungsform:

> "widerumb gangen durch grosse Wüstinen / das wir in etlichen tagen sonderlich nichts ersahen / dann abermals hin und wider klaine hüttlein / die von ästen auffgericht / und mit grobem Gewürck bedecket waren / darunter die Moren / sampt jhrem gantzen haußgesind ligendt / und sich vor der grellen hitz der Sonnen / den regen und grossen thawen / so hierumb fallend / thund auffhalten" (zit. STEIN, 1968, 65,72,73).

Aspekte dieser Beschreibung finden sich in der Bestimmung des Begriffs "badu" durch DOSTAL (1958, 1; 1968,11; 1974,207-212; WISSMANN, 1961,32); die Herausbildung dieser Lebens- und Wirtschaftsform wird im 3. Jahrhundert nach der Zeitwende (CASKEL, 1953,7-10; WISSMANN, 1961, 32) angenommen. Hier soll die Auffassung vertreten werden, daß die Erscheinung des Badū als dem

> "reiterkriegerischen Dromedar-Hirten, für den die edle, patrilineare Abstammung, das Gemeinschaftsgefühl, die Stammesorganisation, die Blutsgemeinschaft, der räuberische Überfall typisch ist und der sich rein äußerlich durch das schwarze Ziegenhaarzelt, die großen Wander- und Lagergemeinschaften, den Wirtschaftsverband und die kriegerische Dominanz gegenüber dem Seßhaften kennzeichnet" (SCHOLZ, 1980),

jedoch nur als idealtypisches Abstraktum einer Reihe von konkret erfaßbaren, regional und historisch gebundenen Formen gewertet werden kann (2). Die empirische Beschäftigung mit diesem idealisierten Typus zeigte, daß eine beträchtliche Variationsbreite regional wie typologisch konkret erfaßbarer Erscheinungsformen beduinischer (nomadischer) Lebens- und Wirtschaftsformen existieren. Sie wurden mit einer Vielzahl von Nomadismus-Wortkombinationen ("Voll-, Halbnomadismus", etc.) belegt, ohne daß diese allerdings zu einer eindeutigeren Verwendbarkeit des Terminus "Nomadismus" beigetragen hätten (3). Zudem war der synonyme Gebrauch der Begriffe "Nomaden" und "Badū" für den arabisch-islamischen Orient üblich (RICHTHOFEN, 1908,141; BANSE, 1931,150; HENNINGER, 1959, 6; WARDI, 1972,541). Letzteres kann mit den erläuterten Einschränkungen und unter Berücksichtigung der spezifischen regionalen Verhältnisse auch als Arbeitsgrundlage für diese Studie übernommen werden.

Auch für die Nomadenpolitik der meisten Staaten des arabisch-islamischen Orients war diese idealtypische Vorstellung des Nomadismus bestimmend. Die aus dem idealtypischen Bild abgeleitete Geringschätzung der als unzeitgemäß angesehenen Lebens- und Wirtschaftsform der Badū diktierte die Maßnahmen zur Eingliederung in die "moderne" Entwicklung. Sie legitimierte auch Maßnahmen zur Zerstörung der traditionalen Lebens- und Wirtschaftsform der nomadischen Bevölkerungsgruppen durch die übergeordneten Einheiten.

Das Aufeinandertreffen beider Kräfte kann als Konflikt heterogener Kulturen - "folk societies" gegen die übergeordnete Gesellschaft und von außen infizierten Eliten - erklärt werden (BERQUE, 1959,492; SCHOLZ, 1974,53-55; 1976,71; 1980). Der auf diese Weise zwanghaft herbeigeführte Wandel im nomadischen Lebensraum des Orients als Folge interner und externer, jedoch verschränkt wirkender Faktoren (SCHOLZ, 1976,71) führt zu einer Deformation der traditionalen Lebens- und Wirtschaftsform (4). Den als rückständig und entwicklungshemmend eingestuften nomadischen Bevölkerungsgruppen wird eine Partizipation an der sozioökonomischen Entwicklung der Nationalstaaten allein über die Aufgabe der nomadischen Lebens- und Wirtschaftsweise eröffnet (5). Faktisch hat der Übergang zu ackerbaulicher Wirtschaftstätigkeit ebenso wie ein Festhalten an den einstigen, nunmehr deformierten Wirtschaftsformen gewöhnlich die Abdrängung in eine Randseiter-Position zur Folge (LEIDLMAIR, 1965,95,97; SCHOLZ, 1976,72; 1978,44). Vor dem Hintergrund einer i.d.R. zwanghaft erfolgten ökonomischen und sozialen Umorientierung, einer Einbeziehung in einen übergeordneten (national-) staatlichen Rahmen, zeigt die Wandlungsbilanz eine sozioökonomische und gesellschaftliche Marginalisierung der nomadischen Bevölkerungsgruppen, die mit der Eingliederung verbunden war.

Dieser Wandlungsprozeß im ländlich-nomadischen Lebensraum ist charakteristisch für jene Staaten des arabisch-islamischen Orients, in denen seßhafte Bevölkerungsgruppen die Bevölkerungsmehrheit stellen (6). Er wurde in der vorliegenden Form geschildert, um eine Orientierungsgrundlage zu bieten, vor der die Entwicklung im nomadisch-ländlichen Lebensraum der Arabischen Golfstaaten zu sehen ist.

In diesen und anderen Ländern, in denen die nomadischen Bevölkerungsgruppen die Majorität der autochthonen Bevölkerung ausmachen, dürfte eine andersartige Entwicklung zu erwarten sein. Denn diese Staaten stehen größtenteils in einer historischen, von nomadischen Bevölkerungsgruppen geprägten Tradition, aus der heraus der Nomadismus *per se* keine

Diskriminierung erfährt (7). Er wird eher als Zeichen von Rückständigkeit empfunden, die es zu beheben gilt (SCHOLZ, 1976,74). Dabei werden die nomadischen Bevölkerungsgruppen als positives Entwicklungspotential eingeschätzt und die tribale Organisation nicht von vornherein als Entwicklungshemmnis angesehen. Allein die unstete, mobile Lebensweise wird als nicht mehr zeitgemäß bewertet.

Die entscheidenden Möglichkeiten der Behebung der Rückständigkeit wurden in Sa'ūdi Arabien unter der Herrschaft des 'Abd al 'Azīz b. Sa'ūd, "which always tended to be regarded, in the superficial, romantic view, as synonymous with Bedouinism" (BERQUE, 1959,493) aber, wie in anderen Ländern, in einer Ansiedlung von nomadischen Bevölkerungsgruppen gesehen. Am Beispiel der ikhwān-Siedlungen (8), die im Rahmen des ḥijrah-Projektes angelegt wurden, verdeutlicht BERQUE (1959,493-494) den gegen die nomadischen Bevölkerungsgruppen gerichteten Charakter dieser Maßnahmen:

"It was a reaction against Bedouin life, (...), which led the austere Wahhabi to 'police' his subjects in the etymological sense of the term, in other words to turn as many of them as possible into city dwellers. Apart from achieving political stability and economic improvement, his aim was to install a system of life more propitious to the enforcement of regular religious observance and the preservation of authentic traditions" (9).

Auch spätere Projekte weisen der Seßhaftwerdung nomadischer Bevölkerungsgruppen einen hohen Rang zu, da diese durch ihre traditionale Wirtschafts- und Lebensform nicht zur Ökonomie des Landes beitrügen (HELAISSI, 1959,533). Unterschiedlich zu den ähnlich ablaufenden Entwicklungen in anderen Staaten des islamischen Orients ist jedoch das Bestreben, die Seßhaftwerdung der Badū in großangelegten Agrarprojekten mit aus den Erdöleinkünften finanzierten Hilfsmaßnahmen massiv zu unterstützen (COLE, 1975,148; HELAISSI, 1959,536). Wenn auch Fehlentwicklungen vermieden werden konnten (COLE, 1975,151-154), geben die sa'ūdischen Entwicklungsprojekte doch den staatlichen Anspruch zu erkennen, die nomadischen Bevölkerungsgruppen über einen Wandel der traditionalen Wirtschafts- und Lebensform an der jungen Entwicklung des Staaten zu beteiligen.

1.1.2 Arabische Golfstaaten

Während der Wandel im nomadischen Lebensraum Sa'ūdi Arabiens vergleichsweise gut dokumentiert ist (u.a. COLE, 1973; 1975; DEQUIN, 1963; HELAISSI, 1959; KATAKURA, 1974; 1977; MATTHEWS, 1960; OBERMEYER, 1973; RITTER, 1975; SALAH, 1972; SWEET, 1965), sind die Kenntnisse über die Situation der nomadischen Bevölkerungsgruppen in den kleinen Staaten des Arabischen Golfes noch gering (10). Zu diesen Ländern zählen Kuwayt, Baḥrayn, Qaṭar, die Vereinigten Arabischen Emirate (UAE), die Ende 1971 aus sieben Scheichtümern Trucial Omans hervorgingen, und das Sultanat Oman im Südosten der Arabischen Halbinsel. Die genannten Staaten zeichnen eine Reihe von bemerkenswerten Gemeinsamkeiten aus, von denen sich die folgenden herausheben lassen (11):

(1) Zwischen Herrschaftsträgern und nomadischen Bevölkerungsgruppen bestehen traditionale Beziehungen, beide wurzeln in tribalen Traditionen;

(2) die mobilen Bevölkerungsgruppen erfahren eine positive Wertschätzung bezüglich der Teilhabe an der Entwicklung dieser Länder;

(3) die Golfstaaten können am Beginn der jungen Entwicklung auf durch Erdölexport erwirtschaftete, beträchtliche Devisenreserven und praktische Erfahrungen im Bereich des Wandels im nomadischen Lebensraum zurückgreifen.

Einige besondere Faktoren treten im Fall Omans noch hinzu: Jenes isoliert gehaltene Land war bis 1970 von der Außenwelt nahezu völlig abgeschlossen. Die bis in jüngste Gegenwart andauernde Isolation des Sultanats erlaubt für eine Untersuchung des jungen Wandels die weitgehende Vernachlässigung externer Faktoren, da der ländliche-nomadische Lebensraum und mit ihm die Lebens- und Wirtschaftsformen seiner Bevölkerungsgruppen direkter externer Einflußnahme weitgehend entzogen waren. Zudem war Oman *de jure* nie direkter kolonialer Dominanz unterworfen. Europäische Kolonialmächte beschränkten ihren Einfluß auf punkthaft-disperse Areale an den Küsten. Infolgedessen sind traditionale Strukturen des nomadischen Lebensraumes noch erfaßbar. Darüber hinaus bietet die erst spät (1970) einsetzende Entwicklung die Möglichkeit, die Veränderungen fast seit ihrem Einsetzen zu beobachten, den Wandel gleichsam *in statu nascendi* zu verfolgen.

Neben den Nomaden prägen die traditionalen Lebensformen der Oasenbauern und Städter den gesamten islamisch-arabischen Orient (BOBEK, 1948; 1950; WISSMANN, 1961). Ihre eigentümliche, ja gegensätzliche Ausprägung gewannen diese sozialen Gruppen durch die je spezifische Art, die unterschiedlichen naturräumlichen Gegebenheiten in aktiver Anpassung (BARTELS, 1970,33; BOBEK, 1948; 1960) der Wirtschafts- und Lebensformen inwertzusetzen (12). Aufgrund ihrer prägnanten unterschiedlichen Struktur (13) waren die Lebensformgruppen der Nomaden, Oasenbauern und Städter (zugespitzt: Nomaden und Seßhafte, badū und ḥaḍar), aber auch ihrer Beziehungsgefüge, das trotz aller häufig betonten Gegensätzlichkeiten besteht, Anlaß zu breiter wissenschaftlicher Beschäftigung (u.a. BOBEK, 1948; 1950; WISSMANN, 1961; ferner BANSE, 1931; BARTH, 1973; DOSTAL, 1958; 1974; DYSON-HUDSON, 1972; HERZOG, 1963; JACOB, 1967; MOHAMMAD, 1973; NELSON, 1973; SCHOLZ, 1974; STEIN, 1967; 1970; SWEET, 1970; SWIDLER, 1973; THESIGER, 1976; WIRTH, 1969; WARDI, 1972; J.A.A.S., 1972; J.S.S.J., 1959).

Die Bewohner der Küsten, Fischer und Seefahrer, blieben hingegen in der Konzeption der lebensräumlichen Gliederung des islamisch-arabischen Orients weitgehend unberücksichtigt. Lediglich BOBEK (1950,43) gibt für das Mediterrangebiet den Hinweis, daß bei "der starken Küstenentwicklung auch die Fischer und Seefahrer" Bedeutung gewinnen. Der altweltliche Trockengürtel, sofern er sich im Bereich des Orients befindet, wird durch warme, fischreiche Meere umgeben und gegliedert,"so daß Landwüste und 'Wasserwüste' aneinandergrenzen" (WISSMANN, 1961,23). Allgemein sind die Küstenregionen des islamisch-arabischen Orients dünn bevölkert (BARTZ, 1965,9); vereinzelt, wo die naturgeographischen Verhältnisse nicht nur Fischfang, sondern auch Landwirtschaft erlauben, tragen sie beträchtliche Bevölkerungsagglomerationen (Bāṭinah-Küsten, SE-Arabien, Maghrib). In der wirtschaftshistorischen Entwicklung der Arabischen Halbinsel, insbesondere des Arabischen Golfs, haben die Fischer und Seefahrer seit je eine wichtige Rolle gespielt. Schlaglichartig mögen folgende Punkte die Bedeutung der arabischen Fischer und Seefahrer herausstellen:

(1) Neben dem Karawanentransport der nomadischen Bevölkerungsgruppen war die von den Küstenbewohnern der Arabischen Halbinsel betriebene Seefahrt wichtiges Transportmedium im internationalen Fernhandel des

Orients. Bereits vor der Annahme des Islam waren die Seefahrer des Arabischen Golfs die Träger des Warenaustauschs von China bis E-Afrika, indem sie die monsunalen Windverhältnisse im Indischen Ozean und seinen Nebenmeeren ausnutzten (14).

(2) Der gesamte Seehandel zwischen Europa, Arabien und dem Fernen Osten wurde bis zum Beginn der kolonialen Phase der europäischen Zentrumsnationen (Portugal, Niederlande, Großbritannien) von arabischen Seefahrern organisiert und dominiert. Sie hatten ein Netz von Handelsstützpunkten entlang der Routen auf den "sieben Meeren" (sab'ah biḥār) errichtet (MILES, 1919,366-367), verbreiteten den Islam sowie Arabisch als lingua franca. Während der kolonialen Phase stellten die "Muscat Arabs" (britische Bezeichnung) nach der Oberherrschaft Großbritanniens die bedeutendste regionale See- und Handelsmacht im Indischen Ozean bis in das 19. Jahrhundert dar.

(3) Aufgrund des Fischreichtums auch der Schelfbereiche der die Arabische Halbinsel umgebenden Meere besaß Fisch eine wesentliche Bedeutung als Nahrungsmittel an der Küste und in den Binnenländern. Gerade auch die nomadischen Bevölkerungsgruppen versorgten sich mit Trockenfisch. Im Südosten der Arabischen Halbinsel bildete der traditionale Fischfang über den Eigenbedarf hinaus die Basis für einen profitablen Export von Trockenfisch nach Ceylon (Sri Lanka), Indien und Mauritius.

(4) Im Südteil des Arabischen Golfs kam der Perlfischerei überragende wirtschaftliche Bedeutung zu. Für eine Reihe von Bevölkerungsgruppen der Arabischen Halbinsel bildete sie die primäre Erwerbsquelle, einer großen Anzahl von Badū und Seßhaften bot sie saisonale Erwerbsmöglichkeiten.

Daß Fischer und Seefahrer trotz ihrer Bedeutung bisher nicht als eine der Lebensformgruppen des islamisch-arabischen Orients angesehen werden, mag in der - gegenüber den übrigen Lebensformgruppen bestehenden - Heterogenität der Küstenbewohner begründet liegen: Können doch einerseits bei ihnen Seefahrt, landwirtschaftliche und andere Wirtschaftstätigkeiten neben den Fischfang treten. Andererseits gehen in einigen Küstenregionen Seßhafte und Nomaden ebenfalls saisonal dem Fischfang nach, wie beispielsweise mobile Gruppen der B. Yās Trucial Omans ("Vertragsoman", "Piratenküste"), der nomadischen Janabah der inner-omanischen Provinz Sharqīyah oder nomadische Bevölkerungsgruppen Dhufārs. Dennoch sei hier mit BARTZ (1965,8) die Auffassung vertreten, daß die Art der Inwertsetzung der jeweiligen Naturräume den Küstenbewohnern gemeinsame, prägende Züge einer sozialen Gruppen verleiht. In der Tat führten die Gemeinsamkeiten dazu, die Küstenbewohner des Arabischen Golfs im Altertum als Ichthyopagi zu bezeichnen. Die gegen andere soziale Gruppen abgrenzbaren Lebensformen der Küstenbewohner erlauben durchaus, die Fischer und Seefahrer im Konzept der Lebensformgruppen den Nomaden, Oasenbauern und Fischern als weitere Lebensformgruppe des Orients an die Seite zu stellen.

Grenzt man die gemeinsamen Züge der Lebensformen der Fischer und Seefahrer weiter ein, so lassen sich als Fischer jene Bevölkerungsgruppen bestimmen, die ihre materielle Existenz überwiegend durch Fischfang sichern. Diese Bevölkerungsgruppe kann im Sinne BOBEKs neben Nomaden und Oasenbauern als dritte primäre Lebensformgruppe des Orients verstanden werden (15).

Ebenso wie die Nomaden, für die einige wesentliche Aspekte des Wandels aufgezeigt wurden, waren auch die Fischer durch die moderne sozioökonomische Entwicklung der Länder der Arabischen Halbinsel erfaßt.

(1) Die zunehmende Verunreinigung der Meere, insbesondere des Arabischen Golfs, durch von Bohrinseln auslaufendes Öl und von Tankschiffen abgelassene Tankrückstände führten nicht nur zu einer weitgehenden Verschmutzung der Strände, sondern auch zu einem Rückgang der Fischbestände.

(2) Der Bau von Bohrinseln, Ölverladeanlagen, Industriekomplexen und Meerwasserentsalzungsanlagen an den Küsten gefährden den im islamisch-arabischen Orient vorherrschenden küstennahen Fischfang durch lokale/regionale Veränderungen der Küsten-, Schelfverhältnisse, des Salzgehalts und der Wassertemperaturen. Im Nahbereich solcher Installationen bleiben Fischschwärme im litoralen Bereich aus.

(3) Durch die verstärkt betriebene Hochseefischerei mit großen Fahrzeugen (16) wird die Bedeutung und Entwicklung des traditionalen Küstenfischfangs eingeschränkt: Fangkonzessionen werden von den relativ jungen Nationalstaaten gegen Deviseneinnahmen oder Fanganteile

vergeben; der mit moderner Technologie gefangene Fisch beginnt am Markt mit den Fangerträgen der traditionalen Fischerei zu konkurrieren. Der Entwicklung technisierter Formen der Fischerei wird oft Priorität gegenüber der Förderung des traditionalen Fischfangs und seiner Trägergruppe eingeräumt.

Diese wenigen Bemerkungen dürften verdeutlichen, daß sich auch im Lebensraum der Fischer ein tiefgreifender sozioökonomischer Wandel vollzieht, wobei durch die beginnende Zerstörung der Meeresfauna die Wirtschaftsgrundlage der Fischer in stärkerem Maße gefährdet werden: Wie die Badū waren auch die Fischer vor dem Hintergrund der übergeordneten ökonomischen, politischen und gesellschaftlichen Wandlungsprozesse mit einer sozioökonomischen Umorientierung ihrer traditionalen Lebens- und Wirtschaftsformen konfrontiert.

In einem Teilraum des arabisch-islamischen Orients, der südost-arabischen Küstenregion Al Bāṭinah im Sultanat Oman, soll diesem Wandel der Fischer nachgegangen werden. Dies bietet sich umso mehr an, als in der Küstenprovinz die Lebensformen der Nomaden und Fischer in unmittelbarer Nachbarschaft verbreitet sind. Auf diese Weise ist ein Vergleich der traditionalen Lebens- und Wirtschaftsformen als auch des stattgefundenen jungen Wandels und des Grades der Integration in die moderne Entwicklung möglich und reizvoll.

1.2 Thesenbildung und Begriffsklärung

Nicht nur die Bewertung der nomadischen Bevölkerungsgruppen, sondern auch das Erscheinungsbild der Badū SE-Arabiens unterscheiden diese von den Verhältnissen N- und Zentralarabiens. Im Gazetteer of Arabia (SCOVILLE, 1979,514-515) wird Oman, wie ganz S- und SE-Arabien, von der Verbreitung nomadischer Bevölkerungsgruppen ausgenommen (17). Trotz der Tatsache, daß als Bestimmungskriterium nomadischer Bevölkerungsgruppen auch die Selbstbezeichnung ("to which Arabs themselves concede the name Bedawi", SCOVILLE, 1979,514) berücksichtigt wird, orientiert sich die Definition des Gazetteer, vor dem Hintergrund des idealtypischen Badū-Begriffs, an der Situation N- und Zentralarabiens. Damit läßt auch diese

Begriffsklärung außer Acht, daß dort wie in SE-Arabien das Spektrum der sich als Badū bezeichnenden Bevölkerungsgruppen außerordentlich vielfältig ist (SCHOLZ, 1980).

Nomadische Bevölkerungsgruppen, die am ehesten mit den aus N- und Zentralarabien überlieferten Erscheinungsformen zu vergleichen wären, die also auch über Ziegenhaarzelte verfügen, gibt es in SE-Arabien nur in geringer Zahl in Randgebieten zur Sandwüste des Rub'al Khālī (Provinzen Inner-Oman und Dhufār) (THESIGER, 1976,88; ZWEMER, 1902,58,60). Jedoch verstehen sich auch die mobilen Viehhalter der nord-omanischen Küstenprovinz Al Bāţinah, deren traditionale Wirtschaftsform durch Kleinviehhaltung, Transportdienste und landwirtschaftliche Aktivitäten (Dattelkultivierung) gekennzeichnet ist, als Badū. Statt saisonaler Fernwanderungen unternehmen sie Wanderungen, die selten zwei Tagesmärsche überschreiten. Teilweise besitzen sie in den Sommer-Weidegebieten bodenstete Behausungen, und statt der bei ihnen unbekannten Ziegenhaarzelte (18) nutzen sie schirmförmige Bäume und Windschirme als bodenvage Wohnplätze.

Mit diesen nomadischen Bevölkerungsgruppen und den mobilen Fischern der Küstenprovinz Bāţinah befaßt sich die vorliegende Studie. Sie sucht einen Beitrag zur Kenntnis der traditionalen Situation und des seit 1970 stattgefundenen jungen Wandels mobiler Bevölkerungsgruppen in einem, mit den Verhältnissen N- oder Zentralarabiens nur bedingt vergleichbaren, wenig bekannten Raum SE-Arabiens zu leisten.

Die Beschränkung auf zwei mobile Bevölkerungsgruppen mit homogenen Zügen bietet auch hinsichtlich der daraus folgenden räumlichen Begrenzung des Untersuchungsraumes Vorzüge. Im Fall der Küstenprovinz Bāţinah scheint dies jedoch auch Probleme aufzuwerfen. Denn die Durchsicht der relevanten Literatur und eigene Feldbeobachtungen geben zunächst einen Raum zu erkennen, der nicht dominant von nomadischen Bevölkerungsgruppen geprägt ist. Das landwirtschaftlich-ackerbauliche Potential der Küstenregion wird im Bewußtsein der Araber und europäischer Autoren (BURCHARDT, 1906,321; SKEET, 1975,61) als nahezu einzigartig in SE-Arabien angesehen. Die landwirtschaftliche Nutzfläche beschränkt sich auf eine ca. 3 km breite und ca. 250 km lange Oasenzone an der Küste und wenige, isolierte Oasen im Hinterland. An der Küste ist eine Fischereibevölkerung verbreitet, die zu den Ichthyopagi des Altertums gerechnet wird (BARTZ,

1965,8,9; THOMAS, 1931,141). Von diesen arabischen Fischern wird ein durch saisonale Wandertätigkeiten mitbestimmtes räumliches Verwirklichungsmuster berichtet, das HOOGERWOERD (1889,204) sie als "wahre Nomaden des Meeres" bezeichnen läßt. Die flächengrößte naturräumliche Einheit der Küstenprovinz, eine flache, vegetationsarme Aufschüttungsebene, ist der Lebensraum nomadischer Bevölkerungsgruppen, über die aus der Literatur nur vage Kenntnisse zu entnehmen sind und deren traditionale Lebens- und Wirtschaftsform dem idealtypischen Badū-Erscheinungsbild nur wenig entspricht. Ihre regionale Besonderheit sei für diese Untersuchung durch die Bezeichnung "Bāṭinah-Badū" hervorgehoben.

Darunter seien jene mobilen Bevölkerungsgruppen verstanden (19), die

(1) sich selbst als "badū" bezeichnen (vgl. SCOVILLE, 1979,514);

(2) Kleinviehhaltung, Kamelzucht und Transportdienste zur Sicherung der materiellen Existenz betreiben;

(3) über Dattelbesitz in Oasen verfügen;

(4) den reiterkriegerischen Überfall (ghazū) nicht praktizieren;

(5) bodenvage Wohnplätze benutzen, die sie unter Bäumen und Wandschirmen anlegen;

(6) saisonal-zyklische Nahwanderungen durchführen;

(7) in Gruppen, welche die Mitglieder einer gemeinsamen Haushaltung umfassen, wandern; und

(8) durch patrilineare, tribale Organisation bestimmt sind.

Eine nähere Untersuchung der Fischer und Badū, deren räumliches Verwirklichungsmuster durch saisonales Wanderverhalten geprägt ist, gibt eine Reihe auffallender Gemeinsamkeiten zu erkennen, die in vier Punkten zusammengestellt werden können:

(1) Beide Gruppen nutzen die natürlichen Produktionsfaktoren (Boden, Meer) ökonomisch in extraktiver Weise;

(2) ihre traditionale Wirtschaftsform baut weitgehend auf mobilen Produktionsmitteln (Vieh, Boote und Netze) auf;

(3) wesentliches Element ihres räumlichen Verwirklichungsmusters sind saisonale, nach einem festen zyklischen System ablaufende Wanderbe-

wegungen (während die Bāṭinah-Badū i.d.R. bodenvage Wohplätze benutzen, bewohnen die Fischer den überwiegenden Teil des Jahres bodenstete Siedlungsplätze in der Küstenregion);

(4) bei Badū wie Fischern handelt es sich um tribal organisierte, arabische Bevölkerungsgruppen, die einem Stamm angehören können.

Die aufgezeigten Gemeinsamkeiten sowie der noch näher zu begründende Tatbestand, daß Badū wie Fischer am geringsten in die traditionale, übergeordnete Wirtschaft und Gesellschaft integriert waren, lassen es reizvoll erscheinen, der Untersuchung des Wandels in den nomadischen Bevölkerungsgruppen der Bāṭinah die Entwicklung der Fischerbevölkerung in der Küstenprovinz an die Seite zu stellen.

Begrenzte Erdölvorkommen zwangen das Sultanat Oman seit Beginn des jungen Wandels zu einer Konzentration der finanziellen Mittel auf wesentliche Entwicklungsprojekte. Insofern unterscheiden sich die Rahmenbedingungen der Entwicklung von jenen wirklich ölreichen und kapitalstarken Golfstaaten wie Kuwayt oder die UAE (20). Obgleich in Oman (wie in den übrigen Golfstaaten) weder Bāṭinah-Badū noch Fischer eine Diskriminierung erfuhren und wie andere Bevölkerungsgruppen zur Teilnahme an der in Gang gesetzten sozioökonomischen Entwicklung befähigt werden sollten, konnten umfassende und direkte staatliche Eingriffe in die bestehende Lebens- und Wirtschaftsform nicht erwartet werden.

Die von SCHOLZ (1976; 1979; 1980) für den Wandel in den kleinen Staaten des Golfs entworfene übergreifende These (21) kann daher für diese Studie als Arbeitshypothese dahingehend formuliert werden, daß

- auch eine begrenzte Entwicklungsplanung die von staatlicher Herrschaft mehr (Badū) oder weniger (Fischer) freien Bevölkerungsgruppen der Küstenprovinz Al Bāṭinah in ein verändertes übergreifendes sozioökonomisches Umfeld einzubeziehen sucht;
- die traditionalen Außenkontakte beide Lebensformgruppen in Teilbereichen mit Innovationen früher vertraut gemacht haben als in anderen Landesteilen. Daher bestehen geringere Anpassungsprobleme, der Einschub einer Phase bzw. die Gefahr sozialorganisatorischer Orientierungslosigkeit und/oder des sozialen Abstiegs wird vermieden;

- obgleich der Erdölsektor Inneromans keinen direkten Einfluß auf die Bevölkerungsgruppen der Küstenprovinz hat, der Wandlungsprozeß der traditionalen Wirtschafts- und Lebensform durch eine große Dynamik gekennzeichnet ist. Sie stellt auf seiten der Badū und Fischer eine Voraussetzung zur Teilhabe an der übergeordneten Entwicklung dar.

1.3 Fragestellung und methodischer Aufbau der Studie, Konventionen

Aus dieser Arbeitshypothese kann für die Überprüfung ihrer Validität an dem empirisch gewonnenen Material über beide Bevölkerungsgruppen die dieser Studie zugrundeliegende Fragestellung nach

- dem seit dem Ende der Isolation Omans stattgefundenen Wandel im Lebensraum der Badū und Fischer in der Küstenprovinz Bāṭinah

abgeleitet werden. Unter den folgenden thematischen Bereichen, die sich auf

(1) die traditionalen Lebens- und Wirtschafts-, Siedlungs- und Wanderformen der mobilen Badū und Fischer;

(2) den jungen Wandel im Lebensraum beider Bevölkerungsgruppen und dessen räumlicher Manifestation;

(3) die Entwicklungsstrategien, die die übergeordnete staatliche Administration in Bezug auf Badū und Fischer ausgearbeitet hat;

(4) die Maßnahmen und Projekte und ihre Wirkungen im Lebensraum beider Bevölkerungsgruppen;

(5) die Entwicklungstendenzen des künftigen Wandels

erstrecken, wird das Untersuchungsmaterial aufbereitet und vor dem Hintergrund der Grundzüge der natur- und anthropogeographischen Verhältnisse diskutiert. An eine Darstellung der traditionalen Wirtschafts- und Lebensform sowie des räumlichen Verwirklichungsmusters beider Gruppen schließt eine Übersicht über die Entwicklungsstrategien des Sultanats an, die Fragen der planerischen, organisatorischen und räumlichen Veraussetzungen beinhaltet. Mit der Behandlung der Bedeutung ergänzender Wirtschaftsbereiche und Entwicklungszentren im Wandel der traditionalen Wirtschaftsform wird zu den jungen Wandlungsprozessen, die sich in den Badū- und Fischer-Bevölkerungsgruppen vollzogen haben, übergeleitet. Um eine leichtere Vergleichbarkeit des Materials über den jungen Wandel mit der traditionalen Ausgangslage zu ermöglichen, folgt der Aufbau des Abschnitts über den Wandel weitgehend dem Kapitel über die traditionale Situation. Mit der Aussagereichweite der Ergebnisse hinsichtlich des künftigen Wandlungsprozesses sucht sich die abschließende, zusammenfassende Bewertung auseinanderzusetzen.

Als Orientierungsgrundlage seien der thematischen Behandlung einige Anmerkungen und Konventionen, die für diese Studie gelten, vorausgeschickt:

(1) Nomadismus wird im Sinne eines zeitlich ungebundenen (übergreifenden) Rahmenterminus als mobile Lebens- und Wirtschaftsweise verstanden, bei der die beteiligten Gruppen mit ihrem Produktionsmittel Vieh und unter Einschluß anderer, ergänzender wirtschaftlicher Aktivitäten und zumeist bodenvagen Behausungen aufgrund der physisch-ökonomischen und/oder sozio-politischen Verhältnisse eines Raumes episodisch oder periodisch Wanderungen durchführen (SCHOLZ, 1974,49; 1980).

(2) In diesem Sinne werden in der vorliegenden Studie die Begriffe "nomadische Bevölkerungsgruppen" und "Badu" synonym verwendet. Ihre spezifischen Kennzeichen wurden oben zusammengestellt und können durch die Verwendung von Merkmalskombinationen (SCHOLZ, 1971; 1974) (z.B. "nahwandernde Kleinviehhaltergruppen") ausgewiesen werden.

(3) Das Untersuchungsgebiet Al Bāṭinah wird in zwei Teilräume, N- und S-Bāṭinah (shamāl al Bāṭinah, janūb al Bāṭinah) gegliedert. Diese Einteilung folgt den bestehenden Landwirtschaftsregionen der Küstenprovinz (22); die Grenze zwischen N- und S-Bāṭinah bildet das Wādī Baṭḥā' (wilāyat As Suwayq).

(4) Die Transliteration arabischer Begriffe und Namen erfolgt nach OSNG Oman (1976) unter Berücksichtigung lokaler Dialektformen. Folgende Ausnahmen, die sich auf den europäischen Sprachgebrauch arabischer Begriffe und Namen beziehen, wurden gemacht:

Oman	statt	'Umān,
Sultanat	statt	salṭanah,
Dhufār	statt	Ẓafār
Abū Dhabī	statt	Abū Ẓabī.

Anstelle der korrekten Pluralformen von wadi (pl. widyan), suq (pl. aswaq), wali (pl. wula), qadi (pl. quda) und shaykh (pl. shuyukh) werden die in europäischen Sprachen eingebürgerten Formen wadis, suqs, walis, qadis und shaykhs im Text verwendet. Bei Orts- und Stammesbezeichnungen wurden Wadi mit W., Bani mit B. und bin (= ibn) mit b. abgekürzt. Alle arabischen Begriffe sind bei ihrem ersten Auftreten erläutert und in einem Glossar (mufradat al kalimat) zusammengestellt.

Anmerkung zur Aussprache (nach Association Phonétique Internationale):

ā, ū, ī		werden als lange Vokale gesprochen;
sh	=	[ʃ]
kh	=	[x]
dh, ẓ	=	[ð]

(5) Alle im Text gemachten Hervorhebungen und Unterstreichungen, sofern nicht anders bezeichnet, stammen vom Verfasser.

(6) Alle Autorennamen, die im Literaturverzeichnis aufgeführt sind, werden gegenüber anderen Verfassern durch Majuskeln hervorgehoben.

1.4 Quellenlage

Das Material, das dieser Studie zugrundeliegt (23), wurde in zwei längeren Feldforschungsaufenthalten im Sultanat Oman 1977 und 1978 erhoben. Abgesehen von Literatur- und Sprachstudien wurden während des Aufenthalts im Untersuchungsgebiet vor allem folgende Methoden zur Materialgewinnung angewandt:

(1) Kartierungen der verschiedensten räumlich manifesten Sachverhalte, Beispiele der traditionalen Lebens-, Wirtschafts- und

Mobilitätsformen und des jungen Wandlungsprozesses, Verbreitungskartierungen, Geländeaufnahmen;

(2) Karten- und Luftbildauswertung als Vorbereitung und Ergänzung zur Geländearbeit und Kartierungen;

(3) Beobachtung und teilnehmende Beobachtung bei nomadischen und seßhaften Bevölkerungsgruppen, Gruppendiskussionen zur Klärung von Unstimmigkeiten und zur Überprüfung von Einzel- (Zahlen-, Alters-) Angaben;

(4) Interviews (standardisiert und nicht standardisiert) mit Repräsentanten der Administration und anderer Institutionen im Untersuchungsgebiet (wālī, Extension Service, Gesundheitsdienst, etc.) und in der Hauptstadtregion Masqaṭ (Ministry of Interior, Ministry of Agriculture and Fisheries, Ministry of Lands and Municipalities, etc.), mit Stammesfunktionsträgern (tamīmah, shaykh, rashīd) und Vertretern europäischer und einheimischer Firmen;

(5) Fragebogen (im Untersuchungsgebiet erarbeitet). Die Materialgewinnung über einen Fragebogen erweckte zuweilen Mißtrauen bzw. verleitete zu falschen Angaben. Oft lag der Befragungssituation die Vorstellung zugrunde, im Befragenden einen Regierungsfunktionär vor sich zu haben, von dem materielle Zuwendungen erhofft wurden. Daher wurde diese Form der Datenerhebung im Verlauf des Geländeaufenthalts eingeschränkt;

(6) Fallstudien bei nomadischen Badū-Gruppen der S- und N-Bāṭinah, die in der Anfangsphase u.a. zur Exploration dienten;

(7) Sammlung von Karten, Plänen, Berichten, Statistiken und anderem Material staatlicher und privater Institutionen, das in Zusammenhang mit der Landesentwicklung steht.

Anmerkungen Abschnitt 1

(1) Die Form badū ist der Plural zu badawī, was mit "Wüstenbewohner" zu übersetzen wäre. Der Begriff leitet sich vom Verb badā, "in der Wüste leben" her. Die deutsche Übersetzung lautet "Beduine", Nomade. Vgl. WEHR, 1976,47, ferner DOSTAL, 1974,207-212; HERZOG, 1963,10.

(2) Vgl. dazu DYSON-HUDSON, 1972.

(3) Vgl. SCHOLZ, 1974,46; RENESSE/SPONEK, 1969,164.

(4) Zu diesem Komplex vgl. AMIN, 1975; EVERS/WOGAU, 1973; FRANK, 1970; 1973; 1978; NOHLEN/NUSCHELER, 1974; PREISWERK, 1976 und die Sammelbände von SENGHAAS, 1973; 1974; 1977; TIBI/BRANDES, 1975.

(5) Zur Rolle der Stammesfunktionsträger vgl. LEIDLMAIR, 1965, 96; SCHOLZ, 1976,72.

(6) Darauf spielt auch COON (1968,23) an, wenn er formuliert: "Nomads, like cowboys, are more glamourous than numerous".

(7) Zu einigen Ursachen dafür vgl. SCHOLZ, 1976,74.

(8) Vgl. dazu COLE, 1975,120-125.

(9) Ähnlich LEIDLMAIR, 1965,93.

(10) Dazu liegt verhältnismäßig wenig Literatur vor, vgl. SCHOLZ, 1976,74.

(11) Vgl. SCHOLZ, 1976, 74.

(12) Zur Bestimmung von Lebensform und Lebensformgruppe vgl. BOBEK, 1948; 1950.

(13) Die Gegensätzlichkeit der Lebensformgruppen läßt sich im Orient in besonderer Weise studieren, vgl. BOBEK, 1948; 1950; WISSMANN, 1961.

(14) Darüber liegen zahlreiche Abhandlungen zur Navigation vor, vgl. HOURANI, 1947; 1951; TIBBETTS, 1971. Für einen Eindruck vom derzeitigen Seehandel vgl. VILLERS, 1948; 1970.

(15) "Ökologische Zusammenhänge mit der landschaftlichen Gestaltung (des) Lebensraumes kommen dadurch zustande, daß sich bestimmte der in einer Gesellschaft vereinigten Gruppen im besonderen der Nutzung des Landes widmen und ihre Lebensform entsprechend einrichten. Diese primären Lebensformgruppen bilden gleichsam den Unterbau der Gesellschaft. Andere gründen ihre Existenz auf innergesellschaftliche Leistungen und Beziehungen. Sie nutzen nicht den physischen, sondern

'sozialen Lebensraum' und bedürfen im physischen Raum nur eines Standortes. Sie sind der Entstehung nach sekundär und bilden den naturferneren Überbau der Gesellschaft" (BOBEK, 1950,35).
Zählen also die Bauern, Nomaden und Fischer dadurch, daß sie die natürlichen Ressourcen ökonomisch inwertsetzen, zu den primären Lebensformgruppen, gehören die Städter und Seefahrer zu den sekundären Lebensformgruppen.

(16) Die Hochseefischerei ist in vielen Bereichen zugleich Fremdfischerei. Vor der Südostküste Omans wurden japanischen und koreanischen Fangschiffen große Konzessionsgebiete eingeräumt.

(17) Dennoch wird in Einzelbeiträgen zu S- und SE-Arabien von "Bedouin tribes" oder "nomads" gesprochen. Vgl. Eintrag "Batinah" in SCOVILLE, 1979,498-505.

(18) Dennoch benutzen die Badū der Bāṭinah gewebte Ziegenhaarbahnen, die sich aber nicht zu Zelten zusammenfügen, vgl. 3.5.3

(19) Vgl. SCHOLZ, 1980 und die dort abgedruckte Tabelle.

(20) vgl. die Fördermengen einiger Golfstaaten (in Mill. t, 1979): Sa'ūdi Arabien 510, Irāq 175, Kuwayt 130, Vereinigte Arabische Emirate 88,9, Qaṭar 25, Oman 14,8, Baḥrayn 2,5 (Diercke Weltstatistik 1980/81.

(21) "(...) daß die Veränderungen im nomadischen Lebensraum der kleinen (Hervorhebung SCHOLZ) erdölreichen Golfstaaten nicht direkten staatlichen Zwängen folgen. Vielmehr sind sie als ein durch den Erdölreichtum und durch den dadurch möglichen, ökonomischen, bildungsmäßigen, gesellschaftlichen und infrastrukturellen Fortschritt initiierter Prozeß des allmählichen Erwerbs neuer - unter Beibehaltung traditioneller - 'Elemente' durch eine Trägergruppe aufzufassen. Dadurch wird diese Trägergruppe zur Anpassung an eine ihr bislang unvertraute Umwelt ohne die Gefahr der sozialen Orientierungslosigkeit und des ökonomischen Abstiegs befähigt" (SCHOLZ, 1976, 74). Vgl. auch SCHOLZ, 1980.

(22) Inf. Director Extension Service (Informant 1), 4/5/1977, 23/5/1977.

(23) Weiteres, über seßhafte Oasenbauern, Landwirtschaft, traditionalen Handel und Märkte (einschließlich sūq-Kartierungen) erhobenes empirisches Material konnte in dieser Studie keine Berücksichtigung finden.

2 DIE OMANISCHE KÜSTENPROVINZ AL BĀṬINAH: EINFÜHRUNG IN IHRE PHYSIO- UND ANTHROPOGEOGRAPHISCHEN VERHÄLTNISSE

2.1 Physiogeographische Verhältnisse

2.1.1 Naturräumliche Großgliederung

Die gesamte Region N-Omans dominiert der zentrale Gebirgsbogen Al Ḥajar als markanteste naturgeographische Erscheinung. Al Ḥajar ist geotektonisch als Ausläufer der persischen Zagros-Ketten anzusprechen (1). Seine petrographische Struktur bestimmen im zentralen Bereich des Gebirgsgewölbes, dem bis auf ca. 3000 m aufsteigenden Jabal al Akhḍar, mesozoische und tertiäre Sedimente; angelagerte Sedimentgesteine geringerer Resistenz datieren aus geologisch jüngeren Formationen (2). Im Norden, in der Halbinsel Musandam (Ru'ūs al Jibāl), und im Südosten, zwischen Masqaṭ und Ṣūr, ist weitenteils eine Kliffküste ausgebildet (GLENNIE et al., 1974,19-20). Dagegen ist im mittleren Abschnitt, dem inneren Rand des Gebirges, eine ca. 30 km breite und ca. 280 km lange Küstenebene, Al Bāṭinah, vorgelagert (GLENNIE et al., 1974,19; WILKINSON, 1977,8). Eben diese naturgeographische Situation widerspiegelt die alte Regionabezeichnung: "al bāṭinah" meint "das Innenliegende". Entsprechend lautet die traditionale Bezeichnung des am äußeren Rand des Gebirgsbogens anschließenden Raumes "aẓ ẓāhirah", "das Außenliegende" (3). Wenige Schwächezonen gliedern das Gebirgssystem und ermöglichen eine Verbindung zwischen den omanischen Teilräumen zu beiden Seiten des Gebirges (4) (Abb. 2).

Die Küstenebene Al Bāṭinah (5) selbst kann in zwei nach Aufbau und Nutzung unterschiedliche naturräumliche Einheiten gegliedert werden: Küstenzone (sāḥil) und Wadiregion (sayḫ) (6). Während Küstenzone und Wadiregion in einem Grenzsaum ineinander übergehen, ist die Wadiregion klar von der anschließenden Zentralen Gebirgsregion getrennt. Unvermittelt und scharf abgegrenzt hebt sich der Gebirgsbogen aus der Wadiregion heraus: als Grenzsaum kann daher durchgängig der Verlauf der 300 m-Isohypse bestimmt werden.

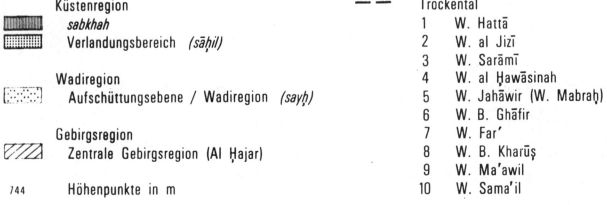

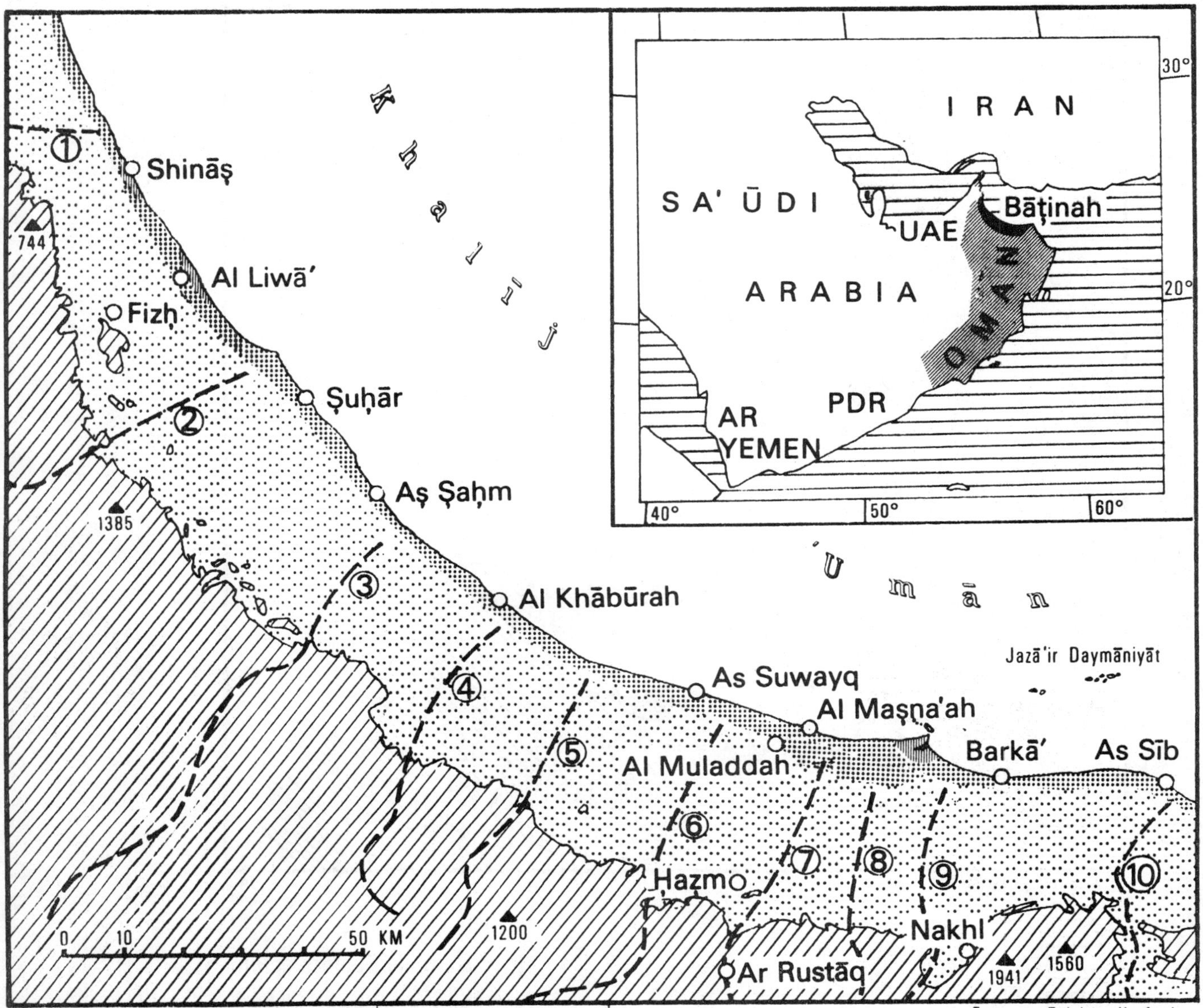

Quelle: TK 1:250 000, 1:500 000 (Bāţinah). Kart. d. Verf. 15. - 18. 3. 1977

Entw. u. Zeichn.: H. Asche

Küstenregion
sabkhah
Verlandungsbereich *(sāḥil)*

Wadiregion
Aufschüttungsebene / Wadiregion *(sayḥ)*

Gebirgsregion
Zentrale Gebirgsregion (Al Ḥajar)

744 Höhenpunkte in m

Trockental
1 W. Hattā
2 W. al Jizī
3 W. Sarāmī
4 W. al Ḥawāsinah
5 W. Jahāwir (W. Mabraḥ)
6 W. B. Ghāfir
7 W. Far'
8 W. B. Kharūş
9 W. Ma'awil
10 W. Sama'il

Abb. 1 **Bāţinah — Naturräumliche Großgliederung**

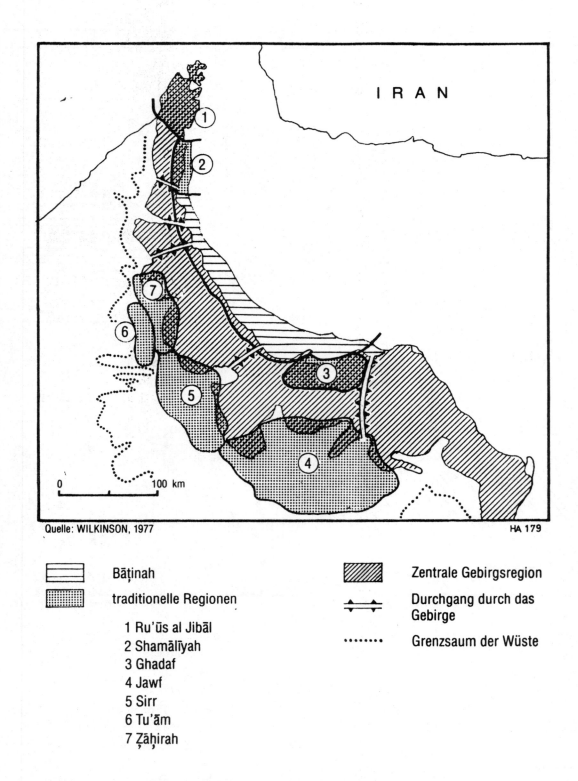

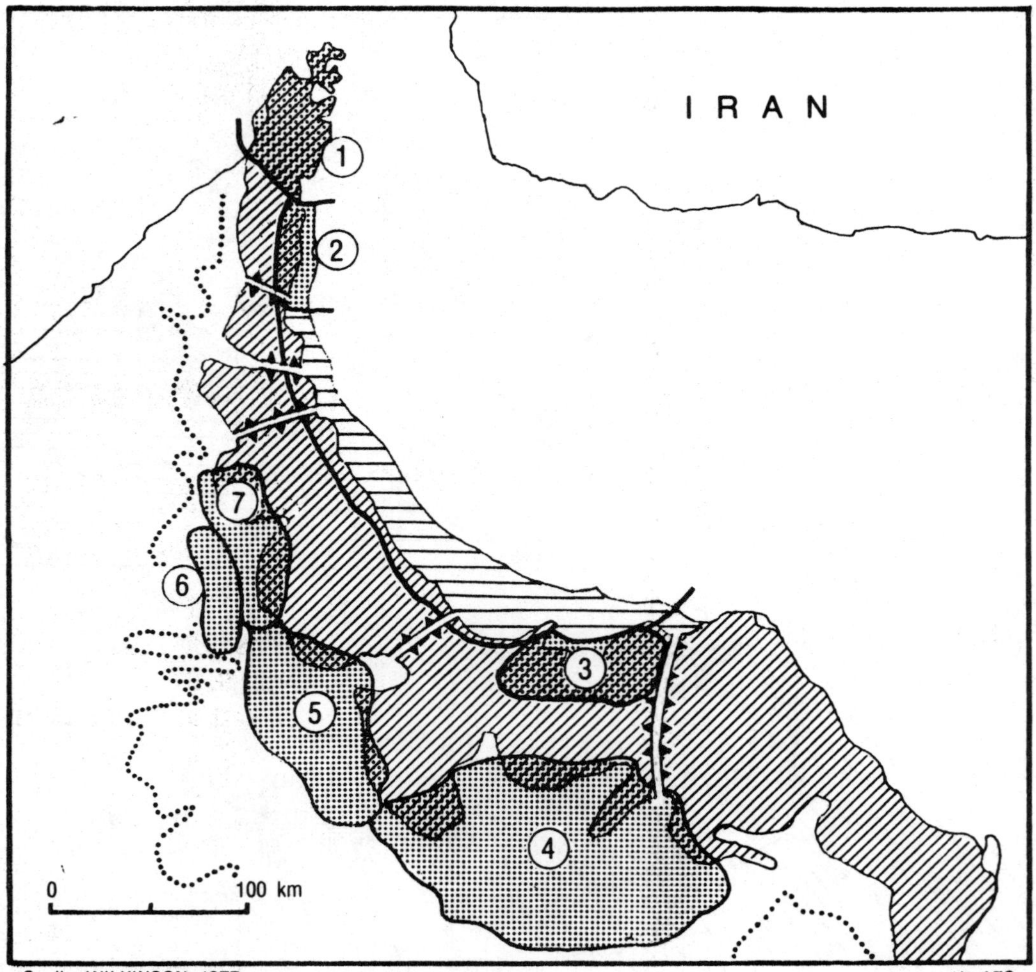

Bāṭinah

traditionelle Regionen

1 Ru'ūs al Jibāl
2 Shamālīyah
3 Ghadaf
4 Jawf
5 Sirr
6 Tu'ām
7 Ẓāhirah

Zentrale Gebirgsregion

Durchgang durch das Gebirge

Grenzsaum der Wüste

Abb. 2 Traditionale Regionen Nord-Omans

2.1.2 Oberflächenaufbau und Böden

2.1.2.1 Wadiregion

Geologisch stellt der flächengrößte Teil der Bāṭinah, die Wadiregion, eine sehr flache monoklinale, von Aufschüttungsmaterial bedeckte Ebene dar (7). Ihren Aufbau charakterisieren kolluviale Sedimente der den Gebirgsbogen nach Osten entwässernden rezenten Trockentäler (wādī, pl. widyān).

Grobschotterdecken und -schichten von z.T. ca. 12 m Mächtigkeit lagern im unmittelbaren Gebirgsfußbereich. Dort sind die zahllosen wādīs stark eingetieft, oft auch in die ursprünglich beim Austritt in die Ebene von ihnen aufgebauten Schwemmfächer. Die gegen die Küste nur noch wenig eingeschnittenen Trockentäler überziehen die Aufschüttungsebene mit einem Netzwerk von in unzählige Arme aufgefaserten Abflußrinnen (LORIMER, 1970, ii,283; MILES, 1919,379). Nach starken, oberflächlich abkommenden Niederschlägen (ḥayā) können einzelne Wadiarme lokal ihren Lauf verlegen, indem sie auf ihren Bänken abgleiten. Daher wird mit dem Namen eines wādī stets ein größeres Areal von Abflußrinnen bezeichnet, die Verbindung zum Hauptarm besitzen (8). Insbesondere die Mündungsarme von wādīs können lokal abweichende Bezeichnungen führen (beispielsweise trägt die Mündung des W. al Jizī in der Küstenregion den Namen W. Ṣallān).

Das Netz der wādīs verleiht der weiten Ebene zwischen Gebirgsfuß und Küste, aus der vereinzelte, isolierte Gebirgsläufer wie der als Landmarke auf Seekarten verzeichnete "Sohar Peak" (Ḥūrah Barghah) der N-Bāṭinah, aufragen, das kennzeichnende morphologische Gepräge (9).

Tabelle 1

Die größten wādīs der Bāṭinah

	wādī (W.)	Verbindung zu Nachbarregionen
(1)	W. Hattā	x
(2)	W. al Jizī	x
(3)	W. Sarāmī	
(4)	W. al Ḥawāsinah	x
(5)	W. Jahāwir (W. Mabraḥ)	
(6)	W. B. Ghāfir	
(7)	W. Far'	
(8)	W. B. Kharūṣ	
(9)	W. Ma'āwil	
(10)	W. Samā'il	x

Trotz der recht einförmigen morphologischen Gestaltung ist die pedologische Struktur der Bāṭinah überaus kompliziert. Die folgende Darstellung der Verhältnisse beruht auf der FAO/UNESCO Soil Map of the World (10). Calcic Yermosols bedecken nahezu die gesamte Wadiregion, gebietsweise (Anteil über 20% an der Fläche) von Calcaric Regosols und vereinzelt (Anteil 5-20% an der Fläche) von Lithosols durchsetzt. Lithosols treten vornehmlich im Gebirgsfußbereich auf (11), dort ist ein Grobboden aus Blöcken und Schottermaterial (Korngrößen 100-150 mm) ausgeprägt. Gegen die Küstenregion herrscht grobsandiger bis sandiger Lehmboden, über steinigem Material, vor, das teilweise an der Erdoberfläche austritt (Korngrößen 60-80 mm). Sandige Areale ohne Vegetationsbedeckung zeigen oft eine küstenparallele Windrippelung (z.B. Nahbereich As Suwayq). Mit aus solchen Flächen und Wadibetten ausgeblasenem Feinmaterial sind vereinzelt kleinere Dünenfelder aufgebaut (z.B. zwischen den Wādīs Ma'āwil und B. Kharūṣ) (12). Diese fossilen, wadiparallelen Dünen(-ketten) erreichen

Gesamtlängen von ca. 4000 m bei einer durchschnittlichen Höhe von 5 m. Ihre Steilstirn weist gegen den Gebirgsfuß.

2.1.2.2 Küstenregion

Gegen die Küste geht die Aufschüttungsebene unmerklich in einen 1-3 km breiten, fossilen Verlandungsbereich mariner Ablagerungen über. Dieser ebenen Zone sind gebietsweise kleine, bis ca. 3 m hohe Dünen und einige Dezimeter hohe, an Vegetationshindernissen entstandene Sandaufwehungen (nabkhah) aufgesetzt (W.R.S., 1974,ii, 4). Vereinzelt treten seichte Depressionen auf, in denen feiner Lehm mit hohem Salzgehalt sedimentiert ist (sabkhah, pl. sibākh). Besondere Erwähnung verdient in diesem Zusammenhang die im Verlandungssaum zwischen Al Maṣna'ah und Barkā' gelegene, fossile Dünenzone des Rās Suwādī. An das Dünenareal ist im Osten eine ca. 13 km^2 große sabkhah angelagert, die - durch Priele (Khawr Suwādī) mit dem offenen Meer verbunden - periodisch überflutet wird.

Rās Suwādī gegenüber liegen die Felseninseln Jazā'ir Suwādī (LORIMER, 1970,ii,360-61) und ca. 15 km in östlicher Richtung die Jazā'ir Daymāniyāt oder Sab'ah Jazā'ir ("Sieben Inseln") (LORIMER, 1970, ii, 1850-51; MILES, 1919,459). Diese unbewohnten Inselgruppen sind aus tertiärem Sedimentmaterial aufgebaut, das sich auch in der zentralen Gebirgsregion findet.

Ein mehrere Meter hoher Strandwall, ebenfalls fossil, trennt den Verlandungsbereich von der Strandzone. Einige große wādīs durchbrechen den Strandwall ins Meer, doch wo dies nicht permanent geschieht, kommt es zur Bildung von Süß- bzw. Brackwasserflächen (khawr, pl. akhwār; baṭḥā', pl. biṭḥāh) hinter dem fossilen Strandwall (SKEET, 1975,60). Entsprechend der Menge der episodisch abkommenden Wassermassen und der teilweise damit verbundenen Kraft der Fluten, den Strandwall temporär zu durchbrechen, schwankt die Größe der Brackwasserflächen. Markante Beispiele für diese morphologische Erscheinung finden sich in der S-Bāṭinah bei den Mündungsarmen der Wādīs Ḥarādī, Ḥifrī, 'Aysh (W. Far') und Baṭḥā', in der N-Bāṭinah bei den Wādīs Khawr al Milḥ und Ṣallān (W. al Jizī).

In einigen Fällen handelt es sich bei diesen Brackwasserflächen um Limane, von der offenen See abgeschlossene, ehemalige Buchten. Bekannteste Beispiele dafür dürften Khawr Ḥiṣn und Khawr Ḥajrah in Ṣuḥār sein. Diese, etwa seit dem 16. Jahrhundert durch einen Strandwall abgetrennten Buchten dienten vom 9. bis 11. Jahrhundert als Hafen und Liegeplätze (SKEET, 1975,65) des seinerzeit bedeutendsten Handelsplatzes der Arabischen Halbinsel (13).

Die Strandzone ist kaum durch Buchten gegliedert und als Ausgleichsküste anzusprechen. Bei geringem Tidenhub - in Maṭraḥ wurden im April 1977 ca. 70 cm gemessen - herrscht ganzjährig starke Brandung auf dem breiten, flach abfallenden Schelf. In der N-Bāṭinah, etwa ab Ras Ṣāllān nordwärts, sind der Küste auf dem flachen Schelfbereich zahlreiche Sandbänke vorgelagert, so daß bei ablaufender Tide zeitweise regelrechte Lagunen entstehen können, beispielsweise in Shināṣ (MILES, 1919,454), aber auch in Sāhil Ḥarmūl - Nabr und Malaḥah.

In der Küstenregion bauen sandige Lehme und Lehm, gebietsweise durch Grobsande und Muschelmaterial überlagert, Haplic Yermosols auf. Regional tritt Muschelmaterial im Übergangssaum zur Wadiregion aus (W.R.S., 1974,ii,5), wie etwa im Bereich Bidāyah (wilāyat Al Khābūrah) und Al Khaḍrā' (wilāyat As Suwayq) oder Ṭarīf-Billah (wilāyat Al Maṣna'ah). Vereinzelt sind sie von Cambic Arenosols, Calcaric Regosols und Calcaric Fluviosols durchsetzt. Auf die kleinräumige Verteilung der Böden nimmt im Verlandungsbereich die gegen die Küste steigende Mineralisation des Bodens Einfluß: Je näher der Grundwasserhorizont an die Oberfläche tritt, desto höher steigt der Salzgehalt, insbesondere in lehmigem Feinmaterial.

2.1.3 Klimatische Verhältnisse

Aufschüttungsebene und Verlandungsbereich unterliegen den gleichen, allgemein heißtrockenen Klimaverhältnissen. In ganz N-Oman sind die Niederschläge den verfügbaren Daten zufolge (14) äußerst gering, örtlich begrenzt und unregelmäßig. Sie fallen nahezu ausschließlich während der kühlen Jahreszeit (shitā'), am häufigsten

Tabelle 2

Bāṭinah - Jahreszeiten

Jahreszeit	Monat	omanische Jahreszeit
kühle Jahreszeit	N	shitā'
	D	
	J	
	F	ghayẓ
	M	
heiße Jahreszeit	A	ṣayf
	M	
	J	qayẓ
	J	
	A	
	S	asfirī
	O	

Quelle: Inf. d. Verf. 1977/78

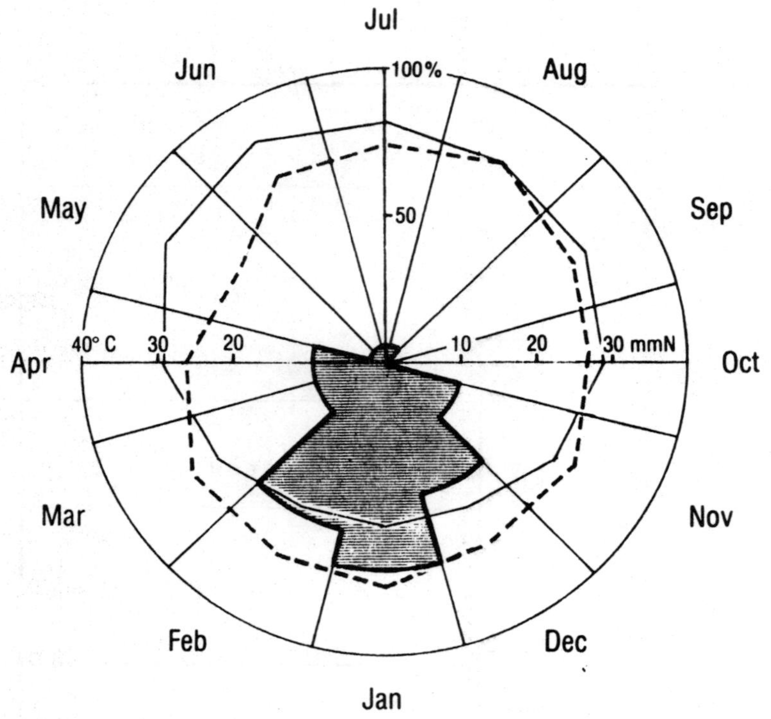

Masqaṭ 23° 22'N 58° 35' E 5 m

Klimatyp : *KÖPPEN:* Bwh *TROLL:* V, 5

Quelle: N. M. S. HA 881

—— mittlere monatliche Temperatur (°C)

- - - - mittlere monatliche relative Luftfeuchte (%)

▒ mittlerer monatlicher Niederschlag (mm)

Abb. 3 **Ausgewählte Klimafaktoren der Bāṭinah**

Tabelle 3

Bāṭinah - Temperaturmessungen ausgewählter Stationen

Station		Masqaṭ			'Udhaybah			As Sīb (AP)		
Beobachtungs-zeitraum		1885 (Apr) - 1886 (Mar)			1962 - 1967			1974 - 1979 (Apr)		
Temperatur °C		Max	Min	Mittel	Max	Min	Mittel	Max	Min	Mittel
käteste Monate	J	22.8	18.9	20.9	24.9	14.7	19.8	25.7	17.4	21.3
	F	22.3	18.3	20.2				26.3	17.3	22.0
	D				25.7	14.6	20.2			
heißeste Monate	M							39.6	29.2	34.4
	J	35.7	30.1	32.9	39.9	28.0	34.0	40.3	30.4	35.1
	J	35.5	31.1	33.2	38.9	28.5	33.7			

Quelle: Masqat: HOOGERWOERD, 1889, 197
'Udhaybah: E.S., 1972, Part I, 1.3
As Sīb (AP): N.M.S., 1976-79

Tabelle 4

Bāṭinah - Relative Luftfeuchte (%)

Station		'Udhaybah	
Beobachtungs-zeitraum		1963-1967	
Zeit (h)		7:00	13:00
Monate	J	73	54
	F	62	47
	M	59	45
	A	52	42
	M	44	38
	J	52	43
	J	68	52
	A	72	57
	S	65	49
	O	56	46
	N	63	48
	D	68	50

Quelle: E.S., 1972, Part 1, 1.3

<u>Lage der Stationen:</u>

Masqaṭ	23° 37' N	58° 35' E	5 m
'Udhaybah	23° 36' N	58° 23' E	7,2 m
As Sīb (AP = Airport)	23° 35' N	58° 16' E	14,6 m

während der Monate Dezember, Januar und Februar (LORIMER, 1970,i,2208). In der heißen Jahreszeit (ṣayf, qayz) entwickelt sich in der Bāṭinah lediglich starker Tau (HOOGERWOERD, 1889,196; PENGELLY, 1863,34), ab Mai setzt in der Küstenregion stark nässender Morgennebel ein. Daher suchen während dieser Jahreszeit die seßhaften Bewohner der Küstensiedlungen Behausungen in den Dattelgärten auf, die nur wenig (bis ca. 2 km) von den Wohnplätzen der Strandzone entfernt liegen. Diese sommerzeitlichen Behausungen sind jedoch weit genug von der Küste entfernt, um nicht der dort ungesunden Luftfeuchtigkeit ausgesetzt zu sein. Das Pflanzendach der Dattelgärten mildert zudem die Hitze, so daß die Bewohner der Küstensiedlungen die klimatischen Verhältnisse in der Oasenzone trotz des starken Auftretens von Insekten (Mosqitos) als erträglicher empfinden. Gegen den Gebirgsfuß geht die starke Luftfeuchtigkeit, die in der heißen Jahreszeit bis 100 % betragen kann, deutlich zurück (Tab. 4).

Die Temperaturen erreichen in der heißen Jahreszeit - heißeste Monate Juni/Juli - Mittelwerte über 38°C, zeitweilig können sie 50°C überschreiten. In der kühlen Jahreszeit - kälteste Monate Januar/Februar - sinken sie auf ca. 25°C ab (Abb. 3, Tab. 3).

Der Zentrale Gebirgsbogen erhält aufgrund seiner Höhe (ca. 3000 m) und der vorherrschenden Windverhältnisse insbesondere in der kühlen Jahreszeit höhere und stetige Niederschläge als die Batinah (15). Die heftigen, kurzen Starkregen (ḥayā) fließen rasch oberflächlich ab. Beim Austritt der wādīs in die Aufschüttungsebene versickert ein Teil des Niederschlages in den Schwemmfächern, so daß die stetige Anreicherung des Grundwassers gesichert ist. Dieses Grundwasser kann in der Wadiregion in Gebirgsfußnähe durch unterirdische Wassersammelanlagen (falaj, pl. aflāj) erschlossen werden. In der Küstenregion ist es infolge der stärkeren Neigung der Erdoberfläche gegenüber dem phreatischen Horizont durch mit traditionalen Techniken gegrabenen Brunnen (ṭawī, pl. ṭawīyān) verfügbar (16). In der Tat vermag der Druck des gegen die Küste auslaufenden Grundwasserhorizontes das Eindringen von Brack- und Salzwasser auf wenige hundert Meter landwärts im Bereich der Verlandungszone zu begrenzen. Der hohe Grundwasserhorizont bewirkt für die Küstenregion extrem hohe Evaporationsraten, die indessen in der Wadiregion gegen den Gebirgsfuß stark zurückgehen (17).

Boden- und Klimaverhältnisse bieten ungünstige Voraussetzungen für die wirtschaftliche Nutzung der Küstenprovinz. Nirgendwo in der Bāṭinah ist Regenfeldbau möglich (WILKINSON, 1977,42). Allein der Verlandungsbereich der Küstenregion böte die physischen Möglichkeiten für ackerbauliche Nutzung. Ackerbau ohne künstliche Bewässerung kann jedoch lediglich in einem schmalen, strandnahen Saum des fossilen Verlandungsbereichs verwirklicht werden, da dort die Pflanzen den Brackwasserhorizont erreichen. Eine zur Wadiregion anschließende, ca. 3 km breite Zone gestattet landwirtschaftliche Nutzung nur durch Brunnenbewässerung. In beiden Bereichen der Küstenregion ist die natürliche Vegetation weitgehend durch Kulturpflanzen ersetzt worden; dieses Areal trägt nahezu über die gesamte Längserstreckung eine geschlossene Zone der Oasenlandwirtschaft (Abb. 1).

In der Wadiregion muß sich ackerbauliche Nutzung auf vereinzelte, isolierte Räume beschränken, wo durch unterirdische Wassersammelanlagen (aflāj) der Grundwasserhorizont erschlossen werden kann. Dort ist Oasenlandwirtschaft auf der Basis permanenter künstlicher Bewässerung möglich. Das geringe Bodenpotential und die ganzjährig ariden klimatischen Bedingungen lassen eine ökonomische Nutzung der Wadiregion nur durch Wanderweidewirtschaft mit Kamelen, Ziegen und Schafen zu. Da Ziegen und Schafe täglich, Kamele in größeren Zeitabständen getränkt werden müssen, gewinnen Brunnen und Wasserstellen entscheidenden Einfluß auf die traditionale Organisation der Viehhaltung.

Mit traditionalen Techniken können Brunnen nur im Übergangssaum zwischen Wadi- und Küstenregion und in der Küstenregion selbst den Grundwasserhorizont (ca. 5 m) erreichen. Insbesondere in der kühlen Jahreszeit führen aber auch im Gebirgsfußbereich einige wādīs Wasser oder dieses kann unter der Schotteroberfläche des Wadibettes mit einfachen, flachen Gruben leicht erschlossen werden. Wasserstellen dieser Art erlauben ein Tränken der Herden im gebirgswärtigen Bereich der Wadiregion. Der mittlere Abschnitt bietet, bei grö-

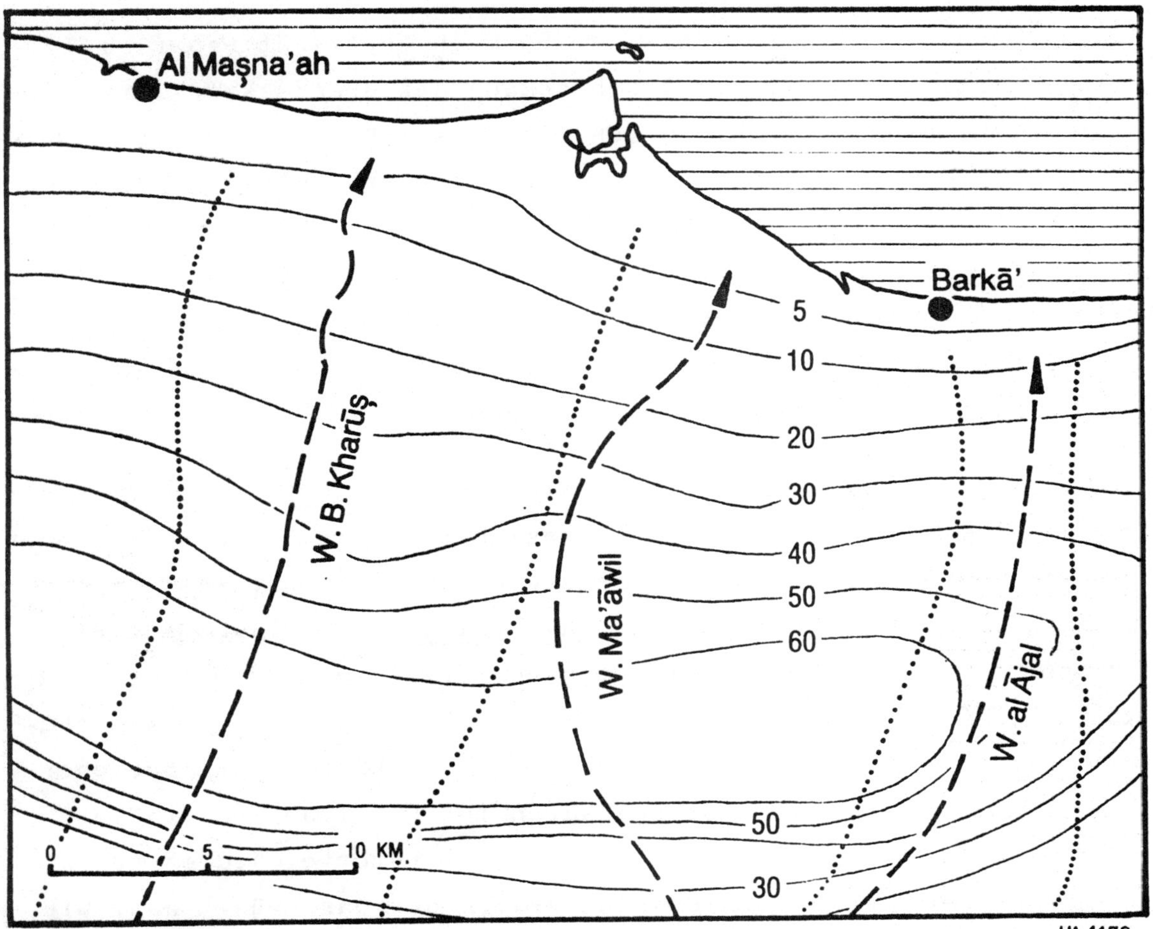

Quelle: W. R. S., 1975

HA 1179

—30— Grundwassertiefe unter Flur

········· Einzugsbereich Wadisystem

Abb. 4

Grundwassertiefen und Einzugsbereiche von Wadisystemen (Süd-Bāţinah)

ßeren Grundwassertiefen - bis ca. 60 m in der S-Bāṭinah (Abb. 4) - keine Ansatzpunkte für die Erschließung des Grundwassers mit traditionalen Methoden. Die wenigen, in diesem Bereich lokalisierten Oasen beziehen Wasser durch lange, z.T. oberflächlich geleitete aflaj, die den Grundwasserhorizont bereits am Gebirgsfuß anzapfen. Als Beispiele seien die Siedlungen Hijārī (wilāyat Al Khābūrah) und die unmittelbar am Grenzsaum zwischen Küsten- und Wadiregion gelegenen, einander benachbarten Siedlungen Falaj al 'Awhī und Falaj al Qabā'il (wilāyat Ṣuḥār) genannt.

Auf ähnliche Weise wurde auch die Wasserversorgung der zwischen Küste und Gebirgsfuß bzw. dem Landesinneren verkehrenden Karawanen sichergestellt. In der S-Bāṭinah zweigt aus der Oase Wāsiṭ (W. Ma'āwil) ein Oberflächenkanal (ghayl falaj) in Richtung Küste ab, der in einer Länge von ca. 10 km neben der Karawanenroute (und derzeitigen Piste) von Barkā' nach Nakhl verläuft. Zwei Reservoirs im ungefähren Abstand von 4 km mit überdachten Speicherbecken (Schutz vor Verdunstung) waren für das Tränken der Tiere vorgesehen. Unterhalten wurde die wenig zerstörte, jedoch verfallende und heute funktionslose Anlage von der Oase Wāsiṭ aus. Die Reservoirs dienten nomadischen Gruppen der Ma'āwil auch als Viehtränken.

2.1.4 Vegetation

Den vorherrschend heißtrockenen Klimabedingungen entsprechend bedecken strauch- und baumartige Xerophyten und Succulenzgewächse die Böden der Küstenebene. Bäume und Bauminseln innerhalb allgemein geringer Pflanzenbedeckung bilden in der Wadiregion typisches "Desert Parkland" (F.F.S., 1977,233). Die natürliche Vegetation beherrscht, vornehmlich auf den Grobböden, die Akazienart samrah (pl. samr; Acacia sp.). Kennzeichen des ca. 3-6 m hohen Baumes sind eine schirmförmig abgeflachte Krone sowie mit langen Dornen und kurzen, gefiederten Blättern besetzte Äste. Auf sandigen Böden, mithin eher im Nahbereich der Küstenzone, ist der größere, ca. 6-8 m hohe ghāf (Prosopis sp.) verbreitet. Aus der nicht schirmförmig ausgebildeten

Krone dieses Baumes hängen dünne, ebenfalls mit Dornen und gefiederten Blättern besetzte Äste herab, die lange, dünne Schotenfrüchte tragen. Infolge der spezifischen Adaptionsformen an aride Klimaverhältnisse vermögen die Blätter von samrah und ghāf in hohem Maße Feuchtigkeit zu speichern (18). Der hohe Feuchtigkeitsgehalt der Blätter läßt beide Bäume zur bedeutenden Weidevegetation werden. Da Kamele vornehmlich diese Baumweide nutzen, nehmen sie auch auf diese Weise Feuchtigkeit auf. Als Folge müssen sie weniger häufig getränkt werden (19).

Weite Gebiete von Wadi- und Küstenregion bedeckt das halophytische Succulenzgewächs harm (Zygophylum sp.) (DOWSON, 1927,2: "hirim"; WILKINSON, 1977,61). Dieser ca. 25 cm hohe, polsterartig wachsende Zwergstrauch weist reich verzweigte, gestauchte Triebe auf, deren Zweigenden kleine, tropfenförmig verdickte hellgrüne Blätter tragen. Die harm-Polster erreichen in der Bāţinah Durchmesser zwischen 50 und 80 cm.

In der kühlen Jahreszeit kommt es insbesondere nach kräftigen, schichtflutenartig abkommenden Niederschlägen zur Ausbildung schütterer, kurzer Grasvegetation ('ushub) in der Wadiregion. Eine signifikante weinrötliche Färbung ist charakteristisch für diese geophytischen 'Regenpflanzen'.

Von der Strauchvegetation, die einzelne geschlossene Areale ebenso wie Wadiränder bedeckt, verdient der xeromorphe, hartblättrige shakhr-Strauch (Calotropis procera) hervorgehoben zu werden. Die ovalen Blätter des ca. 1,5 m hohen shakhr sind ganzjähring weißgrün gefärbt. Kerbt man die Äste ein, so sondern sie einen milchigdickflüssigen Saft ab, der als giftig angesehen wird (DOWSON, 1927, 2; I.F.F.S., 1976,25). Der shakhr-Strauch wird traditional von den nomadischen Bevölkerungsgruppen zur Produktion feinster Holzkohle, die bei der Schießpulverherstellung eine Rolle spielte, ökonomisch genutzt (I.F.F.S., 1976,25).

Ohne größere Differenzierungen vorzunehmen, kann die natürliche Vegetationsbedeckung der Wadiregion als locker bis schütter bezeichnet werden. Erst die Vogelperspektive gibt Konzentrationen, vegetationsbedeckte und offene Areale präziser zu erkennen. Als klare Leitlinien der Vegetation heben sich die zahlreichen Wadiränder heraus. Strauchvegetation, samr und nur an diesen Standorten anzutreffende Baumgewächse (z.B. sidrah, pl. sidr; Ziziphus spina-christi) schließen sich zu sehr lockeren Formen des Galeriewaldes zusammen. Von der Küste gegen den Gebirgsfuß ist eine geringe Zunahme der Pflanzenbedeckung bis in den Bereich der 100-150 m Isohypsen festzustellen. Bedingt durch das Auftreten von Grobböden und Schotterflächen setzt bis zum Gebirgsfuß dann erneut eine deutliche Lichtung der Vegetation ein.

In der Wadiregion ist die natürliche Vegetation kaum durch die Ausdehnung von Kulturland reduziert. Jedoch ist es möglich, außer dem shakhr alle als charakteristisch für die natürliche Vegetation der Bāṭinah herausgestellten Pflanzen als Weidevegetation zu nutzen (20). Nur in der Zone der Oasenlandwirtschaft ist die natürliche Vegetation weitgehend durch Kulturpflanzen ersetzt worden. Als Leitvegetation charakterisiert die Dattelpalme (nakhlah, pl. nakhl; Phoenix dactylifera) die Zone der Bewässerungslandwirtschaft in besonderer Weise.

2.1.5 Zusammenfassende Bewertung

"A uniform threefold characterizes the Batinah throughout its great length. First, a stretch of shining sandy beach, very gently shelving and almost everywhere innocent of rocks; secondly, a mighty palm-grove, one of the three largest in the world, which marches with the beach continuously for a hundred and fifty miles, in places two or three miles deep; and thirdly, a great wilderness of shingle plain that stretches back from the palm-grove to the mountains, a plain often skirted with acacia jungle where it meets the palm, and elsewhere largely covered with camel scrub" (THOMAS, 1931, 123).

Die hier zusammengefaßten naturräumlichen Gegebenheiten der Küstenprovinz gestatten drei verschiedene Formen der wirtschaftlichen Inwertsetzung, die mit drei primären Lebensformengruppen, Badū, Fischern und Oasenbauern, verbunden ist.

Abb. 5 Bāṭinah - Profil von SW nach NE

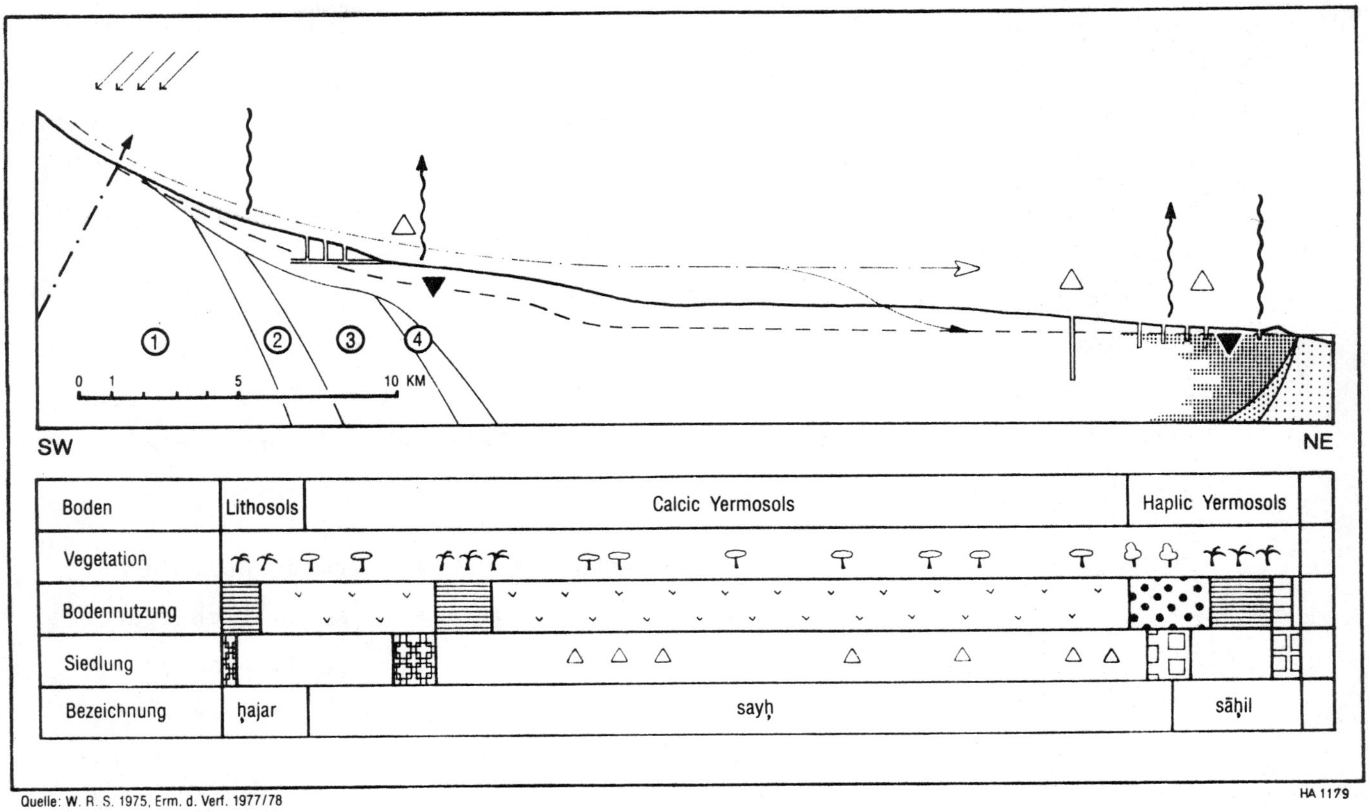

Quelle: W. R. S. 1975, Erm. d. Verf. 1977/78

HA 1179

Bodennutzung

- Wanderweidewirtschaft
- Dattelpflanzung, bewässert
- Dattelpflanzung, unbewässert
- Bewässerungsfeldbau

Siedlung

- bodenvager, temporärer Lagerstandort
- bodenstete, saisonale Siedlung
- bodenstete, geschlossene Siedlung

Hydrologisch-geologisches Profil

- Niederschlag (episodisch)
- Schichtflut (ḥayā)
- Grundwasserspeisung
- Grundwasserhorizont
- Grundwasseraustritt (Quellhorizont)

- Brackwasser
- Salzwasser
- Evaporation
- Brauchwasserentnahme
- Berieselung
- falaj
- Brunnen

Geologische Formation

1 Hajar Super-Group
2 Hawasinah Nappe
3 Samā'il Nappe
4 Lower Tertiary Limestone

- Verwerfung

Die hydrologischen und pedologischen Verhältnisse der Wadiregion sowie die ariden Klimabedingungen schränken die ökonomische Nutzung dieses Naturraumes ein. Wohl erlaubt die schüttere Vegetationsdecke eine viehwirtschaftliche Inwertsetzung allein über mobile Formen der Viehhaltung, jedoch erzwingt sie - wie die thermischen Gegebenheiten - keinen saisonalen Wechsel des Naturraums. Wanderrhythmus und -distanz der Herden folgen daher nicht allein den naturräumlichen Faktoren (21). Die ariden Klimaverhältnisse gestatten den nomadischen Bevölkerungsgruppen die ganzjährige Benutzung bodenvager Baumhütten und Windschirme.

Aufgrund der relativ einfachen Verfügbarkeit von Grundwasser in der Küstenregion können die Feinböden dieses Naturraums ackerbaulich genutzt werden. Die Kultivierung von Dattelpalmen und anderen Anbaupflanzen ist jedoch nur auf der Basis künstlicher Bewässerung möglich, da die geringen Niederschläge großer Variabilität unterliegen. Intensive gartenbaumäßige Landwirtschaft sichert die materielle Existenz einer großen Zahl seßhafter Oasenbauern, deren Siedlungen am seewärtigen Saum der küstenparallel verlaufenden Dattelpalmenoasen lokalisiert sind. Durch spezifische Behausungskonstruktionen aus den Wedelrippen der Dattelpalme werden die im Jahresgang relativ hohen und mit starker Luftfeuchtigkeit verbundenen Temperaturen ausgeglichen. Diese als bayt ẓūr ("Palmwedelhaus") oder "barastī" bezeichnete Behausungsform ist charakteristisch für das hinter dem fossilen Strandwall aufgereihte Siedlungsband.

Der flach abfallende Schelfbereich der Küstenzone erlaubt eine intensive fischereiliche Nutzung der Küstengewässer. Dennoch vermögen mit dem Fischfang verbundene Unsicherheitsfaktoren (22) und traditionale Fanggeräte trotz des Fischreichtums der litoralen Zone der Fischerbevölkerung nur eine enge materielle Existenz zu gewährleisten.

Von ihrer natürlichen Ausstattung her erscheint die Küstenregion als ein Gebiet stationärer Wirtschafts- und Lebensweise. Fischerei und Bewässerungsfeldbau bieten die ökonomische Grundlage für die größte traditionale Bevölkerungsagglomeration Omans mit Bevölkerungsdichten bis ca. 70 Einwohner/km² (PETERSON, 1978,17; WILKINSON, 1977,17; W.R.S., 1975,v,5). Hingegen begünstigen die naturräumlichen Bedingungen der Wadiregion eine mobile Wirtschafts- und Siedlungsweise nomadischer Bevölkerungsgruppen. Die Bevölkerungsdichten sinken in dieser Region oftmals unter 1 Einwohner/km².

2.2 Historisch-anthropogeographische Verhältnisse

2.2.1 Grundzüge der Geschichte der Küstenprovinz Bāṭinah

Die offene Lage der Küstenprovinz zum Golf vom Oman und das bemerkenswerte ökonomische Potential der Oasenzone der Küstenregion ließen die Bāṭinah zum Ziel zahlloser Invasionen und Einwanderungswellen von Land und See her werden. Öffnung zu den Randmeeren des Indischen Ozeans und eine starke, auf dem Eindringen verschiedenster Gruppen beruhende bevölkerungsmäßige Heterogenität sind wesentliche Kennzeichen der historischen Entwicklung der Bātinah, die sie gegen das Landesinnere abgrenzen.

Bis 1971, ein Jahr nach der Öffnung des Landes, verdeutlicht selbst die Bezeichnung "Masqat und Oman" des größten Flächenstaates SE-Arabiens diese traditionale Dichotomie zwischen Küste ("Masqat") und Landesinnerem ("Oman"). Zum Verständnis der unterschiedlichen Entwicklung der Küste und Inner-Omans seien kurz die Grundzüge der Geschichte der Batinah behandelt.

Die Küsten Omans wurden in achaeminidischer Zeit von Persien aus besiedelt. In diesem, Al Mazūn genannten Territorium bauten die persischen Kolonisatoren Landwirtschaft auf der Basis künstlicher Bewässerung durch unterirdische Wassersammelanlagen (falaj, pl. aflāj) auf. Seit präsassanidischer Zeit wanderten erste arabische Bevölkerungsgruppen in die Grenzsäume des persischen Herrschaftbereichs, in die Provinzen Ja'lān und Jawf, ein. Die Einwanderungswellen, zusammengefaßt überliefert in der legendären Einwanderung des Mālik b. Faḥm (23), dauerten bis in das achte Jahrhundert an. Unter der indirekten Herrschaft eines julandā (24) wurde den arabischen Stämmen beschränkte Autonomie gestattet. Über den von ihnen eroberten Hafenplatz Dibā am Nordende der Küstenebene Bāṭinah/Shamālīyah konnten sie am überregionalen Warentausch der Arabischen Halbinsel teilnehmen (25).

Als Schwerpunkt ihrer Herrschaft legten die Sassaniden in der Bāṭinah das Militär- und Handelszentrum Ṣuḥār an (26), zugleich schufen sie in der küstenzugewandten Bergfußregion Ghadaf mit Ar Rustāq ein Subzentrum. Zur Sicherung des maritim ausgerichteten persischen Reiches Arḍ al Hind wurde die Kolonisation der Küstenregion Omans (Bāṭinah) vollendet. Auf der Basis von Brunnen-, zumeist aber aflāj-Bewässerung wurden beträchtlich größere Flächen als gegenwärtig ackerbaulich genutzt. Zahlreiche Relikte von Bewässerungskanälen im wilāyat Ṣuḥār belegen diese Anschauung (WILKINSON, T.J., 1975; 1976).

Mit der Aufnahme des Islams (ca. 629/30) erhoben sich die arabischen Stämme gegen die persische Herrschaft (27) und vertrieben die Sassaniden. Im Gefolge des dann eintretenden Machtvakuums versank Oman in tribaler Anarchie. Erst im neunten Jahrhundert vermochte die Ideologie der ibaḍīyah (28) den Bürgerkriegszustand zu beenden und die Stämme im ersten Imamat zu einigen. Diese supra-tribale Herrschaft (WILKINSON, 1977, 140) entstand im arabischen Kernraum Omans, den Bergfußregionen Jawf und Ghadaf, als Sitz des Imamats wurde die Oase Nizwā im Landesinnern bestimmt (29). Die Bāṭinah mit dem überregionalen Handelszentrum Ṣuḥār gelangte damit in eine periphere Lage zum arabisch-omanischen Kernraum. Denn einzig während bestimmter Phasen der nach WILKINSON (1977,124) zyklisch ablaufenden Entwicklung des Imamats wirkte die Herrschaft der Stämmer Inner-Omans auch auf die Küstenprovinz: Die Kontrolle über die Küste - wie im neunten Jahrhundert - konnten die Stämme Inner-Omans erst im 17. Jahrhundert im Ya'āribah-Imamat zurückgewinnen, die dazwischenliegende Periode war gekennzeichnet durch eine Abgeschiedenheit der Küste von Inner-Oman. Zwischen dem 10. und 13. Jahrhundert blieb die Bāṭinah durch eine Welle von Invasionen stets externen Einflüssen ausgesetzt (30), so daß sich der Seehandel, den die omanischen Araber ausübten, u.a. infolge der mehrfachen Verwüstung Ṣuḥārs und einer Reihe von Küstensiedlungen, mit seinen Warenströmen in den Südosten Omans und auf die persischen Golfinseln Qays und Hormuz verlagerte.

1507 erschien eine aus sechs Schiffen bestehende portugiesische Flottille (STIFFE, 1897,615), von Suquṭrā kommend, vor den Küsten Omans mit dem Ziel, den Warentausch am Eingang des Golfs und im Indischen Ozean zu kontrollieren. In schneller Folge und ohne nennenswerten Widerstand unterwarf die portugiesische Expedition die unter der Herrschaft von Hormuz stehenden omanischen Handelsplätze Rās al Ḥadd, Qalhāt, Qurayyāt, Masqaṭ, Ṣuḥār und Khawr Fakkān (31). Dennoch gelang es den Portugiesen nicht vor 1515, ihre externe Herrschaft über omanische Küstenterritorien völlig zu etablieren.

Erst am Beginn des 17. Jahrhunderts erstarkte in Inner-Oman das Imamat erneut unter den aus dem Ghadaf stammenden Ya'āribah. Das Zweite Imamat suchte alsbald, die portugiesisch besetzte Bāṭinah seinem Herrschaftsbereich einzugliedern. Durch die Einnahme von Julfār (= Rās al Khaymah), Al Liwā' und 1643 von Ṣuḥār, einer der portugiesischen Hauptfaktoreien im Golf, wurde das Imamat erneut befähigt, maritimen Handelsverkehr aufzunehmen (32). Nach der portugiesischen Aufgabe von Dibā erreichte die Ya'āribah-Herrschaft Freihandel in allen von den Portugiesen kontrollierten Küstensiedlungen der Bāṭinah und in Masqaṭ. 1649 gelang die völlige Aufhebung externer Herrschaft durch den Fall von Masqaṭ. Nach der Erklärung des Heiligen Krieges (jihād) wurden die Portugiesen bis nach Ost-Afrika verfolgt (33).

Diese Demonstration maritimer Stärke beendete die politische Isolation Inner-Omans. Unter persönlichem Engagement der Ya'āribah-Imame (BATHURST, 1972,101,103; HAWLEY, 1977,32; TOWNSEND, 1977,35) schaltete sich das Imamat erneut in den überregionalen Seehandel ein. Eine gezielte Flottenpolitik ließ Oman zur bedeutendsten regionalen Seemacht aufsteigen. Nach europäischen Quellen bestand 1715 die Imamatsflotte aus 22 Segelschiffen, davon eines mit 74 Geschützen, zwei Schiffe mit je 60 Geschützen und eines mit 50 Geschützen. 18 kleine Segelschiffe waren mit je 18 bis 32 Geschützen bewaffnet, hinzu kamen eine größere Zahl von Ruderbooten ("trankis") mit je 4-8 Geschützen (BIRKEN, 1972,68; HAWLEY, 1977,32).

Die Beteiligung am maritimen Warenverkehr wurde ergänzt durch einen neuerlichen Landesausbau, für den die expandierende Ökonomie die Mittel bereitstellte. Die Imamatsherrschaft erschloß Siedlungs- und Anbauflächen insbesondere in der durch die Vertreibung der Portugiesen verwüsteten Bāṭinah, ein Großteil der Dattelgärten der gegenwärtigen Oasenlandwirtschaftszone geht auf diese Rekultivierungsmaßnahmen zurück.

"(Imam Sayf b. Sultan) planted so many trees that he was reputed to own a third of all the date palms in the country, and in Barka alone he planted 30,000 young date trees and 6,000 coconuts" (HAWLEY, 1977,32).

Ebenso wurden wüstgefallene aflāj in den Provinzen Ghadaf, Jawf und Tu'ām rekonstruiert (34) und das Zentrum des Imamats, Nizwā, mit einer noch erhaltenen Zitadelle befestigt. Dem Sitz des Ya'āribah-Imams zugeordnete Bürokraten und Richter vertraten die Herrschaft des Imamats in allen bedeutenden Siedlungen Omans.

Auseinandersetzungen um die Wahl des Imam führten zu erneutem Bürgerkrieg, in dem sich aus den führenden Stämmen der gegnerischen Parteien, B. Hinā' und B. Ghāfir, die politischen Fraktionen der hināwīyah und ghāfirīyah herausbildeten. Seinen Anspruch auf das Imamat suchte ein Ya'āribah-Prätendent zunächst mit Hilfe einer aus Makrān rekrutierten Balūsh-Söldnertruppe (dem ersten Erscheinen dieser Bevölkerungsgruppe im Oman) durchzusetzen (35). Nach dem Scheitern dieses Unternehmens beendet 1737 eine Invasion persischer Truppen, ebenfalls auf sein Ersuchen ins Land gerufen (36), ein weiteres Mal Außenkontakte und Fernhandelstausch des Imamats: die politische und ökonomische Entwicklung von Bāṭinah und Inner-Oman verliefen von neuem getrennt. Angesichts der persischen Besetzung der Bātinah gelang es dem durch das Ya'āribah-Imamat eingesetzten wālī von Ṣuḥār, Aḥmad b. Sa'īd Āl Bū Sa'īd, die tribalen Rivalitäten zu begrenzen und durch geschicktes Taktieren 1744 die Invasoren zu vertreiben (37).

Aḥmad b. Sa'īd war Mitglied des kleinen, bislang kaum politisch hervorgetretenen hināwī-Stammes der Āl Bū Sa'īd. Aus dem ursprünglichen Bannbereich des Stammes, dem nomadischen Lebensraum Inner-Omans mit dem Hauptort 'Adam, waren Segmente unter dem Ya'āribah-Imamat in die Bāṭinah eingewandert. In Suḥār stieg Aḥmad b. Sa'īd zu einem bedeutenden Händler auf, ehe er von der Ya'āribah-Herrschaft zum Gouverneur (wālī) von Suḥār bestellt wurde (LANDEN, 1967, 58; PHILLIPS, 1971(b),62; SKEET, 1975,39). Während des Niedergangs des Imamats begründete sich sein politisches Profil mithin eher auf seine ökonomische Position als auf tribalen Rückhalt in Inner-Oman (KELLY, 1972,103,108). Dies änderte erst der Widerstand bei der persischen Besetzung von Suḥār. Die Popularität, die ihm die Vertreibung der Invasoren eintrug, setzte er durch die von hināwīyah als auch ghāfirīyah unterstützte Wahl zum Imam in politische Macht um (38). Dennoch war er, auch durch Fraktionskämpfe innerhalb der Āl Bū Sa'īd, permanent gezwungen, seine Herrschaft zu verteidigen, als deren Hauptort er Ar Rustāq bestimmte.

Die Imamatsherrschaft des Aḥmad b. Sa'īd baute - in Abkehr von den politischen Prinzipien des Imamats - eine reguläre Armee und Marine auf (KELLY, 1972,108; TOWNSEND, 1977,39; S.H.O., 7). Einfluß und Umfang der Bürokraten-Organisatoren in der Zentralgewalt wurde verstärkt (HAWLEY, 1977,39-40; LANDEN, 1967,59; PHILLIPS, 1971(b),66). Ebensowenig wie die abermalige Ausweitung des Handels fand diese Politik die Unterstützung der Stämme Inner-Omans, so daß die Nachfolger des Aḥmad b. Sa'īd nicht zu Imamen gewählt wurden - sie beherrschten die Küstenebene unter dem Titel "sayyid" (39). Als räumliche Manifestation der Abkehr von den klerikal-demokratischen Prinzipien des Imamats wurde das Zentrum der Āl Bū Sa'īd-Herrschaft ab 1784 in die Küstensiedlung Masqaṭ verlegt. Die Tatsache, daß diese Siedlung in der ibāḍī-Tradition nicht unter die möglichen Hauptorte des Imamats rechnete (40), unterstreicht dies.

Anders als die Ya'āribah-Zentralgewalt brach die Āl Bū Sa'īd-Herrschaft mit einer fundamentalen Forderung, derzufolge "the leader of the Omani state must reside in the Interior in order to control directly the tribal situation" (WILKINSON, 1972,77). Der 1792 geschlossene Vertrag von Barkā' in der Bāṭinah über eine Aufteilung des Territoriums unter Mitglieder des herrschenden Āl Bū Sa'īd zementierte das Auseinanderstreben von Bāṭinah und Inner-Oman (41).

Die persische Kolonisierung, zahllose Invasionen der Küsten Omans sowie Handelskontakte etablierten im Küstensaum der Bāṭinah (sāḥil) eine Vielzahl arabischer und nicht-arabischer Bevölkerungsgruppen. Bis heute prägt diese bevölkerungsmäßige Heterogenität des Küstensaums die Bāṭinah. Darin unterscheidet sich auch die Küstenprovinz erkennbar von Inner-Oman.

Eingebunden in ein überregionales, von Oman beherrschtes Seehandelssystem und wachsende Kontakte mit europäischen Mächten des Zentrums (Großbritannien), vertiefte die ökonomische Entfaltung der Bāṭinah die disparitäre Struktur beider omanischer Teilräume. Mit dem Verlust der regionalen maritimen Vorherrschaft (LANDEN, 1967,64,109-127) in der zweiten Hälfte des 19. Jahrhunderts sowie der Trennung des Sultanats in zwei unabhängige Territorialstaaten (Masqat und Oman, Zanzibar) 1861 zeichnete sich ein ökonomischer wie politischer Bedeutungsverlust der Bāṭinah wie auch der sie beherrschenden Āl Bū Sa'īd-Zentralgewalt ab. Insbesondere seit dieser, von Großbritannien vermittelten und mit Hilfe von Ausgleichszahlungen ("Zanzibar subsidy") kompensierten Teilung des Sultanats war Großbritannien indirekt bis zur faktischen Kontrolle der omanischen Politik involviert (HALLIDAY, 1974,271-272; LORIMER, 1970, i,534; PETERSON, 1978; TOWNSEND, 1977,43). Von nun an auf britische Kanonenboote gestützt, vermochten die omanischen Sultane (42) Herrschaft und Territorium gegen die Stämme Inner-Omans zu verteidigen (43). Diesen gelang es aber gegen Ende des 19. Jahrhunderts, zeitweilig die Herrschaft über das Sultanat auszuüben (HAWLEY, 1977,46; KELLY, 1972,114-116,119).

1920 markierte der Vertrag von As Sīb in der Bāṭinah das Ende eines anhaltenden, mal latenten, mal offenen Bürgerkrieges. Er bestätigte die Disparität zwischen Küstenprovinz und Inner-Oman, wies somit faktisch die Existenz zweier staatlicher Gebilde in Oman aus - "the Government of the Sultan" und "the people of Oman" (44). Gleichwohl beanspruchte die Sultanatsherrschaft die Oberhoheit auch über Inner-Oman, um ohne Zustimmung bzw. Befragung des Imam Konzessionen zur Erdölprospektion im Landesinneren vergeben zu können. Doch erst in erneuten bürgerkriegsartigen Auseinandersetzungen, in die Großbritannien massiv zugunsten des Sultanats eingriff, wurde die seit den vierziger Jahren angestrebte Kontrolle über Inner-Oman erkämpft (45): Eine Dekade vor der Öffnung des Landes stellte die Āl Bū Sa'īd-Herrschaft die territoriale Einheit Omans gewaltsam wieder her. Die gewachsenen ökonomischen und politischen Disparitäten wurden damit jedoch keinesfalls abgebaut.

2.2.2 Bevölkerungsgruppen der Bāṭinah

2.2.2.1 Ethnische Heterogenität

Die historische Entwicklung der Küstenprovinz Bāṭinah wurde durch permanente Invasionen und Einwanderungswellen verschiedenster ethnischer Gruppen, die bis in das 19. Jahrhundert andauerten (46), wesentlich mitbestimmt. Bei diesem Prozeß wurden die arabischen und nicht-arabischen Zuwanderer durch jeweils folgende Immigrationswellen nur teilweise verdrängt. In der wenig bevölkerten Küstenprovinz kam es zu vielschichtiger Überlagerung der Ethnien, der ein komplexes räumliches Gefüge der Bevölkerungsgruppen entspricht. Die demographische Vielfalt der Bāṭinah charakterisiert diesen omanischen Teilraum in besonderer Weise (AZZI, 1973,213; ECCLES, 1927,20; HARRISON, 1934,263; HOOGERWOERD, 1889, 197f; LANDEN, 1967,34).

Drei große ethnische Gruppen prägen die gegenwärtige bevölkerungsmäßige Zusammensetzung der Bāṭinah (SCHOLZ, 1978,493-494):

(1) arabische Stämme

(2) nicht-arabische Bevölkerungsgruppen von den Küsten Persiens und Baluchistans

(3) nicht-arabische Bevölkerungsgruppen des indischen Subkontinents.

Pariagruppen und Sklaven vervollständigen das demographische Spektrum. Auch wenn ihre Verbreitungsareale in der Küstenregion teilweise ineinandergreifen, besteht zwischen den verschiedenen Ethnien traditional kein direkter siedlungsmäßiger Kontakt: Die verschiedenen Bevölkerungsgruppen bewohnen eigene, je voneinander abgegrenzte Viertel.

(1) Die stammlich organisierten arabischen Bevölkerungsgruppen wanderten seit dem 7. Jahrhundert durch die <u>wādīs</u>, die Inner-Oman durch die zentrale Gebirgsregion mit der Bāṭinah verbinden, in kleinen Gruppen in die Küstenprovinz ein (Abb. 8). Teils wur-

den die nomadischen Gruppen in der Küstenregion der Bāṭinah als Bauern seßhaft, teils betrieben sie mobile Viehwirtschaft in der Wadiregion. Seit dem 17. Jahrhundert standen vornehmlich bürgerkriegsartige, tribale Auseinandersetzungen Inner-Omans (47) als Ursachen hinter den Immigrationswellen arabischer Bevölkerungsgruppen. Jedoch förderte auch die Imamats-Herrschaft während jener Phasen, in denen sie auch über die Bāṭinah territoriale Kontrolle ausüben konnte, die Ansiedlung von arabischen Bevölkerungsgruppen aus Inner-Oman in der Küstenprovinz (TOWNSEND, 1977,37).

Einen Höhepunkt erreichten die Einwanderungen während des Bürgerkriegs des 17. Jahrhunderts zwischen den Fraktionen der hināwīyah und ghāfirīyah, bei dem die hināwī-Fraktion zeitweise in die Bāṭinah vertrieben wurde (HAWLEY, 1977,34-35). Als Reaktion auf die anhaltenden militärischen Konflikte Inner-Omans, das weitgehend von der ghāfirī-Fraktion kontrolliert wurde, verließ eine Reihe kleinerer Stammesgruppen der hināwīyah das Landesinnere. Sie nahmen Areale als Bannbereiche (dār, pl. dirāh) in Besitz, wo sich bereits andere hināwī-Bevölkerungsgruppen etabliert hatten. Ein nomadischer Stamm, der während dieser Phase aus seinem ursprünglichen Verbreitungsgebiet in der inner-omanischen Provinz Sharqīyah, dem Balad al Wāfī, abwanderte, waren die Āl Ḥamad (48). Sie besetzten einen Bannbereich in der S-Bāṭinah zwischen Barkā' und Rumays, denn auch die benachbarten arabischen Stämme Ma'āwil, Mawālik, Āl Bū Qurayn, Āl Bū Rashīd und Yal Sa'd gehörten zu den hināwīyah (49).

In der Küstenprovinz, die aufgrund ihrer schwer kontrollierbaren Küstenlinie (50) permanent externer Beeinflussung ausgesetzt war, besaßen die tribal-politischen Fraktionierungen der arabischen Stämme eine geringere Bedeutung (PETERSON, 1978,15,114).

(2) Die nicht-arabischen Bevölkerungsgruppen der Bāṭinah umfassen Omanis, die überwiegend während der letzten zwei Jahrhunderte von den Küsten Persiens und Baluchistans einwanderten. Bevölkerungsgruppen der Makrān-Küste, die Balūsh (sing. Balushi) wurden in den dreißiger Jahren des 17. Jahrhunderts als Söldner nach

Oman gerufen (51). Seit der Herrschaft der Āl Bū Sa'īd bestehen, bis in die Gegenwart, die Mannschaften der Sultanats-Armee (SAF) aus Balūsh-Soldaten (52). Überwiegend haben die Balūsh-Bevölkerungsgruppen der Bāṭinah ihre ethnische Eigenständigkeit und Sprache bewahrt.

Wie die Balūsh wurden auch andere persische Söldner der Makran-Küste, Zidjāl (sing. Zidjālī) in das Sultanat gebracht. Diese Bevölkerungsgruppe wird in der Küstenprovinz regional den Balūsh zugerechnet (LORIMER, 1970,ii,891), mit denen gebietsweise Siedlungsgemeinschaft besteht.

Mitglieder einer dritten nicht-arabischen Bevölkerungsgruppe der persischen Küste, die Fawāris (sing. Fārisī) waren ebenfalls seit dem 18. Jahrhundert in die Küstenprovinz immigriert. In der Bāṭinah vermischten sie sich jedoch - anders als die Balūsh - partiell mit arabischen Bevölkerungsgruppen (LORIMER, 1970,ii,554). In einigen Siedlungen der Bāṭinah sind ebenfalls aus Persien zugewanderte Bevölkerungsgruppen, 'Ajam (sing. 'Ajmī) verbreitet (53). Vereinzelt zu den Fawāris gezählt, widersetzten sich die shi'itischen 'Ajam einer Assimilierung (LORIMER, 1970,ii,1411).

(3) Bevölkerungsgruppen des indischen Subkontinents (Banian, Khojah), die kleinste in die Bāṭinah immigrierte Ethnie, sind seit mehreren Jahrhunderten in Masqaṭ-Maṭraḥ und einigen Küstensiedlungen der Bāṭinah als Großhändler ansässig. Nur in kleiner Zahl in den Küstensiedlungen verbreitet, jedoch mit weitreichenden Kontakten untereinander, gelangte die indische Minderheit insbesondere während des 19. Jahrhunderts in eine Schlüsselstellung in der Ökonomie des Sultanats (54). Die indischen Bevölkerungsgruppen gliedern sich in Hindu-"Banians" und muslimische "Khojahs". Beide Gruppen haben ihre ethnisch-soziale Identität durch minimale Kontakte zu anderen Omani erhalten (LANDEN, 1967,131), sie leben i.d.R. in eigenen Wohnvierteln (55).

Die Banians (56) stellen eine traditionale nicht-omanische Bevölkerungsgruppe dar, da - seit dem 19. Jahrhundert - die Mehrzahl von ihnen die britisch-indische Nationalität besaß (PETERSON, 1978,

22). Zum indischen Subkontinent unterhielten die von den Omani Al Baniyān benannten, aus dem westlichen Indien (Kacchh) stammenden Hindu enge Verbindungen. Dort hatten sie zumeist ihre Familien zurückgelassen (LANDEN, 1967,139f). Im Sultanat unterstanden die Hindu aufgrund der Tatsache, daß sie die britisch-indische Staatsbürgerschaft innehatten, nicht omanischer Jurisdiktion und Besteuerung, ihre Religionsausübung wurde garantiert. Mobiles und immobiles Eigentum standen unter britischem Schutz (LANDEN, 1967,143); gleichzeitig spielten die Banians freilich eine bedeutende Rolle in der Ökonomie des Sultanats, dessen Zentralgewalt sie als Steuerpächter und Finanziers verbunden waren (57).

Anders als die Banians waren die muslimischen Khojahs i.d.R. omanischer Oberheit unterstellt. Die in Oman als Luwātīyah (sing. Lūtīyah) und/oder nach der Herkunft einiger Gruppen aus Hyderabad (Sind) auch als Haydarābādīs (sing. Haydarābādī) bezeichneten Khojahs wanderten aus dem westlichen Indien (Gujarat, Sind) nach Oman ein, zu den dortigen Khojah-Bevölkerungsgruppen bestehen jedoch nur selten noch soziale wie religiöse Kontakte (LORIMER, 1970, ii,1034). Die Luwātīyah bekennen sich zur shi'ītischen Glaubensrichtung des Islam (58).

In Oman, "the Khojahs were a close-knit community governed by an elaborate system of communal rules similar in many ways to Hindu caste regulations, and they did not mix socially with other elements of the Omani population" (LANDEN, 1967,140-141). Sie siedelten in eigenen, geschlossenen Vierteln; neben ihrem Hauptverbreitungsgebiet Matrah (Sūr al Luwātīyah) sind sie in allen Küstenzentren der Bāṭinah als Händler vertreten (59). Die gleichfalls in der Bāṭinah verbreitete Shi'i-Gruppe der Bahārinah (sing. Bahrānī) rechnen die arabischen Omani teilweise den Khojahs zu.

Zu den genannten ethnischen Gruppen der Bāṭinah (60) kommen insbesondere in der Küstenregion negroide Sklaven ('abīd, sing. 'abd), die aus E-Afrika stammen, hinzu. Von dort, teilweise auch aus Makrān, wurden sie bis in die vierziger Jahre dieses Jahrhunderts - trotz eines mit Großbritannien 1873 vertraglich vereinbarten Verbots des Sklavenhandels (61) - unter Beteiligung nomadischer Bevölkerungsgruppen in die Küstenprovinz geschafft. Die Mehrzahl der

Sklaven wurden jedoch in die Scheichtümer Trucial Omans weitervermittelt (62). 1970 hob die Zentralgewalt offiziell die Sklavenhaltung auf. Für die Beziehungen zwischen 'abīd und Herr hatte diese Maßnahme freilich de facto oftmals nur geringe Bedeutung, da eine fortdauernde Bindung zum einstigen Sklavenhalter den ehemaligen Sklaven auch ökonomische wie soziale Sicherheit verlieh (63).

Während die 'abīd in die traditionale arabisch-omanische Gesellschaftsform integriert waren, stuften die arabischen Stämme die Zuṭūṭ (sing. Zuṭṭī), eine in der Bāṭinah verbreitete Pariagruppe (64) als non-qabīlī ein (THOMAS, 1931,152). Diese in ganz N-Oman verbreitete mobile Bevölkerungsgruppe, deren Herkunft ungeklärt ist (65), hat ihre ethnische Eigenständigkeit und Sprache (ratīnī) vollkommen erhalten (LORIMER, 1970,ii,1939; MILES, 1877,57-58; PHILLIPS, 1971(a), 173).

2.2.2.2 Soziale Differenzierung

Der ethnischen Heterogenität der Bevölkerungsgruppen entspricht auf der Ebene der gesellschaftlichen Organisation kein ähnlich uneinheitliches soziales Gefüge. Vielmehr sind die verschiedenen Ethnien durch die herrschaftsmäßig dominierenden, tribal organisierten arabischen Omani der Bāṭinah in einer z.T. rigiden Hierarchie sozialer Positionierung angeordnet (Abb. 6).

Als Kriterien für die soziale Wertschätzung werden ethnische Herkunft, mögliches Konnubium, ökonomische Tätigkeiten und Religion herangezogen. Gegenwärtig (1978) ergibt sich, nach Ermittlungen vornehmlich in der S-Bāṭinah zusammengestellt (66), eine soziale Hierarchie der Bevölkerungsgruppen, an deren Spitze die arabischen qabīlī stehen. Den untersten Rang nehmen die Zuṭūṭ ein. Mit den 'abīd üben die arabischen Omani Konnubium, ohne daß damit eine soziale Diskriminierung verbunden wäre. Frauen anderer Bevölkerungsgruppen (Fawāris, Balūsh) werden vorwiegend aus ökonomischen Gründen geheiratet (67).

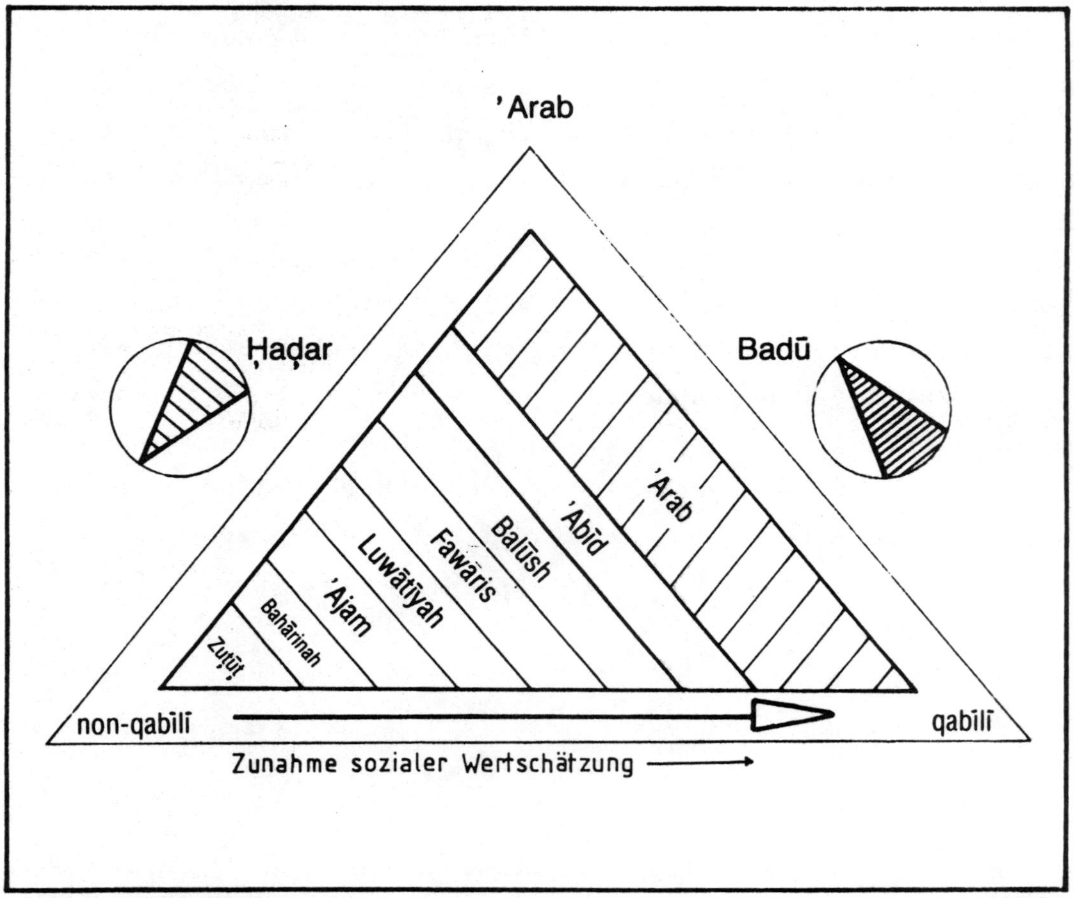

Quelle: Erm. d. Verf. 1977/78 HA 1178

Abb. 6 Soziale Differenzierung der Bevölkerungsgruppen der Bāṭinah

2.2.2.3 Ökonomische Differenzierung

Weniger eindeutig als die positionelle Differenzierung der Bevölkerungsgruppen kann eine Zuordnung zu den traditionalen Lebensformgruppen der Bāṭinah vorgenommen werden, da der sozialen Rangfolge nicht allein ökonomische Kriterien zugrunde liegen. Unterschieden nach den ethnischen Gruppierungen zeichnet sich für die traditionale Situation des 19. Jahrhunderts folgendes Bild ab:

(1) Die arabischen Omani rechnen zu den primären Lebensformgruppen der nomadischen Viehhalter, der seßhaften Oasenbauern und der mobilen Fischer (LORIMER, 1970,ii, 284; MILES, 1919,401). Partiell waren die arabischen Stämme der Bāṭinah an Handel und verwandten Wirtschaftstätigkeiten in den städtischen Siedlungen der Küste beteiligt (PETERSON, 1978,25).

(2) Tätigkeiten des tertiären Sektors übten in erster Linie nichtarabische Bevölkerungsgruppen wie Balūsh und Fawāris aus; beispielsweise beherrschten Balūsh den Fischhandel in den Märkten der Küste. Eine Minderheit dieser Bevölkerungsgruppe sicherte ihre Existenz über die Produktionsbereiche Landwirtschaft und/ oder Fischfang.

(3) Die indischen Bevölkerungsgruppen waren Träger eines überregionalen Handels, durch den das Sultanat in das den Golf und den Indischen Ozean überziehende Fernhandelssystem einbezogen war (68).

2.2.2.4 Regionale Verbreitung

In der Küstenregion sind die Verbreitungsgebiete der verschiedenen Bevölkerungsgruppen eng miteinander verzahnt; diesen Raum prägt die ethnische Heterogenität in besonderer Weise. Als prägnante Beispiele lassen sich die städtischen Küstensiedlungen anführen (PETERSON, 1978,15). Innerhalb einer Siedlung zeigt sich jedoch eine bevölkerungsmäßige Segregation in Viertel (ḥillah; ḥārah, pl. ḥawāyir).

Eine stammliche Sonderung, wie sie charakteristisch für orientalische Siedlungen, insbesondere für die Städte erachtet wird, hat sich indessen nicht herausgebildet. Gewöhnlich siedelten Stämme, die der gleichen politischen Fraktion angehörten, in räumlicher Nachbarschaft; im Verlauf der historischen Entwicklung können sich aber auch hināwī- und ghafīrī-Stämme in einer ḥillah vermischen. Die gegenwärtige kleinräumige Verbreitung der Bevölkerungsgruppen in der Küstenregion zeigt die städtische Küstensiedlung Barkā' (S-Bāṭinah) in beispielhafter Weise (Abb. 7).

Die räumliche Verteilung der arabischen Stämme in der Wadiregion wurde wesentlich durch die Einwanderung der nomadischen Gruppen in die Bāṭinah bestimmt, die stets über die Schwächezonen, die den zentralen Gebirgsbogen gliedern, eindrangen. Die durch vom Meer her erfolgten Invasionen nicht-arabischer Bevölkerungsgruppen in die Küstenprovinz ausgelösten Rückzugsbewegungen und erneute Vorstöße der Omani "across the bajada zone into the mountains and out onto the Batina plain beyond tended to mix the formal descent groups into the most complex patterns" (WILKINSON, 1977,198).

Während des Ya'āribah-Imamats wurden arabische Bevölkerungsgruppen, in Zusammenhang mit Rekultivierungsmaßnahmen in der Landwirtschaft (69), in der Küstenprovinz angesiedelt. Nomadische Stämme Inner-Omans hatten während dieser Phase die Wadiregion der Bāṭinah in Jahren extremer Futterknappheit im Landesinneren mit ihren Herden aufgesucht, sich i.d.R. jedoch wieder zurückgezogen.

Die in den Einwanderungswellen des 17. und 18. Jahrhunderts in die Bāṭinah vorgedrungenen Stämme nahmen zumeist Bannbereiche in räumlicher Nachbarschaft zu anderen arabischen Bevölkerungsgruppen, die der gleichen politisch-tribalen Fraktion zugehörten. Wenn sich auch lokal komplexe Überschneidungen von hināwī- und ghāfirī-Gruppen - insbesondere in der Küstenregion - ergaben (LORIMER, 1970,ii,1398), so tritt dennoch das regionale Ordnungsprinzip, in dem die hināwīyah überwiegt (LORIMER, 1970,ii,284; H.B.A. 1920,i, 251), deutlich zutage. Hingegen erweist sich eine klare Scheidung der traditionalen Bannbereiche in die seßhafter und jene nomadischer Stämme schon deswegen als problematisch, da einem Stamm sowohl Badū- wie auch Ḥaḍar-Fraktionen zugerechnet werden können

Abb. 7 Verbreitung der Bevölkerungsgruppen der Bāṭinah - Beispiel Barkā'

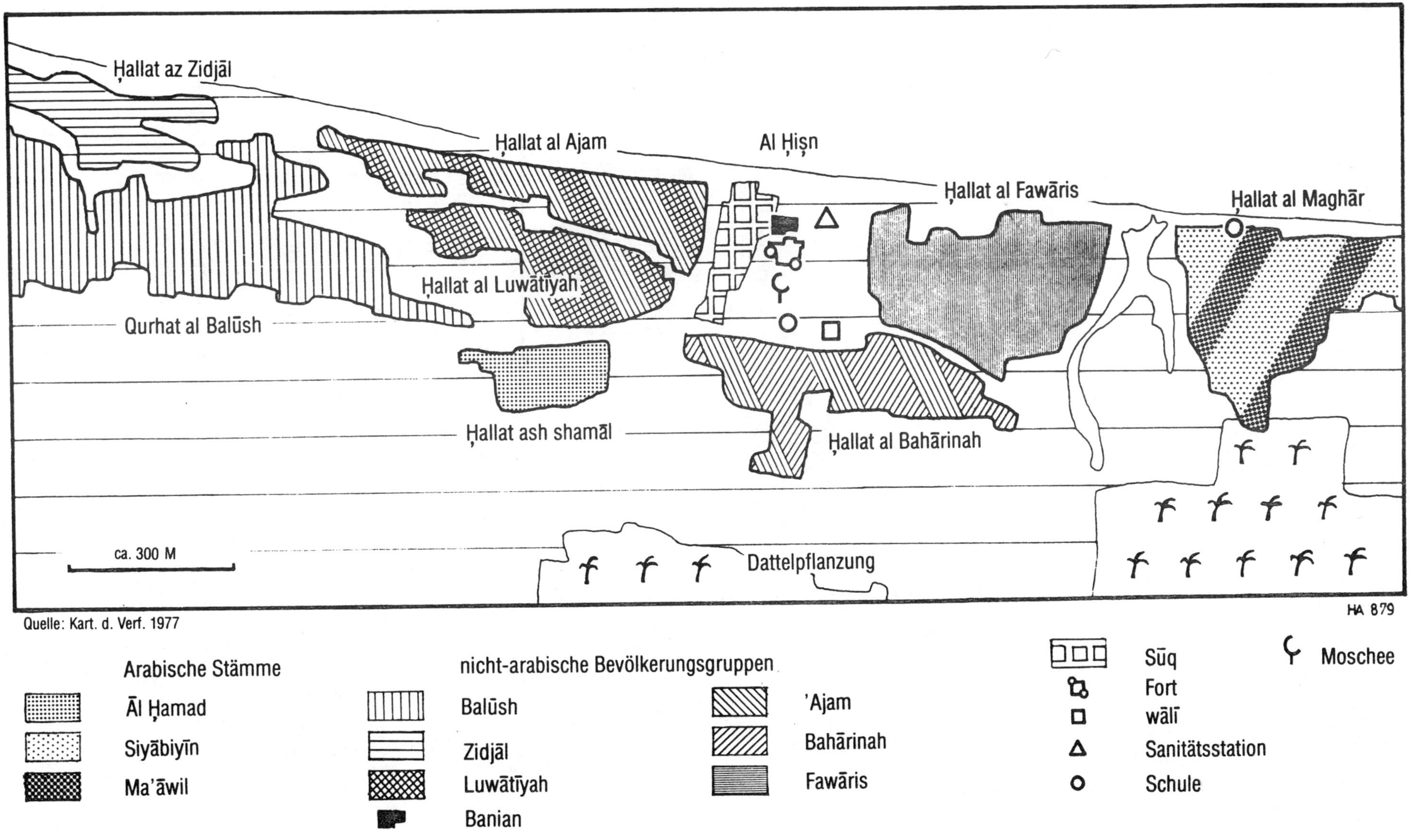

Quelle: Kart. d. Verf. 1977

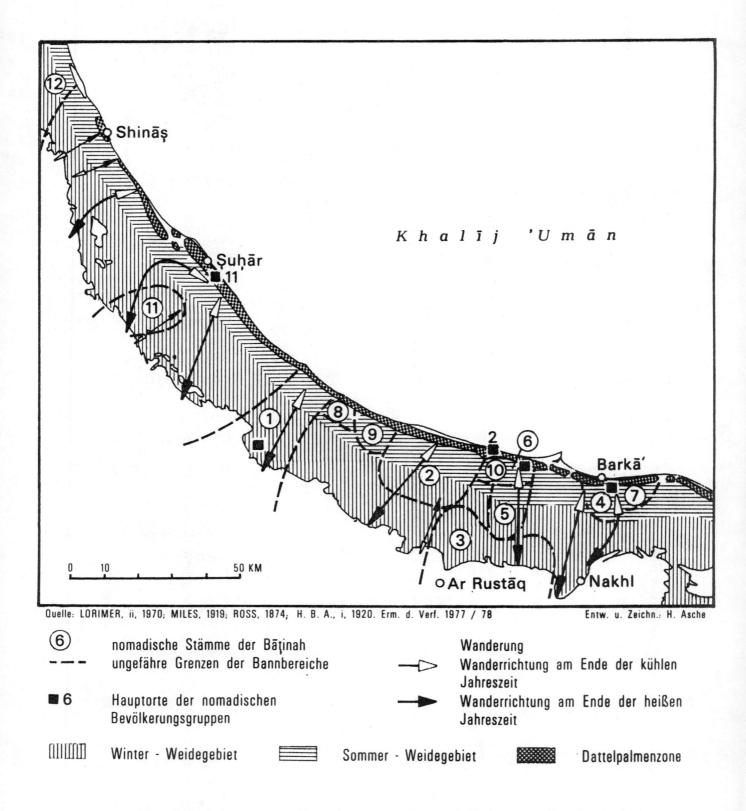

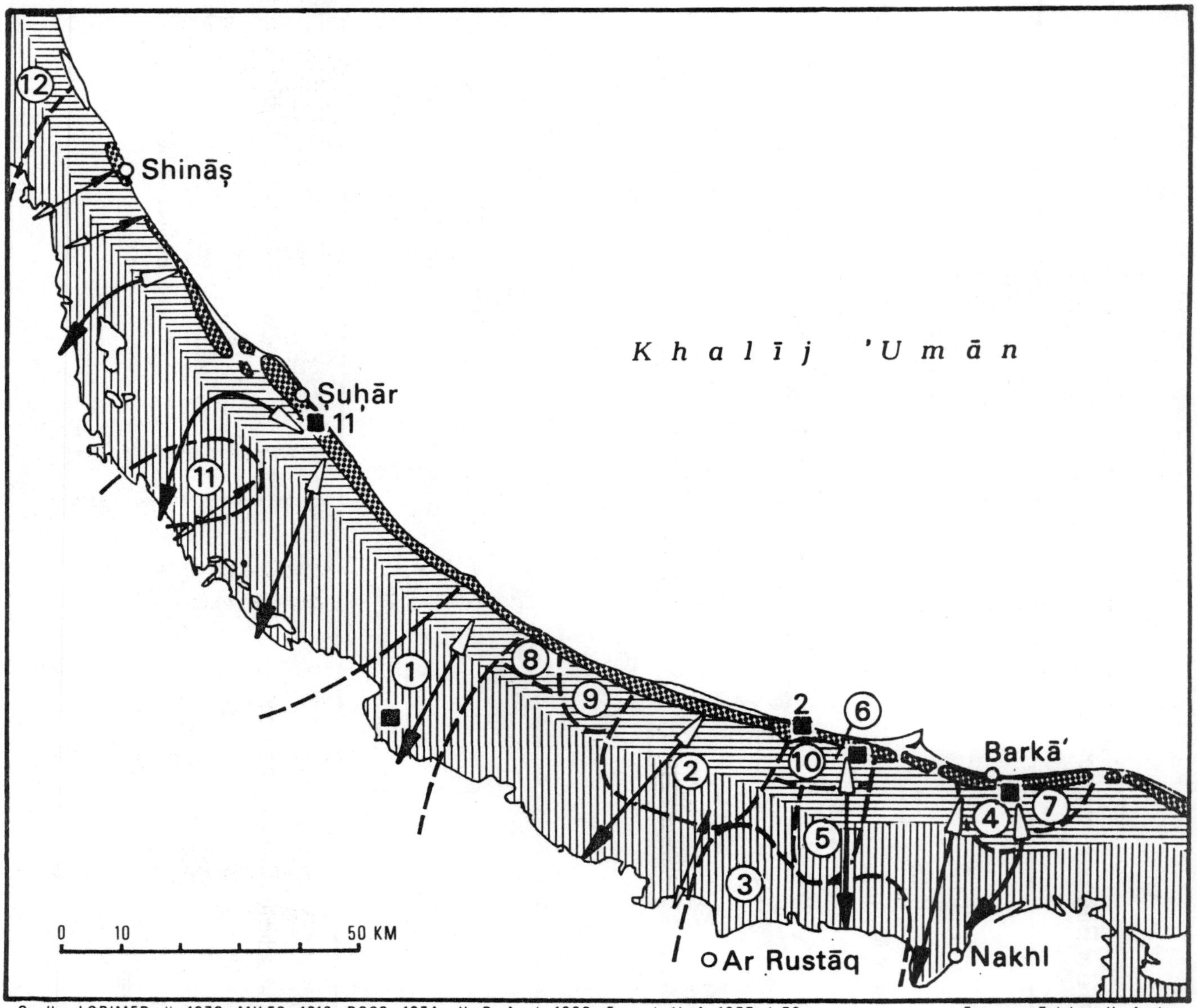

Quelle: LORIMER, ii, 1970; MILES, 1919; ROSS, 1874; H. B. A., i, 1920. Erm. d. Verf. 1977 / 78

Entw. u. Zeichn.: H. Asche

⑥	nomadische Stämme der Bāṭinah		Wanderung
– – –	ungefähre Grenzen der Bannbereiche	—▷	Wanderrichtung am Ende der kühlen Jahreszeit
■ 6	Hauptorte der nomadischen Bevölkerungsgruppen	—▶	Wanderrichtung am Ende der heißen Jahreszeit

Winter - Weidegebiet · Sommer - Weidegebiet · Dattelpalmenzone

Abb. 8 Die wichtigsten nomadischen Bevölkerungsgruppen der Bāṭinah
Verbreitung und traditionelles Regional-Mobilitäts-Verhalten

(LORIMER, 1970,ii,284). Insofern greifen die Verbreitungsgebiete seßhafter und nomadischer Stammesgruppen ineinander; ihr räumliches Gefüge ist im Verlauf der historischen Entwicklung stetigem Wandel unterworfen.

Die in die Bāṭinah zugewanderten arabischen Bevölkerungsgruppen brachen, bis auf Ausnahmen (70), nachdem sie sich in der Küstenprovinz etabliert hatten, die Kontakte zu ihren einstigen sozioökonomischen Aktionsräumen im Landesinneren ab. Jedoch waren sie ständigen kamel-reiterkriegerischen Einfällen (ghazū) von Stämmen, vornehmlich aus der inner-omanischen Provinz Ẓāhirah ausgesetzt (MILES, 1910,414; 1919,381). Bürgerkriege und eine wachsende politisch-ökonomische Auseinanderentwicklung der Küste und des Landesinneren begünstigten die Abschottung der eingewanderten Gruppen noch. Dadurch vermochten sich auch kleinere Gruppen und Stammessegmente (71) z.T. durch die Förderung der seinerzeit jungen Āl Bū Sa'īd-Herrschaft über die Küstenprovinz, zu eigenen Stämmen zu verselbständigen.

Als Konsequenz dieser Entwicklung fehlen in der Bāṭinah große und politisch bedeutsame Stämme weitgehend. Treffend kennzeichnen die nomadischen Yal Sa'd der S-Bāṭinah, "the largest, but (...) by no means the most influential tribe in Oman" (MILES, 1919,435) beide Pole dieses Sachverhaltes. Traditional wird ein Dutzend Stämme unter die bedeutenden nomadischen Bevölkerungsgruppen der Bāṭinah gerechnet (72), die nahezu ausschließlich in der Küstenprovinz verbreitet sind.

All diesen Stämmen gehören aber auch seßhafte Fraktionen an, die - je nach Lage des entsprechenden dār - in Oasen am Bergfußbereich und/oder in der Küstenregion siedelten. Solche Siedlungen bildeten oftmals die Hauptorte der Stämme, auch der nomadischen Segmente, an denen sich teilweise die Stammesführer (shaykh, tamīmah) aufhielten. In Abb. 8 und App. 1 ist die räumliche Verteilung der wichtigsten nomadischen Bevölkerungsgruppen der Bāṭinah zusammengestellt. Dabei sei hervorgehoben, daß die Angaben über die Verbreitung der nomadischen Bevölkerungsgruppen in der Wadiregion die traditionale Situation wiedergeben, wie sie aus der Literatur und Befragungen für die Wende des 19./20. Jahrhunderts ermittelt werden konnten.

Die Ausführungen dürften die Grundzüge der demographischen und gesellschaftlichen Rahmenbedingungen verdeutlicht haben, innerhalb derer sich die nomadischen Viehhalter, mobilen Fischer und seßhaften Bauern raumwirksam artikulieren. Welche konkreten sozioökonomischen und räumlichen Organisationsformen diese primären Lebensformgruppen in der Küstenprovinz entwickelten, kann indessen ohne Kenntnis und Bezugnahme auf die übergeordneten Herrschafts- und Wirtschaftszusammenhänge nicht umfassend beurteilt werden. Denn auch diese ökonomischen und herrschaftsmäßigen Rahmenbedingungen wirken als Gestaltungsfaktoren auf die spezifische Ausprägung von Lebensform, Wirtschafts- und Raummuster der Lebensformgruppen. Um eine Orientierung über die sozioökonomischen Rahmenbedingungen für die Diskussion der traditionalen Wirtschafts- und Lebensform der mobilen Fischer, Bauern und nomadischen Viehhalter zu vermitteln, seien im folgenden die territoriale und herrschaftsmäßige Struktur sowie die Grundzüge der ökonomischen Verhältnisse in der Bāṭinah behandelt.

2.2.3 Territoriale Struktur und Administration des Sultanats

Die historische Entwicklung Omans durchzieht der Versuch der jeweils dominierenden Herrschaft, ganz N-Oman unter ihrer territorialen Oberhoheit zu vereinen. Bis zum Ende der fünfziger Jahre dieses Jahrhunderts gelang dies der Āl Bū Sa'īd-Herrschaft nur unvollkommen: zwei Jahrhunderte blieb der Herrschaftsbereich der Āl Bū Sa'īd auf die Küsten N-Omans beschränkt.

Um die Wende des 19./20. Jahrhunderts umfaßte die territoriale Herrschaft des Sultanats die direkte Kontrolle über Masqaṭ, Maṭraḥ, die Bāṭinah bis östlich Al Maṣna'ah und die Küstenzentren östlich Al Maṣna'ah (Cox in ECCLES, 1927,41). In Nakhl, den Wādīs Ma'āwil, Ṭaww, Samā'il und einigen Siedlungen der Küste südöstlich von Masqaṭ (Ṣūr) war die direkte Herrschaft in eingeschränkter Form durchgesetzt worden. Der Kontrolle des Sultanats entzogen war fast ganz Inner-Oman, wo die Sultanats-Zentralgewalt nur in Nizwā und Izkī über Einfluß verfügte. Damit beschränkte sich die territoriale Ausbreitung des Sultanats auf die Bāṭinah ohne Ghadaf, Masqaṭ und die Küste südöstlich von Masqaṭ bis Ras al Ḥadd, hinzuzurechnen sind Exklaven in Khaṣṣab (Musandam), Ṣalālah (Dhufār) und Gwādar (Baluchistan) (LORIMER, 1970,ii,1419-1420; TOWNSEND, 1977,55).

Als räumliche Manifestation des territorialen Herrschaftsanspruchs wurden in bedeutenden Siedlungen sowie an den Grenzsäumen des Sultanats Militärstützpunkte, die mit der aus Stämmen des Sultanats gebildeten Miliz (<u>'askarīyah</u>) besetzt waren, eingerichtet. Die <u>'askarīyah</u> bestand im wesentlichen aus Milizsoldaten (<u>'askarī</u>, pl. <u>'asākir</u>) der Bāṭinah-Stämme B.'Umr und Ḥawāsinah (73); sie wurden in den einzelnen Militärposten von Offizieren (<u>jamā'dar</u>, <u>'aqīd</u>) kommandiert. Die <u>'askarīyah</u> sollte die territoriale Herrschaft des Sultanats überlokal demonstrieren, die innere Sicherheit des Territoriums gewährleisten sowie die Autorität der regionalen Administration stärken (App. 2).

Die wichtigsten Milizposten befanden sich am Sitz der regionalen/lokalen Verwaltung des Sultanats, dessen Herrschaftsbereich zu administrativen Zwecken in eine Reihe von Verwaltungsbezirken (<u>wilāyah, pl. wilāyāt</u>) gegliedert war. Jeder <u>wilāyah</u> stand ein Administrator (<u>wālī, pl. wulā</u>) vor: "Nominally at least, the wali acted in the sultan's name as the chief military-police, judicial and financial officer within his jurisdiction" (LANDEN, 1967,346). Die <u>wālī</u>-Posten waren nicht gleichrangig, sondern traditional hierarchisch gegliedert: der <u>wālī</u> Masqaṭ rangierte nach Bedeutung - wenn auch nicht nach Machtausübung (LANDEN, 1967,347) - vor den <u>wālīs</u> Maṭraḥ und Ṣuḥār (App. 2).

Ein <u>wālī</u> wurde gewöhnlich nicht aufgrund der sozialen Position des möglichen Kandidaten bestimmt, "but simply from character as to probity and intelligence, coupled with a due amount of attention of the forms of the Mohammedan faith" (PENGELLY, 1863,31).

In der zweiten Hälfte des 19. Jahrhunderts bestanden in der Bāṭinah die <u>wilāyāt</u> Ṣuḥār, Barkā' und As Sīb (PENGELLY, 1863,30), deren jeweilige Gebiete erheblich größeren Zuschnitt besaßen als die gegenwärtigen wilāyāt (Abb. 9). Um die Wende zum zwanzigsten Jahrhundert wurde die regionale Administration verfeinert und die Zahl der wilāyāt in der Küstenprovinz verdoppelt.

Das wilāyat Ṣuḥār in der Bāṭinah, in weitere administrative Subeinheiten gegliedert, besaß die differenzierteste territoriale Administration des Sultanats. In den wilāyah-Subeinheiten Shināṣ, Al Liwā' und Aṣ Ṣaḥm waren Bevollmächtigte des wālī (nā'ib, pl. nuwwāb) stationiert. Dagegen bildeten die wilāyāt Al Khābūrah, As Suwayq, Al Maṣna'ah, Barkā' und As Sīb selbständige regionale administrative Einheiten. Allen wālīs waren die Offiziere der Milizposten in der Bergfußregion, die auch Aufgaben der wālī-Administration wahrnehmen konnten, und der Küste untergeordnet (LANDEN, 1967,347).

Die Wirkung der traditionalen wālī-Administration in der Bāṭinah beschreibt PENGELLY (1863,31) folgendermaßen:

"(The 'Walys') appear to be esteemed by the people, and afford general satisfaction, as not a murmur reached my ears, though I discreetly yet sedulously endeavoured to ascertain from the 'felaheen', or poorer class, if any causes of discontent at the form of government, or complaints against the 'Walys' individually, existed".

Auf territorialer Basis wurde die wālī-Administration in der Zentralgewalt bei einem für innere Angelegenheiten zuständigen Organisator-Kontrolleur (nāẓir shu'ūn ad dakhilīyah) koordiniert. Während die wālī-Administration die zivile und polizeiliche Gewalt wie die Jurisdiktion durch einen dem wālī beigeordneten Richter (qāḍī, pl. quḍāh) für die jeweilige Region ausübte, nahm der nāẓir die administrative Überwachung der wālīs vor und korrespondierte direkt mit einigen wichtigen Stammesfuntionsträgern (74). Urteile der qāḍīs und wālīs auf regionaler Ebene konnten zur Berufung an einen sog. chief qaḍi in Masqaṭ verwiesen werden. In den zwanziger Jahren dieses Jahrhunderts unternahm die Zentralgewalt den Versuch, Gerichte einzurichten, um die Unabhängigkeit der Justiz zu fördern. Diese Institutionen vermochten sich aber nicht durchzusetzen.

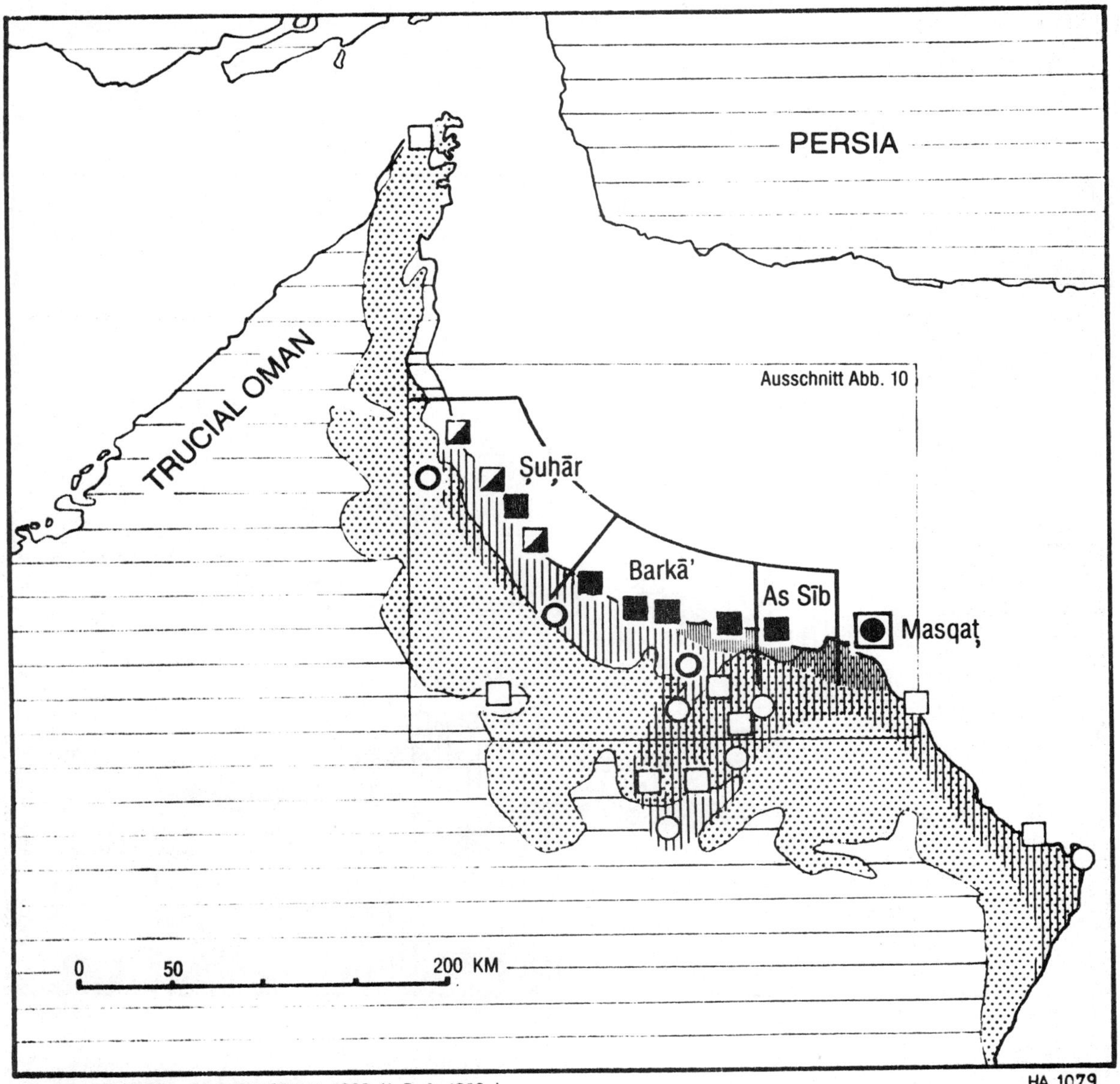

Quelle: LORIMER, 1970, PENGELLY, 1863, H. B. A. 1920, i

HA 1079

Herrschaftsbereich des Sultanats
Kernraum
Gebirgsregion
Grenze der wilāyāt (ca. 1860)

wālī
Bāṭinah
außerhalb der Küstenprovinz
nā'ib

Militärposten
Bāṭinah
außerhalb der Küstenprovinz

Sitz der Zentralgewalt

Abb. 9 Territoriale Herrschaft des Sultanats (ca. 1900)

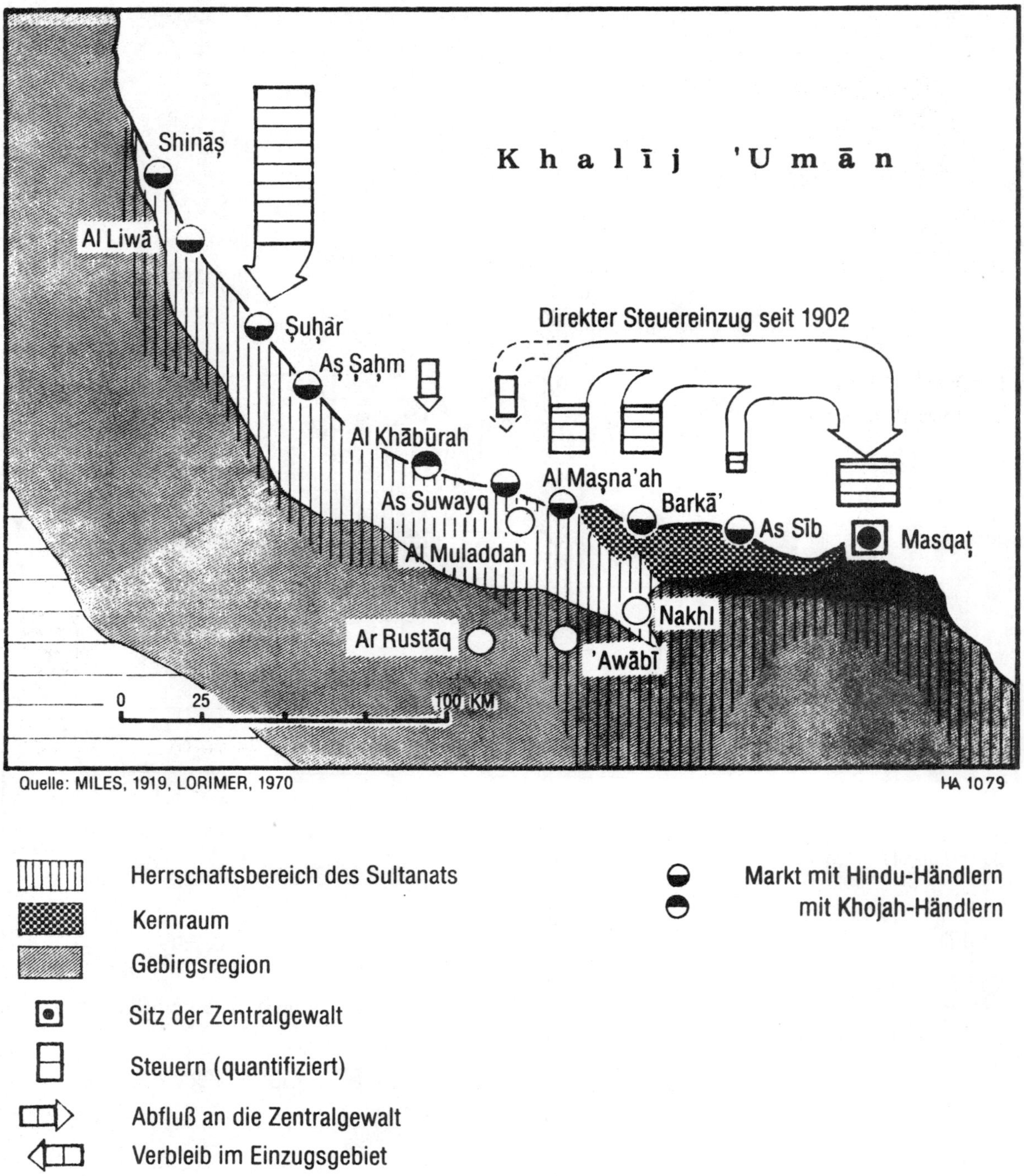

Abb. 10 Indische Händler und Steuereinzug des Sultanats (ca. 1900)

Nicht nur das Steuereinzugsgebiet, auch die Organisation der Besteuerung selbst erlauben Rückschlüsse auf das Ausmaß der territorialen Herrschaft des Sultanats. Traditional vergab die Zentralgewalt den Einzug von Steuern (zakah, pl. zakāt) und Zöllen ('ushr, pl. a'shār) gegen Staatsanleihen und private Finanzierungen an Steuerpächter, zumeist indische Händler ("Revenue farming"). Ab 1914 wurde auf britische Einwirkung in der Zentralgewalt eine Steuerbehörde eingerichtet, deren Beamte in den Küstensiedlungen der Bāṭinah präsent waren (75). Sowohl revenue farming als auch direkter Einzug vermochten eine Besteuerung effektiv nur im Raum Masqaṭ - Maṭraḥ - As Sīb zu gewährleisten (LANDEN, 1967,351; PETERSON, 1978, 29). Demgegenüber verblieb in der Bāṭinah der überwiegende Anteil der Steuereinnahmen bei den wālīs. 1855 erbrachten die zakah-Steuereinnahmen im Raum Shināṣ - Al Khābūrah 35.000 Mariatheresientaler (MT$). Von dieser Summe flossen indessen nur 14.000 MT$ der Āl Bū Sa'īd-Herrschaft in Masqaṭ zu (PENGELLY, 1863,33). Dieses Beispiel illustriert die relativ unabhängige Position der regionalen gegenüber der zentralen Administration (App. 3). SKEET (1975,170) kommentiert, daß die wālīs "ran what were in effect their own city-states".

Im Einklang mit der sharī'a bezog sich in Oman die Besteuerung durch zakah auf bestimmte Feldbauprodukte, wobei die Raten zwischen bewässertem, unbewässertem Ackerland und der dabei erforderlichen menschlichen Arbeitsleistung unterscheiden (76). Von der Besteuerung ausgenommen blieben als arm (miskīn) eingestufte Bevölkerungsgruppen wie Eselhalter und, was in diesem Zusammenhang von Interesse ist, Fischer. Für die nomadischen Bevölkerungsgruppen bedeutete dieses System der Abgabenerhebung, daß sie steuerlich nur über ihren Dattelpalmenbesitz erfaßt werden konnten, der Hauptproduktionsbereich Viehhaltung mit mobilen Produktionsmitteln faktisch der Kontrolle der Administration entzogen war.

Mit Steuereinzugssystemen, zentraler Verwaltung und stehender Armee weist die Herrschaft der Āl Bū Sa'īd einige formale Züge einer "Zentralgewalt" im Sinne der Orientalischen Despotie auf (77). Ihr fehlt jedoch ein wesentliches Merkmal, nämlich die effektive Ausbeutung der Bevölkerung, wie die Besteuerungspraktiken und die schwache territoriale Herrschaft verdeutlichen. Wenn im folgenden von "Zentralgewalt" zur Kennzeichnung der Āl Bū Sa'īd-Herrschaft gesprochen wird, dann unter den gemachten Einschränkungen und zur Abgrenzung gegen die weitgehend auf demokratischem Konsens beruhende Imamats-Herrschaft Inner-Omans.

Wieder und wieder wurde die territoriale Herrschaft des Sultanats von außen bedroht, dies gilt insbesondere für die Grenzsäume in Ghadaf und Aẓ Ẓāhirah ('Ibrī) sowie im Wādī Samā'il. Noch am Beginn dieses Jahrhunderts (1915) konnte die Āl Bū Sa'īd Zentralgewalt sich dem Sturz durch die Stämme Inner-Omans nur durch den Schutz britisch-indischer Truppen entziehen. Nicht allein von außen, auch innerhalb des Sultanats erschien die Ausübung zentraler Staatsgewalt permanent gefährdet. Denn die Administration des Sultanats vermochte die Herrschaft der Zentralgewalt nur punkthaft-dispers zu demonstrieren: dort, wo sie durch wālīs und/oder 'askarīyah präsent war. Flächenhafte Penetration beschränkte sich auf das Umland von Masqaṭ, Maṭraḥ und As Sīb.

In der Bāṭinah wurde die territoriale Herrschaft häufig durch die wālīs noch in ihrer Wirkung geschmälert. Diese waren u.a. durch Steuereinnahmen imstande, eine relativ eigenständige Position gegenüber der Zentralgewalt zu behaupten. Neben der Verfügung über Steuereinkünfte trug dazu auch mangelnde Kommunikation zwischen den einzelnen Ebenen der Administration bei. Infolgedessen vermochten sich einzelne wilāyāt zeitweise von der Zentralgewalt zu lösen. Ar Rustāq und Ṣuḥār, obgleich von Mitgliedern der Āl Bū Sa'īd verwaltet, verfolgten permanent - bis in die erste Hälfte dieses Jahrhunderts - solche separatistischen Tendenzen (PETERSON, 1978,60).

Innerhalb der wilāyāt reichten indessen Macht und Einwirkungsmöglichkeiten von wālīs und 'askarīyah i.d.R. kaum über die entsprechenden Standorte hinaus, das Umland war nicht selten weitgehend frei von staatlicher Beherrschung. Als Folge beschränkte sich auch die Ausübung der Jurisdiktion auf seßhafte Bevölkerungsgruppen, sofern nomadische Bevölkerungsgruppen nicht selbst die Gerichtsbarkeit des Sultanats anriefen.

Die Stammesgebiete innerhalb des Sultanats, mithin hauptsächlich der Lebensraum der nomadischen Bevölkerungsgruppen in der Bāṭinah, blieben bis 1970 Formen der Beherrschung durch die Zentralgewalt durchweg entzogen: Innerhalb der tribalen Bannbereiche trafen und vertraten Stammesfunktionsträger (shaykh, tamīmah) alle wichtigen Entscheidungen. Erst im Gefolge des Bürgerkrieges zwischen Sultanat und Imamat in den fünfziger Jahren dieses Jahrhunderts wurde die Āl Bū Sa'īd-Herrschaft durch die militärische Eingliederung Inner-Omans in die Lage versetzt, den Einfluß der Stammesfunktionsträger des Landesinneren zu mindern. Doch obschon sie die traditionale Bedeutung der Stämme beschnitten (PETERSON, 1978,101), blieb Einflußnahme und Herrschaft des Sultanats im inter- wie intra-tribalen Bereich schwach entwickelt.

Ähnlich der unverbundenen lokalen/regionalen Administration in der Bāṭinah war das territorial-administrative Verhältnis zwischen Sultanat und Imamat strukturiert. Obgleich bereits in den vierziger Jahren geplant, konnte die Āl Bū Sa'īd-Zentralgewalt nicht vor Ende der fünfziger Jahre mit massiver britischer Unterstützung administrative/militärische Präsenz in Inner-Oman demonstrieren. Gleichwohl beschränkte sich auch in diesem Fall die Herrschaft auf wenige Stützpunkte von Militär und ziviler Verwaltung.

Der gesamte nomadische Lebensraum N-Omans blieb bis 1970 flächenhafter Beherrschung weitgehend entzogen, zumal institutionalisierte, traditionale Kommunikationswege wie die majlis (78) zwischen Sultan und Stämmen bzw. Stammesfunktionsträgern zwar bestanden, jedoch eher episodisch genutzt wurden. Lediglich wenn (was selten geschah) der Souverän innerhalb seiner Territorien unterwegs war, hielt er gewöhnlich an Reisestationen an dafür vorgesehenen Plätzen - zumeist vor den Forts oder wali-Sitzen - öffentliche Versammlungen (burzah) ab. Die Teilnahme an diesen Treffen stand jedem offen (78a). Der Umstand, daß bis zur Öffnung des Landes of lokaler/regionaler Ebene wālī und auf übergeordneter Ebene nāẓir faktisch die einzigen Kontaktstellen zwischen Stämmen/Bevölkerung und Āl Bū Sa'īd-Herrschaft bildeten, verdeutlicht die große Isolation zwischen den Stämmen und der staatlichen Autorität (79).

2.2.4 Wirtschaftliche Entwicklung der Bāṭinah bis 1970

Die unterschiedliche politisch-herrschaftsmäßige Entwicklung der Batinah und Inner-Omans spiegelte sich in den wirtschaftlichen Organisationsformen beider omanischer Teilräume. Schlagwortartig zusammengefaßt, wenn auch somit nur grob gekennzeichnet, stand einer auf Subsistenzackerbau und Viehhaltung ausgerichteten Wirtschaft ("agricultural economy") des zu Isolationismus neigenden Landesinneren wettbewerbsorientierter, maritim ausgerichteter Fernhandel auf der Basis marktbezogener Agrarproduktion ("maritime economy") der Küstenprovinz gegenüber (WILKINSON, 1977,27; ferner TOWNSEND, 1977,39-40).

Für die nomadischen Bevölkerungsgruppen der Bāṭinah läßt bereits diese recht äußerliche Charakterisierung erkennen, daß sie in die ökonomische Entwicklung der Küstenprovinz ungenügend integriert waren. Wie zu zeigen sein wird, müssen die traditionalen Verhältnisse bei den Fischern der Bāṭinah differenzierter gesehen werden. Obgleich beispielsweise Trockenfisch zu den wichtigsten Exportprodukten des Sultanats zählte, blieb auch die wirtschaftliche Teilnahme der Fischer beschränkt. Die Steuerbefreiung nach dem sharī'a-System trägt dieser Tatsache Rechnung.

Insgesamt gesehen war jedoch die Bāṭinah bereits im zehnten Jahrhundert einer der ökonomischen Aktivräume der Arabischen Halbinsel. WILKINSON (1977,8) zufolge verlieh die Konfiguration der Zentralen Gebirgsregion mit der vorgelagerten Küstenebene Bāṭinah Oman eine besondere Lagegunst bezüglich der Handelsrouten zwischen SE-Asien und N-Arabien bzw. dem Mittelmeerraum (HAWLEY, 1977,181; MILES, 1919,365-369). Die Gunstlage der Küsten SE-Arabiens beruhte jedoch vornehmlich auf der Ablenkung des SW-Monsuns (riḥ al kaws) entlang der arabischen Küsten (80). Diese Windverhältnisse erlaubten ein "sailing-pattern which tended to make use of a port on Oman's eastern seaboard as a major centre for transshipment" (WILKINSON, 1977,8). Innerhalb der Küstenebene verfügte die Küstensiedlung Ṣuḥār über eine Reihe von Standortvorteilen (81) für die Lokation eines solchen Umschlagplatzes.

Im zehnten Jahrhundert bündelte Ṣuḥār die Handelsrouten nach China, E-Afrika, S-Arabien, in den Golf und nach Indien. Die in der traditionalen arabischen Geographie oft beschriebene Siedlung (82) galt als ökonomisches und politisches Zentrum Omans.

"The capital is Sohar, which is on the sea; here reside many sea-merchants, who trade in ships with other countries. It is the most populous and wealthy town in Oman and it is not possible to find on the shore of the Persian Sea in all the land of Islam a city more rich in fine buildings and foreign wares than Sohar" (Istakhrī, zit. in MILES, 1919,455).

Im Verlauf der historischen Entwicklung der Küstenprovinz verlagerte sich zwar das ökonomische Zentrum des Golfs nach Qalhāt, Hormuz und Qays. Gleichwohl besaß Ṣuḥār noch bedeutende zentrale und ökonomische Funktionen (SKEET, 1975,65). Es diente der Imamatsherrschaft als ein Ausgangspunkt ihrer maritimen Handelsaktivitäten. Im 16. Jahrhundert errichteten die Portugiesen dort eine ihrer Haupthandelsfaktoreien im Golf (83), und nach der Vertreibung der Portugiesen (1643) bot das Ya'āribah-Imamat der britischen East India Company die Eröffnung einer Faktorei in Ṣuḥār an (BATHURST, 1972,98; HAWLEY, 1977,27-28; SKEET, 1975,65). Obgleich im Frühjahr 1646 East India Company und Imamat darüber einen Vertrag unterzeichneten (App. 4), kam die Einrichtung der Niederlassung nicht zustande.

Über die Küstensiedlungen der Bāṭinah beteiligte sich die Imamatsherrschaft der Ya'āribah am regionalen Seehandel; in den Häfen des Sultanats war eine Handelsflotte stationiert. Auch unter externer Dominanz (persisch, portugiesisch, britisch) behaupteten die Küstenzentren der Bāṭinah ihre Stellung als Knotenpunkte überregionaler Warenströme (84). Die auf händlerische Aktivitäten in den Küstenzentren und eine starke Handels- und Kriegsflotte gestützte omanische Suprematie in den Nebenmeeren des Indischen Ozeans verschaffte Masqaṭ während der Herrschaft der Āl Bū Sa'īd des 18./19. Jahrhunderts eine Vormachtstellung als entrepôt des Golfs.

Vornehmlich mit dem Export von Agrarprodukten war Oman im überregionalen Warentausch vertreten: Datteln, Limonen/Zitronen, beides auch getrocknet, Trockenfisch und Perlen stellten die Hauptexportprodukte Omans dar (85). Diese Sachlage kann als wesentliches Motiv der maritim orientierten Herrschaft der Ya'āribah und Āl Bū Sa'īd herangezogen werden, die Bāṭinah und deren Landwirtschaft (wieder) zu entwickeln. Während omanische Araber den untergeordneten Güteraustausch zwischen Bāṭinah und Inner-Oman beherrschten, waren die Träger des internationalen Fernhandels, in den die Bāṭinah eingebunden ist, in den Küstensiedlungen und Masqaṭ ansässige indische Händler - vorwiegend hinduistische "Banians" und muslimische "Khojahs" (86). Händler beider bevölkerungsmäßiger Minderheiten waren in den Marktzentren der Küste, nicht jedoch in Inner-Oman, verbreitet (Abb. 10 ; App. 5).

"The importance of the Indian merchant in the early nineteenth century Omani empire was due to the fact that he was the only one able and willing to manipulate certain sectors of the economy, particularly those involving finance. Thus it was in the interest of the Omani authorities to encourage his activities" (LANDEN, 1967,132).

Da die Banians es darüber hinaus noch verstanden, ihr wirtschaftliches Verhältnis auf die ökonomischen Organisationsformen Omans abzustimmen, übertrug die Āl Bū Sa'īd-Herrschaft ihnen weitgehende Befugnisse im Finanzbereich der zentralen Administration. Bis 1913 wurde der Steuereinzug gewöhnlich an indische Händler verpachtet ("revenue farming"). Erst Sa'īd b. Ṭaymūr begann, die finanzielle Situation zu ordnen und gegen die Abhängigkeit der Āl Bū Sa'īd-Herrschaft von den Banians in Masqaṭ vorzugehen (PETERSON, 1978, 87).

Da indische Händler in den Handelszentren des Mutterlandes, des Golfs und E-Afrikas verbreitet waren, besaßen sie eine Vorrangstellung im maritimen Fernhandel (BURCHARDT, 1906,304; LANDEN, 1967,131-144). Zugleich versetzte die enge Verbindung der Händlerkolonien untereinander einen einzelnen Händler in Ṣuḥār oder Masqaṭ in den Stand, "a large combine with branches in places such as Zanzibar, Bahrain, Bushire, Karachi, Bombay and Calcutta" (LANDEN, 1967,134) zu vertreten. Über dieses "managing agent system" (LANDEN, 1967,135) wurden die Ex- und Importwarenströme des Sultanats gesteuert. Bis zur Mitte des 19. Jahrhunderts kontrollierten indische Händler, die auch europäische Handelsinteressen wahrnahmen, den gesamten Warentausch Omans im überregionalen Fernhandel (LANDEN, 1967,134,136; LORIMER, 1970,ii,1187). Ebenso beeinflußten sie über den von ihnen betriebenen Dattelhandel die landwirtschaftlichen Produktionssektoren der Küstenökonomie (87).

Durch den Verlust der Suprematie im Handel in der zweiten Hälfte des 19. Jahrhunderts erlitten die Wirtschaftssektoren der Bāṭinah schwere Rückschläge (88):

"Oman was plunged into an economic depression which severed its connections with the outside world, depopulated the coastal towns and drove most of its impoverished inhabitants back to a near-subsistence economy" (HALLIDAY, 1974,269).

Die ökonomische Depression traf jene Bevölkerungsgruppen in besonderer Weise, die traditional nur indirekt, über Austauschbeziehungen, an der günstigen wirtschaftlichen Entwicklung teilhatten. Badū und Fischer der Küstenprovinz verloren einen Markt für ihre Produkte. Anders als eine große Zahl seßhafter Händler, Oasenbauern und Handwerker, die in die omanischen Territorien in Zanzibar und E-Afrika emigrierten (89) und sich dort zumeist aktiv und mit Erfolg in die Ökonomie einschalteten, verblieben sie in der Bāṭinah.

Entsprechend den schwach entwickelten Beziehungen der nomadischen Stämme der Bāṭinah und Inner-Omans zur Āl Bū Sa'īd-Herrschaft hatten diese nur in geringem Maßstab an der übergeordneten Ökonomie teilgenommen. Da ihre Wirtschaftsform zuerst auf Subsistenz ausgerichtet war, erfolgte der Kontakt durch wenige Wirtschaftsbereiche wie die Produktion von Fellen und Häuten, Karawanentransport und teilweise Dattel- und Agrumenanbau. Lediglich einige nomadische Stämme der Bāṭinah wie die Yal Sa'd waren in die maritimen Handelsverbindungen der Küstenprovinz aktiv einbezogen, wenn auch in Bereichen des sogenannten "illicit trade": Sklavenhandel und Waffenschmuggel galten bis in die dreißiger Jahre dieses Jahrhunderts teilweise als bedeutender ergänzender Bestandteil der traditionalen Wirtschaftsform. Als Zentren der von Großbritannien und Sultanat als illegal aufgefaßten Handelsaktivitäten gewannen die Yal Sa'd-Küstensiedlungen Wudhām (Sklaven) und Al Maṣna'ah (Waffen) ökonmische Bedeutung für die Bāṭinah.

Seit den dreißiger Jahren dieses Jahrhunderts suchte die Herrschaft des Sa'īd b. Taymūr die wirtschaftlichen Probleme des Sultanats zu steuern, indem die Ökonomie des Sultanats teilweise von der Entwicklung der Weltwirtschaft dissoziiert wurde: Für das Sultanat begann eine Phase weitgehend autozentrierter Stagnation (90). Die Restriktionen trafen in erster Linie den überregionalen Warentausch, aber auch die exportorientierte Landwirtschaft der Bāṭinah schrumpfte als Folge vornehmlich auf Subsistenzproduktion. Dieser desolate Zustand zog sich trotz der Handelsaktivitäten der indischen Händler (91) bis zum Ende der Isolation im Jahre 1970 hin.

Inner-Oman blieb im Gegensatz zur Küstenprovinz vom Wandel der überregionalen Ökonomie nahezu unberührt. Denn infolge des geringen ökonomischen Austausches veränderte sich dort die traditionale Struktur der Produktionsbereiche nur unwesentlich (LANDEN, 1967, 110,158). Erst mit der Prospektion und Erschließung kommerziell ausbeutbarer Erdölvorkommen in der Wadiregion Inner-Omans 1963 (Fahūd, Natīh, Yibāl) und der Aufnahme des Erdölexports 1967 verlagerten sich die ökonomisch für das Sultanat entscheidenden Aktivitäten von der Küste ins Binnenland. Bis 1967 waren die Träger der wirtschaftlichen Entwicklung weitgehend seßhafte, zum Teil nichtarabische Bevölkerungsgruppen der Küstenregion. Mit dem Beginn der Erdölexpolration gewannen jedoch die nomadischen Bevölkerungsgruppen Inner-Omans, in deren Bannbereichen die Erdölvorkommen lokalisiert sind, eine unübersehbare politisch-ökonomische Bedeutung.

Dieser tiefgreifende politisch-ökonomische Wandel veranlaßte den Souverän Sa'īd b. Taymūr 1968 zu einer Erklärung über die Situation des Sultanats (92), derzufolge die Erlöse des Erdölexports für eine Entwicklung des Landes zu nutzen beabsichtigt waren. Konkrete Pläne der Ausgestaltung fehlten zwar, doch sollten die Teilräume des Sultanats gemäß ihren Bedürfnissen ausgebaut werden. In Anerkenntnis ihres polit-ökonomischen Gewichts sollten dabei die Anliegen der nomadischen Bevölkerungsgruppen des Erdölgebietes Berücksichtigung finden. Die Frage, welche ökonomische Teilhabe allen omanischen Bevölkerungsgruppen am allgemeinen Landesausbau eingeräumt werden soll, blieb freilich offen. Erst nach 1970 wurden konkrete Pläne formuliert, um allen Bevölkerungsgruppen des Sultanats Integrations- und Entwicklungsmöglichkeiten zu eröffnen.

2.2.5 Zusammenfassung

Diese Ausführungen dürften die vielgestaltigen historisch-geographischen und demographischen Entwicklungszüge der Bāṭinah verdeutlicht haben. Nicht allein die stark unterschiedlich verlaufene Entwicklung von Landesinnerem und Küste, auch die traditionale Situation in der Bāṭinah selbst weist vielfältige, durch Bevölkerungs- und Lebensformgruppen differenzierte ökonomische und politische Verhältnisse auf.

Die Darstellung der historisch-anthropogeographischen Zusammenhänge wurde bewußt auf die für die vorliegende Studie interessierenden Problemkreise begrenzt. Denn die Behandlung einiger wesentlicher Grundzüge ist als Orientierungsgrundlage für die nachfolgenden Ausführungen über traditionale Wirtschaftsformen und räumliches Verwirklichungsmuster der Badū- und Fischer-Bevölkerungsgruppen konzipiert. Ihre Kenntnis scheint jedoch unerläßlich für das Verständnis der Wirtschafts- und Lebensformen beider Gruppen sowie ihres Standortes innerhalb des traditionalen, übergeordneten staatlichen Rahmens. Zugleich wird deutlich, auf welch differenzierte und keinesfalls homogene Ausgangslage der seit der Öffnung des Sultanats stattgefundene junge Wandel trifft. Schließlich klären sie den globalen Hintergrund, vor dem die Entwicklungsstrategien nach 1970 in Oman formuliert werden.

Anmerkungen Abschnitt 2

(1) Vgl. GLENNIE et al., 1974; LEES, 1928(a), 1928(b); LORIMER, 1970,i,2213; MILES, 1919,399; SCHOLZ, 1976,87; F.F.S., 1977, 230-231.

(2) Vgl. GLENNIE et al., 1974; LEES, 1928(a), 1928(b).

(3) Zur Problematik der Regionalbezeichnungen vgl. LANDEN, 1967, 30; LORIMER, 1970,ii,283; MILES, 1919,379-380; SCHOLZ, 1976, 84; SCOVILLE, 1979,505; SKEET, 1975,60. Die Bedeutung der Radikalen (b, ṭ, n) erläutert TIBBETTS, 1971,515-516.

(4) Vgl. WILKINSON, 1977,14-15; Abb. 2.

(5) Im folgenden unter Fortlassung des Artikels (al) als "Bāṭinah" bezeichnet.

(6) Diese Differenzierung folgt den von SCHOLZ (1976,86-88; 1978 (b),6-12) und CORDES/SCHOLZ (1979) erarbeiteten Grundzügen der naturräumlichen Gliederung SE-Arabiens.

(7) Vgl. WILKINSON, 1977,47; W.R.S., 1974,ii,4.

(8) Abb. 1 gibt daher die generelle Abflußrichtung der betreffenden wādīs wieder.

(9) Vgl. G.B., Admirality, Hydrographic Dept., Folio 2851, Masira to Ruūs al Jibāl, 1952. View C.

(10) Vgl. SMYTH (1973) für Oman.

(11) Den Bereich der Zentralen Gebirgsregion bedecken Lithosols und Yermosols.

(12) Vgl. W.R.S., 1974,ii,5; Kart. d. Verf. 15/5/1977.

(13) Vgl. HAWLEY, 1977,182-183; I.D.S.; vgl. 2.2.4.

(14) Bis Ende 1974 sind nur wenige Klimadaten, die von einer Reihe von Institutionen gesammelt wurden, verfügbar. Ab 1974 liegt die Datenerfassung bei dem neu geschaffenen National Meterological Survey (N.M.S.), über dessen Material der Verf. verfügt. Für Klimadaten vgl. HOOGERWOERD, 1889,196-197; PENGELLY, 1863, 35-37; WILKINSON, 1977,36-40; E.S., 1972; N.M.S. ab 1974.

(15) Daher wird der zentrale Bereich des Ḥajar-Gebirges als "grün", akhḍar (vgl. Jabal al Akhḍar) klassifiziert, vgl. WILKINSON, 1977,42.

(16) Vgl. WILKINSON, 1977,48; W.R.S., 1974,ii; 1975,v,C.

(17) Vgl. WILKINSON, 1977,42. Ab September 1978 wird die Evaporation vom N.M.S. erfaßt.

(18) Bis ca. 58% bei extremer Trockenheit, vgl. WILKINSON, 1977, 62.

(19) Vgl. 3.1.1

(20) Vgl. HARTLEY, 1951; KATAKURA, 1974,45.

(21) Vgl. 3.5.1

(22) Vgl. 3.2.1.2

(23) Vgl. WILKINSON, 1977,128; SACHAU, 1898,16-17; SKEET, 1975, 100-103.

(24) Vgl. WILKINSON, 1977,135 (fn. 7).

(25) Dibā war, wie Ṣuḥār und Damā, in das Netz arabischer, periodischer Handelsmärkte (aswāq al 'arab), das die Arabische Halbinsel überzog, eingegliedert, vgl. WILKINSON, 1977,132.

(26) Dieses persische Zentrum trug möglicherweise den Namen "Omana". Zu diesem Komplex vgl. HAWLEY, 1977,18; HOURANI, 1951,16-17; MILES, 1877,43,48-50; 1910, 424-425; PHILLIPS, 1971(b),98-99; SACHAU, 1898,17; S.H.O.,3.

(27) Die Perser verweigerten die Annahme des Islam. Vgl. zu Einzelheiten der Vertreibung BATHURST, 1972,90; MILES, 1910, 406; SACHAU, 1898,2,4-7; WILKINSON, 1977,133.

(28) Angaben über die Ideologie der ibāḍīyah vgl. ECCLES, 1927, 22-23; LANDEN, 1967,40-52; MILES, 1910,407; SACHAU, 1898, 5; S.H.O., 4.

(29) Zum Problem der Ortswahl vgl. WILKINSON, 1977,77-78,81.

(30) Diese Invasionen erfolgten z.T. auf Betreiben omanischer Stämme. Zu diesem Komplex vgl. BATHURST, 1972,91; HAWLEY, 1977,20,22-23; MILES, 1901,484-485; PHILLIPS, 1971(b),12-13; SACHAU, 1898,5,9; TOWNSEND, 1977,31; WILKINSON, 1972,79-80; S.H.O., 4.

(31) Zum portugiesischen Vordringen vgl. BATHURST, 1972,94; HAWLEY, 1977,26-27; SKEET, 1975,33; TOWNSEND, 1977,33-34; S.H.O., 5.

(32) 1645 bietet das Imamat Großbritannien die Errichtung einer Faktorei der East India Company in Ṣuḥār und allgemeine Handelsbeziehungen an, vgl. HAWLEY, 1977,28; SKEET, 1975, 65. Den bereits ausgehandelten Vertragstext reproduziert SKEET, 1975,211-212, vgl. App. 4.

(33) Vgl. BATHURST, 1972,99; BELGRAVE, 1972,14-15; HAWLEY, 1977,28; PHILLIPS, 1971(b),45; SKEET, 1975,34. Über die Verfolgung der Portugiesen durch den jihād und die Abnahme ihrer ostafrikanischen Stützpunkte vgl. u.a. BATHURST, 1972,102; HALLIDAY, 1974,268; HAWLEY, 1977,31; PHILLIPS, 1971(b),24-61; SKEET, 1975,38; TOWNSEND, 1977,35.

(34) Folgende aflāj und Siedlungen wurden restauriert: aflāj Hazm, aflāj Ar Rustāq; Siedlungen Birkat al Mawz, Ibrā', Al Hamrā' (HAWLEY, 1977,32; WILKINSON, 1977,126).

(35) Vgl. LORIMER, 1970,i,406; HAWLEY, 1977,36; S.H.O.,7 sowie 2.2.2.1.

(36) Zu diesem Komplex vgl. BELGRAVE, 1972,20-21; HAWLEY, 1977, 36-37; LANDEN, 1967,24,57; LOCKHART, 1935; LORIMER, 1970,i, 406-407; PHILLIPS, 1971(b),55.

(37) Einzelheiten des Vorgehens, insbesondere die Ermordung von Persern in Barka' ("Barka murder") teilen HAWLEY (1977,38), PHILLIPS (1971(b),65) und SKEET (1975,39) mit.

(38) Der Zeitpunkt der Wahl, 1741 oder 1749, ist umstritten, vgl. PHILLIPS, 1971(b),62.

(39) Zu diesem Komplex vgl. KELLY, 1972,109; PHILLIPS, 1971(b), 68; TOWNSEND, 1977,39. Die Āl Bū Sa'īd beherrschen das Sultanat bis zum gegenwärtigen Zeitpunkt, nachdem an die Stelle der Wahl des Souveräns die Erbfolge getreten war, vgl. LORIMER, 1970,i,419,

(40) Die übrigen Siedlungen sind Ar Rustāq, Ṣuḥār und Nizwā. An diesen Orten konnte der Imām die Freitagsgebete leiten, vgl. KELLY, 1972,109-110; PHILLIPS, 1971(b),68.

(41) In Inneroman schließen tribale Konflikte und zeitweilige Vakanzen des Imām-Amtes eine politische Partizipation aus, vgl. KELLY, 1972,110; TOWNSEND, 1977,41.

(42) Den Titel "Sultan" führen die Āl Bū Sa'īd-Souveräne seit 1861, vgl. LANDEN, 1967,60; LORIMER, 1970,i,471.

(43) Beispiele sind die Jahre 1874, 1877, 1883 und 1913. Zu diesem Komplex vgl. HAWLEY, 1977,47; KELLY, 1972,120; LORIMER, 1970,i,496,505-506; MILES, 1919,467-468; PETERSON, 1978,508-510; TOWNSEND, 1977,45; S.H.O.,12.

(44) Zu Details des Vertrags von As Sīb vgl. KELLY, 1972,121-122; TOWNSEND, 1977,49-50; SKEET, 1975,91; IOR R/15/6/264. Der Text des Vertrages ist abgedruckt in LANDEN (1967,403-404), SKEET (1975,98-100); die Folgen des Vertrages kommentiert HALLIDAY (1974,269-270).

(45) Vgl. IOR R/15/6/242.

(46) Die nach der Revolution in Zanzibar (1964) ausgelöste Rückwanderung von Omanis, die größtenteils erst nach 1970 wieder in das Sultanat kamen, ist für die Bāṭinah ohne größere Bedeutung. Vgl. SCHOLZ, 1978,494.

(47) Vgl. 2.2.1.

(48) Noch heute verfügt dieser Stamm in der Oase Al Wāfī über Dattelbesitz, aus diesem Grund führen einige Badū der Āl Ḥamad saisonal-periodische Wanderungen zur Dattelernte von den gegenwärtigen Siedlungsorten nach Al Wāfī durch, vgl. 3.5.1.3.

(49) Inf. shaykh Āl Ḥamad, 28/3/1977 (Informant 2).

(50) Vgl. 2.2.3

(51) Vgl. 2.2.1, zu diesem Komplex ferner BELGRAVE, 1972,20; HAWLEY, 1977,36-37; LORIMER, 1970,i,406; PHILLIPS, 1971(b), 55; TOWNSEND, 1977,38. Die als Söldner nach Oman immigrierten Balūsh sind nicht mit den stammesmäßig organisierten Balūsh der inner-omanischen Provinz Aẓ Ẓāhirah zu verwechseln, vgl. MILES, 1910,417; WILKINSON, 1977,207.

(52) PETERSON (1978,95) gibt für den Zeitraum bis 1970 die Stärke der Balūsh in der Armee mit 70% an, der Anteil der Araber betrug 30%.

(53) "The word 'Ajam was used in classical Arabic to mean non-Arabs and was later applied to Persians in particular" (PETERSON, 1978,36).

(54) Vgl. 2.2.4

(55) Vgl. LORIMER, 1970,ii,1034; MILES, 1919,461,468; Ruschenberger (1835) in BIDWELL, 1975,147; WILKINSON, 1977,27.

(56) "The term 'Banian', sometimes used in referring to all Indians, is evidently a corruption of the word 'Bhattia' - the label for one of the Hindu commercial subcastes which was particularly identified with foreign trade" (LANDEN, 1967,131). Zur Verbreitung von Banians und Khojahs im Golf vgl. LORIMER, 1970,i,2383,2378.

(57) Vgl. 2.2.4.

(58) Zu Details vgl. LORIMER, 1970,i,2377-2380; MISRA, 1964,74, 138; SIDDIQI, 1956,34.

(59) Die Verbreitungsschwerpunkte lagen um 1900 in der Bāṭinah in Al Khābūrah (107 Personen) und As Suwayq (34 Personen) (LANDEN, 1967,141).

(60) Samuel (1835, zit. in BIDWELL, 1975,146) berichtet von ca. 350 jüdischen Familien "in the province of Bethanie (= Bāṭinah)".

(61) Vgl. PETERSON, 1978,140. Trotz des Verbots des Sklavenhandels war der Besitz von Sklaven nicht illegal (LANDEN, 1967,143).

(62) Die Sklaven waren in den Scheichtümern Trucial Omans vor allem als Taucher für die Perlfischerei gefragt, vgl. BOWEN, 1951(b),169; THOMAS, 1931,238.

(63) Dazu vgl. DE JONG, 1934,135-140; LANDEN, 1967,151; Rees (1816) in BIDWELL, 1975,138. Befragung ehemaliger Sklaven des Āl Ḥamad shaykh (Informant 2), 12/6/1977.

(64) Zum Komplex der Paria-Gruppen vgl. DOSTAL, 1964; HENNINGER, 1939; OPPENHEIM, 1967.

(65) Vgl. LORIMER, 1970,ii,1938-1939; MILES, 1877,57-59; PHILLIPS, 1971(a),173; THOMAS, 1931,152.

(66) Befragung (Informanten 2, 3, 4, 5, 6), Frühjahr 1978.

(67) Nach Angaben von Bāṭinah-Badū hängt dies damit zusammen, daß für Frauen nicht-arabischer Bevölkerungsgruppen z.T. erheblich geringere Brautpreise gezahlt werden müssen.

(68) Vgl. 2.2.4

(69) Vgl. 2.2.1

(70) Als Ausnahme wurde bereits auf die Āl Ḥamad der S-Bāṭinah verwiesen, vgl. 3.

(71) Solche Stammessegmente bezeichnet LIENHARDT (1975,66) als "thrown-off tribal segments".

(72) Inf. d. Verf. 1977/78, vgl. Abb. 9.

(73) Dies gilt auch für den Zeitraum nach 1970, vgl. PETERSON, 1978,91.

(74) Ab 1958 wurden auf britisches Betreiben Veränderungen in dieser traditionalen Organisationsform durchgeführt, vgl. PETERSON, 1978,81.

(75) In den wichtigsten Küstensiedlungen der Bāṭinah galt diese Regelung bereits seit dem Finanzjahr 1901/02.

(76) Eine ausführliche Darstellung der traditionalen Besteuerungspraxis gibt WILKINSON, 1977,146-147. Vgl. auch SKEET, 1975, 189.

(77) Zu diesem hier nicht vertieften Komplex sei verwiesen auf BOBEK, 1950(a); 1950(b); 1959; MARX, 1974; SOFRI, 1972; TÖKEI, 1969; VARGA, 1967; WISSMANN, 1961; WITTFOGEL, 1962; ASCHE, 1977,158-169.

(78) Diese Form des Kontakts zwischen den einfachen Stammesangehörigen und dem Souverän wird gegenwärtig beispielsweise im Scheichtum Abū Dhabī geübt.

(78a) Den Ablauf einer Reihe solcher Audienzen, die Sa'īd b. Taymūr Ende der zwanziger Jahre in der Bāṭinah abhielt, schildert THOMAS (1931).

(79) Nur wenigen Stammesführern gelingt jedoch der Kontakt mit dem sich seit 1958 permanent in Ṣalālah (Dhufār) aufhaltenden Sultan. Welche Probleme in der Kommunikation zwischen Stämmen und Sultan, aber auch innerhalb der Zentralgewalt bestanden, schildert SKEET (1975, 170-172).

(80) Vgl. die ausführliche Darstellung in TIBBETTS, 1971,364-370 (SW-Monsun), 360-382 (Monsune generell), allgemein dazu auch HOURANI, 1951.

(81) "Sohar's importance was attributable to a number of factors. First it is conveniently situated on the eastern coast of Oman which looks outwards to the coasts of Africa and India and the Far East. Secondly its hinterland is very fertile and was much more so in the past. Thirdly its situation at the end of the Wadi Jizzi gives it easy access through the mountains to Buraimi and to the northern coast of the present United Arab Emirates. Finally its historical circumstances in the tenth century gave its enterprising and cosmopolitan people opportunity" (HAWLEY, 1977,181).

(82) U.a. liegen Beschreibungen vor von Muqaddasi (zit. in WILKINSON, 1977,8; HAWLEY, 1977,182-183; PHILLIPS, 1971(a), 47) und Ibn Hawqal (zit. in SKEET, 1975,64).

(83) Vgl. PHILLIPS, 1971(b),98. Neben Ṣuḥār, von den Portugiesen "Coar" genannt (TIBBETTS, 1971,446), waren die übrigen portugiesischen Niederlassungen in Qalhāt, Qurayyāt und Masqaṭ lokalisiert (SKEET, 1975,35).

(84) Vgl. HAWLEY, 1977,40; LANDEN, 1967,82-83; WILKINSON, 1977, 8. Um die auf die persischen Stützpunkte Ṣuḥār und Masqaṭ gerichteten Warenströme abzuzweigen, förderte Aḥmad b. Sa'īd Āl Bū Sa'īd während der persischen Besetzung des 18. Jahrhunderts den Ausbau eines Handelsplatzes in Barkā' (S-Bāṭinah) (HAWLEY, 1977,38).

(85) Die wesentlichen Importe bestanden aus Reis, Zucker, Kaffee, Stoffen und einer großen Zahl von Luxusgütern, vgl. LANDEN, 1967,124; LORIMER, 1970,ii,1187,1413.

(86) Vgl. 2.2.2.1

(87) Nach Inner-Oman besaßen die indischen Händler nur einen beschränkten Marktzugang, vgl. LANDEN, 1967,136,140,142.

(88) Als auslösende Faktoren seien u.a. genannt die Fluktuation der MT$-Silberpreise (LANDEN, 1967,127-131), das Eindringen billig produzierter Massengüter und das Aufkommen der Dampfschiffahrt im Persischen Golf. Vgl. zu diesem Komplex LANDEN, 1967,409; LORIMER, 1970,i,586; SKEET, 1975,163-165, 178-180; TOWNSEND, 1977,192-198.

(89) Die Schwerpunkte der Abwanderungen lagen in der Bāṭinah im Raum Āfī - Nakhl.

(90) Der Begriff wurde von SCHOLZ (1976,90) vor dem Hintergrund der Theoriebildung über Peripheren Kapitalismus als Gegensatz zu von externen Faktoren bewirkter Stagnation geprägt. Zu der ökonomischen Entwicklung des Sultanats in dieser Phase vgl. LANDEN, 1967,159; SKEET, 1975,179-203; TOWNSEND, 1977,63-71.

(91) Die indischen Händler wurden nicht Träger technologischer und ökonomischer Innovationen in der omanischen Wirtschaft. Zur Funktion technischen Fortschritts vgl. HEARD-BEY, 1975, 186; LANDEN, 1967,154-156; SKEET, 1975,61-62,70,180-183, 187-190; TOWNSEND, 1977,68.

(92) Vgl. 4.1.1

3 DIE TRADITIONALEN WIRTSCHAFTS- UND LEBENSFORMEN DER FISCHER- UND NOMADISCHEN BEVÖLKERUNGSGRUPPEN DER BĀṬINAH

3.1 Traditionale Produktionsbereiche der nomadischen Bevölkerungsgruppen

Die natürlichen Bedingungen der Wadiregion, dem Lebensraum der Bāṭinah-Badū, erlauben eine ökonomische Inwertsetzung nur durch Weidewirtschaft. Geringes Bodenpotential, ganzjährig aride Klimaverhältnisse und eine schüttere Vegetationsdecke zwingen darüber hinaus zu mobilen Formen der Viehhaltung. In der traditionalen Wirtschaftsform der nomadischen Bevölkerungsgruppen der Bāṭinah kam daher mobiler Viehhaltung eine überragende Bedeutung zu. Die verbreitete, aus dem Erscheinungsbild nomadischer Bevölkerungsgruppen des nördlichen und zentralen Arabien abgeleitete Identifizierung von "Badū" mit "Kamelhaltern", ohnehin problematisch (1), erfaßt die Produktionsbereiche der Bāṭinah-Badū nur unzureichend. Sowohl Zucht von Kamelen (Camelus dromedarius) als auch vor allem Ziegen- und Schafhaltung kennzeichneten den traditional vorherrschenden Produktionsbereich Viehwirtschaft. Daneben zählten noch weitere, ergänzende Produktionsbereiche zum festen Bestandteil der traditionalen Wirtschaftsform.

Somit bildeten die Grundlage der traditionalen materiellen Existenz der Bāṭinah-Badū

(1) mobile Viehwirtschaft, die tierische Produkte (Fleisch, Milch Wolle) bereitstellte;

(2) Ackerbau, präziser die Kultivierung von Dattelpalmen, der die Verfügbarkeit vegetabilischer Nahrung sicherte (2);

(3) Karawanentransport, der den Badū teilweise Geld-Einkommen erbrachte. An dieser Transportarbeit waren jedoch nur solche nomadischen Bevölkerungsgruppen beteiligt, die in größerem Umfang Kamelzucht betrieben;

(4) Haushaltshandwerke, die Objekte der materiellen Kultur bereitstellten.

Diese vier Produktionsbereiche der nomadischen Bevölkerungsgruppen der Batinah seien in den folgenden Ausführungen unter Berücksichtigung ihrer organisatorisch-räumlichen Abläufe eingehender diskutiert.

3.1.1 Mobile Viehwirtschaft

Statistische Angaben über den Viehbestand der nomadischen Bevölkerungsgruppen Omans (dies gilt auch für die Bāṭinah-Badū) sind kaum verfügbar und beruhen sämtlich auf Schätzungen. So beziehen sich die Aussagen von nach der Öffnung des Sultanats 1970 durchgeführten Untersuchungen über die Lage des Agrarsektors explizit auf den Bestand seßhafter Bevölkerungsgruppen (3). Für die Viehwirtschaft nomadischer Stämme des Sultanats liegen bislang keine Studien vor.

Tabelle 5

Schätzungen des Viehbestandes nomadischer Bevölkerungsgruppen (1975)

Region	Kamele	Ziegen und Schafe
N-Bāṭinah (a) sowie Buraymī - 'Ibrī	900	29.000
S-Bāṭinah (b) sowie 'Ibrī - Adam - Bidbid	3.100	60.000

(a) Shināṣ - Ṣuḥār - Aṣ Ṣaḥm - Al Khābūrah

(b) Masqaṭ - Al Khābūrah einschl. Nakhl und Ar Rustāq

Quelle: W.R.S., 1975,v,103; WRDP, 1975,401.

Tabelle 6

Viehwirtschaftliche Nutzung der natürlichen Vegetation in der Wadiregion

	Kamel	Ziege	Schaf
natürliche Vegetation	ghāf, samrah, harm	harm, 'ushub, samrah	'ushub
Zufuttergabe (a)	samrah-Blätter, qatt, Dattelkerne (ta'ām), Datteln minderer Qualität, (S) Trockenfisch		
Tränken	(S) alle 4-5 (-15) Tage (W) -	(S) (W) täglich bzw. 2-3 Tage	
Weideradius	25-30 km	- 10 km	5-7 km

(a) nur bei geringer Futterwüchsigkeit der natürlichen Vegetation und/oder Aufenthalt am Lagerstandort

(S) heiße Jahreszeit

(W) kühle Jahreszeit

Quelle: Inf. d. Verf. 1977/78.
Vgl. auch EVENARI/SHANNAN/TADMOR, 1971, 307
WILKINSON, 1977, 61-62
H.B.A., 1920, i, 241

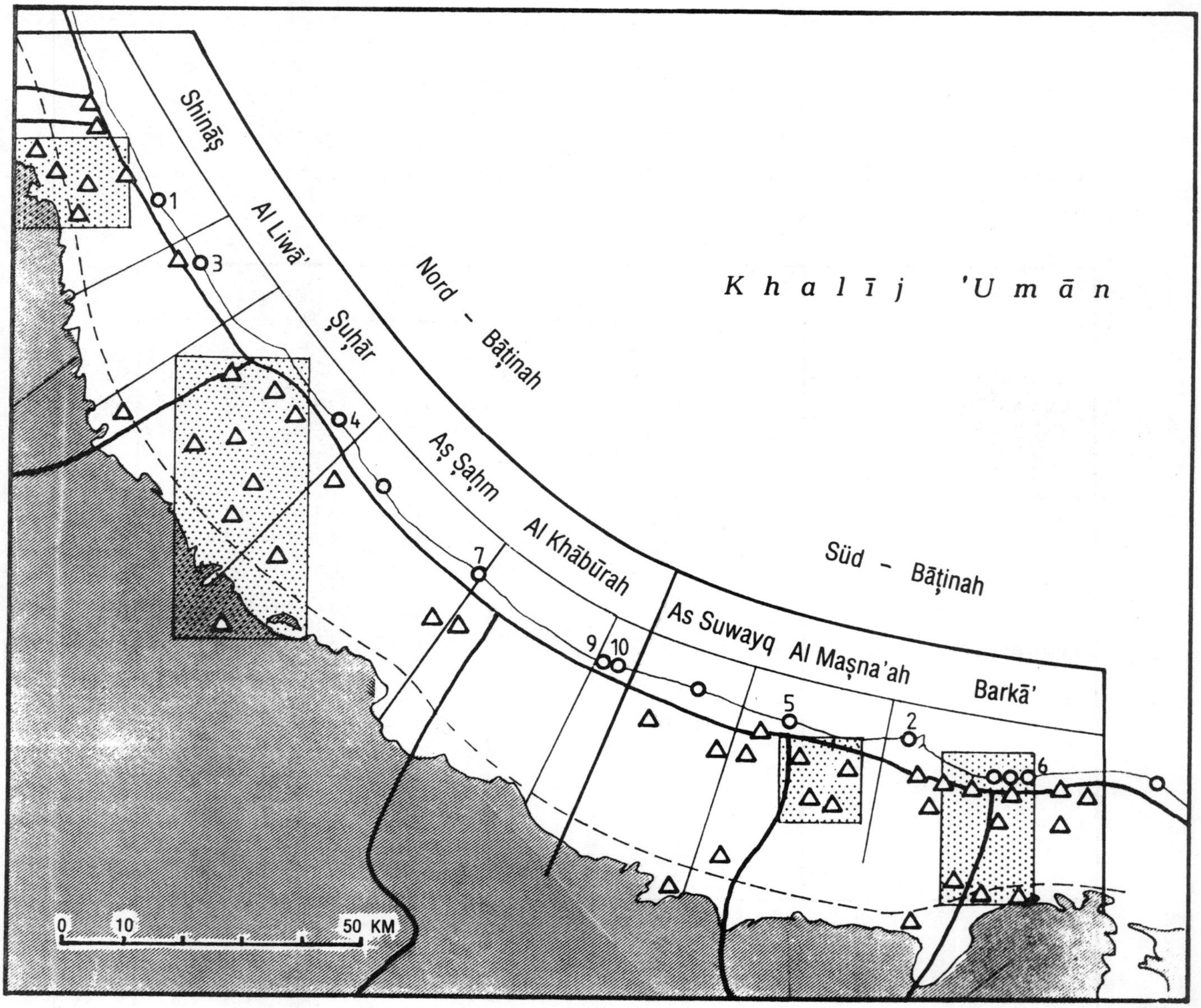

△ im Text ausführlich behandelte Badū-Gruppe
○ im Text ausführlich behandelte Fischersiedlung (Tab. 8)
Schwerpunkt der Feldforschung
Gebirgsregion
Küstenwärtige Grenze von shawāwī
Grenze von N-/S-Bāṭinah
Grenze der wilāyāt

Abb. 11 Untersuchungsschwerpunkte der Studie

Nicht Kamelzucht, sondern die Haltung von Ziegen und Schafen herrschte bei den Badū der Bāṭinah vor. Dieses traditionale Nebeneinander von Kleinviehhaltung und Kamelzucht, das den Produktionsbereich Viehwirtschaft der Bāṭinah-Badū in besonderer Weise kennzeichnete (THOMAS, 1931,141; WILKINSON, 1977,63), führte zu spezifischen Formen der mobilen Viehhaltung.

Unter ariden Klimabedingungen müssen Ziegen und Schafe täglich getränkt werden (WILKINSON, 1977,62), jedoch können nach Angaben von Badū Ziegen bis zu drei Tagen ohne Wasseraufnahme existieren (4). Ihr Weideradius ist mithin begrenzt. In der heißen Jahreszeit benötigen, unter den naturräumlichen Bedingungen der Wadiregion (5), Kamele alle 4-5 Tage Wasser. Ein Zeitraum von ca. 15 Tagen zwischen zweimaligem Tränken wird unter den gleichen Bedingungen von Kamelen ertragen (6). Während der kühlen Jahreszeit sind Kamele nicht auf die Aufnahme von Trinkwasser angewiesen, da der Feuchtigkeitsgehalt der natürlichen Weidevegetation (samrah, ghāf) hoch ist (7): sie sind ṭawāzī und ihr Weideradius ist unbeschränkt.

Kamele können während des Weidegangs ca. 25 km/Tag zurücklegen, "steadily nipping a bite here, a bite there, as camels usually do" (SCHMIDT-NIELSEN, 1964,68). Ziegen und Schafe vermögen nur wesentlich kürzere Distanzen von der Tränke zurückzulegen (bis ca. 7 km), selten mehr als 10 km/Tag (8). Überdies waren Schafe und Ziegen, zumindest die Milchtiere, von genügender Futterwüchsigkeit der Weidevegetation abhängig, so daß diese in der heißen Jahreszeit regelmäßig Zufuttergaben erhielten.

Die Kleinviehhaltung und deren Beschränkungen können als wesentliche Steuerungsfaktoren, die in das räumliche Verwirklichungsmuster der Bāṭinah-Badū eingehen, genannt werden. Die Kargheit der natürlichen Vegetation steuert die Mobilität der Weidewirtschaft, die Wanderungsdistanzen bestimmten sich in der Verbindung naturgeographischer Faktoren (Tragfähigkeit des Raumes) und den Aktionsradien von Ziegen und Schafen. Die geringen Weidewanderdistanzen des täglichen Austriebs hatten eine intensive Beweidung des jeweiligen Aktionsraumes zur Folge. Wird dazu die ohnehin jahreszeitlich unterschiedliche Futterwüchsigkeit der natürlichen Vegetation berücksicht, so erklärt dies die Durchführung saisonaler Weidewanderungen. In der kühlen Jahreszeit wurden die Herden im vegetationsreichen, gebirgswärtigen Raum der Wadiregion, in der heißen Jahreszeit im Grenzsaum zur Küstenregion, im Nahbereich der Dattelpalmenzone, geweidet. Zwischen beiden Aktionsräumen liegt eine Distanz von ca. 30 km, die mit den Kleinviehherden in höchstens zwei Tagesmärschen überwunden wurde (Abb. 12).

3.1.1.1 Kleinviehhaltung

Ziegenhaltung bildete die Basis viehwirtschaftlicher Produktion der mobilen Kleinviehhaltergruppen. Ihre Herden bestanden überwiegend aus kleinen, zumeist schwarzen Langhaarziegen (ghanamah, pl. ghanam; Herde: hawsh) einer omanischen Art (naw'ah 'umānī) (HARTLEY, 1951,21; ferner DOWSON, 1927,7; FAULKNER, 1973,8; THOMAS, 1931,141; W.R.S., 1975,v,105; WRDP, 1975,3,403). Teilweise wurden in der Bāṭinah zusätzlich kleinere, kurzhaarige Arten gehalten (HARTLEY, 1951,21). Schafe bildeten einen seltenen Bestandteil der Badū-Herden (HOOGERWOERD, 1889,202; H.B.A., 1920,i,242). In der Küstenprovinz sind kleine, schwarze Arten verbreitet, kaum jedoch Fettschwanzschafe (DOWSON, 1927,7; FAULKNER, 1973,8; THOMAS, 1931,141). Eine als Kollektivplural gewählte Bezeichnung von Ziegen und Schafen, ghanam ("Ziegen"), verdeutlicht die untergeordnete Bedeutung der Schafhaltung (9).

Ziegen und Schafe weiden in der Wadiregion vorwiegend Gräser und Zwergsträucher ('ushub, harm, jurmul, kahal) ab; dank ihrer Kletterfähigkeit nutzen Ziegen auch die Kronen von samrah-Akazien als Baumweide. Da Ziegen und Schafe nur bei ausreichendem, frischem Futter Milch geben, erhielten sie in der heißen Jahreszeit oftmals Zufuttergaben von samrah-Blättern, Dattelkernen und Luzerne.

Ziegen stellten die wichtigsten Fleischlieferanten der nomadischen Bevölkerungsgruppen dar (FAULKNER, 1973,3; HOOGERWOERD, 1889, 202). Die Milch von Ziegen und Schafen, letztere teilweise Ziegen-

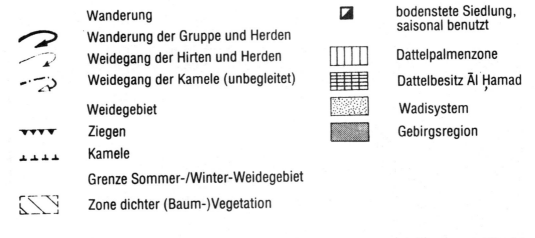

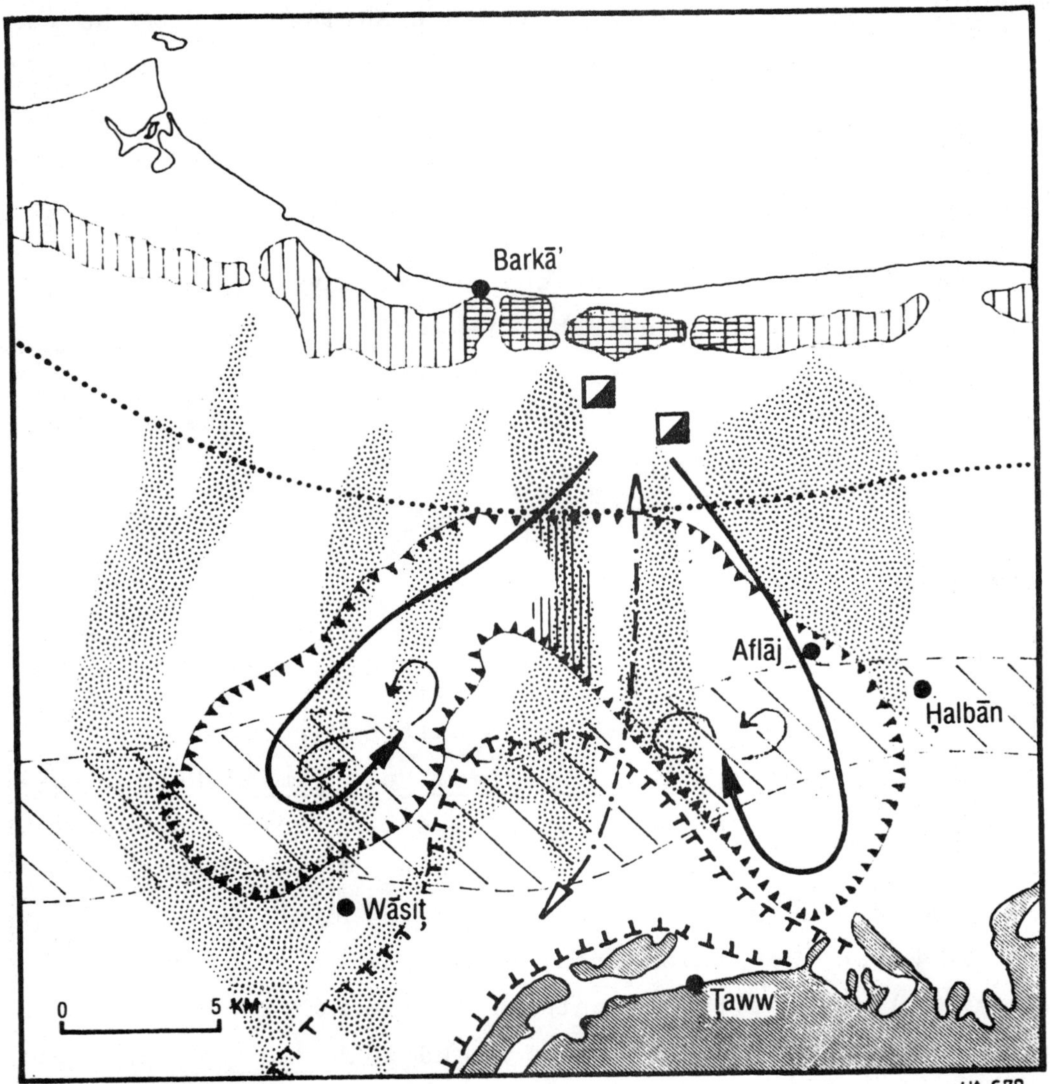

Quelle: Kart. d. Verf. 1977/78 HA 679

Wanderung
Wanderung der Gruppe und Herden
Weidegang der Hirten und Herden
Weidegang der Kamele (unbegleitet)

Weidegebiet
Ziegen
Kamele
Grenze Sommer-/Winter-Weidegebiet

Zone dichter (Baum-)Vegetation

bodenstete Siedlung, saisonal benutzt
Dattelpalmenzone
Dattelbesitz Āl Ḥamad
Wadisystem
Gebirgsregion

Abb. 12 Traditionelles Regional-Mobilitäts-Verhalten der Bāṭinah-Badū Beispiel Āl Ḥamad

milch vorgezogen, verarbeiteten die Bāṭinah-Badū zu Butter und Käse für den eigenen Bedarf. Felle, in geringerem Umfang Häute, von Ziegen und Schafen führten die Badū intensiver haushaltshandwerklicher Produktion zu: Ziegenhaar bildete den Rohstoff für die Herstellung von Ziegenhaarbahnen, Teppichen und Bekleidung.

Das wirtschaftliche Gewicht der Kleinviehhaltung ging für die Bāṭinah-Badū über reine Subsistenz mit tierischen Produkten hinaus: der Verkauf von Ziegen am Markt galt gleichermaßen als Produktionsziel der Kleinviehhaltung. Daraus folgt, daß sowohl Subsistenz- als auch Marktproduktion den Umfang der Herden beeinflußten.

3.1.1.2 Kamelzucht

Alle Bāṭinah-Badū hielten in unterschiedlichem Maße einhöckrige Kamele (Camelus dromedarius; jamal, pl. jimāl; Herde: bawsh) als Reit- und Transporttiere. Die Domestikation des Dromedars, dessen Wildform in der Gegenwart nicht mehr nachzuweisen ist, erfolgte mutmaßlich im zentralen Arabien (Najd) (10). Kamelzucht großen Stils wurde zuerst von arabischen Stämmen praktiziert (WALZ, 1951, 47) (11). Sorgfältige Zuchtwahl führte zur Herausbildung mehrerer Varianten des Dromedars; für die Bāṭinah-Badū besaßen Reit- bzw. Rennkamele und Transportkamele ökonomische Bedeutung.

"In Oman, the bull camel is usually used for transporting goods, the Badu choosing to ride the cow for her gentler movements. Quite the reverse ideas I found to prevail in Southern Baluchistan (...), and the bull was generally ridden because of the belief that riding the female interfered with her breeding qualities. No such heresy rules here in Oman, where, perhaps, some of the finest camels of Arabia were reared" (THOMAS, 1931,134).

Stärker als andere mobile Viehhaltergruppen der Bāṭinah spezialisierten sich einige Badū-Stämme im Rahmen des viehwirtschaftlichen Produktionsbereichs vornehmlich auf Kamelzucht. Kleinviehhaltung nahm bei diesen Gruppen einen geringeren Stellenwert ein. So züchteten die Yal Sa'd, die Bāṭinah-Fraktion der Al Wahībah und die Āl Ḥamad die kleinwüchsigen, hellfarbigen bāṭinīyah-Kamele

(12). Sie zählen zu den fünf edlen Kamelrassen der Arabischen Halbinsel (HOOGERWOERD, 1889,202) (13).

"The best Oman breed is the batiniyah from the Batinah Coast. It is the highest breed and most renowned of all throughbred camels and is particularly famed for its staying power. These camels have been known to average a hundred miles a day for over a week at a time, and one of them once covered the ninety-five miles between Buraimi and Abu Dhabi in under twelve hours" (PHILLIPS, 1971(a), 34).

Die bāṭinīyah-Kamele beweiden in der Wadiregion vornehmlich Baumvegetation (samrah, ghāf), deren Blätter einen hohen Feuchtigkeitsgehalt aufweisen. Weite Gebiete der schütteren Baumvegetation zeigen eine untere, horizontale Kappung der ghāf-Kronen durch Kamelbeweidung (FAULKNER, 1973,8; PHILLIPS, 1971(a),76). Unterhalb dieses Kronenhorizontes ist eine weitgehend ungehinderte Sicht über die sayḥ möglich.

Als Zuchtresultate erstrebten die Bāṭinah-Badū den Besitz von weiblichen Milch- und Reittieren (nāqah, rakab) und Transportkamelen (maṭīyyah) sowie den Verkauf von Reit- bzw. Rennkamelen. Neben der Funktion als Reit- und Transporttier lieferte das Kamel wichtige tierische Produkte: Milch, Fleisch, Wolle und Leder. Bei einer Laktationsperiode von ca. 11-15 Monaten war das Dromedar ein sicherer und stetiger Lieferant von tierischem Eiweiß, denn "here the Badu, like his counterpart elsewhere, lives almost entirely on milk. Meat and rice, the diet of the rich, may come his way once in a moon" (THOMAS, 1931,141). Kamelfleisch verzehrten die nomadischen Bevölkerungsgruppen der Bāṭinah nur bei besonderen Anlässen (14): Noch heute besteht in ganz Oman kein Markt für Kamelfleisch. Kamelleder wurde nur in geringem Umfang verarbeitet, auch Hinweise über Gewinnung und Verarbeitung bzw. Verkauf von Kamelwolle ließen sich nicht ermitteln.

Die ökonomische Bedeutung des Kamels - dies gilt für Reit- wie für Lasttiere - beschränkte sich nicht auf die Selbstversorgung mit tierischen Produkten. Das Kamel war zugleich das wichtigste Marktprodukt der traditionalen Wirtschaft (HOOGERWOERD, 1889,202), dessen Verkauf den Erwerb einer Anzahl von den Badū nicht selbst produzierter Gebrauchsgüter ermöglichte.

3.1.1.3 Traditionale Arbeitsprozesse im Produktionsbereich Viehhaltung

Der Produktionsbereich Viehwirtschaft der Badū kann für deren traditionale Wirtschaftsform in einzelne Arbeitsprozesse zerlegt werden. Unterschiedlich nach Ziegen- und Kamelhaltung, umfassen sie jeweils typische Handlungsabläufe.

(1) Die Kontrolle über den natürlichen Verlauf der Viehzucht oblag den Besitzern der Tiere und/oder entlohnten Hirten (rā'i, pl. ru'āh). Bei der Ziegenhaltung umfaßte dieser Arbeitsprozeß den begleiteten Austrieb mit den Teilabläufen Weideaufsicht und täglichem mogendlichen Tränken der Tiere. Der Weidegang der Kamele verlief hingegen, aufgrund der spezifischen naturgeographischen Bedingungen der Wadiregion, weitgehend unbegleitet. Trächtige und milchgebende Kamele und Ziegen weideten stets im Nahbereich des Lagerstandortes, Reitkamele und milchgebende Tiere waren häufig angepflockt (15).

Zu Beginn einer jeden Weideperiode wurden die Kamele in die Weideareale geführt. Im freien Weidegang weideten sie dort, vor allem während der kühlen Jahreszeit, die reiche natürliche Vegetation ab. Der nomadische Besitzer suchte die Weideareale nur von Zeit zu Zeit auf, um die Standorte der Tiere auszumachen oder ihren Zustand zu überprüfen (16). Um den weitgehend unbeschränkten Aktionsradius der Kamele zu begrenzen, wurden ihre Vorderläufe oder ein Vorder- und Hinterlauf durch ein kurzes Hanfseil verbunden (muqayyad) (DOWSON, 1927,6; WILKINSON, 1977,61). In den Sommer-Weidegebieten, bei geringerer Futterwüchsigkeit, kehrten die Kamele häufiger (alle 3-5 Tage) zur Wasseraufnahme an die Lagerstandorte der Badū zurück (17).

Unter den Bedingungen des freien Weidegangs wurden die Kamele traditional mit eingebrannten Eigentumszeichen (wasm, pl. wusūm) versehen. Sie waren je für Stammessegmente einheitlich; individuelle wusūm blieben Stammesführern (shaykh) vorbehalten (18). Ziegen und Schafe versahen die Bāṭinah-Badū nicht mit Eigentumszeichen, da infolge des beaufsichtigten Austriebs und des begrenzten Aktionsradius der Ziegen dazu kein Bedürfnis bestand. Befragungen ergaben, daß sich die mobilen Viehhalter in der Lage fühlten, bis etwa 80 Ziegen ohne Eigentumszeichen anhand spezifischer Merkmale auseinanderzuhalten. Auch im Fall größerer, zusammengesetzter Herden konnten die jeweiligen Besitzer auf diese Weise die eigenen Tiere identifizieren (19).

(2) Die Voraussetzungen des Weidegangs zu schaffen, beanspruchte den Kamelzüchter stärker. Dieser Arbeitsprozeß schloß die Kontrolle von im Streifgebiet angelegten Brunnen und Wasserstellen (birkah, pl. birak), in seltenen Fällen die Anlage neuer Wasserstellen ein. Zu Beginn einer jeden Weideperiode wurden die Kamele an diese Wasserstelle zur Tränke geführt, später dann suchten die Tiere die Wasserstellen in einem bestimmten zeitlichen Rhythmus ohne Aufsicht zur Wasseraufnahme auf.

(3) Tätigkeiten, die die Viehzucht ergänzen, beinhalteten tägliches Melken der Tiere und die Weiterverarbeitung der tierischen Produkte. Im Rahmen der Kamelzucht übten ausschließlich Männer die Tätigkeit des Melkens aus (20), Ziegen und Schafe wurden von Frauen und Kindern gemolken. Omanische Ziegen geben ca. 2 lbs. Milch/Tag (FAULKNER, 1973,8; E.S., 1972, Part iii,1.6). Daten für Kamele fehlen für Oman; für Zentral- und N-Arabien berichten SWEET (1965,132) von einer täglichen Milchleistung von 1-7 l, EVENARI/SHANAN/TADMOR (1971,307) von bis zu 10 l und STEIN (1967,51) zwischen 4 und 10 l.

Frauen und Kinder übernahmen traditional die Weiterverarbeitung der Ziegenmilch zu Butter (saman) und Käse (FAULKNER, 1973,8) - Kamelmilch läßt sich nicht zu Butter verarbeiten, da sie wenig Fett enthält. Zur Buttererzeugung wurde ein Tierbalg oder Lederschlauch (qirbah, pl. qirbāt) zur Hälfte mit Milch gefüllt und aufgeblasen. An einer Querstange befestigt, schüttelten zwei Frauen oder Kinder das an einem dreibeinigen Gestell aufgehängte Ledergefäß. Ziegenbälge wurden auch zur Aufbewahrung von Milch und Fett verwendet.

Kamelen und Ziegen wurden Zufuttergaben von samrah-Blättern, geschnittenen Alfalfa (qatt) und/oder Datteln minderer Qualität gereicht, wenn sie sich im Nahbereich des Lagerstandortes aufhielten. Die samrah-Blätter wurden von Frauen und Kindern im Umkreis des Lagers gesammelt. Während die Zufuttergaben für Ziegen und Schafe auf den Boden geworfen wurden, errichteten einige Bāṭinah-Badū den Kamelen ein einfaches, aus vier Holzstangen bestehendes Gestell, in das in ca. 1,2 m Höhe ein Futtersack eingehängt wurde (21).

Alle im Produktionsbereich Viehwirtschaft anfallenden Arbeitsprozesse erforderten die Beteiligung des Besitzers der Tiere, wenn auch mit unterschiedlicher Intensität. Die Tätigkeit von entlohnten Hirten blieb bei den Bāṭinah-Badū vornehmlich auf eine engere räumliche Nachbarschaft von Lagerstandorten beschränkt: Die Mitglieder einer Wandergruppe beaufsichtigten den Weidegang der gemeinsamen Herde, die Entlohnung erfolgte als wechselseitige Dienstleistung bei der Aufsicht über den Weidegang der Ziegen- und Schafherden (kein "Pensionsvieh"). Vereinzelt verdingten sich mobile Viehhalter der Bāṭinah gegen Natural- oder Geldentlohnung als Kamelhirten bei seßhaften Oasenbauern, deren Tiere in die eigene Herde eingestellt wurden.

3.1.1.4 Zusammenfassung

Den Hauptproduktionsbereich der nomadischen Bevölkerungsgruppen in der Bāṭinah, mobile Viehwirtschaft, zeichnete ein traditionales Nebeneinander von Kamelzucht und Kleinviehhaltung aus. Mit der gleichzeitigen Haltung von Ziegen und Kamelen (hawsh wa bawsh) waren spezifische Organisationsformen der Weidewanderungen verbunden, der begleitete Austrieb von Ziegen und Schafen sowie der freie Weidegang der Kamele. Diese unterschiedlichen Formen ermöglichten eine Kombination von Ziegen- und Schafhaltung, mit der geringe Wanderdistanzen gekoppelt waren. Unter den naturräumlichen Bedingungen der Wadiregion wurde zwar das volle Mobilitätspotential des Kamels nicht ökonomisch-adäquat ausgeschöpft (WILKINSON, 1977,62). Kamele, Ziegen und Schafe, die Produktionsmittel der Wanderweidewirtschaft, waren jedoch mobil (22).

In einem einfachen bipolaren Modell lassen sich die Beziehungen zwischen mobilen Viehhaltern und Umwelt mit KRADER (1959,501) sowohl als symbiotisch als auch als parasitär beschreiben.

"The herds supply the herdsmen with transport, milk, hides, wool, and meat as well as goods for exchange with other economies. The dried dung of the animals is collected to provide fuel for the camp fires. The herdsmen for their part protect the herds from predatory animals (...), they help the cows to calve, and the lambs to find the teats of the ewe through the wool. (...) However, both herds and herdsmen are dependent on the supply of grass and water, which they do nothing to replenish".

Gänzlich vermochte aber der Produktionsbereich mobile Viehwirtschaft - auch in der Kombination von Ziegen- und Kamelhaltung - die materielle Existenz der nomadischen Bevölkerungsgruppen nicht zu sichern. Denn ohne Verfügbarkeit über vegetabile Produkte sind nomadische Bevölkerungsgruppen nicht existenzfähig (23). Entweder konnten diese als Tribut von seßhaften Oasenbauern abgepreßt, am Markt gegen eigene tierische Produkte getauscht werden, oder stammten - wie im Fall der Bāṭinah-Badū - von eigenen landwirtschaftlichen Nutzflächen.

3.1.2 Ackerbau

Die landwirtschaftlichen Nutzflächen der Bāṭinah-Badū sind, bis auf wenige Ausnahmen (24), ausschließlich in der Küstenregion lokalisiert, wo Ackerbau auf der Basis künstlicher Bewässerung aus Brunnen möglich ist. Diese traditionalen Schöpfwerke (ṭawī, pl. ṭawīyān) wurden mit Hilfe von Rindern (baqr, pl. abqār) betrieben. Zu diesem Zweck hielten jene mobilen Viehhalter, die zugleich über landwirtschaftliche Produktionsflächen verfügten, in geringem Umfang Rinder (25). Die ganzjährig eingestallten, kleinwüchsigen und überwiegend männlichen Tiere (thawr, pl. thīrān) wurden gewöhnlich von seßhaften Landarbeitern, die in der Anbauwirtschaft beschäftigt waren, versorgt.

Ackerbauliche Produktion spielte bei den nomadischen Bevölkerungsgruppen innerhalb der traditionalen Wirtschaftsform eine bedeutende Rolle als permanenter ergänzender Produktionsbereich. In der Tat gab es kaum mobile Kleinviehhalter der Bāṭinah, die nicht über den Besitz von Dattelbäumen (nakhīl) bzw. Dattelgärten verfügten. Anzahl und Alter der Dattelpalmen (nakhlah, pl. nakhl) und auch die Größe der Anbauflächen variierten freilich beträchtlich: Für die traditionale Situation nannten befragte Bāṭinah-Badū zwischen 18 und 120 Palmen als Umfang des Dattelbesitzes. Die Größenangaben über die Anbauflächen bewegten sich zwischen 5 und 13 faddān (1 faddān ca. 0,3 ha).

Der landwirtschaftliche Produktionsbereich umfaßte in erster Linie den Anbau von Datteln. Die Produktion von qatt, einer luzernenartigen Futterpflanze, folgte in der ökonomischen Bedeutung. Seltener wurden Agrumenarten (lūmī; laymūn; safargil; burtuqāl) und Mango ('ambah), in der Bāṭinah teilweise als Unterkulturen, kultiviert. Als Produktionsziel galt in jedem Fall die Subsistenz mit den wichtigsten vegetabilen Nahrungsmitteln, unter denen die Dattel (raṭab) aufgrund ihrer vielseitigen Verwendbarkeit dominierte (26). Etwaige Mehrproduktion von Datteln verkauften die Bāṭinah-Badū oft als Viehfutter (27). Futterpflanzen wurden sowohl zur Zufütterung des eigenen Viehbestandes, aber auch für den Markt angebaut (28). Agrumen und Mango kultivierten die Badū zum Verkauf am Markt.

Zwischen den Weidegebieten in der Wadiregion und der Lage der Anbauflächen der Bāṭinah-Badū bestand keine räumliche Kongruenz. Infolgedessen konnten die Badū die eigene Arbeitskraft stets nur an einem Standort einsetzen. Da aber Viehhaltung und Ackerbau gleichermaßen die stetige Arbeitsleistung der Badū erfordert hätten, delegierten sie die Tätigkeiten in der Landwirtschaft weitestgehend an seßhafte Landarbeiter (bīdār, pl. bayādīr). Vereinzelt setzten Stammesführer (shaykh) solcher nomadischen Bevölkerungsgruppen der Küstenprovinz, die z.T. führend am Sklavenhandel beteiligt waren, eigene Sklaven ('abd, pl. 'abīd) in der Landwirtschaft ein. Die Oasenlandwirtschaft der Bāṭinah galt als eines der Zielgebiete des Sklavenhandels in der Küstenprovinz.

Der Tätigkeitsbereich der bayādīr war klar abgegrenzt, er umschloß die mit der Bewirtschaftung von Dattelkulturen zusammenhängenden Arbeiten (WILKINSON, 1974,80-82; 1977,119). Diese Tätigkeiten, das sogenannte badārah, deckten freilich den überwiegenden Teil der im ackerbaulichen Produktionsbereich der Bāṭinah-Badū anfallenden Arbeiten ab, die sich in typische Handlungsabläufe gliedern lassen.

(1) Arbeiten während der Keimungs- und Wachstumsperiode der Dattelpalme gliederten sich in Bestäubung, Pflege und Bewässerung der Dattelpalmen durch Ziehbrunnen (ṭawī, pl. ṭawīyān).

(2) Ebenso oblag dem bīdār, die Voraussetzungen für die Wachstumsperiode zu schaffen. Dazu bedurfte es der Instandhaltung sowie Neuanlage von Bewässerungskanälen und der Auflockerung des Bodens mittels eines Hakenpfluges (hays, pl. huyus). Bei Bewässerung wie Bodenauflockerung wurden die kleinwüchsigen, stationär gehaltenen Rinder eingesetzt. Abweichend von den traditionalen bīdār-Pflichten versorgten die landwirtschaftlichen Arbeiter auch die Tiere.

(3) Erst beim Ablauf der Erntearbeit zwischen den Monaten Mai bis September war der nomadische Besitzer der Dattelbäume selbst beteiligt, jedoch beschränkten sich seine Aufgaben auf die Überwachung der Ernte und verwandter Tätigkeiten. Das eigentliche Schneiden der Fruchtrispen ('isqah; 'adhaq) fiel traditional in den Tätigkeitsbereich des bīdār.

Die bayādīr wurden traditional für ihre badārah-Tätigkeiten mit Datteln bezahlt (WILKINSON, 1974,80; 1977,119), daher definiert REINHARDT (1894,135) einen bīdār als "Landmann, der auf fremdem Gut eingesetzt, einen bestimmten Theil der Ernte erhält". Als Entlohnung für weitere Tätigkeiten wurde den bayādīr entweder ein Geldbetrag oder das Recht zugestanden, auf den von ihnen bewirtschafteten landwirtschaftlichen Produktionsflächen Unterkulturen wie Agrumen- und Luzernearten oder Hirse (dhirrah) anzubauen. DOWSON (1927,8) zufolge wurde jedoch Naturalentlohnung in der Batinah selten vereinbart. In Zeiten wirtschaftlicher Not verdingten sich einzelne Bāṭinah-Badū selbst an seßhafte Oasenbauern bei der Dattelernte. Generell maßen die mobilen Viehhalter der Küstenprovinz ackerbaulichen Tätigkeiten aber ein geringes Sozialprestige zu (THOMAS, 1931,141).

Entsprechend der ergänzenden Funktion des Ackerbaus und der geringen Eigenarbeitsleistung der Badū wurden nur wenige, einfache Arbeitsgeräte eingesetzt. Zur Bodenauflockerung diente ein einfacher, von Rindern gezogener Hakenpflug. Mit einer leicht gebogenen, in der Schneide gezähnten Sichel (miqiss, pl. miqass) schnitt der bīdār die Dattelpalmen von trockenen Wedeln frei; die Fruchtstände wurden ebenfalls mit Hilfe der miqiss geerntet (29). Ein meißelförmiges Arbeitsgerät, hib, verwandten die bayādīr, um Dattelschößlinge vom Fuß bzw. Stamm des Mutterbaumes zu trennen (DOWSON, 1927,9; HARTLEY, 1951,9). Zum Besteigen der Dattelpalme wurde ein aus Dattelfasern geflochtener Haltegurt (quffah) benutzt. Die genannten Arbeitsgeräte wurden von den Bāṭinah-Badū nicht selbst hergestellt, sondern auf den Märkten der Küstensiedlungen im Austausch gegen tierische Produkte erworben (Abb. 14).

Die Dattelernte (maḥṣūl) während der heißen Jahreszeit erforderte die Anwesenheit des nomadischen Besitzers der Dattelpalme, der über die Verwendung der Ernte entschied. Auf diesen saisonal und räumlich gebundenen Tätigkeitsbereich der Badū wurde der Wanderungsrhythmus der mobilen Weidewirtschaft abgestimmt: Die Existenz von Eigentum an landwirtschaftlichen Nutzflächen ging als wichtige Determinante in das traditionale räumliche Verwirklichungsmuster ein. Zwar findet die Weidewirtschaft der Badū an der Küste keinen optimalen Standort, dennoch erzwingt die Bewirtschaftung der küstenständigen Dattelkulturen einen räumlichen wie zeitlichen Kompromiß: Das Aufsuchen der Sommer-Weidegebiete geschieht vor allem, um die Ernte und deren Verteilung zu überwachen und sich mit vegetabilen Produkten (Datteln) zu versorgen.

3.1.3 Ergänzende Wirtschaftsbereiche

Weitere, ergänzende Wirtschaftstätigkeiten waren im Unterschied zum Ackerbau der mobilen Viehhalter nicht stetige Bestandteile der Reproduktion (30). Obgleich Karawanentransport, Sammeln und Jagd integrale Tätigkeiten der traditionalen Wirtschaftsform darstellten und zur Sicherung der materiellen Existenz beitrugen, trat ihre ökonomische Bedeutung doch hinter Viehhaltung und Landwirtschaft zurück. Anders auch als der ackerbauliche Produktionsbereich konkurrierten die übrigen ergänzenden Wirtschaftsbereiche gewöhnlich nicht um die im Produktionsbereich Viehhaltung weitgehend gebundene Arbeitskraft der Bāṭinah-Badū: Einerseits war es möglich, episodisch bzw. temporär dem Potential einer nomadischen Wandergruppe Arbeitskraft abzuziehen, ohne unmittelbare Wirkungen auf das traditionale Wirtschaftsgefüge auszulösen. Andererseits konnten einige ergänzende Wirtschaftstätigkeiten (Sammeln, Haushaltshandwerke) während der Weidewanderungen ausgeführt werden.

3.1.3.1 Karawanentransport

Aufgrund ihrer offenen, nach außen orientierten Ökonomie hatte die Küstenprovinz während der wirtschaftlichen Stagnation im 19. und 20. Jahrhundert ihre Stellung als ökonomischer Aktivraum des Sultanats bewahren können. Vom Zentrum der Āl Bū Sa'īd-Herrschaft, Masqaṭ-Maṭraḥ, führten traditionale Handelsrouten durch die Bāṭinah in die Nachbarräume, als deren wichtigste die Routen nach Ṣuḥār, durch das W. al Qūr nach Dubay und durch das W. Samā'il nach Nizwā (←Abū Dhabī) genannt seien. Karawanenwege, die den Gebirgsbogen als Bergpfade kreuzten, waren infolge der politischen Auseinandersetzungen zwischen Imamat und Sultanat oft unterbrochen. Während auf diesen Kurzstrecken als Transporteure Bevölkerungsgruppen Inner-Omans auftraten (LORIMER, 1970,ii,1168; WILKINSON, 1977,34 n. 16; 63; H.B.A., 1920,i,269), wurde der Warentransport auf den Fernhandelsrouten durch die Bāṭinah wesentlich von den mobilen Viehhaltern der Küstenprovinz abgewickelt. Die Karawanen der Bāṭinah-Badū bedienten, obgleich es sich um kürzere Distanzen handelte, auch größere Oasen am Gebirgsfuß (Ghadaf) (z.B. die Routen Al Maṣna'ah - Ar Rustāq, Barkā' - Wāsiṭ - Nakhl) (31). Zur Ausübung dieser Transportdienste hielten die Badū kräftige Lastkamele (maṭīyyah).

Insbesondere auf den Routen in die Scheichtümer Trucial Omans umfaßte der Karawanentransport nicht allein die Beförderung von Waren. In Zusammenhang mit saisonal-periodischen Wanderbewegungen seßhafter Fischer der Küstenprovinz zu den Häfen der Perlfischerei im Golf erfolgte auch der Personenverkehr mit diesen Karawanen (THOMAS, 1931,143; ferner BOWEN, 1951,169). Die Beteiligung der Bāṭinah-Badū an diesen Transportdiensten muß in den zwanziger Jahren ein solches Ausmaß erreicht haben, das THOMAS (1931,143) davon sprechen läßt, "the Batinah now denudes itself of camels". Zugleich fand jedoch auch eine Gegenbewegung zum Aufsuchen der Perlbänke statt.

"Not only does the populace of local towns move out bodily, but from the far distant Trucial coast as well, an army of women (...) now journeys southwards to the Batinah by the returning caravans, to sojourn while their men are absent on the pearl banks. Three months hence this process will be reversed" (THOMAS, 1931,143).

In der Küstenprovinz war der von den Bāṭinah-Badū betriebene Karawanentransport nicht die einzige Möglichkeit des Warenverkehrs. Zur See verbanden kleinere Lastensegler auf küstenparallelen Routen die Küstensiedlungen der Bāṭinah mit Masqaṭ-Maṭraḥ und anderen Häfen des Golfs (32). Auf der Route Maṭraḥ-Bāṭinah-Dubay trat seit den fünfziger Jahren dieses Jahrhunderts vereinzelt der Transport von Waren mit geländegängigen Lastwagen in Konkurrenz zum Karawanentransport der Bāṭinah-Badū. Bis gegen Ende der sechziger Jahre war jedoch zu Lande der Kamelkarawanentransport die allgemein vorherrschende Form des Warenaustausches.

Einige nomadische Bevölkerungsgruppen der Bāṭinah, darunter die Yal Sa'd, waren bis in die vierziger Jahre dieses Jahrhunderts aktiv am Sklavenhandel in die Scheichtümer Trucial Omans und am Waffenschmuggel nach Inner-Oman beteiligt gewesen (33). Diesen "illicit trade" übten die Badū teilweise in Zusammenhang mit Karawanenhandel und Transportdiensten aus. Außer als Haussklaven wurden in der Küstenprovinz die 'abīd vorwiegend in der Landwirtschaft eingesetzt (34). MILES (1919,401) berichtet, daß Sklaven auch im Fischereisektor, als Ruderer, tätig waren. In der Bāṭinah bestand jedoch nur ein geringer Bedarf an Sklaven und auch Waffen. Als ein Grund sei auf den Umstand verwiesen, daß die Sultanats-Herrschaft mit massiver britischer Unterstützung diese illegalen Wirtschaftsaktivitäten in der Küstenprovinz teilweise zu kontrollieren in der Lage war.

3.1.3.2 Haushaltshandwerke

Die haushaltshandwerklichen Tätigkeiten der Bāṭinah-Badū beziehen sich vornehmlich auf die Verarbeitung der im Produktionsbereich Viehwirtschaft anfallenden Wolle, Felle und Häute der Ziegen und Schafe. Vor allem Ziegenwolle gab einen vielseitigen Rohstoff für die Herstellung von Kleidung und Teppichen ab. Die Wolle (ṣūf pl. aṣwāf) wurde von Frauen und Mädchen mit einfachen Spinnwirteln zu dünnen Spinnfäden gesponnen, die anschließend mit der Hand zu dickeren Fäden zusammengedreht wurden. Diese ungefärbten

Abb. 13/14 **Materielle Kultur der Bāṭinah- Badū - (I)**

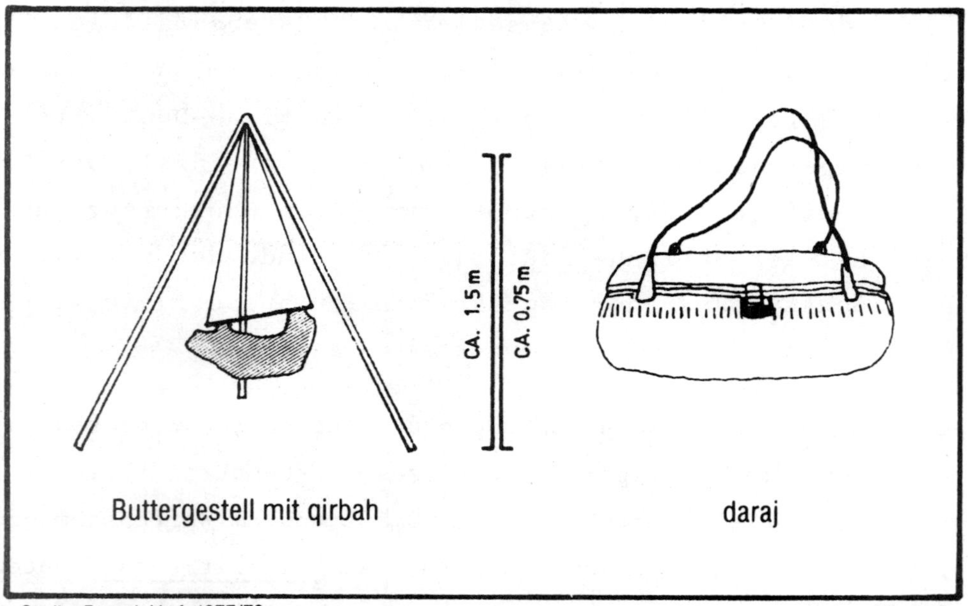

Quelle: Erm. d. Verf. 1977/78

HA 779

Von Bāṭinah-Badū gefertigte Gegenstände

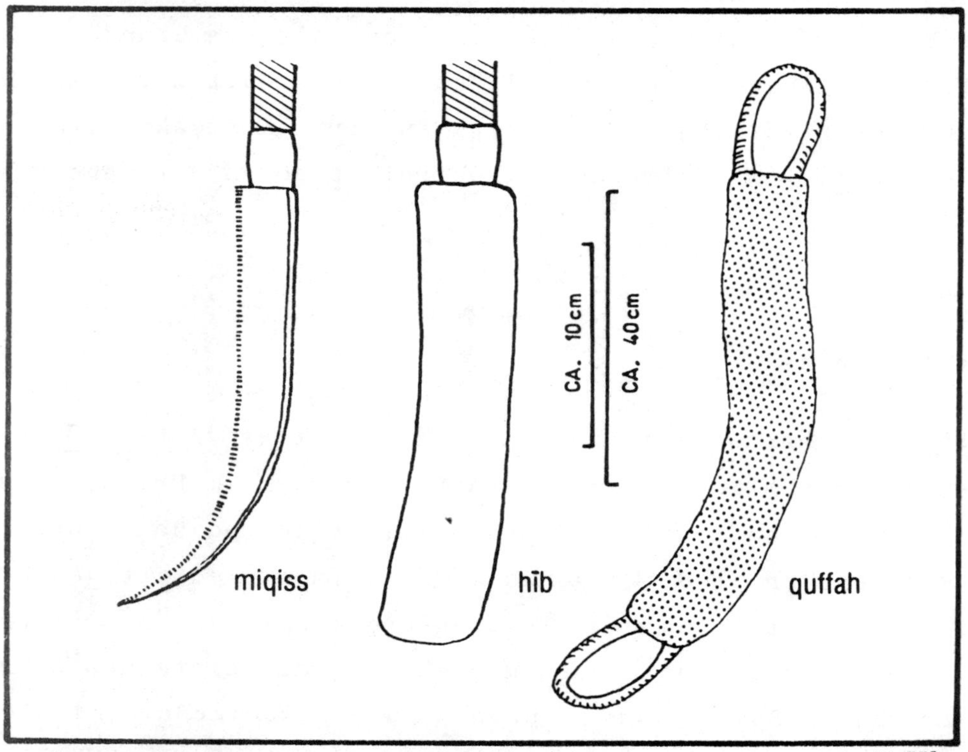

HA 779

Arbeitsgeräte des Produktionsbereichs Landwirtschaft

Fäden, nach Farbschattierungen zu unterschiedlichen Knäueln (ghazil, pl. ghuzūl) gewickelt, wurden an einem transportablen, horizontalen Handwebstuhl (saddah) verwebt (Abb. 15). Das Weben der Wolle übernahmen sowohl Frauen als auch Männer (35).

Der mobile Webstuhl selbst mißt in der Länge ca. 5-6 m bei ca. 0,6 m Breite. Kett- und Zeugbaum, zwischen denen die Kettfäden verspannt sind, waren mit Eisenheringen im Boden befestigt. Darüber war der Schaft an einem dreibeinigen Gestell aufgehängt, er wird nie bewegt. Stattdessen hebt und senkt der Weber die Kettfäden, um Zwischenräume entstehen zu lassen, durch die der an einem Stab befestigte Schußfaden getrieben wird. Um die Spannung des Webstuhles zu erhalten, sitzt der Weber auf dem Webgut (36).

Die am horizontalen Webstuhl gefertigten Webstücke nähten die Frauen infolge der geringen Breite des Webstuhles an den Längsseiten zusammen. Auf solchen Webstühlen stellten die Bāṭinah-Badū Ziegenhaarbahnen (mizḫ), die zur Konstruktion vom Baumhütten und Viehpferchen Verwendung fanden, her (37). Wollene, regenabweisende Umhänge (manṣūl) wurden auf die gleiche Weise gearbeitet, gelegentlich jedoch zusätzlich mit vielfarbigen Stickereien verziert. Während die Ziegenhaarbahnen für den eigenen Bedarf gefertigt wurden, webten die Badū die Umhänge auch für den Verkauf am Markt.

Auf noch einfacheren, aber nach dem beschriebenen Prinzip arbeitenden, ca. 2,5 m langen und ca. 0,2 m breiten horizontalen Webstühlen wurden wollene Sattelgurte hergestellt, die die Badū ebenfalls am Markt anboten.

Vorrats-, Milch- und Wasserbehälter fertigten die Frauen aus Schaf- und Ziegenhäuten an. Nach dem Gerben umwickelten die Badū die Beinöffnungen eines Ziegenbalges mit Lederstreifen, um sie zu verschließen. Damit der Lederschlauch (qirbah, pl. qirbāt) aufgehängt werden konnte, wurden die Hals- und Beinöffnungen jeweils mit geflochtenen Lederstrippen verbunden. Die Flüssigkeitsentnahme erfolgte an der Halsöffnung. Die qirbah diente auch als Gefäß zur Butterherstellung (38). Kleinere Ledergefäße (Körbe, z.T. auch Geldbörsen) wurden von den Bāṭinah-Badū ebenfalls aus Ziegenleder gefertigt.

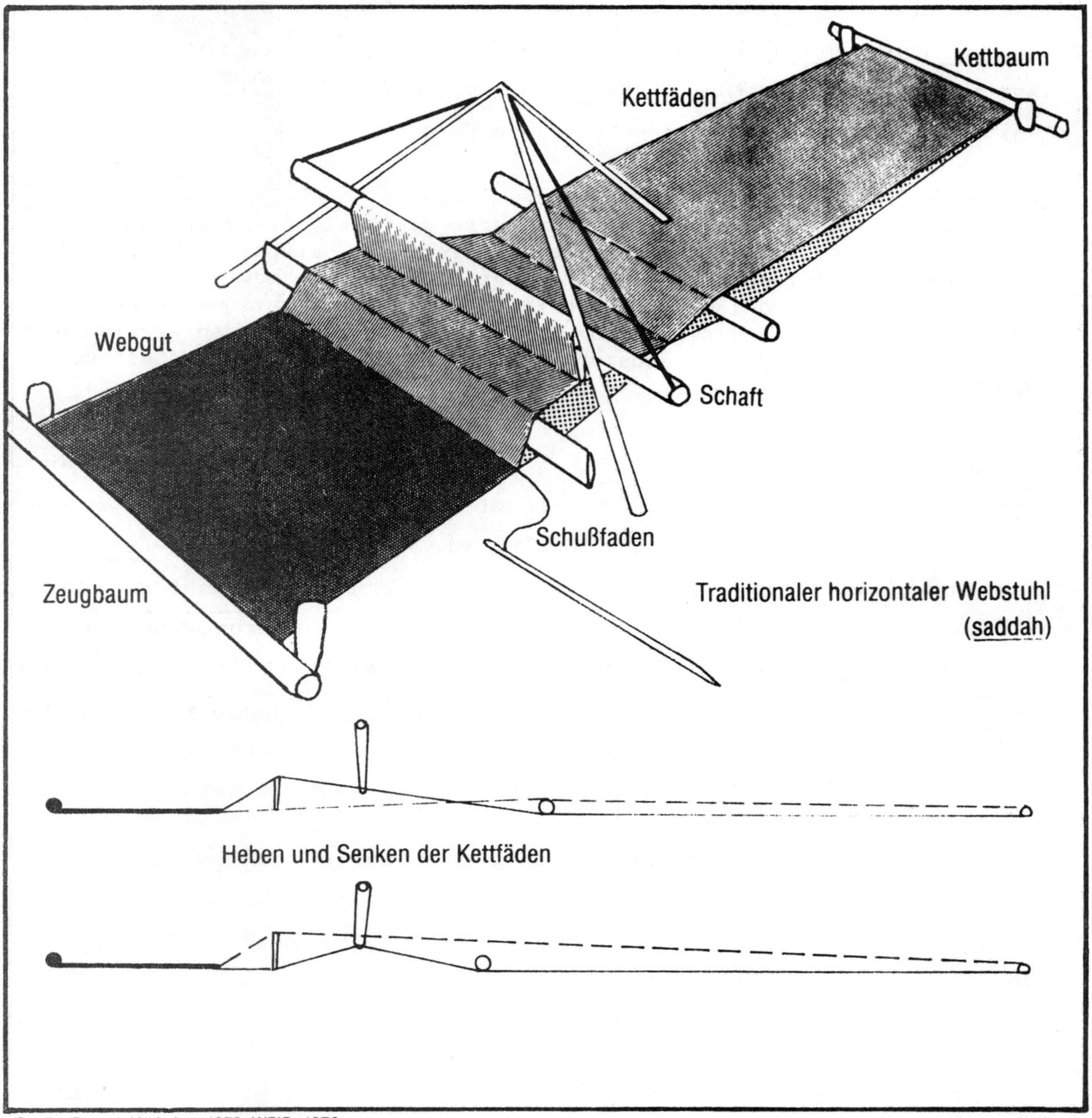

Quelle: Erm. d. Verf. Jan. 1978, WEIR, 1976

HA 779

Abb. 15 Materielle Kultur der Bāṭinah- Badū – (II)

Mit Kamelleder, das die mobilen Viehhalter selten verarbeiteten, wurden aus Palmwedelblättern geflochtene Truhen (daraj) überzogen. Sie dienten zur Aufbewahrung von Vorräten und persönlichen Gegenständen. Vorratsgefäße wie Körbe, Schalen und Deckelgefäße, teils mit Lederstreifen verziert, stellten die Frauen aus Palmwedelblättern her (Abb. 13).

Andere Wirtschaftsgegenstände, vornehmlich aus Metall, wurden von den Badū am Markt erworben (39).

3.1.3.3 Sammeln

Die Sammeltätigkeit der nahwandernden Kleinviehhalter stand gewöhnlich im Zusammenhang mit dem beaufsichtigten Weidegang der Ziegen und Schafe. Die den Austrieb des Kleinviehs begleitenden Mitglieder einer Wandergruppe trugen während des Hirtendienstes trockenes Holz (ḥatab) zusammen, das als Brennholz für den Eigenbedarf verwendet wurde. Aus samr-Akazien wurden trockene Äste herausgebrochen, die Bäume jedoch nie gefällt. Nur vereinzelt boten die Badū gesammeltes Trockenholz auf den Märkten der Küstensiedlungen an. Frauen und Kinder sammelten oftmals im Nahbereich der Lagerstandorte Brennholz und die Blätter der schirmförmigen Akazien, die insbesondere während der heißen Jahreszeit den Herden als Zufuttergaben gereicht wurden. Auch Kräuter und Gewürze sammelten die Bāṭinah-Badū, diese Tätigkeit wurde stets während des Austriebs der Ziegen und Schafe ausgeübt.

3.1.3.4 Zusammenfassung

Die Ausführungen über die traditionalen ergänzenden Wirtschaftstätigkeiten der Bāṭinah-Badū dürften gezeigt haben, daß die Arbeitskraft der Badū nur unregelmäßig und mit wechselnder Intensität in diesen Produktionsbereich floß. Einige, für andere nomadische Bevölkerungsgruppen charakteristische ergänzende Wirtschaftstätigkeiten wie der reiterkriegerische Überfall (ghazū) (40), waren kein Bestandteil der traditionalen Wirtschaftsform der Kleinviehhalter der Batinah. Die Bāṭinah-Badū waren allerdings ihrerseits häufig ghazū-Opfer nomadischer Stämme Inner-Omans.

Insgesamt geschah die Ausübung der ergänzenden Produktionsbereiche, zu denen bis in die erste Hälfte dieses Jahrhunderts auch die Jagd auf Gazellen (ẓabi) zählten (40a), diskontinuierlich. Permanent oder über einen längeren Zeitraum ergänzten die Bāṭinah-Badū die mobile Viehhaltung durch andere Tätigkeiten außerhalb des agraren Sektors nur in seltenen Fällen. Beschäftigungsmöglichkeiten außerhalb des traditionalen Subsistenzbereichs waren während der Phase wirtschaftlicher Stagnation des Sultanats außer im Bereich der Stammesmiliz ('askarīyah) kaum vorhanden. Badū der Bāṭinah-Stämme Ḥawāsinah (S-Bāṭinah) und B. 'Umr (N-Bāṭinah) stellten traditional einen Teil der 'askarīyah (41): Beispielsweise setzten sich die Wachmannschaften der Stadttore von Masqaṭ aus Ḥawāsinah und B. 'Umr zusammen (Germain, 1868 in BIDWELL, 1975,153; SKEET, 1975,23). Abgesehen vom Zentrum der Āl Bū Sa'īd-Herrschaft, Masqaṭ-Maṭraḥ, taten Ḥawāsinah als Milizsoldaten u.a. in Khaṣṣab (Musandam) und Salālah (Dhufār) Dienst (42).

Tabelle 7

Die traditionale Wirtschaftsform der Bāṭinah-Badū - Jahreszyklus der Produktionsbereiche

Mon.	Jahreszeit	natürliche Vegetation	Viehzucht	Landwirtschaft	Aktionsraum
N	shitā'	gute Futterwüchsigkeit durch vereinzelte Regen	unbegleiteter Weidegang Kamele		WR
D					
J		Gras ('ushub)	begleiteter Weidegang mit Ziegen/Schafen		
F	ghayẓ			Pollination Datteln	
M					
A	ṣayf	Vegetation verdorrt	unbegleiteter Weidegang Kamele		SR
M					
J	qayẓ	geringe Futterwüchsigkeit	begleiteter Weidegang mit Ziegen/schafen	Beginn Dattelernte Bāṭinah	
J					
A					
S	asfirī	Vegetation sprießt	Kamele werden an Wasserstellen geführt	Ende Dattelernte	WR
O					

WR: Winter-Weidegebiet
SR: Sommer-Weidegebiet

Quelle: Inf. d. Verf. 1977/78; vgl.
STEIN, 1967, 95-97
SWIDLER, 1973, 344
COLE, 1975, 39

3.2 Traditionale Wirtschaftsformen der Fischer

3.2.1 Fischfang

Die ökonomische Inwertsetzung der fischreichen Gewässer des Golfs von Oman (Khalīj 'Umān) liegt bei mobilen arabisch-omanischen Fischern (ṣayyād, pl. ṣayyadīn), der zweiten hier behandelten primären Lebensformgruppe der Bāṭinah. Fischfang, über zehn Monate kontinuierlich ausgeübt, bildet den traditionalen Hauptproduktionsbereich dieser Bevölkerungsgruppen. Anders als etwa in der inner-omanischen Provinz Sharqīyah waren in der Bāṭinah am Fischfang keine nomadischen Bevölkerungsgruppen beteiligt, die diesen saisonal als ergänzenden Produktionsbereich betrieben (43).

Während die Bāṭinah-Fischer in ihrem Wirtschaftsraum ohne Konkurrenz anderer Lebensformengruppen der Küstenprovinz waren, sicherten sie ihre ökonomische Existenz durch eine Reihe ergänzender Wirtschaftsbereiche ab, in denen sich auch andere Bevölkerungsgruppen betätigten. Diese ergänzenden Wirtschaftsbereiche, saisonal ausgeübt, umfaßten traditional Landwirtschaft, Perlfischerei, Transportdienste und Kleinviehhaltung.

Wirtschafts- und Aktionsraum der Fischer sind die Schelfgewässer des Golfs von Oman. Eine nähere Bestimmung ihres Aktionsraumes, der individuell und regional entlang der Küste variiert, läßt sich nach den Betriebsformen, Arbeitsinstrumenten und den angelaufenen Fanggründen vornehmen. In einer Studie über die Fischerei des Sultanats unterscheidet BERTRAM (1948) die Fischerbevölkerung unter Bezug auf die natürlichen Gegebenheiten: Während er den Kliffküsten Musandams und südöstlich Masqaṭ den "rock fisherman" zuordnet, ist in der Bāṭinah der "sand fisherman" verbreitet (44).

In der Bāṭinah erstreckt sich der Fischfang (ṣayd as samak) traditional vornehmlich auf einen bis ca. 30 km von der Küste entfernten Meeresstreifen (Wassertiefen bis ca. 35 m, 20 Faden). Die Fischerei der Bāṭinah ist somit nach BARTZ (1965) und BRANDT (1959) als küstennah zu charakterisieren. In dieser fischreichen litoralen Zone werden in

Tabelle 8

Anteil der Fischer an der Bevölkerung ausgewählter Küstensiedlungen (1977)

Siedlung		Bevölkerungsanteil der Fischer (geschätzt)
(1)	Sūr al 'Abrī (N)	ausschließlich
(2)	Suwādī al Baṭḥā' (S)	" (100 %)
(3)	Sāḥil Ḥarmūl (N)	überwiegend
(4)	Majīz al Kabīrah (N)	"
(5)	Al 'Uwayd (S)	"
(6)	Ḥarādī (S)	" (> 75 %)
(7)	Qaṣabīyat Āl Bū Sa'īd (N)	zumeist
(8)	Al 'Abbasah (N)	"
(9)	Hajīrah (S)	"
(10)	Khalīl (S)	" (> 50 %)

(N) N-Bāṭinah
(S) S-Bāṭinah

Quelle: Erm. d. Verf., Mai 1977; vgl. Abb. 11.

erster Linie Anchovis- (barīyah, Stolephorus spp.) und Sardinenarten ('umah, Sardinella spp.) gefischt, die in großen Schwärmen im Golf von Oman verbreitet sind (MILES, 1919,404; PHILLIPS, 1971(a),74; WILKINSON, 1977,19; A.F., 20). Denn in diesem Meeresraum treffen Wassermassen verschiedener Herkunft zusammen. Kaltes und mineralreiches Auftriebswasser, das durch eine nordöstlich gerichtete und am Rās al Hadd westlich abgeleitete Meeresströmung in den Golf von Oman verfrachtet wird, vermischt sich mit Wassermassen anderer Herkunft. Während der heißen Jahreszeit findet hier unter starker Sonneneinstrahlung in der euphytischen Zone Planktonbildung statt, die den Fischreichtum der omanischen Gewässer begründet (BARTZ, 1965,9; WILKINSON, 1977,19) (45).

In der Bāṭinah kann der küstennahe Fischfang nahezu ganzjährig betrieben werden (E.S., 1972,Part iii,2.2), allerdings variieren die Fangzeiten in Abhängigkeit von den auftretenden und zu fangenden Arten. Als günstigste Fangsaison gilt in der Küstenprovinz die kühle Jahreszeit, in der pelagische Kleinfische dicht unter Land ziehen (DOWSON, 1927,4; A.F., 20). Ihnen folgen teilweise Raubfische in geringe Meerestiefen (WILKINSON, 1977,19).

Nach der Quantität der Anlandungen lassen sich die von den Bāṭinah-Fischern gefangenen Nutzfische in vier Kategorien gliedern (46):

(1) Sardinen und Sardinenverwandte (As sardīnīyāt, Clupeidae). Sardinen ('umah) und Anchovis (barīyah) machen den überwiegenden Anteil der traditionalen Fangerträge aus. Auf solche oberflächennahen, kleineren Schwarmfische wurde mit einer Vielzahl von Fangsystemen gefischt;

(2) Barschähnliche (Perciformes), zu denen insbesondere Thune (sahwah), Stöckermakrelen (laylīyah, Carangidae) und Scombriden (kan'ad) zählen. Sie werden vornehmlich zu Beginn der kühlen Jahreszeit gefangen, diese Arten rechnen unter die teuersten Speisefische der Küste (47). Ein geringes Fangaufkommen besitzen in der Bāṭinah Istiophriden (salsūl);

(3) Haie und Rochen (Squaliformes, Rajiformes) werden mit Leinen, kleinere Arten auch mit Kiemennetzen gefangen. Den Genuß dieser Fischarten lehnen die shi'itischen Bevölkerungsgruppen der Bāṭinah (48) aus religiösen Gründen ab, und auch unter den

Ibāḍi und Sunnī der Küstenprovinz besteht ein geringer Bedarf. In Inner-Oman hingegen, insbesondere bei den Badū, besteht ein Markt für Haie (frisch oder getrocknet) (MILES, 1919,404);

(4) Fischarten, zu denen u.a. Meerbrassen (Sparidae), Meeräschen (Mugilidae) und Seebarsche (Lutjanidae) gehören, stellen quantitativ ein Nebenprodukt der traditionalen Bāṭinah-Fischerei dar (49).

In App. 7 sind die wichtigsten Nutzfischarten, die die Bāṭinah-Fischer fangen, nach den genannten Kategorien zusammengestellt.

Großer Fischreichtum im litoralen Bereich und die Tatsache, daß pelagische Schwarmfischarten auch in Küstennähe der Bāṭinah ziehen, erlaubt den Fischfang im strandnahen Bereich auch mit einfachem technologischen Aufwand. Dennoch zeigen die traditionalen Betriebsformen eine beachtenswerte Breite. Neben vom Fischer kaum zu kontrollierenden Faktoren (Meeresverhältnisse, Schwankungen der Fischvorkommen) entscheiden die Fangmethoden und insbesondere die dabei benutzten Arbeitsinstrumente wesentlich mit darüber, wie weit der Fischfang die karge Existenz des ṣayyād sichern kann (BARTZ, 1965,8).

3.2.1.1 Arbeitsinstrumentarium

Bis in die sechziger Jahre dieses Jahrhunderts verwendeten die Fischer der Bāṭinah Ruderboote (mashuwah, pl. mawāshī) verschiedener Art und Größe, um die Fischgründe aufzusuchen. Der Fischfang selbst wird mit einer Reihe von Netzen (laykh, pl. layākh) und Fischreusen durchgeführt, die die Fischer von Land oder von Booten aus einsetzten. Diese Produktionsmittel der Fischer waren mobil. Im folgenden seien zunächst die wichtigsten Bestandteile der Fangausrüstung (Netze, Reusen, Leinen), anschließend die beim Fischfang benutzten Bootstypen behandelt. Fragen der Arbeitsorganisation oder des Fangvorgangs finden dabei insoweit Beachtung, als ihre Kenntnis zur Erklärung der Funktionsweise der Produktionsinstrumente erforderlich ist, sie werden jedoch in einem nachfolgenden Abschnitt aufgearbeitet.

Tabelle 9

Traditionaler Fischfang: Regionale Verbreitung der Arbeitsinstrumente in der Bāṭinah

	Arbeitsinstrumente	N-Bāṭinah	S-Bāṭinah
(1)	<u>Netze</u>		
	sāliyah	o	x
	fāruwah	x	–
	dhaghū	–	x
	yārūf	x	–
	ḥayyāl	–	x
(2)	<u>Reusen</u>		
	dubāyah	x	x
(3)	<u>Leinen</u>		
	khayṭ	x	x
(4)	<u>Boote</u>		
	shāshah	x	x
	hūrī (Planken)	o	o
	hūrī (Einbaum)	–	o
	'amlah, lānsh	x	–
	badan	x	x
	shāhūf, baqārah	x	o

x starkes Vorkommen
o geringes Vorkommen

Quelle: Erm. d. Verf. 1977, 1978.

3.2.1.1.1 Fanggeräte

Der Einsatz von Netzen, Reusen und Leinen variiert entlang der Küste regional und oftmals lokal, In der Fischersiedlung Ḩarādī (wilāyat Barkā'), um ein Beispiel zu nennen, verwendeten die Fischer überwiegend Netze, während in der benachbarten Fischersiedlung Bārşit vornehmlich Reusen zum Fischfang benutzt wurden. Eine hinreichende Erklärung dieses Sachverhaltes, der auch in weiteren Fischersiedlungen entlang der Küste sich beobachten läßt (50), muß offenbleiben. Die Fischer verwiesen als Begründung stets auf bestehende, unterschiedliche lokale Traditionen, teilweise auf die andersartige Beschaffenheit des Meeresbodens (51).

Die Vielzahl der verwendeten Netze läßt sich nach der Art der mit den jeweiligen Typen verbundenen Fangmethoden gliedern. Dabei unterscheiden die Fischer

(1) Wurfnetze;

(2) Umzingelungsnetze;

(3) Treibnetze.

(1) Im litoralen Bereich wurden zum Fang auf pelagische Schwarmfische (Sardellen, Sardinen) Wurfnetze (sāliyah, pl. sāliyāt) eingesetzt. Beim Fischen auf die kleineren Sardellen benutzten die Fischer engmaschige (daqīq) Netze, die im Raum As Suwayq auch als ghall (pl. ghallāt) von den Sardinennetzen (shabkah, pl. shabak) terminologisch unterschieden sind (52). Der Rand beider traditional selbstgeknüpfter Netze, die einen Umfang von ca. 20 m haben können, ist mit Steinen (misaw), seltener mit Blei beschwert.

Die Bāţinah-Fischer verwenden das Wurfnetz im seichten Wasser (bis ca. 1,5 m Wassertiefe) bei auflaufender Tide: Nachdem eine Anzahl von Fischen gesichtet worden war, schleuderte der Fischer das Wurfnetz in die Brandung und lief ihm nach, um es einzuholen. Dieser Ablauf gilt als gebräuchliche Fangmethode mit Wurfnetzen (53); THOMAS (1931,156) beschreibt hingegen für den Raum Al Khābūrah, daß sāliyāt auch von Booten ausgeworfen wurden. MILES

(1919,402) zufolge wurden sāliyāt nur benutzt, um lebende Köderfische für andere Netze, Reusen oder Leinen zu erhalten, dies beschränkt sich mit BERTRAM (1948) jedoch auf die Verbreitungsgebiete des "rock fisherman". In der Bāṭinah jedenfalls betrieben eine beträchtliche Anzahl Fischer vornehmlich, wenn auch nicht ausschließlich, auf diese Weise regulären Fischfang.

(2) Netze, die die Beteiligung mehrerer Fischer erforderten, wurden i.d.R. zur Einkreisung ganzer Schwärme eingesetzt. Netztypen, die wie die sāliyah von Land aus in seichtem Wasser gehandhabt werden, nahmen die Arbeitskraft von fünf bis zehn Fischern in Anspruch. Mit einem ca. 15 m langen und 2 m breiten, feinmaschigen Streichtuch (fāruwah) umwateten vier Männer, nachdem sie einen Fischschwarm ausgemacht hatten, seinen Standort. Während die Fischer das Netz spannten, trieben die übrigen Männer, lärmend und das Wasser aufwühlend, den Fisch seewärts in das Netz, das um den Schwarm von den Seiten und von unten geschlossen wurde.

Insbesondere während der kühlen Jahreszeit, der Hauptfangsaison, bedienten sich die Bāṭinah-Fischer sehr viel größerer Netze als die fāruwah zur Einkreisung großer Fischschwärme (54). Die Zugnetze wurden, wie die fāruwah, vom Strand aus eingesetzt. Diese yārūf genannten Uferwaden haben etwa die zehnfache Länge der fāruwah (ca. 200 m) und besitzen im Unterschied zu den Streichtüchern einen Netzsack. Durch Aneinanderfügen mehrerer solcher Netze wurden Ausmaße von über 1.000 m erreicht. Die Betriebsform der Uferwaden-Fischerei ist sehr arbeitsintensiv, so daß die yārūf nur mit einem erheblichen Aufwand an Arbeitskräften (traditional bis zu 50 Fischern) eingesetzt werden konnten; bei den überdimensionalen Netzen war die gesamte Bevölkerung einer oder mehrerer Fischersiedlungen an Auslegen und Fang beteiligt. In jedem Fall waren jedoch bei dieser Fangmethode ein oder mehrere Ruderboote, traditional des badan-Typus, erforderlich, um die Netze auszulegen.

Beim Einsatz des yārūf wurden mehrere Gruppen von Männern, beispielsweise drei, gebildet, die verschiedene Aufgaben während

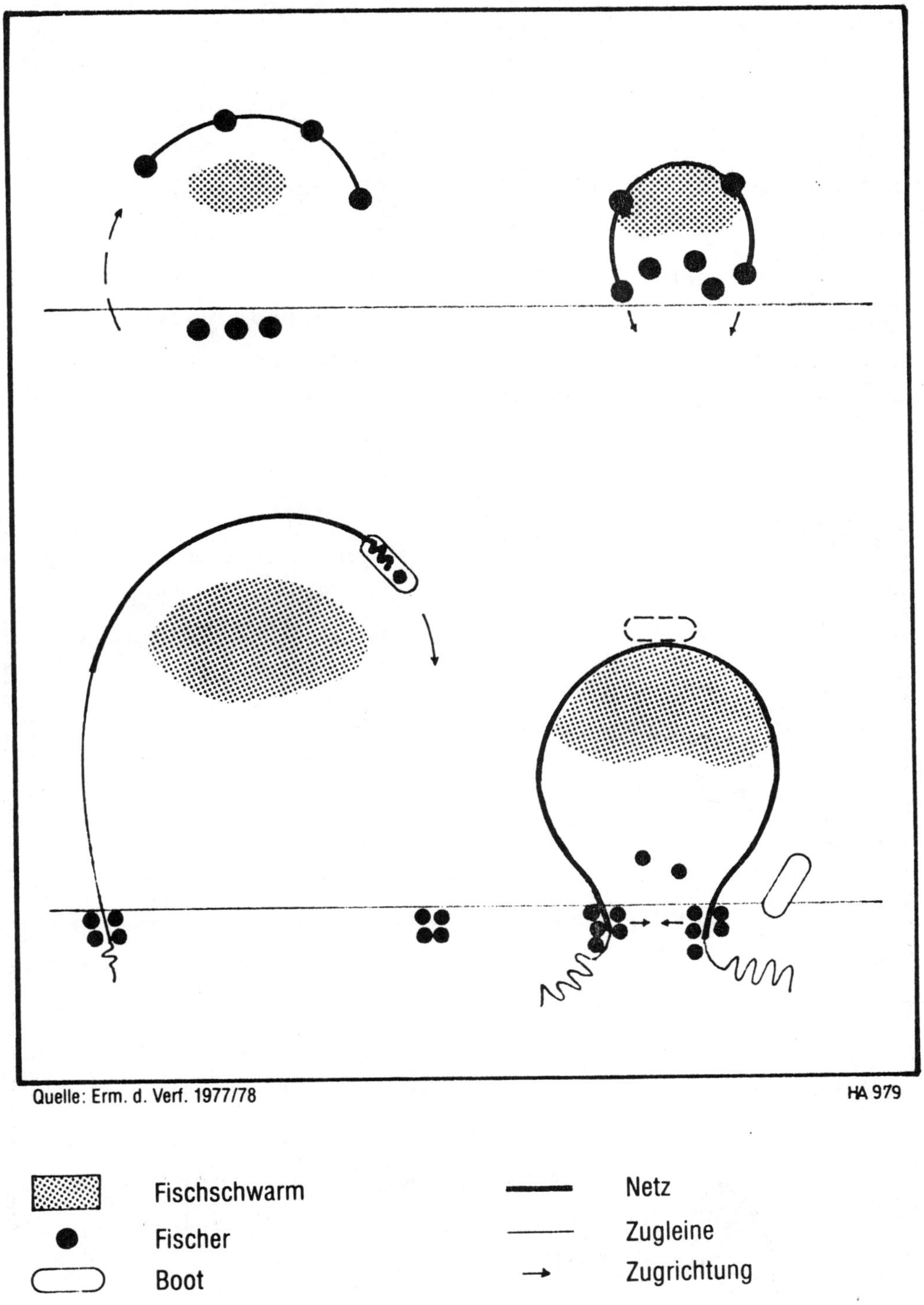

Abb. 16 Traditionale Fangmethoden der Bāṭinah-Fischer

des Fanges wahrnahmen. Die erste Gruppe verblieb am Strand und hielt ein am Netz befestigtes Zugseil. Währenddessen transportierte und legte eine zweite Gruppe das yārūf mit Hilfe eines Ruderbootes in einem großen Halbkreis um den Fischschwarm aus. Diese Gruppe landete ein weiteres, am Netz befestigtes Zugseil an einer von der ersten Gruppe entfernten Stelle (ca. 150 m) am Strand, wo die dritte Gruppe wartete. Indem die erste und dritte Gruppe, zu denen z.T. die Bootsbesatzung stieß, die Uferwade einziehend, sich aufeinander zubewegten, wurde der Fisch angelandet.

Traditional wurde der Fang unter die Beteiligten so aufgeteilt, daß ein Drittel der Fangmenge dem Boots- und Netzeigner und zwei Drittel den mitwirkenden Fischern zustand. Von dieser Menge erhielten diejenigen Männer, die das Netz einholten, einen einfachen Anteil, die Bootsbesatzung (Ruderer) einen doppelten Anteil (55).

Hauptsächlich in der N-Bāṭinah waren yārūf-Netze verbreitet, selten wurden sie in den Fischersiedlungen ostwärts von As Suwayq benutzt. Denn bis 1970 war der Einsatz solch großer Umzingelungsnetze von der Āl Bū Sa'īd-Herrschaft untersagt. Auf diese Weise sollte verhindert werden, daß - während relativ wenige Fischer große Areale des küstennahen Bereichs abfischen konnten (56) - dem Großteil der verbleibenden, oft mit Wurfnetzen arbeitenden ṣayyādīn wenig Fisch verblieb. Freilich war die Herrschaft der Zentralgewalt in der N-Bāṭinah zu schwach entwickelt, um diese Anordnung durchzusetzen. Tatsächlich erfahren die Angaben der Fischer insofern eine Bestätigung, als sich der Küstenabschnitt, in dem die yārūf-Netze traditional kaum verbreitet sind, mit dem Kernraum der Sultanats-Herrschaft deckt (57).

In diesem Raum setzten die Fischer zum Fang auf größere Schwärme pelagischer Schwarmfischarten Netze ein, die in der Größenordnung zwischen fāruwah und yārūf standen. Die dhaghū genannten Netze, die mit Schwimmern versehen waren, wurden von einem oder mehreren (bis drei) Ruderbooten kreisförmig um einen Fischschwarm ausgelegt und dann vom Boot aus eingezogen.

(3) Um den küstenfernen Bereich der litoralen Zone abzufischen, verwendeten die Fischer der S-Bāṭinah als Kiemennetze ausgebildete Treibnetze (ḥayyāl, pl. hayayīl), die in der Größe dem yārūf entsprachen. Mit den bis 150 m langen und ca. 20 m breiten Treibnetzen brachen die Fischer während der Nacht zu den oft zwei Bootsstunden (58) von der Küste entfernten Fanggründen auf. Über der Fangstelle wurde das ḥayyāl ausgeworfen; man ließ es, durch einen Anker festgehalten, mehrere Stunden im Meer treiben, wobei Schwimmer seine Position markierten. Zur Entleerung der Netze, in denen sich die Fische mit ihren Kiemen verfangen (MILES, 1919, 401), wurde das ḥayyāl in das Boot eingezogen.

Neben mit Ankern im Küstenbereich befestigten Netzen (manṣab, sīnī), in denen sich die Fische ebenfalls mit ihren Kiemen verstricken, benutzen die Bāṭinah-Fischer traditional Fischreusen, die in der Küstenprovinz als dūbāyah (pl. dawābī) und jarjūr (pl. jarājīr) (59) bezeichnet werden. Diese halbkugelförmigen Reusen (Radius ca. 1,5 m) waren aus Palmwedelrippen (zūr) gefertigt und mit einer, mit der Spitze in den Fischkorb weisenden Trichterkehle versehen.

Die dawābī wurden im küstenfernen Bereich des Schelfs eingesetzt, um auf hāmūr, kawfar, sha'rī und dubsī zu fischen (App. 7). Von den Fischern der Siedlung Ḥarādī (wilāyat Barkā') wurden die Reusen im Nahbereich der ca. 15 km von der Küste entfernten, felsigen Jazā'ir Daymānīyāt bei Wassertiefen bis etwa 30 m versenkt, da die dortigen Tiefen und Schelfverhältnisse ein bevorzugter Standort der genannten Fischarten sind. Die Fischkörbe, die teilweise mit Ködern versehen waren (BERTRAM, 1948), wurden alle drei oder vier Tage inspiziert und geleert; ein Schwimmer, an dem ein Zugseil befestigt war, zeigte die Absinkstelle an. Gewöhnlich erforderten die Fangarbeiten mit den Fischreusen die Beteiligung zweier Fischer.

Zusätzlich zu Netzen und Reusen betrieben die Bāṭinah-Fischer auch Leinenfischerei, zumeist vom Boot aus. Die Leinen (khayṭ, pl. khuyūṭ) können Längen von über 50 m erreichen, nach MILES (1919,

403) wurden sie in bis zu 60 m tiefem Wasser eingesetzt und eingezogen, sobald Fische angebissen hatten. Die Leinen waren mit einem Sinkstein beschwert und hatten zwei oder drei eiserne Haken (60), auf die vereinzelt Köder aufgesteckt waren. Leinen wurden nie als einziges Arbeitsinstrument des Fischfangs benutzt, in erster Linie warfen die Fischer die Leinen während der Fahrt zu den Standorten der abgesenkten Netze und Reusen aus.

Netze, Reusen und Leine wurden traditional in der Bāṭinah von den Fischern selbst oder von spezialisierten Handwerkern angefertigt und selten importiert.

3.2.1.1.2 Boote

Ein Großteil des vorgestellten traditionalen Fanggeräts konnte zum Fischfang nur in Verbindung mit Booten (māshuwah, pl. mawāshī; 'amlah) eingesetzt werden. Von der Vielzahl der Bauformen seien hier nur solche Boote behandelt, die vorwiegend zum Zweck des Fischfangs verwendet wurden (61). Ihnen gemeinsam ist ein flacher Kiel, damit die Boote trotz der sehr flach abfallenden Schorre den Strand erreichen konnten. Die verbreitetsten traditionalen Bootstypen der Bāṭinah sind, in der Größe zunehmend (Abb. 17),

(1) shāshah,

(2) hūrī,

(3) badan.

(1) Unter den kleinen Fischerbooten nimmt die shāshah (pl. shāsh) eine Sonderstellung ein. Dieses aus Palmwedelrippen konstruierte, floßartige Boot (62) ist allein in der Bāṭinah verbreitet. Wegen ihrer eigentümlichen Gestalt findet die shāshah in der Literatur stets Erwähnung (AZZI, 1973,226-227; BERTRAM, 1948; HAWLEY, 1977,160,284; LORIMER, 1970,i,2326; ii,285; MILES, 1919,380; MORRIS, 1957,159; PENGELLY, 1863,32; PHILLIPS, 1971(a),74; THOMAS, 1931,142,156; WACE, 1962,120).

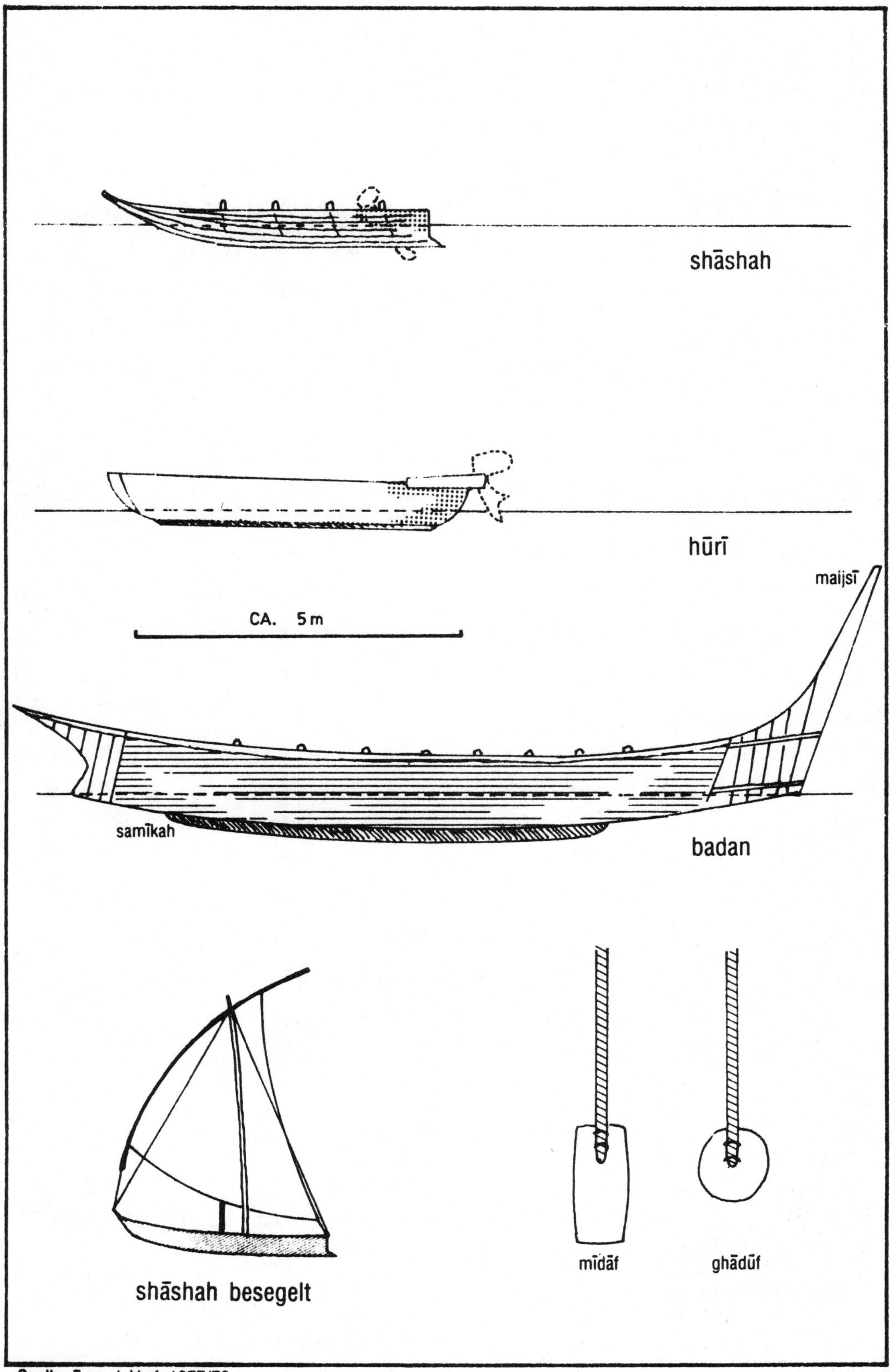

Quelle: Erm. d. Verf. 1977/78

HA 879

Abb. 17 Traditionale Bootsformen der Bāṭinah-Fischer

Der Rumpf des ca. 5 m langen Bootes ist aus Palmwedelrippen (ẕūr), durch Seile aus Palmfaser (līf) verbunden, zusammengefügt (63). Diese Konstruktion verleiht der shāshah Elastizität, aufgrund derer das halb ins Wasser eintauchende Boot auch schwere Brandung zu überwinden vermag (MILES, 1919,413; LORIMER, 1970,i, 2326), die an der Bāṭinah-Küste vorherrscht (64). Da die shāshah während des Einsatzes durch Wasserabsorption an Gewicht zunimmt, ist ein Trocknen des Bootes an Land zwingend. Dazu wurde ein Ende des Bootes am Strand auf einen Balken (zumeist ein Abschnitt eines Dattelstammes) aufgebockt, um größtmögliche Luftzirkulation um den Rumpf zu gewährleisten (F 17).

"In most instances a man will own three (shash) so that when utilized in succession two are always drying in the sun before being put in the water again" (PHILLIPS, 1971(a),74).

Die shāshah wurde durch ein oder zwei Fischer mit einfachen Rudern (mīdāf, pl. mayādīf) fortbewegt. In einigen Fischersiedlungen (wilāyat Al Khābūrah) waren shāsh auch mit Dreieckssegeln (shirā', pl. shurū') versehen, die an einem Zweibeinmast befestigt waren (LORIMER, 1970,i,2326; Photo: PHILLIPS, 1971(a),194). Mit besegelten shāsh konnten Distanzen von weit mehr als 50 km zurückgelegt werden.

Zwar war die shāshah in allen Fischersiedlungen der Bāṭinah verbreitet, einen erkennbaren regionalen Schwerpunkt bildete jedoch der Küstenabschnitt zwischen Ra's Ṣallān (N-Bāṭinah) und Al Masna'ah (S-Bāṭinah) (Tab. 9). Die shāshah findet hauptsächlich zum Fischfang mit Netzen und Reusen im küstennahen Bereich Verwendung.

(2) Neben der shāshah ist in der Bāṭinah ein hölzernes Boot gleicher Größe (hūrī, pl. hawārī) verbreitet. Seine Konstruktion kennzeichnen stumpf aneinander gefügte Planken (lawḥ, pl. alwāḥ). Anders als die shāshah wurde der hūrī mit Rundpaddeln (ghādūf, pl. ghadif) fortbewegt, daher wird das Boot synonym auch abū ghādūf genannt. Während der beschriebene hūrī-Typus zum Fischfang in geringen Distanzen eingesetzt wurde, sind in der N-Bāṭinah dem

Tabelle 10

Bestand von Fischerbooten in ausgewählten Fischersiedlungen der Bāṭinah (1900 - 1972)

Fischersiedlung	ca. 1900			1972				
	shāsh	kleine Fischerboote	badan	shāsh	hawārī unmot.	hawārī mot.	badan	große F.-boote, mot.
			(b)					
Ṣuḥār	(a) 30		8	211	-	-	10	26
Aṣ Ṣaḥm	40	30	30	74	-	2	2	11
Al Khābūrah	30	15	8 [5]	30	-	5	-	-
Barkā'	n.a.	n.a.	20	-	23	38	-	-
As Sīb	10 30	40	-	-	29	16	-	-

(a) Zahl umfaßt alle kleinen Bootstypen

(b) mutmaßlich incl. "transport badan"

n.a. keine Angaben, [ ] widersprüchliche Angaben

Quelle: LORIMER, 1970, ii, 285, 1002, 1645, 1823, 1838-1839
S.Y.B., 1972, 86

hūrī in der Form ähnelnde Boote, ungefähr doppelter Größe (ca. 12 m Länge), verbreitet, mit denen der küstenfernere Schelfbereich befischt wurde. Lokal unterschiedlich führen diese Boote, die z.T. Hecksteuerruder besitzen, die Bezeichnungen hūrī, 'amlah oder lānsh (pl. lānshāt) (65).

(3) Ein zum Fischfang verwendetes Boot der Bāṭinah, das dem lānsh in den Ausmaßen nahekommt, jedoch eine völlig andere Bauform aufweist, ist der badan (pl. badadīn). Physiognomische Kennzeichen dieses für die Küstenprovinz typischen Bootes sind ein bis ca. 3 m hoch aufragendes Heck (majīsī) und ein konkav geformter, schmaler Bug: Charakteristika, deretwegen der badan - wie die shāshah - in der Literatur oft beschrieben wurde (HAWLEY, 1977, 159; LORIMER, 1970,i,2324; MILES, 1919,412-413; MORRIS, 1957, 138-139; SKEET, 1975,74). Auch der badan wird aus stumpf aneinander stoßenden Teakholz (sāj)-Planken gebaut (66), für die Spanten verwendete man lokal vorkommendes Holz (sidrah, qarah). Die Planken des Rumpfes wurden traditional mit Fasern zusammengenäht (BERTRAM, 1948), sie sind seit dem Beginn dieses Jahrhunderts jedoch zunehmend durch Nägel ersetzt worden (MILES, 1919,413). 1978 wurden während der Feldforschung in der Siedlung Ḥayl al 'Awāmir (Hauptstadtregion) einige badadīn gefunden, deren Rumpf genagelt, Bug und Heck aber mit Fasern, die mit Teer verschmiert waren, vernäht waren.

Das Deck des ca. 15 m langen badan besteht aus Palmwedelrippen, die mit Faserseilen verbunden sind (67). Durch diese Konstruktion ist das Deck, unter dem der Fang verstaut wird und das als Sitzfläche dient, beweglich.

Traditional wurde der badan gerudert, dabei verlieh der flache Kiel und die Schlankheit des Rumpfes dem Boot eine hohe Geschwindigkeit. Beim Auslaufen zum Fischfang zählten zur Besatzung etwa 15-30 Männer, da neben den Ruderern drei bis fünf Fischer zum Auslegen des Netzes an Bord benötigt wurden. Die Bāṭinah-Fischer setzten den badan i.d.R. in Verbindung mit den yārūf-Netzen ein. Größere badan-Typen (sog. "transport badan"), zumeist besegelt (THOMAS,

1931,143), spielten eine bedeutende Rolle im küstenparallelen Warentransport des Sultanats (68).

Auch ein ähnliches Plankenboot, dem freilich das ausgeprägte Heck und der konkave Bug fehlen, wurde zum Fischfang eingesetzt. Dieser Bootstypus wird als shāhūf (pl. shawāhīf), in der N-Bāṭinah und der Shamālīyah auch als baqārah (pl. baqārāt) bezeichnet. Wie der badan fand es beim Fischfang mit yārūf-Netzen Verwendung.

Außer dem hūrī wurden die Fischerboote der Bāṭinah traditional mit einfachen Rudern (mīdāf, pl. mayādīf) fortbewegt. Diese Form des Antriebs stand in Zusammenhang mit den Fangmethoden, bei denen die Boote eingesetzt wurden: unruhiges Wasser und Motorgeräusche bei motorgetriebenen Booten könnten Fischschwärme bei der Einkreisung mit den Netzen vertreiben. Hingegen wurden hūrī-Typen vorwiegend beim Fang mit Treibnetzen und Fischreusen, mit denen größere Wassertiefen befischt wurden, verwendet; bei diesen Fangmethoden konnte größere Wasserbewegung durch Paddel in Kauf genommen werden.

Alle hölzernen Fischerboote imprägnierten die Bāṭinah-Fischer in größeren Zeitabständen. Dazu wurde aus der Hai-Leber gewonnener Tran (sall sīfah) benutzt, der in mehreren Lagen über den Bootskörper gestrichen wurde (69).

3.2.1.2 Traditionale Arbeitsprozesse

Die Arbeitsinstrumente der Fischer befanden sich im Individualbesitz, nur bei größeren Bootstypen hielten zuweilen enge Verwandte (Brüder, Vater-Sohn) Besitzanteile an einem Boot. Dieser Umstand floß mitbestimmend in die Art der Arbeitsorganisation ein, bei der der einzelne Fischer als Akteur im Mittelpunkt stand.

Im Produktionsbereich Fischfang lassen sich drei charakteristische Arbeitsprozesse, die je in weitere Handlungsabläufe zerfallen,

Tabelle 11

Traditionaler Fischfang: Fangmethoden, Arbeitsinstrumente und Arbeitskräfte

Fangmethode/ Netz	Bootstypus/ Anzahl	benötigte Arbeitskräfte	Küstenbereich/ Wassertiefe
sāliyah	(-) (a)	1 Fischer	küstennah/ - 1,5 m
fāruwah	-	5-10	küstennah/ - 1,5 m
dhaghū	shāshah, hūrī, 2-4	n.a.	küstennah/ - 10 m
yārūf	badan, shāhūf (shāshah)	20-50	küstennah
ḥayyāl	badan, shāhūf	n.a.	küstenfern
dubāyah	shāhūf, shāshah, hūrī	2	küstenfern/ - 30 m
khayṭ	shāshah, hūrī, badan	1	- 60 m

(a) teilweise auch von Booten aus

n.a. keine Angaben

Quelle: Erm. d. Verf. 1977, 1978

aussondern.

(1) Der eigentliche Arbeitsprozeß des Fischfangs umfaßte das Ausbringen von Netzen, Reusen und Leinen, zumeist mit Hilfe eines Bootes. Beim Einsatz kleiner Netze und Boote war allein der Besitzer der Arbeitsinstrumente mit den Fangarbeiten beschäftigt. Größere Netze wie fāruwah und yārūf als auch Bootstypen (badan) erforderten jedoch die Mitwirkung weiterer Fischer als Ruderer, oder um die Netze einzuholen. Entsprechend den Fangmethoden war der zeitliche Arbeitsaufwand ebenso wie die benötigten Arbeitskräfte unterschiedlich (Tab. 11).

(2) Um die Voraussetzungen für den Fischfang zu schaffen, führte der Fischer die Vorbereitung und Instandsetzung von Netzen und i.d.R. Booten durch. Zu diesen Handlungsabläufen zählte traditional auch das Knüpfen von Netzen, wie BERTRAM (1948,8) beschreibt:

"Netting is done locally by the men (not apparently by the women), using imported cotton yarns from India as the raw material. There is often much preliminary twisting of yarns to produce a twine of sufficient strength".

(3) Nach der Durchführung des Fanges war der Fischer mit der Vermarktung als Arbeitsprozeß insoweit befaßt, als mehrere Optionen offenstanden: Bei geringen Fangmengen konnte sich der Fischer für die eigene Konsumption und/oder den Verkauf in seiner Fischersiedlung entscheiden; in letzterem Fall lag die Vermarktung des Fanges in der Hand des Fischers. Bei größeren Fangmengen wurde der Fisch auf dem Fischmarkt (sūq as samak) eines der städtischen Küstenzentren angeboten. In diesem Fall oblag dem Fischer auch der Transport zum Fischmarkt, teils mit Boot, teils mit Eseln. Am eigentlichen Verkauf des Fanges hatte der Fischer nur mittelbaren Anteil, da der Fisch traditional über Auktionen (mufādāḥ) eines Mittelsmannes (dalāl) an individuelle Käufer und Fischhändler des sūq (qammāt, pl. qammāmīt) abgesetzt wurde. In den Händen dieser Gruppe lag die weitere Vermarktung des Fanges: Fischfang und Fischhandel waren weitgehend getrennte Wirtschaftsaktivitäten

der Fischereiwirtschaft innerhalb des traditionalen Fischereisektors der Küstenökonomie.

Traditionales Produktionsziel des Fischfangs war die Sicherung der Existenz durch den Verkauf des Fanges. Höhe und Stetigkeit der Einkünfte entzogen sich teilweise der direkten Einflußnahme der Fischer. So wirkten insbesondere eine Reihe natürlicher Bedingungen auf die Sicherung der materiellen Existenz durch den Produktionsbereich Fischfang mitbestimmend ein:

(1) Das Fischvorkommen im litoralen Bereich schwankte im Jahreszyklus in Quantität und Arten;

(2) Klima- und Wetterverhältnisse (rauhe See, Stürme) gestatten zuweilen tägliches Auslaufen nicht (MILES, 1919,401), in der Bāṭinah konnte durchschnittlich zwischen 15 und 20 Mal pro Monat gefischt werden;

(3) die Fangmengen sind nicht konstant, u.U. reichte der Fisch nicht einmal zur Subsistenz des Fischers aus.

Aufgrund der genannten Probleme war die Existenzsicherung durch den Produktionsbereich Fischfang ständig gefährdet. Dieser permanenten Bedrohung zu begegnen, benutzten die Fischer der Bāṭinah eine Vielzahl von Arbeitsinstrumenten und Fangmethoden, die auch unterschiedliche natürliche Bedingungen berücksichtigten.

Dennoch erwies sich eine stetige Sicherung der Existenz durch Fischfang als prekär, zumal über die Reproduktion der Gruppen hinaus die Einkünfte Anschaffung und Instandhaltung des zur Fischerei benötigten Arbeitsinstrumentariums zu gewährleisten hatten. Aus der geschilderten Situation heraus erlangten bereits innerhalb der traditionalen Wirtschaftsform die Fischerei ergänzende, z.T. mit dem Fischfang zusammenhängende Wirtschaftsbereiche besondere ökonomische Bedeutung.

Mit der Ausübung der Produktionsbereiche war ein spezifisches räumliches Verwirklichungsmuster der Bāṭinah-Fischer verbunden, das im Anschluß an die traditionale Wirtschaftsform näher behandelt werden wird.

3.3 Ergänzende Wirtschaftsbereiche

3.3.1 Transportdienste

Als ergänzende Wirtschaftstätigkeiten gingen die Bāṭinah-Fischer zunächst solchen traditionalen Beschäftigungen nach, in denen Arbeitsinstrumente oder seemännische Erfahrung aus dem Produktionsbereich Fischfang genutzt werden konnte. Diskontinuierlich versahen die Fischer Transportdienste, indem sie mit kleinen Booten (shāsh, hawārī) größere Lastensegler leichterten, die infolge des flachen Schelfbereichs und fehlender Häfen die Küste nicht anliefen. Mit größeren Bootstypen (badan, shāhūf), die auch besegelt wurden, beteiligten sich die Fischer zuweilen am Warentransport zwischen Küstensiedlungen der Bāṭinah und Maṭraḥ (70). Die regulären Schiffsverbindungen zwischen den Handelszentren des Golfs und des Indischen Ozeans lagen jedoch in den Händen von Seefahrern (bahrīyah), die keinen Fischfang betrieben (71).

3.3.2 Perlfischerei

Nach der Fangsaison der kühlen Jahreszeit unterbrachen Gruppen von Bāṭinah-Fischern den Fischfang im litoralen Bereich. Vereinzelt mit eigenen Booten (badan, shāhūf), zum überwiegenden Teil als Lohnarbeiter, suchten sie während der Monate Juni bis August die Perlenbänke des Golfs vor den Küsten Trucial Omans auf, um sich an der Perlfischerei (ghawṣ) zu beteiligen (THOMAS, 1931,142). Traditional standen die Perlenbänke des Golfs allen Arabern zur ökonomischen Nutzung offen (MILES, 1919,414). LORIMER (1970,i, 2240-2241) präzisiert:

"On the Arabian side all Banks, whether near to or far from the coast, are free to the pearl fishers of Arabia and Persia without distinction of race or nationality. The boats from particular ports frequent certain localities more than others, but they do this of choice and not of necessity".

BOWEN (1951(b),167) zufolge

"the Oman pearlers never go above Halyl Island, they work at various areas around the islands in small fleets of 10 to 20 beats, the smaller vessels usually working the grounds nearest to their home ports".

Jene Mehrzahl von Fischern (und anderen Bevölkerungsgruppen) der Bāṭinah, die die Perlenbänke nicht mit eigenen Booten anliefen, wurden von Bootseignern aus Trucial Oman und Kapitänen (nākhudā, pl. nawākhidah), die teilweise aus Oman stammten, in den Fischersiedlungen angeworben. Auch Fischer mit eigenem Boot und eigener Besatzung konnten freilich der Perlfischerei nicht selbständig nachgehen. Sie mußten sich Perlenfischerei-Flotten, die von verschiedenen Küstensiedlungen Trucial Omans, deren Küste an die Perlenbänke (ḥayr, pl. ḥayrat) grenzte, aus operierten, anschließen und waren damit in die komplexe Organisation der Perlfischerei eingebunden (72) (Abb. 18).

Entlohnt wurden die Perlfischer in Geld nach einem komplizierten System, u.a. mit Vorschüssen, von den Erlösen der Perlen (qumāshah, pl. qumāsh). Auch hier nahmen der nākhudā, der die Perlenfischer (ghawwāṣ, pl. ghawāwīṣ) rekrutiert hatte, und indische Händler eine zentrale Stellung ein (BOWEN, 1951(b),178).

Der Umfang, in dem sich die Bāṭinah-Fischer im Rahmen der traditionalen Wirtschaftsform saisonal an der Perlfischerei beteiligten, kann nur annähernd ermittelt werden. Denn die Literatur enthält widersprüchliche Angaben, die auch durch Befragungen in den Fischersiedlungen nicht geglättet werden konnten. Während THOMAS (1931,143) und, darauf gestützt, BOWEN (1951(b)) eine große Beteiligung omanischer Fischer annehmen, argumentiert WILKINSON (1977,22): Da die Perlenbänke nicht an omanisches (Sultanats-) Territorium grenzten, wirkten keine Flotten aus Oman bei der Perfischerei mit (73).

Auf dem Höhepunkt der ökonomischen Ausbeutung der Perlenbänke des Golfs zu Beginn des 20. Jahrhunderts spielten Perlen und Perlmutter eine Rolle als Exportwaren des Sultanats (App. 6). Selbst

Abb. 18 Traditionales Regional-Mobilitäts-Verhalten der Bāṭinah-Fischer

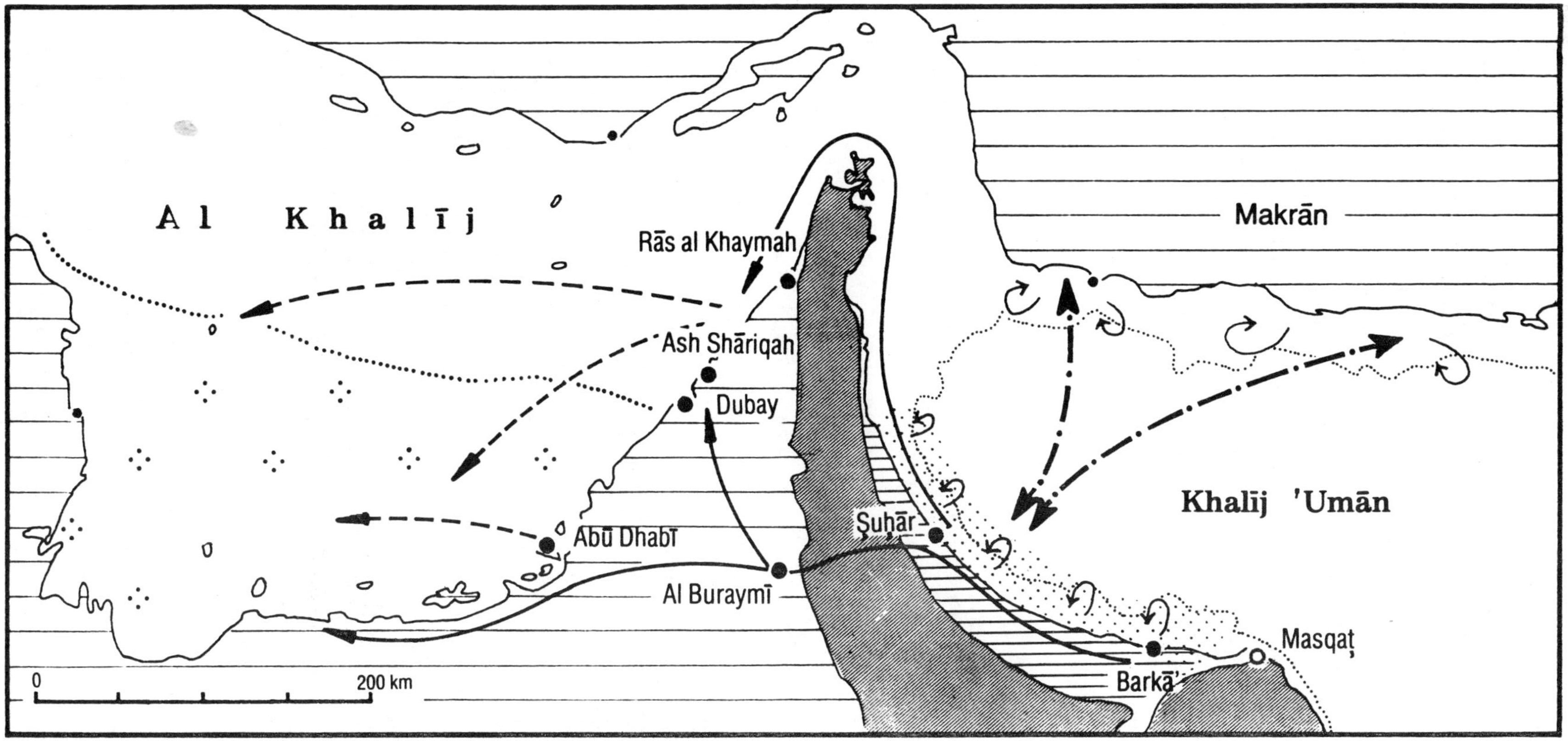

Quelle: BOWEN, 1951 (a), (b), HOOGERWOERD, 1889, THOMAS, 1931, Erm. d. Verf. 1977/78

HA 1079

- Küstennaher Fischfang
- saisonale Wanderung
  - an die Makrān-Küste
  - zur Perlfischerei
- Perlfischerei (von den Zentren der Perlfischereiflotten)
- Perlbänke
- Grenze der Perlbänke
- Kontinentalschelf
- Bāṭinah
- Gebirgsregion

in Oman betrieben Bāṭinah-Fischer in dieser Phase Perlfischerei, von den Bevölkerungsgruppen der Fischersiedlungen des Küstenabschnitts zwischen Barkā' und As Sīb wurden kleinere produktive Perlenbänke um die der Küste vorgelagerten Jazā'ir Daymānīyāt angelaufen (LORIMER, 1970,ii,361). Im Gefolge des wirtschaftlichen Bedeutungsverlustes der Perlfischerei seit den zwanziger Jahren ist der Anteil omanischer Fischer, die die Perlenbänke des Golfs zu saisonaler Erwerbstätigkeit aufsuchten, ständig zurückgegangen.

3.3.3 Landwirtschaft

Außer den mit dem Produktionsbereich Fischerei verbundenen Wirtschaftstätigkeiten sicherten die Fischer ihre traditionale Reproduktion durch die Kultivierung von Dattelpalmen (E.S., 1972, Part ii,2.2.1). Die Dattelgärten waren in der hinter dem fossilen Strandwall beginnenden Dattelpalmenzone lokalisiert, vor allem in jenem Saum, der keine permanente Bewässerung der Bäume erfordert.

Produktionsziel war ausschließlich die Subsistenz mit Datteln (<u>raṭab</u>). Zugleich bot den Bāṭinah-Fischern der Besitz von Dattelpalmen die Selbstversorgung mit Baumaterial für einige Arbeitsinstrumente des Fischfangs (<u>shāsh</u>, <u>dawābī</u>). Da Bewirtschaftung und Ernte der eigenen Dattelpalmen keinen größeren Zeitaufwand erforderten, waren die Fischer befähigt, während der Dattelernte sich an der Perlfischerei zu beteiligen. Zur gleichen Zeit verließ aber auch eine große Anzahl Fischer die Küste, um gegen Naturalentlohnung bei der Dattelernte zumeist seßhafter Bevölkerungsgruppen in der Bāṭinah, Ghadaf und Inner-Oman saisonal tätig zu werden (MILES, 1919,401; PENGELLY, 1863,32).

Zur Versorgung der Haushaltung mit tierischen Nahrungsmitteln (Milch, Fleisch) hielten die Bāṭinah-Fischer zumeist wenige Ziegen und/oder Schafe. Teils war das Kleinvieh ganzjährig in den Gehöften der Fischer eingestallt, teils beweidete es den Bereich der Küstenregion zwischen Strandwall und Dattelpalmenzone.

Tabelle 12

Die traditionale Wirtschaftsform der Fischer: Jahreszyklus der Produktion

Mon.		Fischfang	Perlenfischerei	Landwirtschaft	Aktionsraum
N	shitā'	Makrān-Küste			Makrān-Küste
D		....			
J		Küstenfischerei vor der Bāṭinah			litoraler Bereich Bāṭinah
F	ghayẓ				
M					
A	ṣayf	....		....	
M		größtenteils Aufgabe der Fischerei	....	Beginn Dattelernte Bāṭinah Inner-Oman	
J	qayẓ		Perlenfischerei (ghawṣ)		Küsten vor Trucial Oman
J		....	....		Inner-Oman
A		Küstenfischerei vor der Bāṭinah		Ende Dattelernte	Bāṭinah
S	asfirī	....		....	Bāṭinah
O		Fischerei vor der			Makrān-Küste

Quelle: HOOGERWOERD, 1889
MILES, 1919
LORIMER, 1970
THOMAS, 1931
BOWEN, 1951(b)
H.B.A., 1920
Erm. d. Verf., 1977/78

Die Breite der ausgeübten Wirtschaftstätigkeiten der Bāṭinah-Fischer könnte die Kennzeichnung der Fischerei als Hauptproduktionsbereich der traditionalen Lebens- und Wirtschaftsform ungerechtfertigt erscheinen lassen. Die überragende ökonomische Bedeutung innerhalb des Reproduktionsmusters wird freilich dadurch dokumentiert, daß Fischfang - wenn auch mit saisonalen Schwankungen - kontinuierlich den überwiegenden Teil des Jahres betrieben, die ergänzenden Produktionsbereiche jedoch (Ausnahme Landwirtschaft) diskontinuierlich ausgeübt werden. Insofern basierte die Sicherung der materiellen Existenz wesentlich auf den Einkünften aus der Fischerei.

3.4 Zusammenfassung

Die traditionale Wirtschaftsform von Badū und Fischern der Bāṭinah charakterisiert als gemeinsames strukturelles Merkmal ein horizontales Gefüge mehrerer zur Sicherung der materiellen Existenz ausgeübter Wirtschaftstätigkeiten. Unterschiede konnten dagegen hinsichtlich der Inwertsetzung des Wirtschaftsraumes, insbesondere die Kontrolle über die natürlichen Produktionsfaktoren aufgezeigt werden. Beispielsweise waren die Badū imstande, existenzgefährdende geringe Futterwüchsigkeit der natürlichen Vegetation in der Wadiregion u.U. längerfristig zu übersehen, und rechtzeitig etwa Ersatzweidegründe aufzusuchen. Währenddessen waren die Fischer allerdings nahezu ohne Beeinflussungsmöglichkeiten der durch Naturfaktoren starken Schwankungen unterliegenden Fangerträge.

Der unterschiedliche Grad der Beherrschung der Naturfaktoren ging als wichtiges Steuerungselement in das Bestreben beider Bevölkerungsgruppen ein, die Reproduktion aus dem im Jahreszyklus überwiegend und i.d.R. kontinuierlich ausgeübten Hauptproduktionsbereich heraus zu sichern. Da die Wirtschaftsform der Bāṭinah-Badū (auf der Basis der natürlichen Gegebenheiten) diesem Ziel optimaler nahekam, fiel den ergänzenden Wirtschaftsaktivitäten

Tabelle 13

Traditionale Wirtschaftsformen der Lebensformgruppen der Bāṭinah im Vergleich

Produktionsbereiche	Badū	Fischer	(Oasen-) Bauern
Hauptproduktionsbereiche	mobile Viehwirtschaft mit überwiegender Kleinviehhaltung	Fischfang im litoralen Bereich der Bāṭinah und Makrāns	Bewässerungslandwirtschaft, vornehmlich Dattel- und Agrumenkultivierung
ergänzende Wirtschaftsbereiche	Kultivierung von Dattelpalmen Karawanentransport	saisonale Perlfischerei im Golf Dattelpalmenkultivierung	stationäre Kleinviehhaltung

Quelle: Erm. d. Verf., 1977/78

eine traditional geringere ökonomische Bedeutung zu als bei den Fischern. Dort jedoch trugen sie teilweise erheblich zur Sicherung der Existenz im Rahmen des traditionalen Reproduktionsmusters bei.

Die spezifischen Kennzeichen der traditionalen Wirtschaftsformen von Badū und Fischern der Bāṭinah sind - im Vergleich mit den seßhaften Oasenbauern - in Tab. 13 zusammenfassend aufgeführt. Diese Gegenüberstellung zeigt, daß die Produktionsbereiche von Fischern und nomadischen Bevölkerungsgruppen teilweise durch gleiche Wirtschaftsaktivitäten (Viehhaltung, Ackerbau) gekennzeichnet waren. Innerhalb der Wirtschaftsform beider Lebensformgruppen hingegen nahmen sie unterschiedliche Prioritäten ein. Als Spezifikum der Bāṭinah-Badū - und auch der übrigen nomadischen Bevölkerungsgruppen SE-Arabiens - dürfte dabei herauszustellen sein, daß neben Viehwirtschaft auch landwirtschaftliche Wirtschaftstätigkeiten in bedeutendem Umfang zum Reproduktionsmuster zählten.

Ein direkter Wirtschaftskontakt zwischen den Wirtschaftsformen von Badū und Fischern vollzog sich i.d.R. nicht, obgleich im Fall des Produktionsbereichs Landwirtschaft die Dattelgärten beider Gruppen sich durchaus in räumlicher Nachbarschaft befinden konnten. Wenn auch Produkte einer Gruppe Bestandteil der Ernährung der je anderen waren, so fand ein ökonomischer Austausch zwischen Badū und Fischern im allgemeinen nur über den Markt und die Einschaltung dritter Lebensformgruppen statt (74).

Sowohl die traditionale Wirtschaftsform der Badū als auch der Fischer der Bāṭinah war durch ein vereinzelt bereits angeklungenes, spezifisches räumliches Verwirklichungsmuster charakterisiert, zu dessen prägenden Elementen unterschiedliche Formen der regionalen Mobilität zählten. Es bestand jedoch zwischen wirtschaftlicher und räumlicher Artikulation eine Wechselbeziehung: Während spezifische Formen des Regional-Mobilitäts-Verhaltens zur Ausübung bestimmter Produktionsbereiche befähigten, war, wie in den folgenden Ausführungen über das traditionale räumliche Verwirklichungsmuster zu zeigen versucht wird, aber auch das Regional-Mobilitäts-Verhalten wesentlich durch die Wirtschaftstätigkeiten der Lebensformgruppen mitbestimmt.

3.5 Das räumliche Verwirklichungsmuster von Fischern und nomadischen Bevölkerungsgruppen vor der Öffnung des Sultanats

Die natur- und lebensräumliche Gliederung der Küstenprovinz gibt den Hintergrund ab, vor dem Badū und Fischer der Bāṭinah ihre wirtschaftliche Existenz sichern. Für die ökonomische Inwertsetzung der jeweiligen Wirtschaftsräume nutzten beide Lebensformgruppen auch im Jahreszeitenzyklus unterschiedliche natürliche Gegebenheiten aus. Optimale Formen der wirtschaftsräumlichen Nutzung aber waren mit spezifischen Bewegungsvorgängen zur Existenzsicherung der Badū und Fischer verbunden. Diese Migrationsformen prägen, zusammen mit den jeweiligen Siedlungsformen, entscheidend das räumliche Verwirklichungsmuster beider Bevölkerungsgruppen.

Unter räumlichem Verwirklichungsmuster wird hier mit SCHOLZ (1974,49n) "die aus der Gesamtheit aller raumwirksamen und distanzabhängigen Aktivitäten einer Gruppe erwachsenden räumlichen Systeme" verstanden. Dabei sei insbesondere die zugrundeliegende Motivation der beteiligten Gruppen - die es in einer sozialgeographisch angelegten Untersuchung besonders zu beachten gilt (75) - betont, sich die physische Umwelt im Sinne eines "creative adjustment" anzueignen (BARTELS, 1970,33-34).

Das räumliche Verwirklichungsmuster schließt zwei konstituierende Elemente, das Siedlungsverhalten und das hier zunächst behandelte Regional-Mobilitäts-Verhalten der Badū und Fischer ein. Sowohl für die Badū als auch für die Fischer ist charakteristisch, daß sie unter Zwischenschaltung von Bewegungsvorgängen ihre verschiedenen Aktivitäten in einem bestimmten zeitlichen Rhythmus durchführen (BARTELS, 1970,35). Diese Distanzveränderungen können als Formen regionaler Mobilität beschrieben und als räumlich realisierter Ausdruck der Wirtschafts- und sozialgeographischen

Struktur dieser Gruppen aufgefaßt werden (SCHOLZ, 1971,355).

"Regionale Mobilität stellt einen raumabhängigen, nach ökonomisch-existenzsichernden Motiven ablaufenden, aktiven Anpassungsprozeß an die wirtschaftlichen und sozialen Verhältnisse eines Landes dar" (SCHOLZ, 1974,57).

Bislang wurden mit dem Begriff der regionalen Mobilität insbesondere die Wanderungen nomadischer Bevölkerungsgruppen analytisch erfaßt (SCHOLZ, 1971; 1974; 1980). Hier soll zusätzlich der Versuch unternommen werden, auch die Wanderbewegungen der Bāṭinah-Fischer mit dem Begriff des Regional-Mobilitäts-Verhaltens zu beschreiben. Eine wesentliche Motivation dafür liegt in der Tatsache begründet, daß die Bewegungsvorgänge beider Lebensformgruppen jenseits aller grundlegenden Unterschiede auffällige Gemeinsamkeiten aufweisen. Fischer wie Badū führen Wanderbewegungen durch, die saisonal mehr oder weniger nach einem zyklischen System ablaufen. Beide Bevölkerungsgruppen besitzen weitgehend mobile Produktionsmittel (Boote, Netze; Vieh), die auf den Wanderungen mitgeführt werden. Grundlegende Unterschiede bestehen hingegen in der Verbandsform und im Siedlungsverhalten.

Die Verbandsform, in der die Wanderungen durchgeführt werden, bildet bei den nomadischen Bevölkerungsgruppen der Bāṭinah die Familie als Wirtschafts- und Wohngemeinschaft (die vereinzelt auch nicht blutsverwandte Personen einschließen kann). Diese Einheit wird für die Bāṭinah-Badū als "Wandergruppe" bezeichnet. Mehrere Wandergruppen können sich zum Zwecke der Wanderung zu einer höheren Einheit, der "Wandergemeinschaft" zusammenschließen. Anders als bei nomadischen Bevölkerungsgruppen Nord- und Zentralarabiens war diese Verbandsform bei den Badū der Batinah nicht allgemein üblich. Stattdessen folgten die einzelnen Wandergruppen zwar dem durch die natürlichen Gegebenheiten vorgezeichneten saisonal-zyklischen Wanderrhythmus. Die Aufbruchzeiten und den Termin der Rückkehr legte jedoch jede Gruppe individuell fest. Erst auf der Ebene der Wandergemeinschaft wären Terminabsprachen erforderlich. Sie wurden von einem Stammesfunktionsträger (shaykh, rashīd) getroffen.

Völlig anders ist - um auf einen der grundsätzlichen Unterschiede im Regional-Mobilitäts-Verhalten beider Lebensformgruppen hinzuweisen - die Situation bei den Fischern der Küstenprovinz. Sie führen unter Zurücklassung der Familie (Eß-, Wirtschafts- und Wohngemeinschaft) saisonal-periodische Arbeitswanderungen durch. Zum Zweck der Migration von einer Produktionsstätte zur anderen schließen sich die Fischer mit weiteren Fischern der gleichen oder anderen Siedlungen zusammen, daher sind Absprachen über Wanderungsbeginn, -verlauf und -dauer notwendig. Dieser aus einzelnen Fischern zusammengesetzte Wanderverband hatte jedoch i.d.R. nur für die Wanderung Bestand.

Entsprechend der Beteiligung der gesamten Familie, also einer geschlossenen Wirtschafts- und Wohneinheit an der Wanderung, ist mit dem Regional-Mobilitäts-Verhalten der Badū die Benutzung bodenvager Behausungen an temporären Lagerstandorten verbunden. Die Arbeitswanderungen der Fischer hatten ihren Ausgangs- und Endpunkt in bodensteten Behausungen an permanenten Siedlungsplätzen. Nur in den Zielgebieten wurden bodenvage Windschirme an temporären Standorten errichtet.

3.5.1 Traditionales Regional-Mobilitäts-Verhalten der nomadischen Bevölkerungsgruppen

Die flächenhafte ökonomische Inwertsetzung des Lebensraumes der Bāṭinah-Badū, die Wadiregion, ist, wie andere Regionen des altweltlichen Trockengürtels, wesentlich an extensive Formen der Viehwirtschaft gebunden. Zur Nutzung der natürlichen Vegetation der sayḥ haben die nomadischen Bevölkerungsgruppen mobile Formen der Viehwirtschaft entwickelt: Hydro-edaphische Verhältnisse und ökonomisch-existentielle Erfordernisse wirken sich in einem festen Nutzungsrhythmus aus, als dessen Folge sich ein spezifisches Wanderungsmuster einstellt. Ein solches, traditionales Regional-Mobilitäts-Verhalten der mobilen Viehhalter der Bāṭinah gründet u.a. auf der räumlichen Einheit der Daseinsgrundfunktionen Arbeit und Wohnen. Diese Tatsache erklärte RICHTHOFEN (1908,134) zu einem integralen Bestandteil des Nomadismus:

"Das Nomadentum beruht in der Beweglichkeit des aus Herden bestehenden Eigentums und der an dasselbe gebundenen Wohnhäuser, daher in der oftmaligen Veränderung des Wohnsitzes als Eigenschaft eines ganzes Volksstammes".

Darüber hinaus verbindet das traditionale Regional-Mobilitäts-Verhalten die räumlich dispersen Produktionsbereiche Viehwirtschaft und Ackerbau innerhalb der traditionalen Wirtschaftsform. Bis zum Beginn der siebziger Jahre herrschten bei den mobilen Viehhaltergruppen der Bāṭinah Weidewanderungen als allgemeine Form regionaler Mobilität vor. Arbeitskräftewanderungen werden erst in der Mitte der siebziger Jahre zu einem quantitativ bedeutenden Element des Regional-Mobilitäts-Verhaltens.

3.5.1.1 Saisonal-periodische Wanderung

Das Regional-Mobilitäts-Verhalten der Bāṭinah-Badū kennzeichneten jahreszeitliche Weidewanderungen mit Kamelen, Ziegen und Schafen, die nach Wanderverlauf und -distanz als horizontale Nahwanderungen bezeichnet werden können (76). Selten betrugen die Wanderdistanzen mehr als 30 km; die Entfernung wurde zumeist an einem, selten in zwei Tagesmärschen zurückgelegt. Als ein bestimmender Faktor der Wanderdistanz ist die Situation des Naturraumes Bāṭinah zu berücksichtigen: Die Erstreckung der Wadiregion zwischen Küstenregion und Gebirgsfuß ist mit 30-35 km anzusetzen. Die naturräumlichen Gegebenheiten erlauben nur Nahwanderungen innerhalb der traditionalen Bannbereiche der Badū. Als weitere Determinanten, die bereits behandelt wurden (77), seien die vorherrschende Kleinviehhaltung und deren Beschränkungen sowie die jahreszeitlich unterschiedliche Futterwüchsigkeit der natürlichen Vegetation genannt.

In der kühlen Jahreszeit suchten die Wandergruppen Weidegebiete in dem an den Gebirgsfuß grenzenden Bereich der Aufschüttungsebene auf. In der heißen Jahreszeit hielten sie sich am landwärtigen Saum der Oasenlandwirtschaftszone der Küstenregion auf. Die zweimalige, saisonal-periodische Wanderung zwischen beiden Aktionsräumen kann dem Rhythmus nach als "pulsatory" (JOHNSON, 1969) bezeichnet werden (Abb. 12).

Nicht allein die naturräumlichen Gegebenheiten, klimatische Verhältnisse ebenso wie optimale Futterwüchsigkeit der natürlichen Vegetation, bestimmen die räumliche Verteilung der Sommer- und Winter-Weidegebiete mit. In der kühlen Jahreszeit (shitā'), in der es am Gebirgsfuß bzw. in der zentralen Gebirgsregion häufiger zu Niederschlägen kommt als in der sayḥ, entwickelt sich kräftigerer Pflanzenwuchs und frische Grasvegetation ('ushub) am gebirgswärtigen Saum der Wadiregion. Diese Naturweiden suchen die mobilen Viehhalter während des shitā', zwischen den Monaten November und März, auf. Doch auch die Lokalisation landwirtschaftlicher Produktionsflächen floß als Steuerungsmerkmal in die Wahl der saisonalen Aktionsräume ein. Infolgedessen bildete die Teilnahme an den Ernteabläufen in den Dattelgärten während der Monate (Ende) April bis September (ṣayf, qayẓ) den zeitlichen und räumlichen Rahmen für den sommerlichen Aufenthalt am landwärtigen Saum der Dattelpalmenzone. Die jeweiligen Sommer-Weidegebiete, in die sich die Badū mit ihren Herden bewegten, befanden sich stets im Nahbereich der landwirtschaftlichen Produktionsflächen der Wandergruppen. Da die mobilen Kleinviehhalter während der Sommweide vornehmlich mit der Ausübung der Erntearbeiten befaßt waren, wurde das Kleinvieh gewöhnlich im Nahbereich des Lagerstandortes ausgetrieben. Eine intensive Beweidung des Sommer-Weidegebietes war die Folge. Die Erschöpfung der natürlichen Vegetation gestattete auch bei Zufuttergaben den Aufenthalt am landwärtigen Saum der Dattelpalmenzone bis etwa zum Ende des qayẓ, einem Zeitpunkt, an dem auch die Dattelernte abgeschlossen war.

Bei der Distanz der Wanderungen wurde das Mobilitätspotential des Kamels nicht ökonomisch-adäquat umgesetzt, maßgeblich für die Formen regionaler Mobilität war die Kleinviehhaltung (78).

Mit der Lage der Sommer- und Winter-Weidegebiete wurde die für die Küstenprovinz allgemein gültige Situation beschrieben. Jedoch gibt es in der Bāṭinah einige Wandergruppen, denen in denen in der N-Bāṭinah vornehmlich mobile Viehhalter der Shabūl und Maqābīl zuzurechnen sind, deren Sommer-Weidegebiete sich im Gebirgsfußbereich befinden. Im Winter suchten diese Wandergruppen Weidegebiete

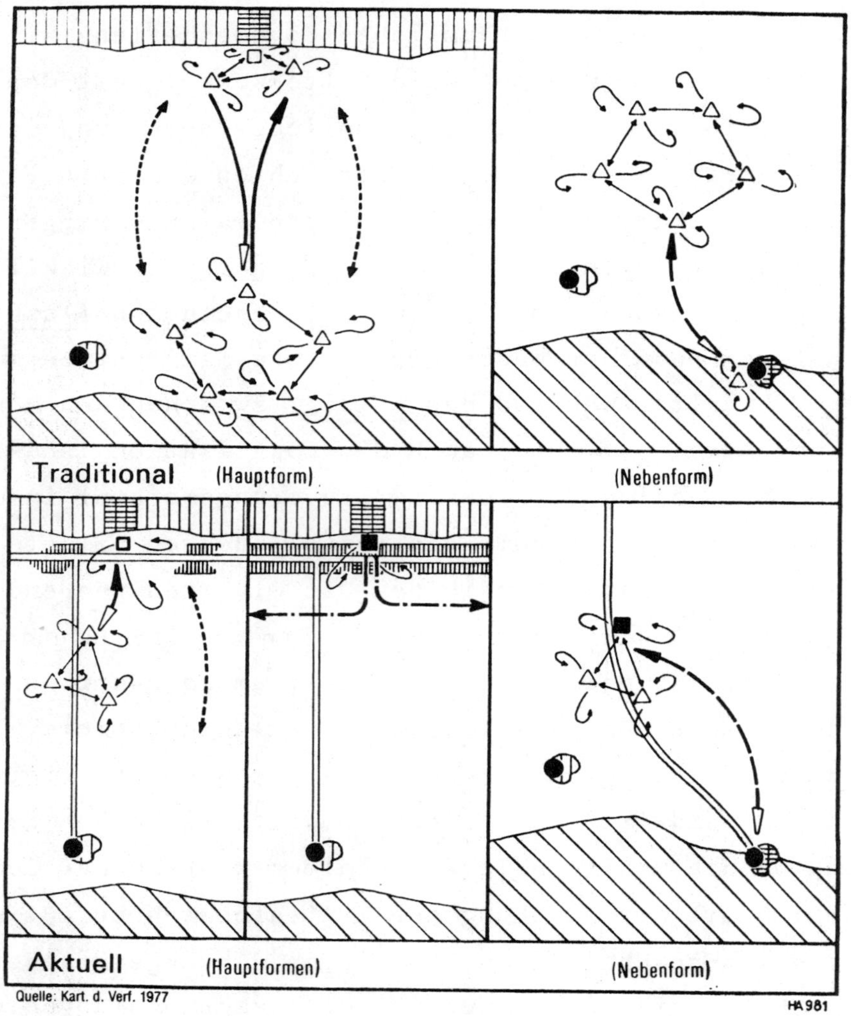

Abb. 19 Traditionales und aktuelles räumliches Verwirklichungsmuster der Bāṭinah-Badū - Modell

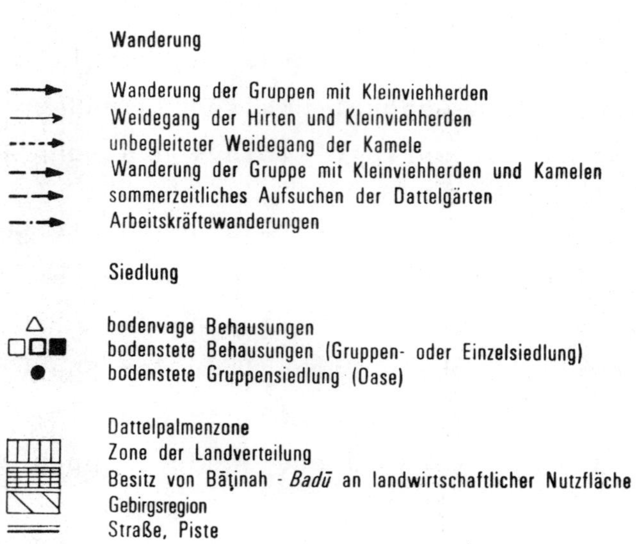
Wanderung
Wanderung der Gruppen mit Kleinviehherden
Weidegang der Hirten und Kleinviehherden
unbegleiteter Weidegang der Kamele
Wanderung der Gruppe mit Kleinviehherden und Kamelen
sommerzeitliches Aufsuchen der Dattelgärten
Arbeitskräftewanderungen
Siedlung
bodenvage Behausungen
bodenstete Behausungen (Gruppen- oder Einzelsiedlung)
bodenstete Gruppensiedlung (Oase)
Dattelpalmenzone
Zone der Landverteilung
Besitz von Bāṭinah - *Badū* an landwirtschaftlicher Nutzfläche
Gebirgsregion
Straße, Piste

im mittleren Abschnitt der Wadiregion auf (Abb. 19). Der Grund für diese regional isoliert auftretende Umkehrung der saisonal-periodischen Wanderbewegung liegt darin, daß die genannten Gruppen über Dattelbesitz in einigen kleinen Oasen im Bergfußbereich oder im Oberlauf von in die Bāṭinah entwässernden wādīs verfügen. Auch hier zeigt sich, daß die Lage der Dattelgärten einen entscheidenden Einfluß auf die Lokation der sommerzeitlichen Aufenthaltsräume der Bāṭinah-Badū hat.

3.5.1.2 Ganzjährig-periodische Wanderung

Zwischen den saisonal-periodischen Nahwanderungen führten die Bāṭinah-Badū innerhalb der Weidegebiete kleinräumige, ganzjährig-periodische Wanderungsbewegungen durch. Bei diesen Weidewanderungen und bei den saisonal-periodischen Nahwanderungen schlossen sich die einzelnen Wandergruppen i.d.R. nicht zu größeren tribalen Wandergemeinschaften zusammen.

Die viehwirtschaftliche Nutzung der Weidegebiete erfolgte von temporären, bodenvagen Lagerstandorten in den Sommer- und Winteraufenthaltsräumen aus. Dabei beweideten die Tiere einer Wandergruppe in mehrtägigen, etwa 5 km ausgreifenden Wanderbewegungen den Nahbereich des Lagerstandortes, ohne den Standort zu wechseln. Täglich mußten mit den Ziegen und Schafherden Brunnen bzw. Wasserstellen angelaufen werden (79). Nach Rückkehr an den Lagerstandort wurden die Tiere in einem anderen, noch nicht abgeweideten Bereich des Umlandes ausgetrieben. Obwohl ein mehrtägiger Austrieb des Kleinviehs die Regel war, konnte auch täglich an den Standort zurückgekehrt werden. Integriert in den kleinräumigen Wanderablauf waren vereinzelte Wanderungen in die Nähe von Marktsiedlungen. Dabei liefen die Badū sūqs zur Bedarfsdeckung oder/und Viehverkauf oder zur Wasserversorgung des Lagerplatzes an. An dieser Form regionaler Mobilität war nie die gesamte Wandergruppe, sondern stets einzelne Mitglieder beteiligt.

Neben den ökologischen Gegebenheiten bestimmten indessen auch anthropogene Faktoren die Verlagerung des Lagerstandortes mit. Die Abweidung bzw. Erschöpfung der natürlichen Vegetation wirkte steuernd auf die Verlegung des Lagerplatzes um ca. 10-12 km vom vorherigen Standort. Die Entfernungen zwischen zwei Lagerstandorten einer Wandergruppe wurden mehrfach überprüft, größere regionale oder stammliche Abweichungen konnten nicht ermittelt werden. Daher ergibt sich die Distanz aus der täglichen Wanderleistung von Ziegen und Schafen (80). Auch die Verseuchung eines Lagerstandortes durch Insekten und Ungeziefer, das von Abfällen und Tierdung im Nahbereich des Lagers angezogen wird, konnte die mobilen Viehhaltergruppen veranlassen, einen neuen Standort nach langer Verweildauer (ca. 50 Tage) aufzusuchen. Schließlich verwiesen die Bātinah-Badū darauf, daß nach einer bestimmten Verweildauer (zwischen 20 und 40 Tagen) allgemein der Standort gewechselt werde. Spezifische Gründe konnten die befragten Badū dafür nicht nennen (83).

Die Lokalisation der temporären Lagerstandorte innerhalb der saisonalen Weidegebiete wurden sowohl an der Futterwüchsigkeit der natürlichen Vegetation als auch an der Lage zu Wasserstellen orientiert. Dabei wurden bei früheren Weideperioden benutzte Lagerstandorte der Wandergruppe vielfach erneut aufgesucht, nachdem sich die natürliche Vegetation regeneriert hatte. Das Bestreben, die temporären Standorte in geringer Entfernung zu vorhandenen Wasserstellen oder Brunnen zu lokalisieren, führte teilweise dazu, daß die Lagerstandorte zweier Wandergruppen des gleichen Stammes auf Sichtweite aneinanderrückten: Insbesondere in den Sommerweidegebieten der S-Bāṭinah trat diese Situation häufiger ein.

In den Winterweidegebieten verlagerten die Bāṭinah-Badū ihren Lagerstandort während des saisonalen Aufenthaltes etwa fünf Mal. Dies entspricht einer Verweildauer von ca. 30 Tagen pro Lagerplatz. In den Sommerweidegebieten wurden dagegen i.d.R. drei verschiedene Standorte, immer im Nahbereich der Dattelgärten und wenige Kilometer voneinander entfernt angeordnet, aufgesucht. Dort verweilten die Wandergruppen zwischen 45 und 50 Tagen pro Lagerplatz (84).

Nur in seltenen Fällen verließen die nahwandernden Viehhalter der Bāṭinah die Wadiregion. Umgekehrt suchten jedoch in Dürreperioden nomadische Viehhalter Inner-Omans die Küstenprovinz mit ihren Herden auf. In Jahren beträchtlicher Futterknappheit in der sayḫ wurden die

Ziegen- und Schafherden weit in die Oberläufe der in die Bāṭinah entwässernden wādīs getrieben, da eine Beweidung von Akazien, die infolge der geringen Grundwassertiefen am Wadirand wachsen, möglich ist. Zusätzlich sammelten die Badū Gras und samr-Blätter als Zufuttergaben. Insgesamt kann das Wanderverhalten der Bātinah-Badū als umweltständig bezeichnet werden (85).

3.5.1.3 Umweltwechselnde saisonale Wanderung

Eine Ausnahme von dieser in der Bāṭinah allgemein praktizierten Form regionaler Mobilität verdient hervorgehoben zu werden. Die nomadischen Āl Ḥamad der S-Bāṭinah führten neben der saisonalen Nahwanderung eine saisonale Fernwanderung über das Oman-Gebirge nach Inner-Oman durch (86). Zwar entsprach der Aufenthalt im Winter-Weidegebiet und der mehrtägige Austrieb von Ziegen und Schafen durchaus dem traditionalen Regional-Mobilitäts-Verhälten der übrigen nomadischen Bevölkerungsgruppen in der Bāṭinah. Statt des sommerzeitlichen Aufsuchens des Übergangssaums zwischen Küsten- und Wadiregion, wo der Stamm Aufenthaltsplätze besitzt (Al Harm und Salāhah), wanderten die Āl Ḥamad während der heißen Jahreszeit in den Nahbereich der Oase Al Wāfī in der inner-omanischen Provinz Ash Sharqīyah. Zu dieser Wanderung schlossen sich die mehr als fünfzig Wandergruppen der Āl Ḥamad zu einer Wandergemeinschaft zusammen. Die Termine für Beginn und Ende der Wanderung wurden traditional durch den shaykh der Āl Ḥamad festgelegt. Entscheidender Grund für diese im wesentlichen horizontale Wanderung, die eine Distanz von ca. 160 km überspannt, war die Lokalisation von Dattelgärten des Stammes in einigen Oasen des Balad al Wāfī, in erster Linie in der Oase Al Wāfī selbst (87).

Unter Benutzung von Reit- und Transportkamelen sowie unter Mitnahme weniger Ziegen, die die Versorgung mit tierischer Nahrung sicherstellten, betrug die Dauer der Wanderung gewöhnlich sieben Tage. Bei einer Tagesleistung von etwa 35 km waren ca. fünf Übernachtungen der Wandergemeinschaft unter samr-Bäumen erforderlich. Die Wanderung selbst fand während der heißen Jahreszeit in den Monaten Juni und September statt. Die Āl Ḥamad folgten der im W. Samā'il verlaufenden Karawanenroute zwischen Bāṭinah und der inner-omansichen Provinz Sharqīyah durch die Gebirgsregion und dem W. 'Andām in das Balad al Wāfī (Abb. 20).

Von semipermanenten, saisonal genutzten Lagerstandorten im Nahbereich der Dattelgärten der Oasen Al Wāfī und Al Muḍaybī überwachten die Āl Ḥamad-Gruppen die Ernteabläufe in den Dattelgärten während der Monate Juni bis September und versorgten sich mit Dattelvorräten. An der eigentlichen Erntearbeit waren sie nur selten beteiligt, diese oblag bayādīr aus den Oasen. Die bayādīr waren ganzjährig für die Bewirtschaftung der Dattelkulturen zuständig. Als Entlohnung hatten sie das Recht, Unterkulturen anzubauen (dhirrah), daneben erhielten sie einen Anteil der Dattelernte.

Währenddessen kontrollierten wenige, im Sommerweidegebiet des Stammes in der S-Bāṭinah verbliebene Stammesmitglieder den Austrieb der zurückgelassenen Ziegen- und Schafherden im Nahbereich der Siedlungsplätze Al Harm und Salāhah.

Abb. 20

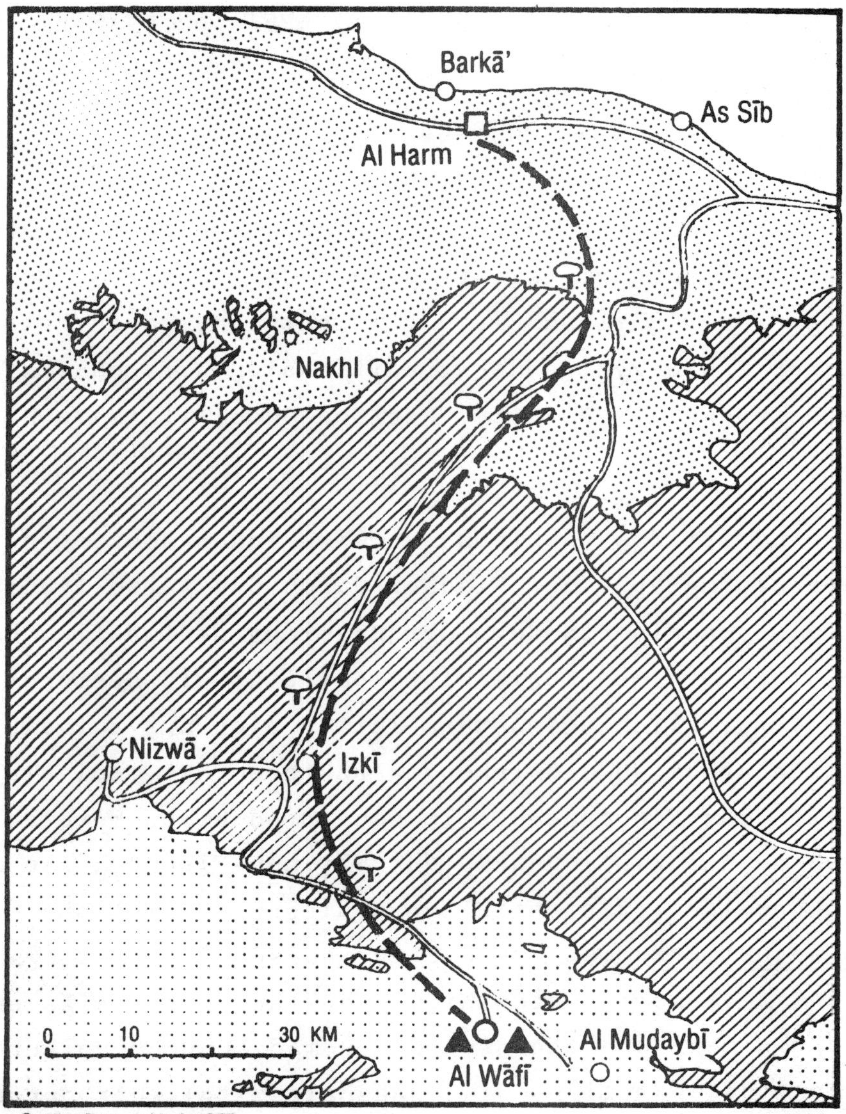

Quelle: Erm. d. Verf. 1977

HA 1278

- Wanderung der Gruppen und Kamele
- Übernachtung/Rast
- bodenvager temporärer Wohnplatz
- bodenstete Gruppensiedlung
- Asphaltstraße (seit 1970)
- Bāṭinah
- Jawf
- Gebirgsregion (ab 450 m)

Umweltwechselnde saisonale Wanderung der Bāṭinah – Badū — Beispiel Al Hamad (1977)

3.5.2 Anmerkungen zum traditionalen Regional-Mobilitäts-Verhalten der Fischer

Die verschiedenen Wirtschaftstätigkeiten der Fischer sind - wie bei den Badū der Küstenprovinz - durch spezifische Formen regionaler Mobilität verbunden. Die Produktionsbereiche Fischfang, Perlfischerei und Landwirtschaft prägen das räumliche Verwirklichungsmuster der Bāṭinah-Fischer wesentlich, umgekehrt wird aber auch der Jahreszyklus der traditionalen Wirtschaftsform durch Arbeitswanderungen als Form des Regional-Mobilitäts-Verhaltens mitbestimmt.

Überwiegend ist das räumliche Verwirklichungsmuster der seßhaften Lebensformgruppe der Fischer durch das Verweilen in bodensteten Siedlungen als Standort der Daseinsgrundfunktion Wohnen charakterisiert. Formen regionaler Mobilität als Bestandteil des räumlichen Verwirklichungsmusters leiten sich aus auf die Daseinsgrundfunktion Arbeiten einwirkenden Faktoren her. Beispielsweise entzieht sich das Fangergebnis im Hauptproduktionsbereich Fischerei weitgehend der Einflußnahme der Bāṭinah-Fischer. Die Adaption an diese ökonomisch-existentiellen Bedingungen im Sinne eines "creative adjustment" ist Ursache für saisonale Arbeitswanderungen, zu denen die permanenten Siedlungsstandorte verlassen werden. Abweichend von den Verhältnissen der nomadischen Bevölkerungsgruppen waren die Familien- bzw. Haushaltsmitglieder der Bāṭinah-Fischer in diese Form der regionalen Mobilität jedoch nicht integriert.

Ein knappes Dreivierteljahr, etwa während der Monate Januar bis Juni und August bis Oktober gingen die Fischer von ihren permanenten Siedlungsstandorten der verschiedenen Formen des Fischfangs im litoralen Bereich der Bāṭinah nach. Diese Wirtschaftstätigkeit führte eine Minderheit auch während der kühlen Jahreszeit, vereinzelt sogar ganzjährig in der Küstenprovinz fort; eine große Zahl von Bāṭinah-Fischern lief jedoch in den Monaten Oktober bis Dezember mit Booten und Fanggeräten die Makrān-Küsten an (LORIMER, 1970,ii,1412; H.B.A., 1920,i,241). "Ungefähr drei

Monate halten sie sich an der gegenüberliegenden Küste von Beludschistan auf, salzen und trocknen ihren Fang an Ort und Stelle und kehren dann mit ihren Ladungen zurück". (HOOGERWORD, 1889,204).

Vor den Küsten Baluchistans und Makrāns, wo das Sultanat bis 1958 die Exklave Gwādar besaß, fischten die Bāṭinah-Fischer vornehmlich auf junge Sardinen und/oder Anchovis (matūt). Getrocknet und in Säcke aus Dattelfasermatten verpackt (MILES, 1919,404), wurden sie als qāshi' in die Küstenprovinz verschifft. Nach der Rückkehr in die Fischersiedlungen der Bāṭinah wurde die Fischerei im litoralen Bereich des omanischen Schelfs wieder aufgenommen.

Auch zur Teilnahme an der Perlfischerei (ghawṣ) im Golf fanden, wie erwähnt, saisonale Arbeitswanderungen statt. Angeworben von Bootsführern und Agenten, verließ, mit eigenen Booten oder in Karawanen, eine große Zahl von Fischern ihre Siedlungsstandorte (THOMAS, 1931,143; BOWEN, 1951(b),169). Diese saisonale Arbeitskräftewanderung erfaßte indessen nicht allein die Fischer-Bevölkerungsgruppen der Bāṭinah: Während "fishermen und sailors go actually to dive, (...) they who hoist and lower them into the depths may be gardeners or even occasional Badus, who have joined the pearl fleet for this season of feverish activity" (THOMAS, 1931 143).

Unterdessen führten auch jene Fischer, die Perlfischerei als saisonale Wirtschaftstätigkeit nicht ausübten, etwa gleichzeitig im Juni und Juli, eine Arbeitswanderung durch, um als Saisonarbeiter an der Dattelernte mitzuwirken (PENGELLY, 1863,32; THOMAS, 1931, 143). Nicht nur die Dattelgärten der Küstenregion und des küstenwärtigen Gebirgsfußbereichs (Ghadaf) wurden aufgesucht, auch in den Oasen Inner-Omans fanden die Fischer saisonale Erwerbstätigkeit (MILES, 1919,401).

Sowohl die Wanderbewegungen zu den Perlbänken des Golfs als auch nach Inner-Oman fallen zeitlich mit der Periode geringeren Fischaufkommens im Golf von Oman zusammen. Im Jahreszyklus der Produktionsbereiche, der in Tab. 12 dargestellt ist, sind die Wanderungen durch Punktsignatur hervorgehoben.

Den geschilderten Formen des traditionalen Regional-Mobilitäts-Verhaltens der Bāṭinah-Fischer liegt hauptsächlich ein saisonaler Wechsel der Wirtschaftsräume zugrunde. Die während der heißen Jahreszeit durchgeführten Arbeitswanderungen erstreckten sich auf Distanzen bis zu 400 km. Im Gegensatz zu den Nahwanderungen der Bāṭinah-Badū war das traditionale räumliche Verwirklichungsmuster jedoch nicht darauf angelegt, die räumliche Einheit der Daseinsgrundfunktionen Arbeiten und Wohnen zu gewährleisten (Abb. 18).

Aus der Analyse der traditionalen Situation ergibt sich, daß die zur Kennzeichnung des Regional-Mobilitäts-Verhaltens heranzuziehenden Kriterien wie der räumliche Verlauf, Dauer und Periodizität der Wanderung, Ausgangs- und Zielgebiet, Organisations- und Verbandsform und Motive der wandernden Einheiten (SCHOLZ, 1974, 57) sich auch in den saisonal-periodischen Wanderbewegungen der Bāṭinah-Fischer finden. Infolgedessen scheint es berechtigt, die Bewegungsvorgänge der Fischer als Formen regionaler Mobilität aufzufassen, stellen sie doch eine aktiven, nach ökonomisch-existenzsichernden Motiven ablaufende Adaption an die natur- und kulturgeographischen Rahmenbedingungen dar.

3.5.3 Traditionales Siedlungsverhalten der Fischer und nomadischen Bevölkerungsgruppen

In direktem Zusammenhang mit dem traditionalen Regional-Mobilitäts-Verhalten von Badū und Fischern der Bāṭinah stehen die Formen des Siedlungsverhaltens beider Bevölkerungsgruppen. Die je spezifische Ausprägung des Siedlungsverhaltens, seine räumliche Artikulation, wird u.a. durch den Grad der räumlichen Einheit der Grunddaseinsfunktionen Wohnen und Arbeiten mitbestimmt. Während die nomadischen Bevölkerungsgruppen die territoriale Einheit von Wohn- und Arbeitsplatz anstrebten und verwirklichten, war dieses Verhalten bei den Fischern der Bāṭinah in geringem Maß ausgeprägt. Die Fischer-Bevölkerungsgruppen bewohnten daher permanente Siedlungsplätze, von denen aus die Arbeitskräftewanderungen unternommen wurden.

3.5.3.1 Fischer

Die permanenten Wohnplätze der Bāṭinah-Fischer sind in der Küstenregion in einem Siedlungsband, das sich, nahezu ununterbrochen, auf und hinter dem fossilen Strandwall entlang der Küste erstreckt (WILKINSON, 1977,17), lokalisiert. In diesem Raum, der die größte Bevölkerungsagglomeration Omans darstellt (88), siedelte jedoch auch die Majorität der übrigen seßhaften Bevölkerungsgruppen der Küstenprovinz (89). Dennoch bestand zwischen den einzelnen Lebensformgruppen im allgemeinen kein direkter Siedlungskontakt, auch wenn sich zuweilen in einer Siedlung die Wohnplätze mehrerer Bevölkerungsgruppen befanden. Zahlreiche ländliche Siedlungen bestanden aus mehreren Vierteln, in denen sich z.T. auch eine tätigkeitsspezifische Segregation der Bevölkerungsgruppen vollzogen hatte (THOMAS, 1931,155). Als Beispiele seien die Siedlungen Suwādī mit den Ortsteilen Suwādī al Baṭḥā' (Strand) und Suwādī 'Alwā (Dattelpalmzone) sowie Bū 'Abālī mit ebenfalls getrennten, am Strandwall und am landwärtigen Saum der Dattelpalmenzone lokalisierten Vierteln (wilāyat Al Maṣna'ah) aufgeführt. Innerhalb des Siedlungsbandes entlang des Strandwalls waren die Fischer-Bevölkerungsgruppen oft auf reine Fischersiedlungen konzentriert, aber auch in Küstensiedlungen mit anderen Lebensformgruppen verbreitet (Tab. 12).

Das Erscheinungsbild einer typischen Fischersiedlung war gekennzeichnet durch (THOMAS, 1931,145):

"perhaps a hundred reed huts, and, on an eminence close by, the inevitable mosque, its white-cemented exterior sparkling in the morning sun. Before the village, deserted at this hour by its inhabitants, whose tiny crafts studded the far horizon, were crude goal-post devices of three palm trunks, for drying fishing-nets, and a pair of primitive giant scales stood over against the woodstacks".

Hinter dieser für die gesamte Bāṭinah gültigen Uniformität des Siedlungsbildes treten bestehende physiognomische Verschiedenheiten zwischen den Siedlungen seßhafter Fischer und anderer Bevölkerungsgruppen der Küstenregion völlig zurück.

Hervorgerufen wurde diese Einheitlichkeit durch die bodensteten Behausungen, die ausnahmslos aus lokal verfügbarem Baumaterial der Dattelpalme errichtet sind (90). Die Wedelrippen, Fasern und Stämme der Dattelpalme nutzende Konstruktion der Behausungen wird als "barastī" bezeichnet (91); barastī-Behausungen prägen die traditionale Physiognomie der Siedlungen der Küstenregion (AZZI, 1973,222; CODRAI, 1950,187; LORIMER, 1970,ii,1413; PHILLIPS, 1971(a),42-43).

Die Physiognomie eines traditionalen barastī, wie er für die seßhaften Bevölkerungsgruppen als charakteristisch angesehen werden kann, beschreibt THOMAS (1931,155) wie folgt:

"In the corner of the garden was the simple hut of the country, the typical house of fisherman and gardener alike. It is an admirable construction, made entirely of parts of the date-palm. The corner supports and rafters are split trunks, the walls and roofs of stripped palm fronds. The door may be of woven palm fronds, and there is a window or two in lighter variety of the same material, widely latticed. The whole thing is light and mobile, costs only a hundred dollars (92) and provides ideal shelter from the sun without checking the cool winds that one hopes will blow. Three or four rooms go to a house, which, if it has a flat roof, is called an arish, and if a slantwise one, gargin, or khaima. Only a few pale, straw, undecorated mats grace so poor a tenement. These, if the occupant is Arab, will be of stout Omani quality, if Baluchi, a rude samin, of his own handicraft, wrought of raw reeds that are brought over in sailing craft from his ancient Makran home".

Nach BELGRAVE (1972,61) war der Boden der barastī auch mit kleinen Muscheln ausgelegt, über die Matten und Teppiche gebreitet wurden. Eine weitergehende Beschreibung der Fischer-Wohnplätze erübrigt sich an dieser Stelle, da die für die Badū unten gemachten Ausführungen zu bodensteten Behausungen gleichermaßen für die Fischer gelten.

3.5.3.2 Nomadische Bevölkerungsgruppen

Gänzlich andere Formen des Siedlungsverhaltens sind bei den Badū der Wadiregion zu erwarten, die eine räumliche Trennung von Wohnen und Arbeiten vermeiden. Entsprechend den spezifischen Formen regionaler Mobilität der Bāṭinah-Badū besitzen die nomadischen Bevölkerungsgruppen der Bāṭinah temporäre Wohnplätze, die gemäß den saisonalen Erfordernissen der traditionalen Wirtschaftsform verlegt werden. Der Gebrauch von Zelten, speziell von Ziegenhaarzelten (bayt ash sha'r), der in der Literatur oftmals zur Charakterisierung des "badawī" herangezogen wird (93), als bodenvage Behausung ist freilich nicht üblich. Bis auf wenige Ausnahmen in Inner-Oman und Dhufār sind die klassischen schwarzen Ziegenhaarzelten bei den nomadischen Bevölkerungsgruppen Omans nicht verbreitet (HAWLEY, 1977,100; SCHOLZ, 1978,26). Tatsächlich stellt das Fehlen von Ziegenhaarzelten als Element des traditionalen Siedlungsverhaltens ein Spezifikum der nomadischen Bevölkerungsgruppen Omans dar.

Zwar verwendeten einzelne Wandergruppen in der Bāṭinah Ziegenhaarbahnen zur Ausstattung der Wohnplätze (HAWLEY, 1977,100); sie wurden jedoch nie zu Zelten zusammengefügt, sondern in vegetationsarmen Arealen der Wadiregion mit gesammelten Ästen zur Konstruktion einfacher Windschirme genutzt. Temporäre Wohnplätze errichteten die Badū der Bāṭinah im allgemeinen unter schirmförmigen samrah-Bäumen, die die Wadiregion bedecken. Im Rahmen des Jahreszyklus der Wanderweidewirtschaft orientierte sich die Lokalisation der bodenvagen Lager (farīq, pl. firqān) u.a. auch an der regionalen Verteilung und Dichte des samr-Bestandes innerhalb der jeweiligen Weidegebiete (Abb. 21).

Die Lagerstandorte der mobilen Viehhaltergruppen waren in der Wadiregion innerhalb der jeweiligen Weidegebiete lokalisiert: Im Winter-Weidegebiet im an die zentrale Gebirgsregion grenzenden Teil der sayḥ orientierten sich die Lagerplätze an Arealen dichter Vegetation sowie Bauminseln und Wasserstellen. Entscheidend war jedoch das Vorhandensein geeigneter samr-Bäume. In den Sommer-

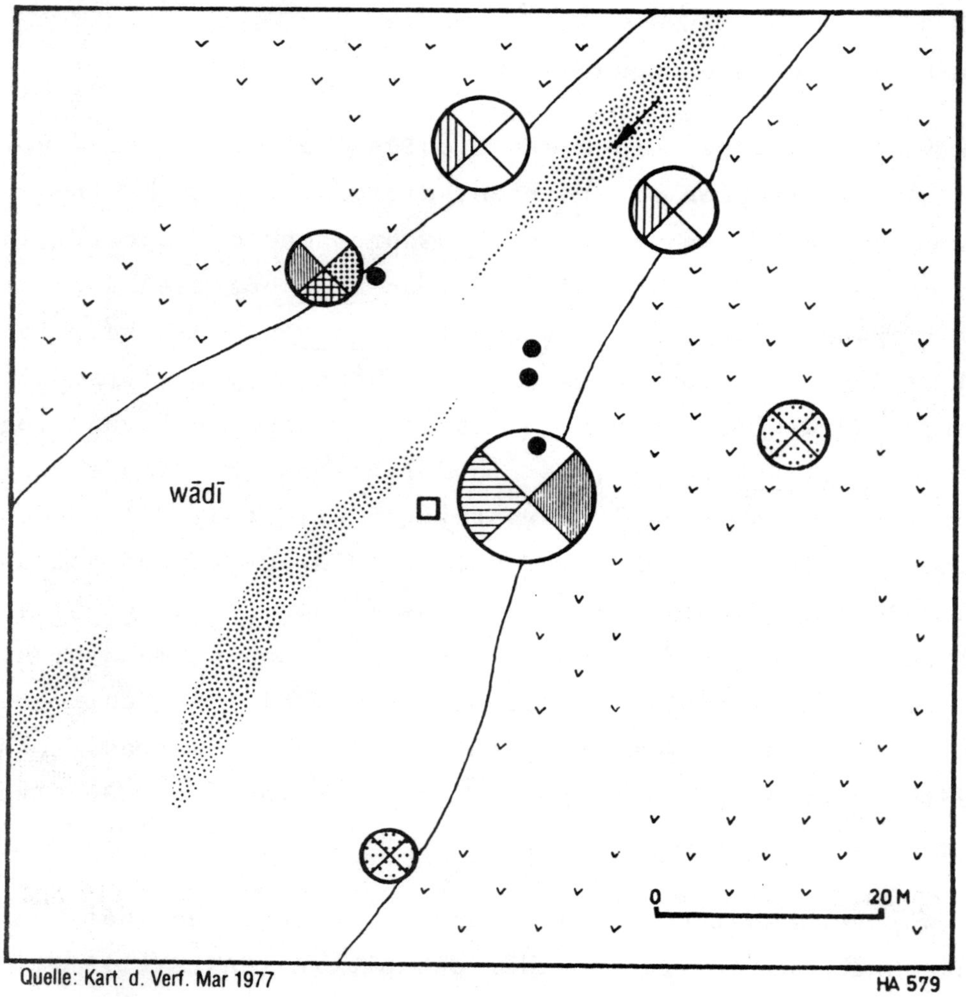

Quelle: Kart. d. Verf. Mar 1977

HA 579

Funktionen	
Schlafen/Wohnen Männer	Feuerstelle
Schlafen/Wohnen Frauen	Wasserbehälter
Gästeempfang (majlis)	Schirmakazie (samrah)
Vorratshaltung	Ziegenpferch
Kochen	harm

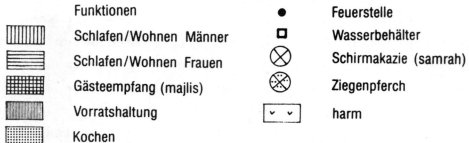

Abb. 21 Traditionales Siedlungsverhalten der Bāṭinah - Badū
Temporärer Lagerstandort einer
Al Hamad-Wandergruppe

Weidegebieten wirkte dagegen die Lage der landwirtschaftlichen Produktionsflächen einer Wandergruppe als Lokalisationsfaktor: temporäre Lager und permanente Siedlungen waren am landwärtigen Saum der Oasenlandwirtschaftszone der Küstenregion ausgerichtet. Wie in den Winter-Weidegebieten bestand auch in den Sommer-Weidegebieten kaum Siedlungskontakt zwischen nomadischen und seßhaften Bevölkerungsgruppen der Bāṭinah. Denn bis auf wenige Ausnahmen trennte die Dattelpalmzone der Küstenregion die Siedlungsräume der seßhaften und nomadischen Bevölkerungsgruppen. Im einstigen Herrschaftsbereich des Sultanats, der südöstlichen Bāṭinah (94), markiert noch heute eine Reihe verfallender Forts eben diese Trennungslinie.

In der Wadiregion bevorzugten die mobilen Viehhalter der Bāṭinah Plätze, an denen wenige samr in geringer Distanz (bis ca. 30 m) eine lockere Baumgruppe bildeten. Innerhalb einer solchen Baumgruppe oder auch unter einer einzelnen freistehenden großen samrah wurde der Lagerplatz angelegt. Die verschiedenen raumrelevanten Nutzungsformen einer Wandergruppe (Wohnen, Schlafen, Kochen und Vorratshaltung) verteilten sich auf diese wenigen Bäume, so daß unter einer samrah gewöhnlich mehrere Funktionen vereint waren (F 5). Allein die Wohn- und Schlaffunktion wurde für Männer und Frauen (Kinder) je zwei verschiedene samr zugewiesen. Innerhalb des Lagerstandortes folgte die räumliche Anordnung der Funktionen keinen Regeln. Die einzelnen Funktionen waren im Zentrum des Lagers, Viehpferche an der Peripherie des Standortes lokalisiert. Nur der Versammlungs- und Empfangsplatz (majlis, pl. majālis) war, einige Meter vom Lagerplatz abgesetzt, stets gegen die Ankunftsrichtung verlegt (Abb. 21).

Das Lager selbst wurde in wenigen Stunden hergerichtet. Dazu säuberten, nach der Wahl des Standortes, die Badū den Umkreis der zur Benutzung vorgesehenen schirmförmigen Bäume von Steinen und Geäst. In die Äste der Akazien hängten sie Nahrungsvorräte, Haushalts- und Arbeitsgeräte, Decken und Kleidung, so daß sie für Ziegen unerreichbar waren. Wichtige und persönliche Gegenstände wurden in Truhen (daraj) aufbewahrt, die ebenfalls in die schirmförmigen Bäume gehängt wurden. Manche Wandergruppen umgeben den Stamm einer samrah kegelförmig mit mitgeführten, aus Palmwedelrippen (ẕūr) gefertigten Matten (da'n, pl. da'ān), so daß eine Baumhütte (khaymah, pl. khiyām; Abb. 22) entsteht (95).

Die da'ān-Matten wurden in den Siedlungen der Dattelpalmenzone der Küstenregion jeweils von nomadischen oder seßhaften Bewohnern hergestellt. Diese führten die Fertigung der Matten als Auftragsarbeit aus. Den Rohstoff lieferten i.d.R. die eigenen Dattelgärten, so daß nur die Arbeitszeit entlohnt wurde (96). Zum Transport können die da'ān-Matten aufgerollt werden.

Ebenfalls unter schirmförmigen Akazien legten die Badū Pferche (dars, pl. durūs) für Ziegen und Schafe, insbesondere für Jungtiere, an. Dazu wurden in einem Radius von ca. 1,5-2 m um den Stamm des Baumes ein Ring aus trockenem Geäst aufgetürmt oder ein niederer Wall aus Steinen angelegt. In diesen Ring wurde nachts das Kleinvieh getrieben. Je nach Größe der Herde legten die Wandergruppen mehrere Pferche an einem Standort an.

Im Zuge des Weideplatzwechsels verließ die Wandergruppe auch den Lagerstandort. Dabei wurden die bodenvagen Behausungen und Viehpferche unbenutzbar gemacht, Abfälle etc. zurückgelassen (97). Planten die mobilen Viehhalter jedoch, den Standort zu einem späteren Zeitpunkt der Weideperiode erneut anzulaufen, unterblieben die Zerstörungen. In einem solchen Fall konnten sogar, in Säcke verschnürt, Haushaltsgegenstände hinterlassen werden. Auf diese Weise wurde anderen Wandergruppen die Belegung des Lagerstandortes signalisiert.

Wenige nahwandernde Viehhaltergruppen besaßen neben temporären, bodenvagen Lagerstandorten in den Sommeraufenthaltsgebieten permanente Lagerplätze, vornehmlich in den wilāyāt Barkā' und Ṣuḥār. Diese Standorte waren mit bodensteten Behausungen ausgebaut. Vereinzelt fügten sie sich zu kleinen, locker gruppierten Siedlungen um einen Brunnen zusammen. Solche Siedlungsstandorte trugen jeweils eigene Siedlungsnamen.

Bei Beginn der Wanderung in die Winterweidegebiete verriegelten die Bāṭinah-Badū ihre bodensteten Behausungen und Gehöfte; der

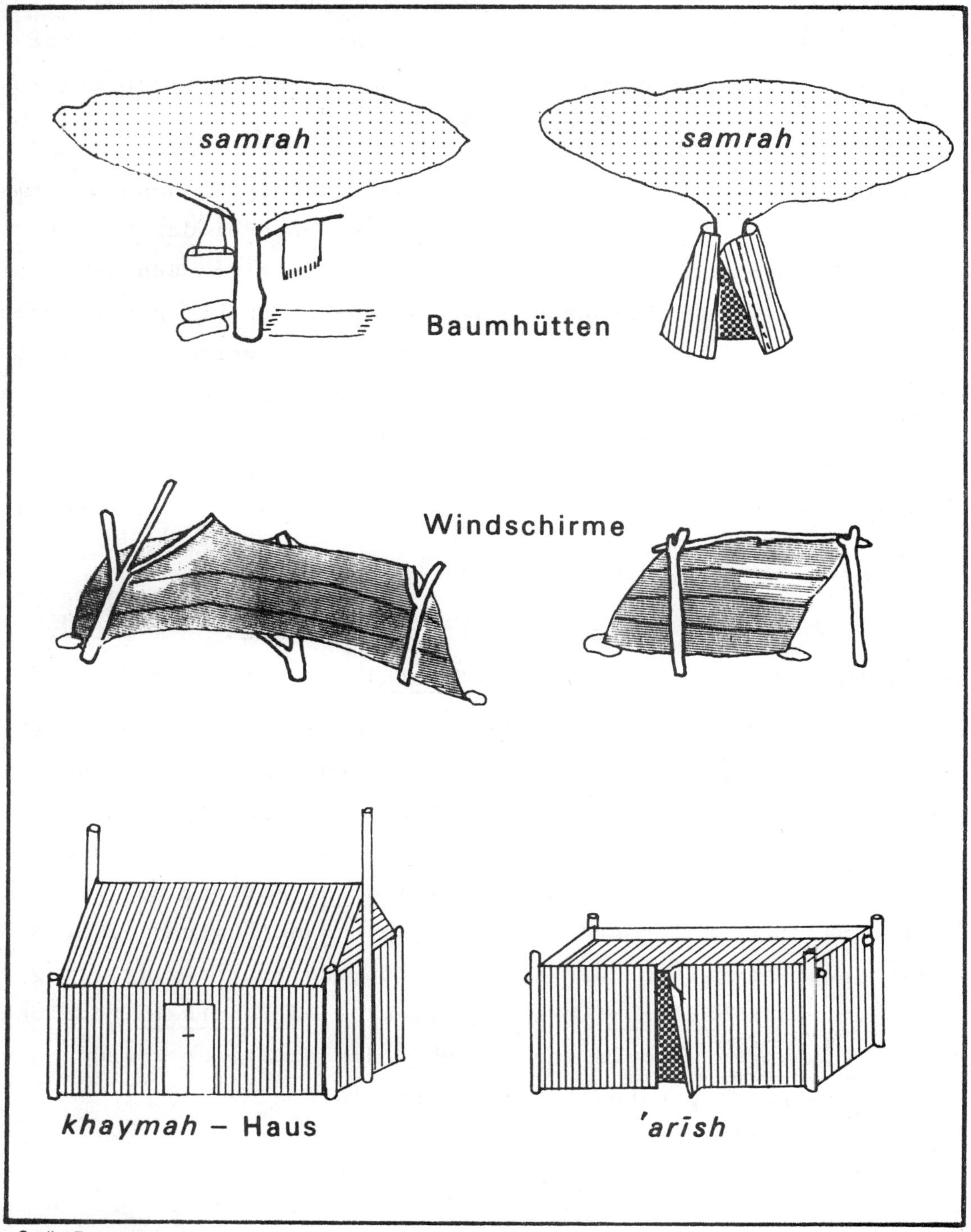

Quelle: Erm. d. Verf. 1977/78 — Entw. u. Zeichn.: H. Asche

Abb. 22 Traditionale Behausungsformen der Bāṭinah - Badū

Brunnen wurde abgedeckt, das Schöpfgeschirr abgenommen (99). Angaben von Wandergruppen zufolge verließen alle Mitglieder der Wandergruppen den permanenten Siedlungsplatz, der erst im Abstand eines Jahres wieder aufgesucht wurde.

Die bodenvagen Behausungsformen der Wadiregion können formal dem Typus des Windschirms zugeordnet werden. Bei der Konstruktion dieser nach außen kaum abgeschlossenen primitiven Behausungen ergeben sich bei der Verwendung von da'ān-Matten Übergangsformen zur Hütte, was durch den Begriff "Baumhütte" bereits angedeutet wurde. Die bodensteten Behausungen in den Sommer-Weidegebieten entsprechen physiognomisch Haus und Hütte, den Grundformen menschlicher Wohnstätten (SCHLETTE, 1958). Sie lassen sich in drei Typen gliedern

(1) Satteldachhütte (khaymah, pl. khiyām);

(2) Satteldachhaus (khaymah, pl. khiyām; karjin, pl. karājīn) (99);

(3) Flachdachhaus ('arīsh, pl. 'urush).

Hütte und Haus seien voneinander unterschieden, da der Hütte die selbständige Konstruktion von Dach und Wand - im Unterschied zum Haus - fehlt (100). Sowohl khaymah als auch 'arīsh werden aus lokal verfügbarem Baustoff hergestellt, den traditional nahezu ausschließlich die Dattelpalme liefert: da'ān-Matten, der Länge nach geteilte Dattelpalmenstämme (jidh', pl. judh'ān) und zu Seilen gewundene Palmfasern. Die Konstruktion und innere Aufteilung der kollektiv als bayt zūr ("Palmwedelhaus") oder barastī bezeichneten Behausungen wird im Kapitel über den Wandel des Siedlungsverhaltens ausgiebiger behandelt werden (101).

An dieser Stelle möge es genügen, abschließend auf die Zuordnung der verschiedenen barastī-Typen einzugehen; die gewöhnlich freistehenden khiyām oder 'urush gruppierten sich regellos auf dem Siedlungsstandort zu Hausstättenverbänden (102). In Nachahmung der Gehöftbauweise seßhafter Bevölkerungsgruppen umgaben einige Wandergruppen die Behausungen mit mannshohen Wänden aus da'ān-Matten, so daß ein Gehöft (ḥawsh) entstand (F 8).

Anmerkungen zu Abschnitt 3

(1) Vgl. 1.1. Auch für N- und Zentralarabien sind kaum nomadische Stämme, deren einziger viehwirtschaftlicher Produktionsbereich die Kamelzucht ist, bekannt. Zu diesem Komplex vgl. BURCKHARDT, 1831,198; HERZOG, 1967,6,14; STEIN, 1967,58,94. COLE (1975,36) betont hingegen, "no sheep or goats are kept by any of the Āl Murrah who frequent the Rub' al Khali".

(2) Vgl. HERZOG, 1967,6; CAPOT-REY, 1962,304.

(3) Dazu wird einerseits die Meinung vertreten, "the exclusion of nomadic tribes' stock is not felt so important since their numbers are low (total about 20,000) and many of them in fact earn their stock by tending the herds of settled communities" (E.S., 1972,Part iii,1.6). Andererseits stellt eine weitere Studie (W.R.S., 1975,v,99) fest, "the total number of livestock owned by the nomadic people greatly outnumbers that of livestock owned by the settled families. Additionally, the number of goats (and camels) per nomadic family is much higher than that of an individual farmer in one of the villages".

(4) Vgl. zu diesem Komplex auch EVENARI/SHANAN/TADMOR, 1971,310-311; SCHMIDT-NIELSEN, 1964,94-107 (Schafe).

(5) Die Bedeutung der naturgeographischen Faktoren unterstreicht SCHMIDT-NIELSEN, 1964,68.

(6) Angaben v. shaykh Āl Ḥamad (Informant 2), 1977, vgl. dazu ASAD, 1970,353; COLE, 1975,21; EVENARI/SHANAN/TADMOR, 1971,148,307; SCHMIDT-NIELSEN, 1964,62-69.

(7) Vgl. 2.1.4

(8) Angaben v. shaykh Āl Hamad (Informant 2), 1977, vgl. dazu EVENARI/SHANAN/TADMOR, 1971,311.

(9) Zur Bezeichnung "ghanam" vgl. KATAKURA (1974,63) und WILKINSON (1977,72). WILKINSON klassifiziert ghanam als Kollektivbezeichnung für Ziegen und Schafe, die von Seßhaften benutzt wird, Badū verwenden den Begriff dhōd.

(10) "Dromedary rearing has been characteristic of nomadic pastoralists over much of Arabia, Syria, Palestine and Iraq for centuries, probably spreading from these subregions into North Africa from the sixth century BC. It was replaced by rearing the Bactrian camel (Camelus bactrianus) in Iran and Turkey. The two animals are similar in many ways, but the Bactrian camel is more adapted to the cold, snow and rocks of the high plateaus and mountains where it is required to work" (BEAUMONT/BLAKE/WAGSTAFF, 1977,154).

(11) Zur Domestikation des Dromedars vgl. auch ALBRIGHT, 1949/50; PHILLIPS, 1971(a),37-39; STEIN, 1967,47-48.

(12) THOMAS (1931,157) spricht von fünfzehn verschiedenen gezüchteten Dromedar-Arten ("buyūt") in Oman.

(13) Vgl. auch DICKSON, 1959; STEIN, 1967,54. Neben den bāṭinīyah-Kamelen werden in Inner-Oman die ebenfalls zu den fünf edlen Kamelrassen gezählten 'umānīyah gezüchtet.

(14) Vgl. dazu STEIN (1967,52) und SWEET (1965,132-133; 1970, 273).

(15) Angepflockte Kamele wurden in der Bāṭinah häufig im Nahbereich von Siedlungen oder Lagerstandorten beobachtet. WILKINSON (1977,61) schreibt hingegen "Camels are never penned".

(16) Informanten 2, 5, 7, 8, 9, 10 , 1977/78; PHILLIPS (1971(a),32) beschreibt eine ähnliche Praxis für S-Yemen.

(17) Vgl. dazu SCHMIDT-NIELSEN, 1964,68.

(18) Inf. v. shaykh Āl Ḥamad (Informant 2), 17/3/1977.

(19) Angaben von Āl Hamad-, Ma'āwil- und Maqābīl-Badū, 1977/78.

(20) Vgl. FAULKNER, 1973,8 für Oman, COLE (1975,38) gibt die Verhältnisse für Sa'ūdi-Arabien differenzierter wieder, vgl. auch STEIN, 1967,51.

(21) Beobachtet am Lagerstandort Falaj Sūq (wilāyat Ṣuḥār) bei einer Maqābīl-Gruppe, 4/2/1978.

(22) Vgl. 1.2

(23) Vgl. HERZOG, 1967,5-6; SWIDLER, 1973,23.

(24) Vereinzelt besitzen Bāṭinah-Badū Dattelbäume in kleinen Oasen am Gebirgsfuß; selten verfügen sie über Besitz außerhalb der Küstenprovinz, vgl. 3.5.1.

(25) HARTLEY (1951) berichtet auch von Stierkämpfen in der Bāṭinah.

(26) Vgl. zu diesem Komplex DOWSON (1927,13-21; 1949) und WILKINSON (1977,29-31).

(27) Der Grund ist die geringe Qualität der kleinen Bāṭinah-Datteln gegenüber denen Inner-Omans. Vgl. 5.3.

(28) Vgl. 5.3

(29) Die Sichel findet auch Verwendung beim Schneiden von qatt.

(30) Unter Reproduktion seien für diese Arbeit diejenigen Wirtschaftstätigkeiten zusammengefaßt, die die materielle Existenz der Badū sichern, durch die jedoch kaum Überschüsse erwirtschaftet werden.

(31) An solchen Routen waren z.T. Wasserversorgungssysteme für die Karawanen eingerichtet worden, vgl. 2.1.3. Aspekte des Karawanentransportes behandelt auch die von RÖSSLER (1898) wiedergegebene Erzählung.

(32) Zu Details dieses "coasting trade" oder "home trade" vgl. LORIMER, 1970,ii,285-286.

(33) Vgl. 2.2.4

(34) RÖSSLER (1898,72,fn. 1) merkt in einer Erzählung, die im Wādī Ma'āwil spielt, dagegen an: "Sclaven werden in 'Oman hauptsächlich zur Bedienung im Hause verwendet. Feldarbeit wird von Freien, Arabern, gethan, die sich besonders zur Zeit der Ernte verdingen und an den Erträgen mit einem Sechstel bis zu einem Viertel betheiligt sind".

(35) Vgl. STEIN, 1967,46.

(36) Zum horizontalen Badū-Webstuhl vgl. WEIR, 1976,36-40; KORSCHING, 1980,99-102. Horizontale Webstühle anderer Konstruktion sind bei seßhaften Handwerkern der Bāṭinah und Inner-Omans im Gebrauch, bei denen der Weber in einer Grube sitzt und die Spannung durch Aufwickeln des Webgutes auf dem Zeugbaum herstellt.

(37) Vgl. 3.7

(38) Vgl. 3.1.1.3

(39) Vgl. 5.3

(40) Zu diesem Komplex vgl. BURCKHARDT, 1831; CASKEL, 1953; DOSTAL, 1958; 1959; HARTMANN, 1938; HENNINGER, 1968; STEIN, 1963; SWEET, 1965; WARDI, 1972.

(40a) Die Gazelle war namensgebend für die Insel Abu Dhabi ("Vater der Gazelle") im gleichnamigen Scheichtum der UAE.

(41) Vgl. 2.2.3

(42) Ḥawāsinah-Milizsoldaten waren bei der Durchführung des Staatsstreiches am 23. Juli 1970 beteiligt (PETERSON, 1978, 202).

(43) Vgl. SCHOLZ, 1977.

(44) Vgl. dazu PHILLIPS, 1971(a),74.

(45) Den Fischreichtum der omanischen Gewässer heben u.a. DOWSON, 1927,4; HAWLEY, 1977,69; MILES, 1919,401; PHILLIPS, 1971(a),74; SKEET, 1975,61; ZWEMER, 1902,56 hervor.

(46) Vgl. E.S. 1972, Part iii,2.2

(47) Vgl. BARTZ (1959,17) für Ceylon.

(48) Vgl. 2.2.2.1

(49) Diese Fischarten sind teilweise auch unter dem zweiten Gliederungspunkt subsumiert.

(50) Ein weiteres Beispiel der N-Bāṭinah belegt diesen Sachverhalt: Im wilāyat Al Khābūrah setzten die Fischer der Fischersiedlung Qaṣabīyat az Za'āb vornehmlich Reusen, die Fischer der benachbarten Siedlung Khawr al Rasal überwiegend Netze ein.

(51) Befragung (Informanten 11, 12), Mai 1977.

(52) Der generelle arabische Begriff für Netz ist "sabkah", vgl. MILES, 1919,401. In der Bāṭinah werden jedoch nur Wurfnetze als sabkah angesprochen.

(53) Vgl. Beschreibung in BOWEN, 1958,384-385.

(54) Vgl. BERTRAM, 1948; HOOGERWOERD, 1889,204; LORIMER, 1970, ii,1412; MILES, 1919,401; PHILLIPS, 1971(a),73-74.

(55) Befragung (Informanten 11, 12), Mai 1977.

(56) Vgl. BRANDT, 1953,57.

(57) Vgl. 2.2.3

(58) Nach Angaben von Fischern in Ḥarādī (1977) können in einer Bootsstunde mit einem motorisierten hūrī bis zu 25 km zurückgelegt werden.

(59) jarjūr, die Bezeichnung für "Hai" wird auf die Fischkörbe angewandt, da die Fischer die guten Fangresultate mit der Beute des Hais vergleichen.

(60) "The hook used by the Arabs is peculiar, being almost circular and unbarbed. It is made of iron by the local blacksmith and is called Meedar; the end opposite the point is turned inwards to form a small ring to which the line is attached" (MILES, 1919,402).

(61) Von diesen sind oft Bootstypen abgeleitet, die zu Zwecken der Seefahrt und des Warentransports ausgerüstet sind, vgl. MILES, 1919,412.

(62) Die shāshah schwimmt eher aufgrund ihres geringen Gewichts als aufgrund ihrer Wasserverdrängung.

(63) Zu Konstruktionsdetails vgl. LORIMER, 1970,i,2326; MILES, 1919,413.

(64) Vgl. 3.3.1

(65) Der im Golfbereich übliche arabische Begriff lānsh ist von dem englischen Verb "to launsh" abgeleitet und bezeichnet gewöhnlich ein motorgetriebenes Boot.

(66) Das Holz für die Planken wurde aus Indien importiert.

(67) Beschreibung in MILES, 1919,413.

(68) Vgl. LORIMER, 1970,ii,285-286. Einige, nicht mehr benutzte Transport-badadīn liegen auf den Stränden von Barkā', As Suwayq und Ṣuḥār.

(69) HORNELL (1946,234-235) berichtet, daß dem Tran lūmī (Agrumen) beigemischt werden, um den unteren Teil des Rumpfes zu imprägnieren. Eine solche Praxis wurde jedoch in der Bāṭinah nicht beobachtet.

(70) Befragung (Informanten 11, 12), Mai 1977.

(71) Die Fischer waren daher i.d.R. nicht an Skalvenhandel und Waffenschmuggel beteiligt.

(72) Zu diesem Komplex vgl. BOWEN, 1951(b),176-179; RUMAYHI, 1979; WILKINSON, 1977,22.

(73) WILKINSON (1977,22) ergänzt jedoch: "There may have been a few boats from these places (Oman) attached to the fleets of the main pearling ports, but their numbers were relatively unimportant".

(74) Vgl. 5.3

(75) Vgl.BARTELS, 1970,33-35; BOBEK, 1948; 1950,34-35; RUPPERT/SCHAFFER, 1969,210; SCHAFFER, 1968,12-18; SCHOLZ, 1974,51.

(76) Vgl. 1

(77) Vgl. 3.1.1.1, 2.1.4

(78) Vgl. 3.1.1.1

(79) Vgl. 3.1.1

(80) Vgl. 3.1.1

(81) Eine in N-Oman weit verbreitete Vorstellung, vgl. MILES, 1910,169.

(82) Inf. d. Verf. Frühjahr 1977.

(83) Vgl.dazu SÁ SÁ, 1973,81-82.

(84) Befragungen an verschiedenen Lagerstandorten, 1977/78, vgl. Abb. 11.

(85) Vgl.SCHOLZ, 1971.

(86) Inf. shaykh Āl Ḥamad (Informant 2), 14/3/1977.

(87) Im 19. Jahrhundert besaßen die Āl Ḥamad weiteren Dattelbesitz in den Oasen Shubaykhah, Abū Ṯhaylah und Abū 'Udd, der infolge des Versiegens der aflāj aufgegeben werden mußte. Inf. shaykh Āl Ḥamad (Informant 2), 28/3/1977.

(88) Vgl. 2.1.5

(89) Vgl. 2.2.2

(90) STIFFE (1897,609) erwähnt jedoch, daß zu Konstruktion auch Material "of a dwarf palm, called pish, brought from Makran" verwendet wurde.

(91) Vgl. HAWLEY, 1977,248.

(92) Mariatheresientaler (MT$), riyāl fīrāns.

(93) Vgl. 1

(94) Vgl. 2.2.3

(95) Der Begriff khaymah bedeutet "Zelt". Die Bāṭinah-Badū unterscheiden begrifflich nicht präzise zwischen Baumhütten, Zelten aus Baumwollstoff und Behausungsformen.

(96) Befragung (Informant 4), 28/3/1977.

(97) Beobachtungen an verschiedenen verlassenen Lagerstandorten, Frühjahr 1977.

(98) Inf. shaykh Āl Ḥamad (Informant 2), 12/6/1977.
Bei denjenigen Āl Ḥamad-Badū, die im Juni 1977 die Siedlung Al Harm zur Dattelernte in der inner-omanischen Oase Al Wāfī verließen, wurde das Verschließen der Behausungen beobachtet.

(99) Der aus dem Persischen stammende Begriff karjīn zur Bezeichnung eines khaymah-Hauses wird gewöhnlich von den seßhaften Bevölkerungsgruppen der Bāṭinah, nicht aber von den Badū benutzt.

(100) Dazu vgl. HAMBLOCH, 1972,35; NIEMEIER, 1969,21. Die in UHLIG (1972,ii,2,13) mitgeteilten Definitionen von Hütte und Haus werden hier nicht verwendet, da sie wissenschaftlicher Systematik nicht genügen, vgl. auch NIEMEIER, 1969, 21.

(101) Vgl. 5.4.3

(102) Vgl. UHLIG, 1972,ii,2,12.

4. DER WANDEL IN DER ÜBERGEORDNETEN GESELLSCHAFT

4.1 Der sozioökonomische Wandel im nomadischen Lebensraum: Bemerkungen zu den organisatorischen und planerischen Voraussetzungen

4.1.1 Organisatorische Voraussetzungen

Der innere und äußere Druck auf die Āl Bū Sa'īd-Herrschaft, Stagnation und Isolation des Sultanats zu lockern, nahm seit Mitte der sechziger Jahre dieses Jahrhunderts ständig zu (PETERSON, 1978,200). Interne wirtschaftliche Gründe dafür lagen in der Entdeckung von Erdöl und dem Beginn seines Exports 1967, der der Zentralgewalt beträchtliche Deviseneinnahmen zur Verfügung stellte. Die durch den Erdölexport geweckten, durch die Hortung der Erdöleinkünfte gesteigerten und auf wirtschaftliche Entwicklung des Sultanats gerichteten Erwartungen der Omanis (TOWNSEND, 1977,78) suchte der Souverän Sa'īd b. Taymūr durch sein programmatisches "kalimat as sulṭān" (1) zu kanalisieren. Im Feld interner Sicherheit trugen seit dem 1965 begonnenen Dhufār-Konflikt (2) zunehmende militärische Aktivitäten oppositioneller Gruppen (3) zur Instabilität des Sultanats bei. Ende der sechziger Jahre betrieben eine Reihe politisch unterschiedlich ausgerichteter Gruppen, darunter der Sultans-Bruder Ṭāriq b. Taymūr Āl Sa'īd, den Sturz des Souveräns (PETERSON, 1978,201).

In dieser Konstellation entschloß sich Großbritannien bzw. britische Berater, dessen indirekte Unterstützung die Herrschaft Sa'īd b. Taymūrs bislang aufrechterhalten hatte (4), 1970 zur Beteiligung an Planung und Durchführung eines Regierungswechsels zugunsten seines Sohnes Qābūs b. Sa'īd (5). Bereits zuvor waren verschiedene Überlegungen zur Absetzung Sa'īd b. Taymūrs von Großbritannien angestellt worden (HALLIDAY, 1974,287). Am 23. Juli 1970 wurde schließlich der Souverän Sa'īd b. Taymūr gestürzt (6) und Qābūs b. Sa'īd Āl Sa'īd am 19. Juli 1970 auch offiziell von Großbritannien als Sultan anerkannt (HALLIDAY, 1974,288).

Der Regierungswechsel von 1970 beendete die ca. hundert Jahre andauernde autozentrierte Stagnation des Sultanats. Unter maßgeblicher britischer Einflußnahme verpflichtete sich die Herrschaft

Qābūs b. Sa'īds auf die Öffnung des Landes zu internationaler Zusammenarbeit und auf eine sozioökonomische Entwicklung innerhalb Omans. Innen- und außenpolitische Restriktionen wurden aufgehoben (PETERSON, 1978,205), die omanischen Bevölkerungsgruppen zur Unterstützung der Herrschaft aufgerufen. Im November 1970 ordnete der Onkel des neuen Souveräns, Ṭāriq b. Taymūr, der die Zentralgewalt als Ministerpräsident vertrat, die Ausarbeitung eines fünfjährigen Entwicklungsplanes an. Bis auf den Umstand, daß der Plan Studien über die Verlegung der Hauptstadt von Masqaṭ nach Nizwā beinhalten solle (TOWNSEND, 1977,85), waren keine Entwicklungsprioritäten vorgegeben (6a). Allerdings mündeten die Entwicklungsvorstellungen nicht in die Vorlage eines Entwicklungsplans; Ṭāriqs Auftrag wurde nie ausgeführt.

Am ersten Jahrestag der Öffnung des Sultanats erklärte Qābūs b. Sa'īd u.a.:

(1) "All of you have no doubt noted the achievements attained during the first year of our new era. These achievements are the outcome of the good intentions of the people in taking Oman a step forward so that this country can assume its sophisticated position among the other nations".

(2) "In our internal plans we aim at building our country and provide our people a comfortable living. This is one of our aims and to achieve it the participation of the public cannot be dispensed with. The people are to shoulder responsibility. We have left the fields open for the people to achieve this aim" (...)

(3) "We will work hard in order to establish a just and democratic rule for this country, in accordance with our traditions and customs bearing in mind the teachings of Islam" (E.S., 1972, Part 2, App. 3).

Die erkennbaren Entwicklungsfortschritte, auf die die Rede Bezug nimmt, können jedoch nur zum geringen Teil als politisches Verdienst der neuen Zentralgewalt angesehen werden. Denn britischer Druck hatte bereits Ende der fünziger Jahre dazu geführt, daß erste, wenn auch begrenzte Maßnahmen zur Landesentwicklung in Angriff genommen wurden. Finanziert durch Erdöleinkünfte befanden sich bis 1970 bereits folgende Projekte im Stadium der Planung oder Durchführung (HALLIDAY, 1974,291; PETERSON, 1978,205; TOWNSEND, 1977, 170):

(1) zwei Krankenhäuser

(2) eine Mädchenschule

(3) Hafen Maṭraḥ

(4) Flughafen As Sīb

(5) Asphaltstraße Masqaṭ/Maṭraḥ - Ṣuḥār

(6) Wasserversorgung Masqaṭ/Maṭraḥ

(7) Elektrizitätsversorgung Masqaṭ/Maṭraḥ (Ausbau)

(8) Generalentwicklungsplan Groß-Maṭraḥ.

Die Vergabe einer "plethora of crash projects for schools, hospitals, health clinics, housing, roads, government buildings, (...) and water, agricultural and fishing resource surveys" (PETERSON, 1978,205) sowie die Fertigstellung der unter Sa'īd b. Taymūr begonnenen Projekte verschaffte der neuen Zentralgewalt die Unterstützung der omanischen Bevölkerungsgruppen (7).

Unabhängig von der Herrschaft Sa'īd b. Taymūrs hatte ein auf Druck Großbritanniens eingerichtetes und finanziertes Development Department (DD) von Masqaṭ aus begrenzte Entwicklungsaktivitäten gesteuert (8). Diese Organisation wurde nach 1970 in omanische Verantwortung überführt und nach ca. eineinhalb Jahren in ein Interim Planning Council (IPC) umgewandelt (HAWLEY, 1977,238; TOWNSEND, 1977,127). In dieser Anlaufphase waren Ziele und Maßnahmen des beginnenden Landesausbaus weder fixiert noch nach Prioritäten gewichtet worden (TOWNSEND, 1977,86). Auch der finanzielle Rahmen der eingeleiteten Entwicklungsmaßnahmen blieb unklar, da (bis 1975) allein der Souverän die Finanzen des Sultanats kontrollierte (9).

Im September 1972 richtete die Zentralgewalt ein Surpreme Council for Economic Planning and Development (SCEPD) ein; zuvor gingen die meisten Entwicklungsimpulse vom Ministry of Communications and Public Services (MCPS) aus (10).

"The terms of reference of the council were clear enough: it had to draw up a five-year development plan, it had to stimulate investment in Oman, encourage agriculture and fishing, develop close ties with international agencies offering multilateral and bilateral aid, and encourage in Oman a spirit of nation-building" (TOWNSEND, 1977,130-131).

Zur Durchsetzung der genannten Entwicklungsaufgaben wurde vom SCEPD ein Centre for Economic Planning and Development (CEPD) wenig später ins Leben gerufen.

"The thinking behind its formation had been that the Centre, as the executive body of the Surpreme Council for Economic Planning and Development, should be firstly a catalyst for development, and secondly a planning and coordinating body" (TOWNSEND, 1977, 131).

Nach dessen Auflösung im April 1973 wurden die Aufgaben des CEPD von einer General Development Organisation (GSO) wahrgenommen, aus der im November 1973 ein Ministry for Development (MD) hervorging (11).

Seit 1974 liegen Entscheidungen über die Landesentwicklung beim Council of Ministers (CM), dessen Vorsitz Qābūs b. Sa'īd innehat. Mitglieder des Council of Ministers treten in einem Development Council (DC) zusammen (12), dessen Aufgabe die Ausarbeitung von Entwicklungsstrategien für das Sultanat ist (Oman, 1976,27). Ziele und Maßnahmen der jungen Landesentwicklung faßte das DC im ersten Fünfjahres-Entwicklungsplan Omans zusammen, den es 1976 vorlegte (Abb. 23).

Eine Behandlung der Entwicklungsstrategien, deren Ziele und Maßnahmen geschieht hier nicht etwa aus Gründen der Vollständigkeit. Vielmehr sind die folgenden Ausführungen direkt auf den jungen Wandel im nomadisch-ländlichen Lebensraum zu beziehen. Denn Darstellung und Bewertung des Ablaufs der sozioökonomischen Entwicklung hat die Kenntnis ihrer organisatorischen und planerischen Voraussetzungen zu umfassen. Auf diese Weise ist es möglich, die stattgefundenen Wandlungsprozesse in Wirtschafts- und Lebensform der Bāṭinah-Badū und -Fischer mit den nach 1970 konzipierten Entwicklungsmaßnahmen für den nomadisch-ländlichen Raum zu vergleichen.

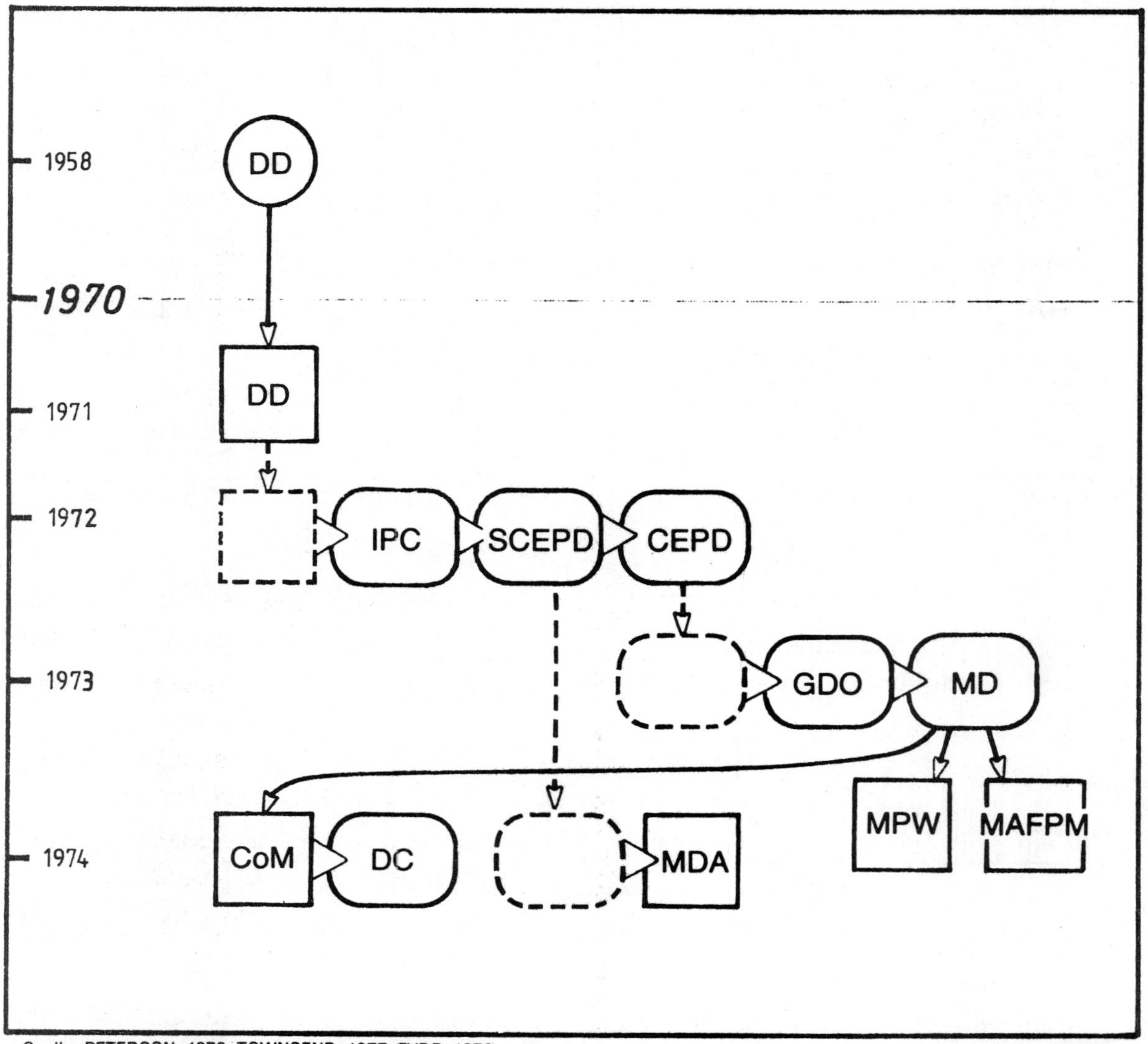

Quelle: PETERSON, 1978, TOWNSEND, 1977, FYDP, 1976

HA 1278

DD	Development Department	CoM	Council of Ministers
IPC	Interim Planing Council	DC	Development Council
SCEPD	Supreme Council for Economic Planing and Develpoment	MDA	Ministry of Diwan Affairs
CEPD	Centre for Economic Planing and Development	MPW	Ministry of Public Works
GDO	General Development Organisation	MAFPM	Ministry of Agriculture, Fisheries, Petroleum and Minerals
MD	Ministry for Development		

Abb. 23 **Entwicklung der Planungsorganisationen des Sultanats Oman**

4.1.2 Planerische Voraussetzungen

4.1.2.1 Ziele der Entwicklungsstrategien

Obgleich die ständige Kompetenzverlagerung für Fragen der Landesentwicklung innerhalb der Zentralgewalt einen ungeordneten Entwicklungsbeginn in großem Maßstab hätte erwarten lassen, folgte der junge sozio-ökonomische Wandel politisch motivierten Leitlinien: "the raising of the standard of living of the Omani and the security of his future and the general development of the country" (Oman, 1976,12). Diese globalen Bestrebungen wurden in einer Erklärung des Sultans im Juli 1970 vorgegeben. Unter der Prämisse, daß die umfassende Entwicklung des Sultanats die sozioökonomischen Bedingungen aller omanischen Bevölkerungsgruppen verbessert, bestimmten folgende Grundforderungen das Entwicklungskonzept näher:

(1) "Identifying the needs of society and defining the available resources, and the ways of utilising them to meet these needs".

(2) "Laying down the programmes necessary for improving the living conditions.

(3) "Giving all sectors the opportunity to participate in the plan through defining their individual programmes and the execution of these within its general framework" (Oman, 1976, 32).

Doch erst der erste Fünfjahres-Entwicklungsplan (FYDP) des Sultanats (1976-80) setzte die genannten Forderungen in konkrete Planziele um. Als kardinale Entwicklungs-Ziele gelten u.a. (FYDP, 1976,13; ferner SCHOLZ, 1977,35-36; 1979,127):

(1) die Beseitigung der durch autozentrierte Stagnation verursachten Rückständigkeit des Sultanats in allen territorialen, ökonomischen und sozialen Sektoren;

(2) die Entwicklung einer übergreifenden Wirtschaft mit dem Ziel, durch die Integration auch traditionaler Produktionssektoren und ökonomische Diversifizierung die bestehende Priorität der Erdölwirtschaft zurückzudrängen;

(3) die Schaffung eines auf die Herrschaft des Sultans ausgerichteten Nationalbewußtseins anstelle traditionaler intra- und intertribaler Loyalität.

In allen Sektoren zielen die Entwicklungsstrategien auf die Vereinheitlichung des omanischen Territoriums, das bislang durch räumlich-historische Gegensätze gekennzeichnet war. Die alle omanischen Teilregionen einbeziehende Entwicklung kann (im Rahmen des allgemeinen Abbaus von Gegensätzen) in ihrer Zielrichtung dahingehend interpretiert werden, die historisch gewachsene Disparität zwischen Küstenprovinz und Inner-Oman zu beseitigen. In diesem Rahmen wäre auch die traditionale Differenzierung zwischen seßhaften (Ḥaḍar) und nomadischen (Badū) Lebensformgruppen aufzuheben.

Die Entwicklungskonzeption des Fünfjahresplans legt dabei eine Gleichförmigkeit des Territoriums, der Bevölkerungsgruppen sowie deren traditionaler Wirtschafts- und Lebensform zugrund - Ausnahme: Bevölkerungsverteilung (FYDP, 1976,13). Diese Planungsannahmen spiegeln erkennbar die von den Zielvorstellungen abgeleiteten Entwicklungs-Maßnahmen (SCHOLZ, 1977,36; 1979,128-135). Landesweit wurde seit 1971

(1) eine supra-tribale, von der Zentralgewalt in der Hauptstadtregion zusammengefaßte Administration aufgebaut, in der die bisherige traditionale wālī-Administration aufgeht;

(2) Die Berufung von Stammesfunktionsträgern in Positionen der Sultanats-Administration, um die Stämme in ein Loyalitätsverhältnis zur Zentralgewalt zu führen (PETERSON, 1978,208), gefördert;

(3) der Ausbau von Straßen und anderen Einrichtungen der technischen Infrastruktur vorangetrieben;

(4) mit der Errichtung von Hospitälern, Schulen und Jugenclubs begonnen;

(5) die vorrangige Einstellung und die Zahlung von Mindestlöhnen an omanische Arbeitskräfte im staatlichen und privaten (industriellen) Sektor verordnet;

(6) auch an einfache Stammesmitglieder Land verteilt und ein landwirtschaftlicher Beratungsdienst (Extension Service) eingerichtet;

(7) der militärische Sektor (Armee, Polizei) auch nomadischen Bevölkerungsgruppen geöffnet;

(8) ein national ausgerichteter, paramilitärischer Flaggenappell in den Schulen eingeführt.

Die Entwicklungsmaßnahmen, die hier für den ländlichen Raum Omans zusammengefaßt wurden, beziehen auch die nomadischen Bevölkerungsgruppen ein, die bislang eher lose Kontakte zu Herrschaft und Ökonomie des Sultanats unterhielten. Teile dieser Lebensformgruppe nahmen den übergeordneten Entwicklungsstrategien gegenüber jedoch eine reservierte Haltung ein (SCHOLZ, 1979,126). Denn wesentliche Strukturen (13) der traditionalen Lebensform werden durch das Bestreben, tribal-soziale Denkstrukturen durch ein Nationalbewußtsein zu ersetzen, in Frage gestellt. So ist:

(1) die tribale Organisationsform und das Prinzip intra-tribaler Loyalität Wesensmerkmal der nomadischen Lebensformgruppen;

(2) die Unabhängigkeit tribaler Funktionsträger gegenüber der Zentralgewalt Grund für weitgehende Autonomie der Stämme innerhalb der traditionalen Bannbereiche;

(3) geringer Kontakt zwischen Āl-Bū Sa'īd-Herrschaft und nomadischen Bevölkerungsgruppen Charakteristikum der bis 1970 andauernden Entwicklung (SCHOLZ, 1979,126).

Die genannten Reibungspunkte im Kontakt zwischen Zentralgewalt und nomadischen Bevölkerungsgruppen bestimmten die Wirkungen der nach 1970 einsetzenden Entwicklungsmaßnahmen in nomadisch-ländlichen Lebensraum mit. Aus dieser Konstellation heraus wird erklärbar, daß, anders als beispielweise im Fall der omanischen Händler, die Partikularinteressen der nomadischen Stämme keine hinreichende Berücksichtigung fanden. Wurden etwa den Händlern nach 1970 eine Reihe von Importmonopolen zugestanden, um ihre Unterstützung und Beteiligung am eingeleiteten sozio-ökonomischen Wandel zu erhalten, so entfiel ein ähnlicher Zwang bei den nomadischen Bevölkerungsgruppen. Ungeachtet dieser Problematik postulierte das omanische Entwicklungskonzept jedoch, die bestehenden Gegensätze zwischen und innerhalb der Lebensformen abzubauen: Alle omanischen Bevölkerungsgruppen sollten gleichermaßen zur Teilhabe am jungen Wandel befähigt werden.

4.1.2.2 Maßnahmen der Entwicklungsstrategien

4.1.2.2.1 Ausbau der technischen Infrastruktur

Erste Priorität wird infolge der ungenügenden Erschließung des Landes dem Ausbau der technischen Infrastruktur zugewiesen. Unter technischer Infrastruktur seien hier Straßen, Pisten, Elektrizitätsversorgung, Einrichtungen des Post- und Fernmeldewesens, öffentliches Transportnetz u.a.m. zusammengefaßt. In der Bāṭinah wurden ab 1959 durch das Development Department (DD) die ersten Schotterpisten für Geländefahrzeuge angelegt. In den sechziger Jahren erhielt die Küstenprovinz mit einer im Saum zwischen Küsten- und Wadiregion verlaufenden Schotterpiste die erste Straßenverbindung mit der Hauptstadtregion (CODRAI, 1950,187; SKEET, 1975, 62; WACE, 1962,115). Die Piste verläuft am landwärtigen Rand der Dattelpalmenzone von As Sīb über Ṣuḥār bis Shināṣ. Noch vor 1970 wurde über die Asphaltierung des Teilstücks Maṭraḥ - Ṣuḥār verhandelt. Zwar verbesserten die Pisten die Verkehrsverhältnisse in der Bāṭinah. Zugleich jedoch war es Omanis verboten, Kraftfahrzeuge zu besitzen (TOWNSEND, 1977,68).

Die Asphaltierung der Piste wurde erst von der neuen Zentralgewalt in Angriff genommen. Nach 1970 verbinden von der Küstenstraße abzweigende Stichpisten die traditionalen städtischen Zentren an der Küste (As Sīb, Barkā', Al Maṣna'ah, As Suwayq, Al Khābūrah, Aṣ Ṣaḥm, Ṣuḥār, Al Liwā, Shināṣ) diese erstmals miteinander und mit dem Entwicklungszentrum Masqaṭ (HAWLEY, 1977,196). Weitere Straßen und Pisten wurden auch gegen traditional bedeutende Oasen am Gebirgsfuß vorangetrieben - Ar Rustāq, Piste Barkā' - Wādī Ma'āwil - Nakhl - 'Awābī - Ar Rustāq (Abb. 24). Eine 1977 fertiggestellte Asphaltstraße verbindet die Hauptstadtregion durch die Bāṭinah mit der omanischen Oase Al Buraymī (Aẓ Ẓāhirah), die

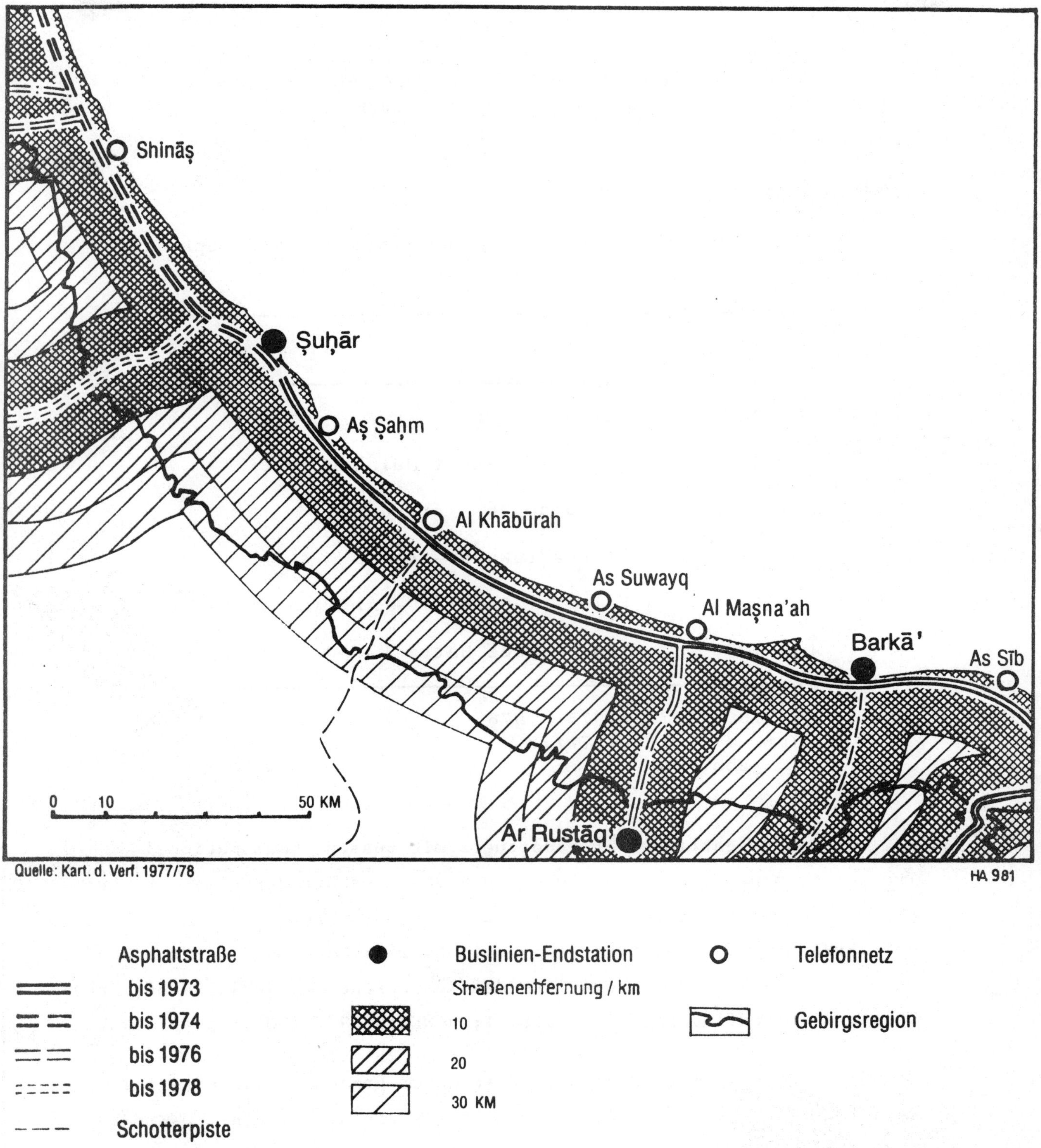

Abb. 24 Infrastruktureller Ausbau der Bāṭinah seit 1970 - Beispiel technische Infrastruktur

an die Schnellstraße Abū Dhabī - Al 'Ayn angeschlossen ist.

Tabelle 14

Entwicklung der technischen Infrastruktur: Bau von Asphaltstraßen in der Bāṭinah (1971-1978)

	Jahr	Strecke
(1)	bis 1973	Maṭraḥ - Ṣuḥār
(2)	bis 1974	Ṣuḥār - Khaṭmat Malaḥah (- UAE)
(3)	bis 1976	Al Muladdah - Ar Rustāq
(4)		Al Khaḍrawayn - Aswad
(5)	bis 1977	Falaj al Qabā'il - Al Buraymī (- UAE)
(6)	bis 1978	'Aqr - Wādī Hattā (- UAE)

Quelle: S.Y.B., 1972; 1975; 1976.
Erm. d. Verf. 1977/78.
vgl. Abb. 24.

Ein halböffentliches Transportnetz mit Bussen (Oman National Transport Company; ONTC) ergänzt den Ausbau des Straßennetzes. Es verbindet die Nebenzentren (Endpunkte der Linien) Shināṣ, Ṣuḥār, Ar Rustāq und Barkā' mit der Hauptstadtregion (Abb. 24). Nach 1980 wurde ein Hafen und der Ausbau der Landepiste des Küstenzentrums Ṣuḥār (N-Bāṭinah) zu einem Inlandflughafen (E.D., 18,21; HAWLEY, 1977,200) geplant.

In Verbindung mit anderen Infrastruktur-Projekten wurde seit 1970 die Elektrifizierung des ländlichen Raumes vorangetrieben (TOWNSEND, 1977,136). 1974 arbeiteten "several small generators (...) outside the capital area, mainly at hospitals, clinics and farms. It is planned to provide municipal electricity supplies to Nizwa, Sur, Sohar, Buraimi, Ibri and Rostaq and to supply all coastal towns" (E.D., 24). 1978 waren alle Küstenzentren mit Elektrizität versorgt, eine weitere Verbesserung der Stromversorgung und die Errichtung von Gaswerken in der Bāṭinah ist 1980 angelaufen.

Auch mit Post- und Fernmeldeeinrichtungen wurde der ländliche Raum ausgestattet. Postämter in allen Küstenzentren (Briefkästen auch in Siedlungen der Wadiregion) stellen die Verbindung mit der Außenwelt her. Als letzte Stufe komplettierte 1976 ein Telefonnetz der halbstaatlichen "Omantel", das alle größeren Siedlungen des Sultanats untereinander verbindet (14), die Einrichtungen des Postwesens (SCHOLZ, 1977,37-38,54-55). Bereits eine Woche nach dem Regierungswechsel 1970 wurde eine Rundfunksender installiert (OMAN, 1976,98), dessen Reichweite und Leistung in den Folgejahren eine ständige Steigerung erfuhr (OMAN, 1976,98). Seine Programme erreichen alle Teilräume N-Omans. Seit 1974 strahlt ein Farbfernsehnetz Sendungen aus (TOWNSEND, 1977,137). Einstweilen bleibt jedoch die Reichweite des Senders auf die Hauptstadtregion Masqaṭ und die S-Bāṭinah beschränkt.

4.1.2.2.2 Ausbau der sozialen Infrastruktur

Mit dem Ausbau der technischen Infrastruktur ging die Errichtung einer grundlegenden sozialen Infrastruktur einher, die Einrichtungen wie Schulen, Hospitäler, Gesundheitsdienst, Jugendclubs u.a.m. umfaßt. Ab 1970 wurde in der Bāṭinah der nahezu parallele Aufbau von Schulwesen und Gesundheitsdienst vorangetrieben. Die Schulen (madrasah, pl. madāris) verteilen sich in der Küstenprovinz vornehmlich im Saumbereich zwischen Küsten- und Wadiregion entlang der Küstenstraße As Sīb - Khaṭmat Malaḥah. Darüber hinaus erhielten die traditionalen städtischen Zentren an der Küste sowie einige größere Oasen in der Wadiregion und am Gebirgsfuß Schulen (Abb.25). Da der rasche Ausbau des Erziehungswesens in allen Landesteilen in einer ersten Phase lediglich die Errichtung von Zeltschulen und barastī-Gebäudekomplexen erlaubte (E.D., 28), findet in der Bāṭinah der Unterricht selten in "modernen" Schulgebäuden statt, wie sie vereinzelt (z.B. in Billah, As Suwayq oder Shinas) bereits bestehen. Der schnelle Aufbau des Schulwesens erzwang zunächst, den Unterricht mit aus arabischen Ländern gewonnenem Lehrpersonal (Ägypten, Jordanien, Sudan; insgesamt 89 %) abzuwickeln. Seit 1979 werden aber verstärkte Anstrengungen unternommen, das Schulwesen zu "omanisieren".

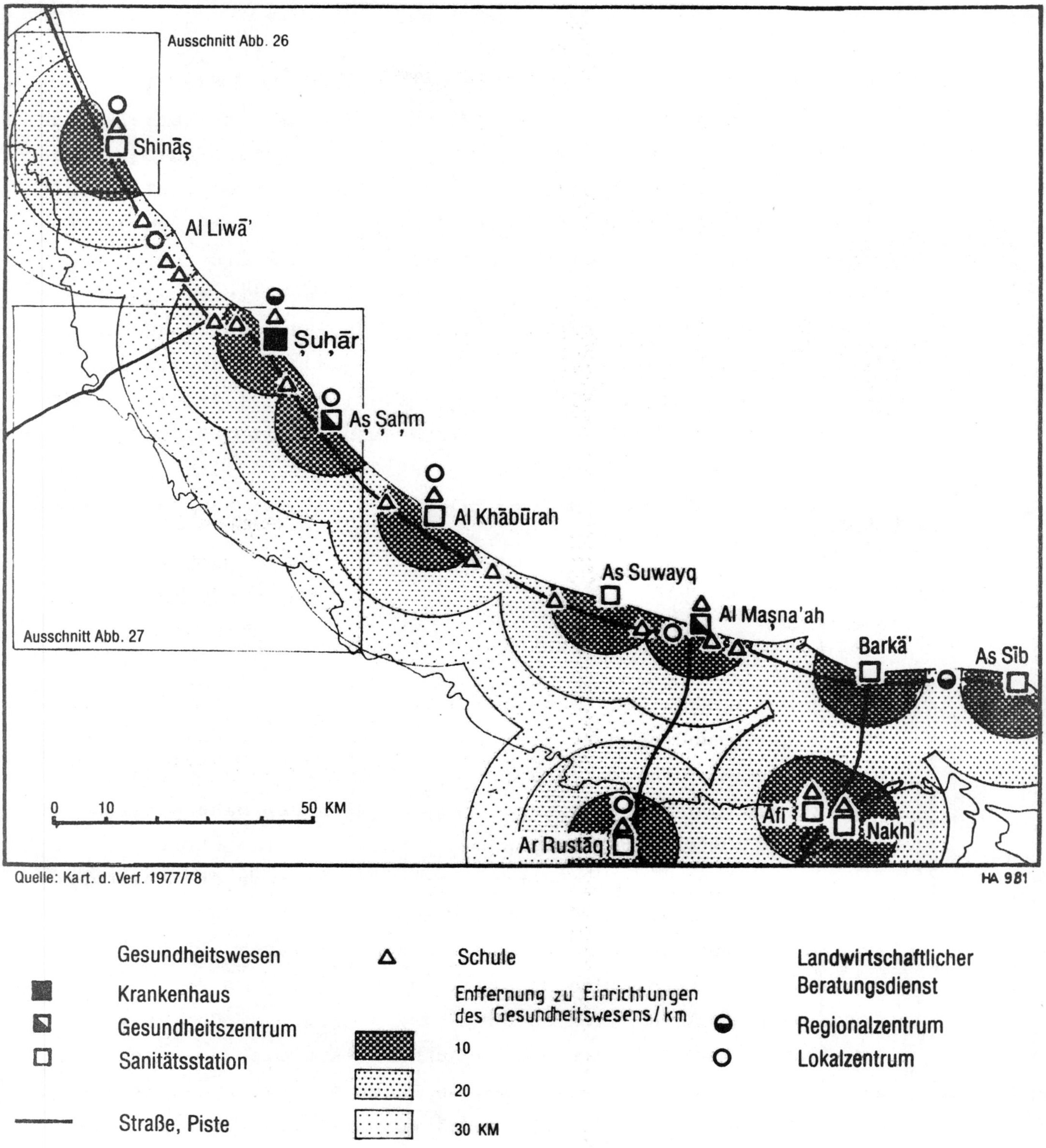

Abb. 25 **Infrastruktureller Ausbau der Bāṭinah seit 1970 - Beispiel soziale Infrastruktur**

Mit einem schuleigenen Fahrzeugpark werden die Schüler - in Oman besteht keine Schulpflicht, doch gelten ca. 85% der Schulpflichtigen als vom Schulsystem erfaßt - im Nahbereich der Schule aus Siedlungen und nomadischen Lagerstandorten zum Unterricht transportiert. Obgleich auf diese Weise auch Kinder und Jugendliche aus nomadischen Bevölkerungsgruppen den Schulen zugeführt werden, scheinen dennoch die seßhaften Bevölkerungsgruppen vom Schulbereich stärkeren Gebrauch zu machen. Ermittlungen des Schulsekretärs der Schule Shināṣ zufolge (15) läge der geringere Anteil der Schüler aus nomadischen Bevölkerungsgruppen in dem Umstand begründet, daß die Schüler durch einen Beitrag sich an der Entlohnung der Fahrer beteiligen müssen. Für den Schultransport zieht die Schule Shināṣ monatlich eine Summe von drei riyāl ein. Die Erklärung des Schulsekretärs beschreibt zwar eine verbreitete Einstellung der Bāṭinah-Badū. Jedoch scheint entscheidender zu sein, daß die Mehrzahl der Siedlungs- und Lagerstandorte der nomadischen Bevölkerungsgruppen in der Wadiregion von den Routen des Schultransportdienstes entfernt liegen (Abb. 26).

Erstmals erhielt der ländliche Raum des Sultanats durch den 1970 beginnenden Aufbau des Gesundheitswesens eine grundlegende medizinische Versorgung. Zwar hatte das britisch-gesteuerte Development Department (DD) ab dem Ende der fünfziger Jahre insgesamt neun Sanitätsstationen eingerichtet (TOWNSEND, 1977,68) (App. 9). Die in der Bāṭinah eröffneten Zentren erreichten jedoch nur einen begrenzten Personenkreis in den Siedlungen, in denen sie lokalisiert sind. Auch die nach 1970 stark erweiterten stationären Einrichtungen des Gesundheitsdienstes - Krankenhäuser, Gesundheitszentren, Sanitätsstationen (S.Y.B., 1972,27; 1976,22-23) - nutzten die nomadischen Bevölkerungsgruppen nur in geringem Maß. Lediglich sporadische Patrouillen mit Armee- und Polizeihelicoptern ermöglichten die Einbeziehung der Mehrzahl der Badū in der Bāṭinah. Diese Maßnahmen beschränkten sich jedoch vornehmlich auf Perioden, in denen Epidemien ausgebrochen waren (E.D., 31).

Der Tatsache, daß die Partizipation nomadischer Bevölkerungsgruppen nur gewährleistet werden kann, wenn der Gesundheitsdienst

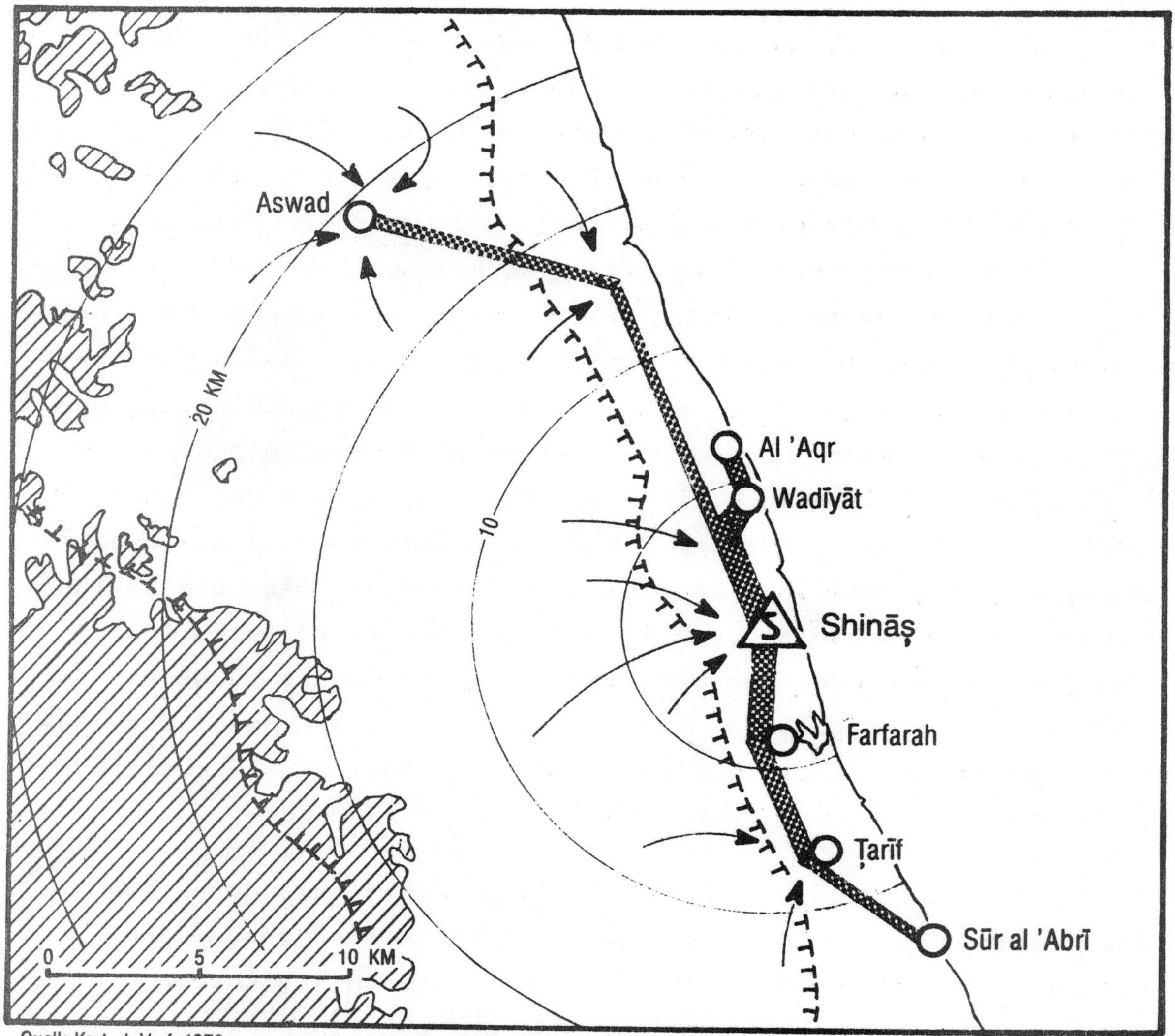

○	durch Schulbusverkehr erfaßte Siedlungen	▨	Gebirgsregion
→	Erfassung nomadischer Bevölkerungsgruppen	△	Schule
ᵀᵀᵀᵀ	Verbreitung nomadischer Bevölkerungsgruppen		

Abb. 26   Schulversorgung in der Bāṭinah - Beispiel Shināṣ (Stand 1978)

deren Siedlungen und/oder Lagerstandorte direkt erreicht (16), trug 1977 in der Bāṭinah die Einrichtung eines mobilen Gesundheitsdienstes Rechnung. In der Küstenprovinz operieren mobile Truppen (Medical Team) vom Krankenhaus (mustashfa) Suhar aus. Um die Lagerstandorte der Badū in der Wadiregion medizinisch zu versorgen, läuft das Medical Team die Siedlungsplätze in einem regelmäßigen Turnus an. Derzeit erreicht der mobile Gesundheitsdienst in der N-Bāṭinah die Wādīs al Jizī, al Ḥiltī, Ḥalāhil, 'Āhin und Sarāmī, so daß jede Woche ein wādī besucht wird (Abb. 27).

Aufgabe des mobilen Gesundheitsdienstes ist es, den Gesundheitszustand insbesondere von Kindern und Frauen regelmäßig zu überprüfen, elementare medizinische Versorgung zu leisten, nötigenfalls in die Krankenhäuser zu überweisen und Impfaktionen durchzuführen. Um die Lagerstandorte der Badū zu erreichen, verfügt das Medical Team über ein geländegängiges Fahrzeug. Schwer zugängliche Lager-/Siedlungsplätze werden per Helicopter angeflogen. Die Mitglieder des Medical Team sind teilweise aus den nomadischen Stämmen des Einsatzraumes rekrutiert, um psychologische Barrieren auf seiten der Badū gering zu halten. Wegen des erkennbaren Erfolgs des Medical Team ist in Ṣuḥār geplant, bei personeller Verstärkung der Gruppe auch eine Reihe von Küstensiedlungen in den Einsatzraum des mobilen Gesundheitsdienstes einzubeziehen.

4.1.2.2.3 Entwicklungsmaßnahmen im Agrarsektor

Auf der Basis der geschilderten infrastrukturellen Grundausstattung werden Programme projektiert, die eine Entwicklung von Landwirtschaft und Viehzucht im ländlichen Raum anregen sollen. Anders als beim Aufbau der technisch-sozialen Infrastruktur versteht sich die Zentralgewalt in diesem Bereich eher als Impulsgeber von Innovationen: über den ab 1971 aufgebauten landwirtschaftlichen Beratungsdienst (Extension Service) mit dem Schwerpunkt Bāṭinah sowie wissenschaftlicher Grundlagenforschung, deren Ergebnisse den Produktionsbereichen Viehzucht und Landwirtschaft zugänglich gemacht werden sollen. Es ist geplant, bis 1980 - der Laufzeit des Fünfjahresplans - mit einem Investitionsvolumen von

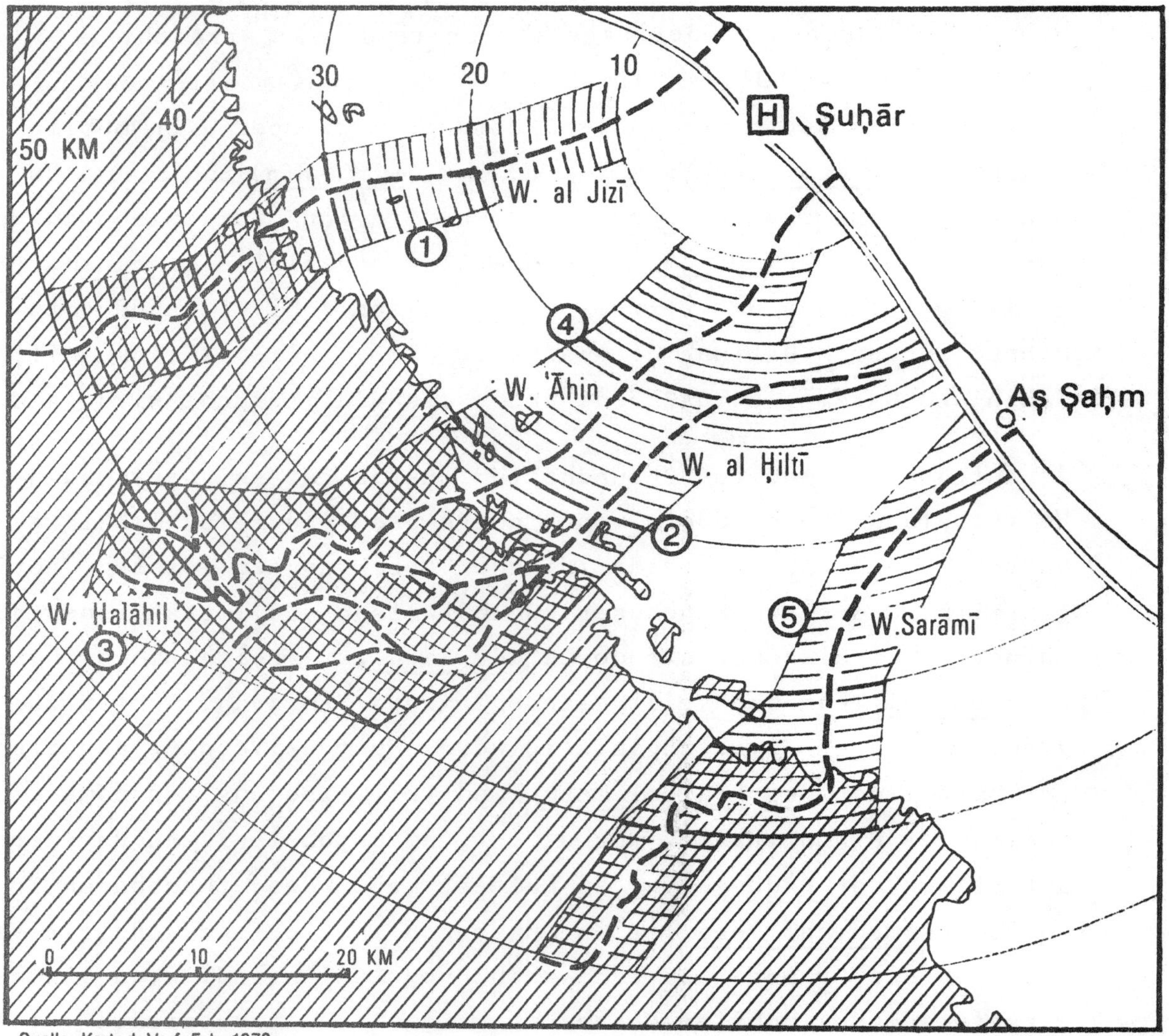

H	Krankenhaus Ṣuḥār		
	Einsatzbereich Mobiler Sanitätsdienst		
	Straße		
	Gebirgsregion		

Reihenfolge des Anlaufens der *wādīs*:
1 W. al Jizī — 2 W. al Ḥiltī
3 W. Ḥalāhil — 4 W. 'Āhin
5 W. Sarāmī

Abb. 27 Medizinische Versorgung der Bāṭinah - Badū
Beispiel Ṣuḥār (Stand 1978)

7 Mio. riyāl (1976 ca. 49 Mio. DM) im Sektor Landwirtschaft und Bewässerung u.a. zu fördern (17):

"technical studies relating to grazing, animals and animal products and making available the results of these studies to the private sector" (FYDP, 1976,38).

Jedoch enthält der Fünfjahrplan keine konkreten Maßnahmen als Umsetzung der Entwicklungsstrategien. In einer vor der Veröffentlichung des Planes zusammengestellten Informationsschrift des Ministry of Information and Culture wird demgegenüber aufgezeigt, in welche Richtung eine solche Verwirklichung - auch gerade im Bereich nomadischer Bevölkerungsgruppen - möglich ist. Unter der Prämisse, daß Badū in besonderer Weise traditionalen und tribalen Strukturen verhaftet seien, müsse die Einführung "moderner" Entwicklungsprogramme schrittweise erfolgen.

"In this interim period the Agricultural officer tends to help the farmer and the Bedu in his old and tried ways rather than to force new ideas and methods upon him before he is ready; to find means, for example, of treating 'gharab' (18), by medicine which gives a quicker and surer cure than the old way of rubbing the animal with raw sulphur and charcoal" (A.F., 9-10).

Ziel staatlicher Entwicklungsstrategien für den Agrarsektor ist eine Steigerung der Produktivität. Als wesentliche Schritte zur Umsetzung dieser Forderung sehen die Maßnahmen u.a. veröffentlichte Grundlagenforschung, beispielsweise in Rundfunkprogrammen vor (19), finanzielle Hilfen wie Kredite und die Förderung der Vermarktung landwirtschaftlicher Produkte. Im Produktionssektor Viehwirtschaft sind durch diese Maßnahmen die Badū in besonderer Weise angesprochen. Denn der Viehbestand der nomadischen Bevölkerungsgruppen des Saltanats übertrifft den der Ḥaḍar beträchtlich (20).

Daß aber unter dem oben erwähnten "privaten Sektor" des ländlichen Raumes - mithin als Adressaten - im gegenwärtigen Stadium die seßhaften Bevölkerungsgruppen verstanden werden, belegen Vorstudien zum Fünfjahrplan am Beispiel des Sektors Viehzucht:

"In the first place development programmes will concern s e t t l e d f a r m e r ' s animal production. In a later stage the development of animal production of nomadic people will be considered" (W.R.S., 1975,v,114).

Infolgedessen bleibt der größere Teil des Wirtschaftsbereiches Viehzucht derzeit im Entwicklungskonzept unberücksichtigt. Den ablaufenden sozioökonomischen Wandlungsprozessen im nomadisch-ländlichen Lebensraum ist dieser Sektor freilich nicht entzogen.

In Einklang mit der Zielvorstellung, die Produktivität des Agrarsektors auszuweiten, steht die Kultivierung bisher nicht ackerbaulich genutzter Flächen. Unter wissenschaftlichen Gesichtspunkten sind dazu in zwei landwirtschaftlichen Versuchsstationen (Experimental Farms) der Bāṭinah (Rumays) und Inner-Omans (Wādī Quriyāt) Projekte der Grundlagenforschung angelaufen (21). Die Ausweitung der landwirtschaftlichen Nutzfläche geschieht aber auch durch eine seit 1972 in großem Maßstab betriebene Landverteilung. In der Landzuweisung, die in der Bāṭinah den Übergangssaum zwischen Küsten- und Wadiregion erfaßt, verbinden sich freilich weitere Entwicklungsmaßnahmen im ländlichen Raum mit der Steigerung landwirtschaftlicher Produktion (SCHOLZ, 1979,129). Über die Zuteilung von Land (MALLAKH, 1972,426) sollen die Reproduktion der Bevölkerungsgruppen - Ḥaḍar wie Badū - des ländlichen Raumes erweitert, die traditionalen Produktionsbereiche von Ḥaḍar und Badū in die junge Entwicklung des Agrarsektors einbezogen und die Bevölkerungsgruppen an den betreffenden Raum gebunden werden (22). Auf diese Weise strebt die Entwicklungsplanung an, eine ökonomisch attraktive Alternative zur Hauptstadtregion innerhalb des ländlichen Raumes aufzuweisen.

Die für landwirtschaftliche Nutzung zu erschließenden Parzellen werden in der Bāṭinah entlang der Küstenstraße As Sīb - Khaṭmat Malaḥah vergeben, die gleichsam die Leitlinie dieser Zone der Expansion landwirtschaftlicher Nutzfläche bildet. Bis 1978 befindet sich in der S-Bāṭinah beiderseits der Küstenstraße ein nahezu geschlossenes Verbreitungsareal (je ca. 200 m tief) neu angelegter Parzellen. In der N-Bāṭinah fügen sich die Gärten (mazra'ah, pl.

mazāri') nur regional zu einer geschlossenen Zone zusammen. Insbesondere im wilāyat Shināṣ sind die Gärten im Nahbereich der Asphaltstraße gestreut, da sich bis zur Fertigstellung des Straßenteilstücks Ṣuḥār - Khaṭmat Malaḥah (1974) die verteilten Parzellen entlang der westlich der neuen Trasse verlaufenden Schotterpiste konzentrierten. Jüngste Planungen, die in einem derzeit vorbereiteten Fünfjahrplan für den Agrarsektor (Oman, 1976,60) enthalten sein werden, sehen die Freihaltung bzw. Räumung eines Gürtels landwirtschaftlich zu nutzender Fläche entlang der gesamten Küstenstraße vor (Abb. 36). Aus diesem je 150 m tiefen Raum sollen alle übrigen Flächennutzungen herausgedrängt werden (23).

Eine entscheidende Rolle bei der Verwirklichung der Entwicklungsmaßnahmen im ländlichen Raum weisen die Entwicklungsstrategien dem landwirtschaftlichen Beratungsdienst (Extension Service) zu (A.F., 10). Seine Aufgaben sind als Mittlerfunktion agrartechnischer Innovationen innerhalb des ländlichen Raumes konzipiert, er soll die eingeleiteten Maßnahmen der landwirtschaftlichen Entwicklung stützen und ihre Kontinuität sichern. Innerhalb sogenannter Landwirtschaftsregionen, die sich teilweise mit den Planungsregionen decken (24), wird über regionale und lokale Beratungszentren der Produzent direkt erreicht. Die lokalen Zentren (markaz al irshād az̧ z̧irā'ī) - gegenwärtig neun in der Bāṭinah - sind mit Agrarkulturingenieuren (murshid, pl. murshidīn az̧ z̧irā'ī), zumeist Ägyptern, besetzt und mit einem Gerätepark (Traktoren, Insektenbekämpfungsgerät) ausgestattet. Als Aufgaben der lokalen Zentren sind die Vermittlung von Krediten, Verteilung von Saatgut, Dünger und Insektiziden, Dienstleistungen und die Verbreitung technischen Wissens festgelegt (A.F., 14). Über die regionalen Zentren - in der Bāṭinah Rumays (S-Bāṭinah) und Ṣuḥār (N-Bāṭinah) - soll eine tiermedizinische Versorgung des Viehbestandes in den Landwirtschaftsregionen sichergestellt werden. Geringe personelle Ausstattung des veterinärmedizinischen Dienstes und der Vorrang des schwerpunktmäßig auf Ackerbau ausgerichteten Extension Service haben in der Bāṭinah effektive Maßnahmen verhindert. Die Einrichtung einer mobilen tiermedizinischen Versorgung nach dem Vorbild des Medical Teams böten geeignete Voraussetzungen für eine Breitenwirkung des veterinärmedizinischen Dienstes.

4.1.2.2.4 Entwicklungsmaßnahmen im Fischereisektor

Mit einem Investitionsvolumen von 14,4 Mio. riyāl (1976 ca. 100 Mio. DM) ist geplant, die Entwicklung des Fischereisektors zu fördern. Schwerpunkte bis zur Vorlage des Fünfjahrplanes waren Grundlagenstudien über den Umfang der fischereilich nutzbaren Ressourcen in omanischen Gewässern und zur Bestimmung der Artenvielfalt der Fischvorkommen (A.F., 22). Die Ergebnisse der von amerikanischen Gesellschaften durchgeführten, mit politischen Auseinandersetzungen behafteten Untersuchungen (25) wurden 1975 vorgelegt.

Konkrete Projekte sind bislang vornehmlich auf die fischreiliche Ausbeutung der Gewässer vor den SE-Küsten Omans gerichtet. Zu diesem Zweck wurden an japanische und (seit 1978) südkoreanische Gesellschaften Fangkonzessionen vergeben (26). 1977 erwarb das Sultanat drei eigene Fangschiffe, deren Betrieb der Gesellschaft ARABCO übertragen wurde (C.B.O., 1977,29; SCHOLZ, 1979,135). Diese Projekte sowie der Betrieb eines Fischereiforschungsschiffes ("Darbāt") sollen der Gewinnung von Kenntnissen über die Nutzung der Meeresressourcen über den traditionalen Umfang hinaus (u.a. von Seetang) dienen. Ferner sollen sie Erfahrungen über die fischereiliche Ausrichtung einer omansichen Fangflotte erbringen.

Im Bereich des traditionalen Fischfangs werden begrenzte Lagerkapazitäten und wenig entwickelte Vermarktung als wesentliche Probleme angesehen, die durch geeignete Projekte der Fischereientwicklung, wie der Bau einer Fischaufbereitungsanlage (1976), von Fischlagerhallen und der Einrichtung einer von der Hauptstadtregion ausgehenden Vermarktungsorganisation (C.B.O., 1977,29; SCHOLZ, 1979, 35) gelöst werden sollen. Neben einem Fischereikomplex als Entwicklungsschwerpunkt in der Hauptstadtregion Masqaṭ ist landesweit die Errichtung kleinerer Eisfabriken und Fischlagerhallen geplant (FYDP, 1976,39; SCHOLZ, 1979,135). Zwar wurde in der Bāṭinah (in Ṣuḥār) eine Eisfabrik eröffnet (A.F., 22), nennenswerte Ausstrahlungseffekte läßt diese Einrichtung einsweilen aber kaum erkennen.

Gemäß den im Fünfjahrplan vorgesehenen Anstrengungen, durch die Vergabe von "modernen" (Aluminium-) Fischerbooten und Fanggeräten die Produktivität der traditionalen Fischerei zu heben, sind in der Küstenprovinz kaum unternommen worden. Zu diesem Zweck wurde eigens ein "Fishermen's Development Fund" mit einem Volumen von 2 Mio. riyāl (1976 ca. 14 Mio. DM) eingerichtet. "Through the scheme, fishermen get 25 percent of the cost as grants, 50 percent through soft loans and the remainder will be a down payment by the fishermen" (C.B.O., 1977,29). Anders als in der süd-omanischen Provinz Dhufār wurden in der Bāṭinah nur wenige Aluminiumboote verteilt (27).

Die Entwicklungsmaßnahmen des Fischereisektors zielen, wie auch andere Regierungspublikationen (z.B. A.F., 20-22) belegen, demnach in der Hauptsache auf die Erschließung fischereilicher Ressourcen im nationalen Maßstab und mit moderner, industriell ausgerichteter Technologie. Zwar beinhaltet die Entwicklungskonzeption des Fischereisektors weiterhin eine Förderung auch der traditionalen Fischerei. Angesichts der zum gegenwärtigen Zeitpunkt umgesetzten regionalen Programme kommen für die Bāṭinah indessen Zweifel auf, ob die eingeleiteten Maßnahmen die Existenz von "commercial productive fishing" und "local Omani fishermen" (A.F., 22) gleichermaßen zu sichern vermögen (28).

4.1.3 Räumliche Voraussetzungen

Zur optimalen Streuung der Entwicklungsprogramme ist das Territorium des Sultanats in sogenannte Planungsregionen eingeteilt. In N-Oman sind dies die Regionen Bāṭinah, Inner-Oman und die Hauptstadtregion (Abb. 11). Aus der Konzeption der Entwicklungsplanung läßt sich – im Rahmen der Planungsregionen – ein räumliches Modell der

Diffusion von Maßnahmen und Projekten innerhalb des Territoriums gewinnen (SCHOLZ, 1979,127). Einem bereits bestehenden Hauptzentrum, dem Raum Masqaṭ-Maṭraḥ, der zu einer bis in die Küstenprovinz Bāṭinah (As Sīb) reichenden Hauptstadtregion ausgeweitet wird, werden größere Siedlungen des Territoriums mit zentralörtlichen Funktionen als Nebenzentren zugeordnet (29). Es ist vorgesehen, die Nebenzentren mit gleichen Einrichtungen der technischen, sozialen und institutionellen Infrastruktur auszustatten. Eine räumliche Verknüpfung der Nebenzentren, vom Hauptstadtzentrum Masqaṭ ausgehend, soll die gleichmäßige ökonomische Entwicklung des Umlandes sichern (SCHOLZ, 1977,37).

Damit bezieht das Raummodell aber auch die Bildung von Innovationsherden innerhalb des ländlichen Raumes, in den Nebenzentren, ein. Auf diese Weise wird angestrebt, der räumlich-ökonomischen Dominanz des überregionalen omanischen Entwicklungszentrums vorzubeugen. Der Herausbildung einer regionalen Entwicklungsgefälles zwischen einem dynamischen "Zentrum" und einer stagnierenden "Peripherie" - Kennzeichen der Raumstruktur in den meisten Ländern der Dritten Welt (30) - soll in Oman die Homogenisierung in der Teilhabe aller Regionen und sämtlicher Bevölkerungsgruppen an der Entwicklung entgegengestellt werden.

Der Planungsmaxime, mögliche räumlich wirksame Entwicklungsgefälle in eine gerichtete Entwicklung des Territoriums zu kanalisieren, entziehen sich freilich Innovationsherde außerhalb des Sultanats. In einigen Ländern der Arabischen Halbinsel setzte, parallel zur letzten Phase der autozentrierten Stagnation Omans, seit den fünfziger Jahren ein auf dem Export von Erdöl basierender junger sozioökonomischer Wandel ein. Die auf Erdöleinkünfte gegründete wirtschaftliche Expansion dieser Staaten - Sa'ūdi Arabien, Kuwayt, Baḥrayn, Qaṭar und die Scheichtümer Abū Dhabī und Dubay Trucial Omans (mit fünf weiteren Scheichtümern 1971 zu den Vereinigten Arabischen Emiraten (UAE) zusammengeschlossen) - schaffte dort starken Bedarf auch an unqualifizierter Arbeitskraft. Da diese Länder teilweise aus politischen Gründen (Opposition gegen die Āl Bū Sa'īd Zentralgewalt) vom Omanis aufgesucht wurden (31), zogen sie omanische Bevölkerungsgruppen auch zur Arbeitsaufnahme an (BIRKS/MACKAY, 1979). Denn die Höhe der dort gebotenen Einkünfte wog nach Einschätzung der Omanis, die vergeblich auf eine Lockerung der ökonomischen Stagnation des eigenen Landes hofften, das Risiko auf, das Sultanat illegal verlassen zu müssen (32). Seit den sechziger Jahren bildeten sich für die Bāṭinah und deren Lebensformgruppen die Scheichtümer Abū Dhabī und Dubay als bedeutendste außerregionale Innovationsherde heraus.

Das Scheichtum Abū Dhabī, zu dessen Territorium auch die Siedlung Al 'Ayn der omanischen Oase Al Buraymī (Aẓ Ẓahirah) gehört, war über Schotterpisten (W. al Jizī) von der Bāṭinah aus verhältnismäßig leicht zugänglich. Nach einem 1966 erfolgten Regierungswechsel leitete der derzeitige Souverän Zāyid b. Sulṭān al Nuhayyān eine auf dem Export von Rohöl basierende sozioökonomische Entwicklung des Scheichtums ein. Dies löste in dem flächengrößten (ca. 82%) Gliedstaat der UAE einen Arbeitskräftebedarf aus, der vor allem aus Oman gedeckt wurde: Etwa 67% der zu externer Arbeitsaufnahme abgewanderten Omanis sind im Scheichtum Abū Dhabī erwerbstätig (BIRKS/MACKAY, 1979,103). In der Bāṭinah erfaßte die Reichweite der ökonomischen Ausstrahlungseffekte vornehmlich die nomadischen Bevölkerungsgruppen (33).

Auch das nördlich an das Scheichtum Abū Dhabī anschließende Scheichtum Dubay besaß überregionale Bedeutung für die Küstenprovinz als Innovationsherd. Anders als Abū Dhabī gründete es freilich seine ökonomische Relevanz nicht auf den Erdölexport, sondern auf seine Stellung als traditionaler Handelsplatz SE-Arabiens. Seit etwa der Jahrhundertwende gewann Dubay eine stetig wachsende Bedeutung als Zentrum der Perlfischerei und des Perlenhandels (34), des Waffenschmuggels und Goldhandels, als entrepôt und Station des Dampfschiffahrtverkehrs im Golf (SCOVILLE, 1979,i,681; H.B.A., 1920,i,340). Günstige Handels- und Zollbedingungen ließen Dubay zum bedeutendsten Warenumschlagplatz SE-Arabiens werden und die Nachfolge von Masqaṭ und Lingah (Persien) antreten (35). Auch nach der Öffnung des Sultanats und der Inbetriebnahme eines modernen Hafens (Mīnā' Qābūs) in Maṭraḥ importierten die Händler in den sūqs der Bāṭinah (wie auch anderer Teilräume des Sultanats) den Großteil der Güter aus Dubay (36). Die traditionale Versorgungsfunktion des Hafens Dubay für das Sultanat illustriert die Tatsache, daß in den fünziger Jahren auf der Karawanenroute Dubay-Matrah geländegängige Lastwagen von Händlern aus Dubay zum Warentransport (ein- oder zweimal pro Monat) durch die Bāṭinah nach Matrah entsandt wurden (CODRAI, 1950,188). Als Innovationsherd kam Dubay für die Fischer der Bāṭinah die wichtigste Funktion zu (37).

Die Bedeutung außerregionaler Entwicklungszentren für den jungen Wandel in den Lebensformgruppen der Bāṭinah ist durch diese Ausführungen keineswegs erschöpfend behandelt worden. Dennoch dürfte deutlich geworden sein, daß sie, zusammen mit der übergeordneten polit-ökonomischen Situation des Sultanats und den Entwicklungsstrategien als wesentliche Determinanten für den Verlauf des sozioökonomischen Wandels angesehen werden müssen (BIRKS/MACKAY, 1979). Die Behandlung ihrer innovativen Wirkungen, die hier global zusammengefaßt erfolgte, wird, für die nomadischen und Fischer-Bevölkerungsgruppen, in der Untersuchung der Wechselbeziehungen zwischen überregionalen Entwicklungszentren und den ergänzenden Wirtschaftsbereichen beider Lebensformen vertieft werden.

4.2 Überregionale Entwicklungszentren und ergänzende Wirtschaftsbereiche

Erste Veränderungen in der traditionalen Wirtschaftsform vornehmlich der nomadischen Bevölkerungsgruppen stellten sich über eine ökonomische Aufwertung der ergänzenden Wirtschaftsbereiche seit den sechziger Jahren ein. Dieser Wandel, der über die Tendenz zur Arbeitsaufnahme außerhalb des Subsistenzbereichs führte, war unmittelbar mit der Entwicklung externer Innovationszentren gekoppelt, die Arbeitskräfte anzogen. Die dort aufgenommene Erwerbstätigkeit war - zumindest bis 1970 - in einem dreifachen Sinn als extern zu bezeichnen: Zum einen erfolgte sie außerhalb des Subsistenzbereiches, zum anderen außerhalb des ländlich-nomadischen Raumes, schließlich i.d.R. außerhalb Omans. Die Ausstrahlung von Innovationen der überregionalen Entwicklungszentren in die Bāṭinah wurde durch externe Arbeitsaufnahme wesentlich mitbestimmt. Denn die Träger von Entwicklungsimpulsen in den stagnierenden Raum waren hauptsächlich die Bevölkerungsgruppen, deren Mitglieder Beschäftigungen außerhalb des Sultanats nachgingen.

Vor 1970 war die Aufnahme externer Erwerbstätigkeiten insbesondere unter den nomadischen Bevölkerungsgruppen des Sultanats verbreitet. Tatsächlich erforderte im Rahmen der traditionalen ökonomischen Organisationsformen die Ausübung der traditionalen Produktionsbereiche mobile Viehzucht und Ackerbau - zumal, wenn sie auf Subsistenzbasis betrieben wird - selten die Teilnahme aller arbeitsfähigen Mitglieder einer Wandergruppe. Infolgedessen konnte dem Potential der Wandergruppe Arbeitskraft abgezogen werden, ohne unmittelbare Wirkungen auf die traditionale Wirtschaftsform auszulösen. Für die Badū der Bāṭinah, die sich in externer Erwerbstätigkeit zumeist nach den Scheichtümern Trucial Omans orientierten, hatte - Angaben betroffener Badū zufolge (38) - Arbeitsaufnahme außerhalb des Subsistenzbereichs eine ökonomische Bedeutung für die traditionalen Wirtschaftsform in den sechziger Jahren gewonnen (SCHOLZ, 1976,93). Dies muß im Zusammenhang mit der nach dem Sturz des Souveräns Shakhbūt b. Sulṭān 1966 eingeleiteten Öffnung und wirtschaftlichen Entwicklung des Scheichtums Abū Dhabī gesehen werden.

In den Scheichtümern Trucial Omans, überwiegend im Scheichtum Abū Dhabī, waren die externer Arbeitsaufnahme nachgehenden Badū der Bāṭinah innerhalb des militärischen Sektors (Armee, Polizei) und im industriellen Sektor der expandierenden Wirtschaft als Wachleute und Fahrer beschäftigt.

Beispielsweise nahmen Mitte der sechziger Jahre 15 Männer der Āl Ḥamad, die die benachbarten permanenten Siedlungen Al Harm und Salāhah mit ca. 80 Familien bewohnen, Tätigkeiten im militärischen Sektor der Scheichtümer Trucial Omans auf. Da sie das Sultanat illegal verlassen mußten, kehrten sie sehr selten und äußerst unregelmäßig zu den Wandergruppen zurück. Kein Mitglied der Āl Ḥamad ging außerpastoralem Erwerb innerhalb des Sultanats nach (39).

Tatsächlich boten die stagnierenden Sektoren der omanischen Wirtschaft nahezu keine Beschäftigungsmöglichkeiten außerhalb der traditionalen Produktionsbereiche. Zwar hatten einige Badū-Stämme der Bāṭinah Zugang zur 'askarīyah des Sultanats gefunden. Zu Beginn der fünfziger Jahre in der Bāṭinah ausgehobene Militärverbände, die Batinah Force und die Muscat and Oman Field Force (MOFF) (40), erweiterten Erwerbsmöglichkeiten der nomadischen Bevölkerungsgruppen im militärischen Sektor nur in geringem Ausmaß. Denn die Truppen des Sultanats bestehen aus Mitgliedern seßhafter Bevölkerungsgruppen (Balūsh) und Söldnern (41).

Bis 1970 blieb daher das Scheichtum Abū Dhabī ein Schwerpunkt längerfristiger externer Arbeitsaufnahme der nahwandernden Kleinviehhalter der Bāṭinah. Zugleich kam ihm auch eine ökonomisch-räumliche Bedeutung als außerhalb der Küstenprovinz lokalisierter Innovationsherd für den ländlichen Raum zu. Trotz geringer Beziehungen zwischen dem nomadischen Lebensraum und den aus ihm nach Abū Dhabī abgewanderten Badū wirkte das Scheichtum als Diffusionszentrum für verschiedenste Neuerungen, die abgeschwächt in die Bāṭinah eindrangen. Dubay stand dieser Bedeutung für andere Bevölkerungsgruppen der Bāṭinah, die traditional nach außen orientierten Händler und Fischer, nur wenig nach. Mit dem (beschränkten) Rückfluß extern erwirtschafteter Einkünfte in die Bāṭinah war ein Schmuggel von Konsumgütern und technischen Innovationen (z.B. Transistorradiogeräte) verbunden (42). Das Eindringen von Schmuggelware konnte die Zentralgewalt bzw. die regionale wālī-Administration nicht verhindern: Über die ca. 280 km lange Küste der Bāṭinah und die zahlreichen Landverbindungen durch das Gebirge vermochte die Āl Bū Sa'īd-Herrschaft keine effektive Kontrolle auszuüben.

Der überwiegende Teil der Einkünfte, die aus externer Arbeitsaufnahme erzielt wurden, verblieb bis 1970 außerhalb des Sultanats. Diese Schutzmaßnahme erfüllte einen doppelten Zweck: Einmal schützte minimaler Kontakt zur Wandergruppe vor der Entdeckung der illegalen Abwanderung durch die Staatsgewalt, denn auch die Geldbeträge mußten illegal über Kontaktpersonen (oft Fischer) in das Sultanat transferiert werden. Zum zweiten konnte das traditionale soziale Umfeld über Ausmaß der Einkünfte in Unklarheit gehalten werden, da Geschenke, die die Geldsendungen begleiteten, an Wandergruppen- und Stammesmitglieder fortfielen. Erreichten trotzdem Geldbeträge aus externer Arbeitsaufnahme die Wandergruppen (43), so wurden sie zum Erwerb von Dattelpalmen und Vieh (Kamele, Ziegen) und seltener zum Kauf technischen Geräts (z.B. Motorpumpen) eingesetzt. Als Folge dieser Zurückhaltung erfuhr bis 1970 die Wirtschafts- und Lebensform der nahwandernden Viehhaltergruppen der Bāṭinah kaum sichtbare Veränderungen. Allerdings verfügten die zur Arbeitsaufnahme aus Oman abgewanderten Badū nunmehr über ein latentes ökonomisches Potential, das zur Erweiterung der Existenzbasis der betroffenen Wandergruppen nach 1970 unmittelbar zur Verfügung stand.

Mit dem Regierungswechsel 1970 wurde der illegale Status der Erwerbstätigkeit beseitigt. Als unmittelbare Reaktion wanderten eine Reihe von Omanis nunmehr legal in die Länder ab, in denen sie erwerbstätig waren. Erste Erklärungen über eine "Modernisierung" des Sultanats lösten aber auch, gleichsam als Gegenbewegung, die permanente Rückkehr der temporär abwesenden Omanis aus (44).

Wie zuvor in den Nachbarstaaten wurde auch in Oman die hektische ökonomische Entwicklung mit dem Schwerpunkt in der Hauptstadtregion Masqaṭ von einem starken Arbeitskräftebedarf begleitet. In dieser Anfangsphase versetzte die im Vergleich zu den übrigen omanischen Teilräumen weit vorangetriebene infrastrukturelle Anbindung der Bāṭinah an das Hauptzentrum Masqaṭ die Lebensformgruppen der Küstenprovinz in den Stand, Masqaṭ einfacher und schneller zu erreichen als Abū Dhabī oder Dubay. Damit eröffnete sich für den ländlichen Raum eine Möglichkeit der Teilhabe an den Innovationen innerhalb des Sultanats. Zugleich griff aber auch der übergeordnete Wandel stärker und direkter in die traditionale Wirtschafts- und Lebensform der nomadischen und Fischer-Bevölkerungsgruppen ein.

Wie die Darstellung der organisatorischen und planerischen Voraussetzungen des jungen Wandels gezeigt haben dürfte (45), wurde in der Initialphase der sozioökonomischen Entwicklung landesweit Infrastruktur-Projekten Vorrang eingeräumt. Im Hauptzentrum Masqaṭ liefen mit gleicher Priorität und direkter staatlicher Beteiligung aber auch Maßnahmen zum Aufbau eines staatlichen und industriellen Sektors an (Oman, 1976; SCHOLZ, 1976,91). Im ländlichen Raum beschränkte sich die Zentralgewalt auf die Schaffung geeigneter Rahmenbedingungen für eine ökonomische Entwicklung des Agrar- und Fischereisektors. Spezifische Projekte zur Eingliederung der Badū oder Fischer, wie sie für erstere Bevölkerungsgruppe etwa im Scheichtum Abū Dhabī der UAE durchgeführt werden (46), sah die Konzeption der Entwicklungsstrategien für das Sultanat nicht vor. Eine wirksame Teilhabe am Wirtschaftswandel schien insbesondere den nahwandernden Viehhaltern der Bāṭinah nicht durch den Ausbau der traditionalen Produktionsbereiche, sondern eher durch außerpastorale Erwerbstätigkeit in den Entwicklungszentren möglich. Lohnarbeit außerhalb des Subsistenzbereichs bot sich nach dem Einsetzen des Wandels infolgedessen als effektive existenzsichernde Alternative den nomadischen Bevölkerungsgruppen der Bāṭinah an.

Der mit dem Wandel der ökonomischen Prioritäten verbundene, unausweichliche Bedeutungsverlust der traditionalen Hauptproduktionsbereiche bewirkte bei einer bedeutenden Minderheit (bis 40%) der Badū eine wirtschaftliche Umorientierung auf die ergänzenden Wirtschaftsbereiche. Doch erfuhr auch das Gefüge der ergänzenden Wirtschaftsbereiche eine Umstrukturierung. Dabei wurde zuerst den traditionalen ergänzenden Wirtschaftstätigkeiten Arbeitskraft abgezogen, so daß Haushaltshandwerke und Karawanentransport weitgehend zusammenbrachen (47). An ihre Stelle trat in beträchtlichem Umfang externe Arbeitsaufnahme.

In den Scheichtümern Trucial Omans bzw. den UAE waren die Badū der Bāṭinah im militärischen Sektor beschäftigt, der Armee, Polizei und Sanitätsdienst umfaßt (48). Geringere ökonomische Relevanz besaßen Erwerbstätigkeiten als Fahrer (sā'iq, pl. suwwāq), seltener als Hirte (rā'i, pl. ru'āh). Eine geringe Zahl Bāṭinah-Fischer übte saisonale Erwerbstätigkeit auf Fischereifahrzeugen der Scheichtümer aus (49).

Bei Arbeitsaufnahme außerhalb des Subsistenzbereichs wurden von den beteiligten Bāṭinah-Badū als pull-Faktoren des Entwicklungszentrums Abū Dhabī gegenüber Masqaṭ angeführt (50):

(1) der Bedarf, mithin das Angebot unqualifizierter Erwerbstätigkeiten in den U.A.E. übersteigt das des omanischen Hauptzentrums Masqaṭ;

(2) die Entlohnung der Tätigkeiten gleicher Qualifikation ist in Abū Dhabī (bis ca. 20%) höher als in der Hauptstadtregion;

(3) in einigen Sektoren von Abū Dhabī (beispielsweise im militärischen Sektor) werden omanische Arbeitskräfte bevorzugt eingestellt (51);

(4) der anhaltend starke Arbeitskraftbedarf von Abū Dhabī bietet die Möglichkeit auch kurzfristiger externer Arbeitsaufnahme.

In der expandierenden Wirtschaft der Hauptstadtregion gibt es hingegen keine Garantie, eine Erwerbstätigkeit zu finden. Neben den geringeren Einkünften wurde dies von den nomadischen Bevölkerungsgruppen der gesamten Bāṭinah als Hauptgrund einer Arbeitsaufnahme außerhalb des Sultanats, auch nach 1970, angesehen. Der militärische Sektor, der auch bei den Bāṭinah-Badū als Ziel externer Arbeitsaufnahme erste Priorität besitzt, bietet im Sultanat nur geringe Beschäftigungsmöglichkeiten. Daher liegen die Schwerpunkte der Erwerbstätigkeit im staatlichen und industriellen Sektor. Dort werden die Badū, infolge mangelnder Qualifikation, zumeist als Fahrer, Boten und Bürodiener (farrāsh) beschäftigt. Freilich wird jedem Omani ungeachtet seiner Qualifikation bei Erwerbstätigkeit im staatlichen und industriellen Sektor ein monatlicher Mindestlohn garantiert, der dem Kostenniveau im Sultanat angepaßt ist und derzeit bei R.O. 60 (ca. 420 DM) liegt.

Insgesamt hat die Hinwendung zu außerpastoralen Erwerbstätigkeiten als Mittel der Existenzsicherung in der zweiten Hälfte der siebziger Jahre im nomadischen Lebensraum der Bāṭinah ein fortgeschrittenes Stadium erreicht. Bei den Fischern der Küstenprovinz hingegen spielt externe Arbeitsaufnahme auch nach dem Einsetzen des Wirtschaftswandelns eine untergeordnete Rolle. Welche Konsequenzen dies für den Wandel der traditionalen Lebensform beider Bevölkerungsgruppen in sich birgt, sei in den folgenden Ausführungen behandelt.

4.3 Wandel der traditionalen Lebensform

Die Erwartung eines permanenten Einkommens und der Umstand, daß die Badū der Bāṭinah zu einer ökonomisch gesicherten Existenz unter einstweiliger Wahrung traditionaler Lebensformen befähigt werden, traten als wichtigste pull-Faktoren zu externer Arbeitsaufnahme zutage. Da aber jeweils einzelne, arbeitsfähige Mitglieder einer Wandergruppe den Subsistenzbereich verlassen, wird nicht die gesamte Gruppe dem traditionalen sozialen Umfeld entzogen. Auch außerhalb der Küstenprovinz erwerbstätige Badū unterhalten intensive Kontakte zum Subsistenzbereich: An fortbestehender Integration in die traditionale Lebensform besteht ein erkennbares Interesse.

Diese Tatsache findet markanten Ausdruck durch die periodische Rückkehr in den Subsistenzbereich. Aus den UAE geschieht dies gewöhnlich monatlich, aus der Hauptstadtregion Masqaṭ in wöchentlichem Turnus. Durch diese Arbeitskräftewanderungen wird ein neues Element in das Regional-Mobilitäts-Verhalten der nahwandernden Kleinviehhalter der Bāṭinah eingeführt (52). Für einen längeren Zeitraum suchen die zu externer Arbeitsaufnahme abwesenden Badū den traditionalen Lebensraum während der sommerzeitlichen Dattelernte auf. Die Teilnahme an den Ernteabläufen ist dabei freilich ein sekundärer Grund, da die Arbeitskraft der Rückkehrer nicht in jedem Fall auch benötigt wird. Entscheidende Bedeutung während des etwa zweimonatigen Aufenthalts wird daher den sozialen Kontakten mit Stammesmitgliedern aus dem nomadischen Lebensraum beigemessen. Ein Beispiel aus der Āl Ḥamad-Siedlung Salāḥah (wilāyat Barkā') möge dies illustrieren.

In den sechziger Jahren verließ Sālim b. Sa'īd al Mabī'sī (fakhidh der Āl Ḥamad) illegal das Sultanat zur Arbeitsaufnahme im staatlichen Sektor Qaṭars (53). Seither lebte er mit seiner Familie permanent dort. Nachdem eine legale Rückkehr möglich wurde, suchte er seit 1971 jährlich während der Dattelernte die Siedlung Salāḥah auf, in der er für diesen Zweck eine bodenstete barastī-Behausung errichtet hat. Wirtschaftlich besteht keine Integration in die Siedlungsgemeinschaft der Al Mabī'sī-Wandergruppen mehr. Als Begründung für die jährliche Rückkehr, bei der ihn teilweise Familienmitglieder (Söhne), in Qaṭar geboren, begleiten, verweist Sālim b. Sa'īd auf die Festigung bestehender traditionaler sozialer Kontakte. Ziel dabei ist, eine spätere, permanente Reintegration in den traditionalen Lebensraum offenzuhalten. Auch andere, zu externer Arbeitsaufnahme abgewanderte Stammesmitglieder suchen zur Zeit der Dattelernte die Al Mabī'sī-Siedlung auf. Daher wird dieser Termin bewußt gewählt, ermöglicht er doch ein Maximum an sozialen Kontakten innerhalb der Siedlung bzw. fakhidh.

Diesem bewußten Festhalten an einer Einbindung in das traditionale soziale Umfeld von seiten der erwerbstätigen Badū stehen Hemmnisse einer permanenten Abwanderung in die überregionalen Entwicklungszentren gegenüber. Bei einer Abwanderung der gesamten Wandergruppe bzw. Familie aus dem Subsistenzbereich stiegen u.a. die Lebenshaltungskosten beträchtlich gegenüber denen im ländlichen Raum, da die weitere Ausübung traditionaler Produktionsbereiche (Viehzucht, Landwirtschaft) dort nicht mehr möglich wäre. Somit müßten einzig die Einkünfte externer Arbeitsaufnahme die Existenz der gesamten Gruppe sichern. Dies hätte eine Verschlechterung der Lebensbedingungen der gesamten Haushaltung zur Folge. Insbesondere in der omanischen Hauptstadtregion tritt hinzu, daß zuwandernde Gruppen auf erhebliche Probleme bei der Wohnraumbeschaffung treffen (54). Hingegen sind die nur zu externer Arbeitsaufnahme sich in den Entwicklungszentren aufhaltenden Badū der Bāṭinah gewöhnlich in Firmen- bzw. staatlichen Unterkünften untergebracht. Von Standorten der S-Bāṭinah ist tägliches Einpendeln nach Masqaṭ möglich und wird praktiziert (55).

Allem Anschein nach befähigt die derzeitige Konstellation des Wandels die nahwandernden Kleinviehhalter der Bāṭinah in der Tat, die ökonomische Basis ihrer Existenz durch externe Arbeitsaufnahme zu festigen und zu erweitern, ohne - bislang - die Gefahr des sozialen Bezugsverlustes heraufzubeschwören. Damit fände ein Element der eingangs geäußerten These, daß den nomadischen Bevölkerungsgruppen die Partizipation an der jungen ökonomischen Entwicklung ohne sozial-organisatorische Disorientierung möglich sei, eine vorläufige Bestätigung. Die relative Stabilität des sozialen Bereichs erlaubt im gegenwärtigen Zeitpunkt auch die permanente Rückkehr von Badū und Fischern, die zu externer Arbeitsaufnahme den Subsistenzbereich für längere Zeit verließen, in den traditionalen Lebensraum. Die traditionalen Produktionsbereiche werden in der Regel zur Existenzsicherung nicht wieder aufgenommen. Wie Beispiele einiger Maqābīl-Gruppen der N-Bāṭinah (Wādīs Tīwam, 'Āhin) zeigen (56), führen sie zunehmend Transportarbeiten mit Kraftfahrzeugen zwischen den Entwicklungszentren Masqaṭ und UAE sowie den Siedlungen in Wadi- und Küstenregion der Bāṭinah durch. An ihren Lagerstandorten in der Wadiregion sind sie in das traditionale soziale Umfeld eingebunden.

Dennoch muß insgesamt skeptisch und abwartend beurteilt werden, ob und wie lange die derzeit auf der Ebene der Wandergruppen stabilen Sozialbeziehungen im Verlauf des gegenwärtigen Wandlungsprozesses überdauern. Die Tatsache, daß vereinzelt Badū aus dem Grund externer Arbeitsaufnahme innerhalb der Küstenprovinz in den Entwicklungszentren direkt benachbarte Räume umziehen, scheint eine auch soziale Umorientierung der Wandergruppen anzudeuten (57). Auf inter- und intra-tribaler Ebene haben sich solche Veränderungen bereits vollzogen. Unter Berücksichtigung beträchtlicher lokaler, regionaler und intra-tribaler Variationsbreite des stattgefundenen sozioökonomischen Wandels wurden - grob zusammengefaßt - dem einzelnen Stammesmitglied größere Macht- und Entscheidungsbefugnisse übertragen. Exemplarisch zeigen Entwicklungen,

(1) die es dem einzelnen Stammesmitglied ermöglichen, ohne Zustimmung des Stammesführers Eigentum an Grund und Boden zu erwerben;

(2) durch die einzelne tribale Gruppen sich an Stämme, die an der ökonomischen Expansion teilhaben, annähern und von ihnen assoziiert werden,

die Tendenz des sozialen Wandels an. Seit der Öffnung des Sultanats hat sich Bedeutung und Einfluß der Stammesfunktionsträger ständig verringert. Die Befähigung zur Partizipation an der übergeordneten, "modernen" Ökonomie ließ tribale Loyalität hinter den wirtschaftlichen Erfolg zurücktreten.

Solche Veränderungen, die den tribalen Einfluß generell begrenzen, die traditionale Positionszuweisung durch das Leistungsprinzip ablösen (PARSONS, 1961), stehen im Einklang mit der Schaffung eines omanischen Nationalbewußtseins anstelle stammlicher Bindungen. Die spezifische Ausgestaltung der Entwicklungsmaßnahmen begünstigt diese Tendenz. Im gegenwärtigen Zeitpunkt werden möglicherweise beim Übergang zu heterogenen Gesellschaftsformen im ländlich-nomadischen Lebensraum entstehende soziale Orientierungslosigkeit des Einzelnen noch durch das traditionale soziale Umfeld der Wandergruppe aufgefangen.

Anmerkungen Abschnitt 4

(1) Der volle englische Titel der Erklärung lautet: "The word of Sultan Sa'id Taimur, Sultan of Muscat and Oman, about the history of the financial position of the Sultanate in the past and the hopes for the future, after the export of oil"; den Text gibt TOWNSEND (1977,192-198) wieder. Zur Bewertung vgl. SKEET, 1975, 178-183.

(2) Vgl. HALLIDAY, 1974,287,318-331; 1977.

(3) Führend waren an Aktivitäten gegen die Herrschaft Sa'id b. Taymurs beteiligt die Dhufār Liberation Front (DLF) und die National Democratic Front for the Liberation of Oman and the Arabian Gulf (NDFLOAG) und die Popular Front for the Liberation of the occupied Arabian Gulf (PFLOAG).

(4) Nicht nur hatte Großbritannien die Außenvertretung des Sultanats übernommen, sondern auch militärisches und ziviles Personal in die Administration des Sultanats entsandt, vgl. TOWNSEND, 1977; PETERSON, 1978.

(5) Dem Regierungswechsel lagen Vorstellungen zugrunde, daß - ähnlich der ebenfalls mit britischer Hilfe erfolgten Ablösung des konservativen Shakhbūt b. Sulţān Al Nuhayyān durch dessen progressiven Bruder Zāyid b. Sulţān - Qābūs b. Sa'īd eine Modernisierung des Landes einleiten und die dominierende Position Großbritanniens nicht gefährden würde. Vgl. HALLIDAY, 1974,288; PETERSON, 1978, 200-201.

(6) Eine Schilderung der Vorgänge befindet sich in PETERSON, 1978, 202-203; TOWNSEND, 1977,75.

(6a) Eine Dekade später griff der Sultan diese an die omanische Imamats-Tradition anknüpfende Empfehlung abgewandelt auf: Nizwā ist als Standort der ersten omanischen Universität vorgesehen.

(7) "There is an Arab saying that tribesmen think with their eyes, and this simple statement justified most of the projects that were launched under Sayyid Tarik. People could see that something was happening, that the dead days of Sultan Sa'id had gone forever" (TOWNSEND, 1977,84).

(8) Vgl. dazu TOWNSEND, 1977,64-69.

(9) Vgl. TOWNSEND, 1977,125.

(10) Für die Südprovinz Dhufār wurde 1971 ein Dhufār Development Department ins Leben gerufen (PETERSON, 1978,206).

(11) "It never took the task of planning seriously, it insisted on keeping control of the administration of contracts, and became something of a 'dustbin' ministry, into which was put all the departments which did not easily or logically fit elsewhere" (TOWNSEND, 1977,133).

(12) Zur Zusammensetzung des Rates vgl. FYDP, 1976,126-130.

(13) Vgl. SCHOLZ, 1974,50,66-67.

(14) 1976 legte Omantel das erste Telefonbuch des Sultanats vor.

(15) Befragung am 5/2/1978 (Informant 13).

(16) Befragung am 6/2/1978 (Informant 14).

(17) Die übrigen Anteile des Gesamtvolumens von 26,6 Mio. riyāl (ca. 186 Mio. DM) des "Agriculture and Irrigation Sector" betragen 0,9 Mio. riyāl für laufende Projekte, 14,4 Mio. riyāl für Bewässerungsprojekte und 4,5 Mio. riyāl für Landwirtschaftsprojekte (FYDP, 1976,38-39).

(18) gharab, eine der Räude ähnliche Krankheit, die das Kamel angreift.

(19) Inf. Director Extension Service (Informant 1), 25/5/1977.

(20) Vgl. 3.1

(21) Vgl. C.B.O., 1977,27; W.R.S., 1975,v.

(22) Inf. Director Extension Service (Informant 1), 4/5/1977.

(23) Inf. Director baladīyah Ṣuḥār (Informant 15), 6/2/1978.

(24) Vgl. 4.3.1

(25) Vgl. HALLIDAY, 1974,297; TOWNSEND, 1977,91.

(26) Inf. Research Director Fisheries (Informant 16), 20/3/1977; C.B.O., 1977,29.

(27) Vgl. JANZEN, 1980.

(28) Vgl. 5.1.2.1

(29) Dies gilt in dieser Form nicht für die omanische Südprovinz Dhufār. Dort gilt ein Raummodell, in dem die Siedlung Ṣalālah als Hauptzentrum mit ähnlicher Zentralität wie Masqat regionalen Nebenzentren übergeordnet ist.

(30) Beide Begriffe, die die strukturelle Heterogenität der Entwicklungsländer bezeichnen, werden hier im Sinne von CARDOSO (1974), FRANK (1971; 1978), STAVENHAGEN (1973) verstanden.

(31) Dies gilt in besonderem Maße für Sa'ūdi Arabien, wohin der Imām nach dem Bürgerkrieg und der Einverleibung Inner-Omans in des Sultanat floh.

(32) Inf. Besitzer Water Drilling Company, Barkā' (Informant 17), 17/4/1977.
Dieser war selbst in den fünfziger Jahren nach Sa'ūdi Arabien abgewandert und hatte Erwerbstätigkeiten bei der Erdölgesellschaft ARAMCO ausgeübt. Über die Golfstaaten kehrte er erst 1976 in seinen Geburtsort Barkā' zurück, wo er eine Wasserbohrunternehmung betreibt.

(33) Vgl. 5.1.1, 5.3

(34) Vgl. 3.3.2

(35) Vgl. TOMKINSON, 1975,130.

(36) Befragung von Händlern und Kartierung der sūqs von Shināṣ, Ṣuḥār, Al Maṣna'ah, Barkā' an der Küste und sämtlicher Märkte an der Küstenstraße As Sīb - Khaṭmat Malaḥah (1977/78).

(37) Vgl. 5.1.2

(38) Inf. shaykh Āl Ḥamad (Informant 2), 1977.

(39) Inf. shaykh Āl Ḥamad (Informant 2), Befragung in Al Harm, 12-13/6/1977.

(40) Die Batinah Force wurde 1952 als Antwort auf die Besetzung der Oase Buraymī (Aẓ Ẓahirah) durch Sa'ūdi-Arabien ausgehoben. 1953 wurde die Muscat and Oman Field Force in Ṣuḥār (N-Bāṭinah) aufgestellt, die - anschließend nach Fahūd verlegt - die Erdölexploration der P.D. (O.) militärisch sichern sollte; vgl. PETERSON, 1978,91. Das Hauptquartier der MOFF in Ṣuḥār beschreibt MORRIS, 1957,134-137.

(41) Vgl. 2.2.2

(42) Inf. wālī Barkā' (Informant 18), 1977.
Vgl. WACE, 1962,119.

(43) Ob an die Wandergruppe abgesandte Geldbeträge diese auch tatsächlich erreichten, hing von folgenden Faktoren ab: Der Überbringer konnte an der Rückkehr in das Sultanat gehindert bzw. gestellt werden, es bestand die Gefahr der Veruntreuung oder des Raubes. Teilweise mußten Beträge abgezweigt werden, um Vertreter der wālī-Administration zu bestechen. Inf. wālī Barkā' (Informant 18), 5/5/1977.

(44) Bei zunehmendem Auseinanderklaffen der Entlohnung für die gleiche Arbeit im Sultanat und dem benachbarten Scheichtum Abū Dhabī hat die Abwanderung seit Mitte der siebziger Jahre wieder ein stärkeres Ausmaß erreicht, vgl. BIRKS/MACKAY, 1979,104-105.

(45) Vgl. 4.1.2, 4.1.3

(46) Vgl. CORDES, 1979, in CORDES/SCHOLZ, 1979.

(47) Vgl. 5.1.1

(48) Von den im Scheichtum Abū Dhabī erwerbstätigen Omani sind ca. 75% im militärischen Sektor beschäftigt (BIRKS/MACKAY, 1979,103).

(49) Vgl. 5.1.2

(50) Befragungen von Lagerstandorten in der S- und N-Bāṭinah, 1977/78.

(51) Insbesondere für die Fischer der Bāṭinah gilt gleiches auch für Qaṭar, vgl. BIRKS/MACKAY, 1979,103.

(52) Vgl. 5.4.1

(53) Befragung (Informant 20), 12/6/1977.

(54) Befragung von Lagerstandorten in der S- und N-Bāṭinah, 1977/78.

(55) Die omanische Erdölgesellschaft P.D. (O.) unterhält, wie andere Firmen, ein eigenes Busnetz, das auch die S-Bāṭinah einbezieht.

(56) Erm. d. Verf. 30/1/1978, 5/2/1978, Informanten

(57) Ein Za'āb-Badū, der als Work Supervisor beim Verteidigungsministerium beschäftigt ist, zog im August 1977 von Shināṣ nach Salāḥah (S-Bāṭinah) um, von wo er täglich in die Hauptstadtregion einpendelt. Befragung (Informant 19), 12/6/1977.

5 DER JUNGE WANDEL IM LEBENSRAUM DER FISCHER UND NOMADISCHEN BEVÖLKERUNGSGRUPPEN DER BĀṬINAH

5.1 Entwicklung der traditionalen Produktionsbereiche

5.1.1 Stattgefundener Wandel in der Wirtschaftsform der nomadischen Bevölkerungsgruppen

Vor einem auf der Ebene der Wandergruppen stabilen sozialen Umfeld wurden die nahwandernden Kleinviehhalter der Bāṭinah in die Expansion der Wirtschaft der übergeordneten Entwicklungszentren einbezogen. Bereits vor 1970 empfing die traditionale Wirtschaftsform der nomadischen Bevölkerungsgruppen durch externe Arbeitsaufnahme ihrer Mitglieder erste Innovationsimpulse. Diese wurden anfangs in Randbereichen der Existenzsicherung wirksam. Beeinflußt durch die über staatliche Entwicklungsstrategien vorangetriebene Entwicklung der "modernen" Wirtschaftssektoren verschob sich später die traditionale Gewichtung der Produktionsbereiche Viehhaltung und Landwirtschaft. Innerhalb der mobilen Viehwirtschaft nahm die führende Position der Kleinviehzucht zu. Eine besondere ökonomische Bedeutung erhielt, wie gezeigt werden konnte, externe Arbeitsaufnahme im Bereich der ergänzenden Wirtschaftstätigkeiten. Über diesen Produktionsbereich wurden Ausstrahlungseffekte und Innovationsimpulse in den ländlich-nomadischen Lebensraum kanalisiert

Auf diese Weise löste bereits vor der Öffnung des Sultanats eine ökonomische Umorientierung in Randbereichen, ihre Einbeziehung in einen übergeordneten wirtschaftlichen Rahmen latente, jedoch nach 1970 unmittelbar einsetzende Wandlungsprozesse der ökonomischen Kernstruktur der nomadischen Bevölkerungsgruppen aus. Diese Entwicklung vollzog sich gleichermaßen auch in Veränderungen des räumlichen Verwirklichungsmusters der betroffenen Badū-Gruppen. Eine ihrer Auswirkungen war die Entstehung von Arbeitskräftewanderungen, die ohne die Rolle der ergänzenden Wirtschaftsbereiche nicht denkbar wären.

5.1.1.1 Mobile Viehwirtschaft

Bei allen nomadischen Bevölkerungsgruppen der Bāṭinah schrumpfte der Umfang der Kamelhaltung. In besonderer Weise waren davon die auf Kamelzucht spezialisierten nomadischen Stämme (Yal Sa'd, Al Wahībah, Āl Ḥamad) betroffen. Während von nomadischen Bevölkerungsgruppen im wilāyat Ṣuḥār vor der Öffnung des Landes (1970) 5-7 Kamele pro Wandergruppe gehalten wurden, sank diese Zahl bis 1977/78 auf durchschnittlich ein oder zwei Kamele (1). Von den bāṭiniyah-Kamele züchtenden Āl Ḥamad der S-Bāṭinah (wilāyat Barkā') werden gegenwärtig am Siedlungsstandort Salāḥah (22 Familien) etwa 100 Kamele gehalten, etwa ein Viertel des Bestandes in den sechziger Jahren (2).

Der Rückgang der Kamelhaltung bezog sich in erster Linie auf die kräftigen Transportkamele, weniger auf Reit-/Rennkamele und milchgebende Tiere. Wie in anderen Räumen des islamischen Orients stand auch bei den Badū der Bāṭinah vor allem die nach 1970 in großem Maßstab einsetzende Ausbreitung von Geländefahrzeugen als steuernde Ursache hinter der rückläufigen Entwicklung der Kamelhaltung (3). Ein Teil des Kamelbestandes verringerte sich durch den Tod von Tieren: Es starben nicht nur alte Kamele, eine beträchtliche Anzahl von Tieren wurde bei Verkehrsunfällen auf Straßen und Pisten getötet, die seit 1970 die Küstenprovinz durchziehen (4). Die schwindende ökonomische Bedeutung der Kamelzucht sei am Beispiel zweier Wandergruppen der bāṭinīyah-Kamele züchtenden Jaḥaḥayf-Fraktion der nomadischen Al Wahībah im Raum Billah - Al Muladdah (S-Bāṭinah) verdeutlicht (5).

Die Wandergruppe des Dhabab b. 'Alī al Wahībī (W. B. Kharūs) verringerte seit den sechziger Jahren dieses Jahrhunderts ihren Bestand von bāṭinīyah-Kamelen von 21 auf 6 (Tab. 16). Der Rückgang erklärt sich durch Verkauf in Al 'Ayn (Scheichtum Abū Dhabī) und den Tod zweier Kamele. Als Transportmittel wurde das Kamel von zwei geländegängigen Fahrzeugen abgelöst. Hingegen züchtet eine andere Wandergruppe der Wahībah, die des 'Abdallah b. Matar al Wahībī (W. Far'), gegenwärtig (1977) weiterhin im traditionalen Umfang Kamele (18 Tiere). Einziges Verkehrsmittel der Gruppe, die nur acht Ziegen besitzt, sind Kamele.

Dieses Beispiel zeigt zugleich, daß diese Entwicklung nicht durchgängig ist, sondern eine Reihe von Zwischenstufen, die auch die Fortführung der traditionalen Kamelzucht einschließt, hervorgebracht hat.

Um die Subsistenz mit tierischer Nahrung bei zurückgehendem Anteil des Kamels zu gewährleisten, und da der Markt für Ziegenfleisch nach 1970 stark expandierte, vergrößert sich noch, gleichsam als Gegenbewegung, das Gewicht der Kleinviehzucht. Derzeit besitzen die Mehrzahl der 1977/78 in der Wadiregion aufgesuchten Wandergruppen durchschnittlich 100 Ziegen und Schafe bei einer Streuung des Bestandes von 50-350 Stück Vieh. Ebenso wie der Wandel in der Kamelzucht zeigt auch die Kleinviehhaltung keine gleichförmige Entwicklung. Während in der S-Bāṭinah in den wilāyāt Barkā' und Al Maṣna'ah der Ziegenbestand zunahm, stagnierte er bei den mobilen Viehhaltern der N-Bāṭinah in den wilāyāt Ṣuḥār und Shināṣ (6). Im wilāyat Shināṣ haben zwei Wandergruppen den Produktionsbereich Kleinviehzucht völlig aufgegeben (7).

Trotz der Bedeutungs- und Relationsverschiebung innerhalb der Viehwirtschaft zugunsten der Ziegen- und Schafhaltung zeichnet sich auch dort eine Tendenz zur Stagnation des Bestandes ab. Zwar hatten die nomadischen Produzenten zunächst mit einer Vergrößerung der Herden auf die starke Marktnachfrage reagiert. Große Hemmnisse bei der Vermarktung, die auch durch den Ausbau der infrastrukturellen Anbindung der Bāṭinah an die Hauptstadtregion nicht beseitigt wurden, ließen mit einer ca. dreijährigen Phasenverschiebung auch bei der Ziegen- und Schafhaltung eine Stagnation eintreten. Staatliche Hilfen bei der Vermarktung viehwirtschaftlicher Produkte existieren auch gegenwärtig nicht. Noch immer verhindern Transportprobleme eine regelmäßige Beschickung der Märkte; nur selten kaufen Kunden direkt an den Standorten der nomadischen Produzenten.

Der allgemeine Rückgang der Viehwirtschaft hat auch zu einer Begrenzung der Wanderdistanzen geführt. Dies hat auch eine intensive Beweidung der aufgesuchten Areale, die sich nun mehr noch im Nahbereich

Tabelle 15

Entwicklung des Produktionsbereichs Viehzucht an einigen ausgewählten Lagerstandorten der Bāṭinah-Badū

	Wandergruppe	Standort	Kamele vor/nach 1970		Ziegen vor/nach 1970	
N-Bāṭinah						
(1)	Khamīs. b. 'Abdallah al Maqbālī	Ṭawī Waydar (W. Fayḍ)	4	-	70	90
(2)	'Alī b. Sālim ash Shiblī	Ṭawī Safay (W. al Ḥiltī)	6	2	80	ca. 60
(3)	Sulayyim b. Muḥammad ash Shakhārī	Ṭawī Shabaybah (W.'Āhin)	5	1	ca. 50	ca. 50
S-Bāṭinah						
(4)	Dhabab b. 'Alī al Wahībī	Sayḥ Qaray'ah	21	6	250	190
(5)	Ḥamad b. Ḥamdūh al Wahībī	W. Ma'āwil	12	8	120	140
(6)	Ḥamad b. 'Alī al Qanuwī	Ṣayḥ Aflāj	12	4	300	350

Quelle: Befragungen d. Verf. 30/1/1978, 5/2/1978, 9/2/1978, 14/2/1978, 22/2/1977.

der Lagerstandorte befinden, zur Folge. Durch die räumliche Begrenzung des Austriebes kommt es zu Überbesatz an Tieren und zur Überweidung, so daß die Tragfähigkeit des Raumes gefährdet ist. Der Zerstörung der natürlichen Pflanzendecke kann nur durch Bestandsverringerung begegnet werden. Die Überweidung ist vornehmlich in den Sommer-Weidegebieten fortgeschritten, wo die Teilnahme an der Dattelernte ohnehin mit geringen Distanzen des Austriebs von Kleinvieh verbunden war.

Insgesamt haben beide Faktoren die Produktionsziele der Ziegen- und Schafhaltung stärker noch als in der traditionalen Wirtschaftsform auf die Eigenversorgung mit tierischer Nahrung beschränkt - trotz nach wie vor hohen Marktbedarfs. Beständige Marktanreize fehlen aber trotz zeitweiliger Bedarfsspitzen wie zu den 'Īd-Festen, wo Käufer auch die Lager- und Siedlungsplätze der Bāṭinah-Badū aufsuchen. Ein wesentlicher Teil der Nachfrage muß daher durch billige Importe, u.a. Ziegen aus Somalia, befriedigt werden. Allein die bāṭiniyah-Kamelzucht bleibt in gewissem Umfang am Markt orientiert, da außerhalb der Küstenprovinz Bāṭinah im Scheichtum Abū Dhabī (UAE) aufgrund der dortigen Entwicklungspolitik die Nachfrage nach omanischen Kamelen fortbesteht (9).

Erheblichen Veränderungen war im Gefolge der jungen ökonomischen Entwicklung die Arbeitsorganisation der mobilen Viehwirtschaft unterworfen. Vornehmlich Badū der S-Bāṭinah (wilāyat Barkā') sind dazu übergegangen, den Weidegang von Ziegen/Schafen zunehmend von entlohnten Hirten überwachen zu lassen. Die mit dem Austrieb betrauten Hirten nehmen in den Sommer-Weidegebieten auch Tiere seßhafter Bevölkerungsgruppen in die Herden auf (E.S., 1972,Part iii,1.6). Anstelle der zum Teil noch üblichen Rotation der Hirtendienste unter den beteiligten Gruppen hat sich die Entlohnung in Geld durchgesetzt. Unter zwei Wandergruppen der Maqābīl in den Wādīs al Ḥiltī (wilāyat Ṣuḥār) und Fayḍ (wilāyat Shināṣ) wurden 1977/78 für Hirtentätigkeiten zwischen 100 und 150 baysah (ca. 0,65-1,00 DM) gezahlt (10). Frauen, Kinder, teilweise Jugendliche und alte Männder üben gegenwärtig nahezu alle, mit der Kleinviehzucht zusammenhängenden Arbeitsprozesse aus. Sie beaufsichtigen die Herden jedoch nur im Nahbereich der Lagerstandorte. Die haushaltshandwerkliche Verarbeitung von Häuten, Fell und Wolle ist jedoch nahezu völlig zusammengebrochen. 1978 konnten in der gesamten Wadiregion nur zwei Wandergruppen erfaßt werden, die aus Ziegenwolle Ziegenhaarbahnen und Sattelgurte herstellten (11).

Kaum vom stattgefundenen Wandel berührt wurde der freie Weidegang der Kamele. Auch die Rinderhaltung hat sich der Form nach nicht nachhaltig verändert, wiewohl sie quantitativ rückläufig ist, da seit den fünfziger Jahren die ṭawīyān in der Oasenlandwirtschaftszone der Küstenregion mit Dieselaggregaten ausgerüstet werden (SKEET, 1975,61) (12).

In Zusammenhang mit der Einschränkung der Wanderungsdistanzen ist bei den nomadischen Bevölkerungsgruppen der Bāṭinah eine Zunahme der Zufütterung bei Ziegen, Schafen und Kamelen erkennbar. Wenn diese an den Lagerstandort zurückkehren, erhalten Kamele und Kleinvieh nunmehr ganzjährig qatt, Datteln geringer Qualität, Dattelkerne (ta'ām) und samrah-Blätter als Zufuttergaben. In den Sommer-Weidegebieten werden vereinzelt auch geringe Mengen Trockenfisch (qāshi') hinzugefügt (FAULKNER, 1973,9).

Als Innovation im viehwirtschaftlichen Produktionsbereich der Bāṭinah-Badū kann die Haltung von Hühnern (dajāj) angesehen werden. Einige Lagergemeinschaften in der Wadiregion hielten die kleinwüchsigen Hühner (Bantamhühner) in Pferchen oder, wie mehrfach in der N-Bāṭinah beobachtet, nachts in speziell konstruierten Deckelkörben (qafaṣ, pl. aqfāṣ). Die aus Palmwedelrippen (ẓūr) geflochtenen Körbe wurden in die Äste von samrah-Akazien gehängt. Die Hühner ernährten sich von Abfällen am Lagerstandort, sie wurden ausnahmslos zur Eigenversorgung mit tierischen Produkten gehalten. Hühner beginnen bei einigen Badū-Gruppen die Ziege als Fleischlieferanten zu ersetzen. Mit der Geflügelhaltung sind die weiblichen Mitglieder der Wandergruppe befaßt (FAULKNER, 1973,2,3,8; W.R.S., 1975, 103,105; WRDP, 1975,3,401,403; ferner STEIN, 1967,120).

Bei den nomadischen Bevölkerungsgruppen der Bāṭinah hat der traditionale Hauptproduktionsbereich Viehwirtschaft seine führende Stellung zur Sicherung der materiellen Existenz eingebüßt. Als Ursachen wurden in Befragungen von Bāṭinah-Badū (13) angeführt, daß nach 1970

(1) andere Produktionsbereiche (Landwirtschaft, externe Arbeitsaufnahme) für die Existenzsicherung höhere Priorität einnehmen;

(2) ökonomisch attraktive Alternativen innerhalb des Produktionsbereichs Viehzucht fehlen;

(3) räumliche Einschränkung der Weidegebiete durch staatliche Landverteilung und Straßenbau und Überstockung der Weideareale zu sinkender Produktivität der mobilen Viehwirtschaft führen.

5.1.1.2 Ackerbau

Als direkte Folge des ökonomischen Bedeutungsverlustes mobiler Viehwirtschaft (indirekt aufgrund der Entfaltung der Wirtschaft in allen Teilräumen des Sultanats nach dem Ende der Stagnation) wuchs die wirtschaftliche Relevanz des Produktionsbereichs Landwirtschaft für das Reproduktionsmuster der nahwandernden Kleinviehhalter der Bāṭinah. Der staatlich vorangetriebene Landesausbau hat gerade in diesem Hauptproduktionsbereich der seßhaften Bevölkerungsgruppen Innovationsimpulse und Produktionsanreize geschaffen. In der Tat führte der einsetzende Wandel zunächst zu einer Aufwertung dieses Produktionsbereichs auch innerhalb der nomadischen Wirtschaftsform: Die übergeordneten Entwicklungsmaßnahmen gaben ökonomisch interessante Alternativen zu erkennen, so daß sich die Bāṭinah-Badū stark diesem traditional zweitrangigen Wirtschaftsbereich öffnen.

Im Zuge der Verteilung von Land in der Bāṭinah durch die neue Zentralgewalt erwarb die Wandergruppe des Ḥamīd b. Ḥamad al Wahībī Ende 1972 im Sommeraufenthaltsgebiet im Nahbereich der Siedlung Billah eine Parzelle (14). Die Gruppe, auf deren Wandel exemplarisch auch in anderem Zusammenhang eingegangen werden wird (15), verlagerte ab 1973 den Schwerpunkt wirtschaftlicher Aktivitäten auf den Produktionsbereich Landwirtschaft: Der Kamelbesitz wurde durch Verkauf bis 1977 von 14 auf 6 Tiere verringert, um Kapital für Kauf und Betrieb einer Dieselpumpe zur Verfügung zu haben. Die Kleinviehzucht - etwa zwanzig Ziegen - liegt gänzlich bei den weiblichen Mitgliedern der Wandergruppe, zu der dreizehn Personen zählen. Mit einem weiteren Mitglied der Wandergemeinschaft bearbeitet Ḥamīd b. Ḥamad die neuangelegte Parzelle, ohne nennenswerten anderen Tätigkeiten nachzugehen.

Durch die Entwicklungsmaßnahmen wurden die nomadischen Bevölkerungsgruppen der Bāṭinah im einzelnen in den Stand versetzt,

(1) für Brunnenbohrungen und den Erwerb von Motorpumpen Kredite des Extension Service in Anspruch zu nehmen;

(2) Saatgut, Dünger sowie Insektenbekämpfungsmittel und Dienstleistungen, z.B. Tractor Service zu subsidierten Preisen zu erhalten;

(3) technisches Wissen der Agrikulturingenieure des Extension Service bei Anbau und Betrieb der landwirtschaftlichen Produktionsflächen einzuholen.

Als entscheidender Impuls sei jedoch die seit 1972 in der Bāṭinah vorangetriebene Verteilung von Land im Übergangsraum zwischen Küsten- und Wadiregion herausgehoben (16). Traditional befand sich das Obereigentum an Grund und Boden innerhalb der Bannbereiche und Streifgebiete der Stämme in deren Verfügungsgewalt, die an Stammesführer delegiert war. Der Einfluß der Zentralgewalt im nomadischen Lebensraum war somit begrenzt. Lediglich bei seßhaften Oasenbauern vermochte die lokale/regionale Administration den Anspruch des Souveräns als oberster Grundeigentümer durch den Einzug von Steuern Nachdruck zu verleihen (17). Nach dem Umsturz 1970 wechselte die oberste Verfügungsgewalt über das gesamte Territorium, also auch die Bannbereiche nomadischer Bevölkerungsgruppen, auf die Sultanats-Herrschaft über. Ab 1972 begann eine groß angelegte Landverteilung, die jedem Omani das Recht auf die Zuteilung je einer Parzelle zu Wohn- und Wirtschaftszwecken eröffnete.

Schwerpunktmäßig lief die Landzuweisung in der Bāṭinah an, insbesondere im Übergangssaum zwischen Küsten- und Wadiregion (18). In diesem Saumbereich gestatteten die pedologischen Verhältnisse Ackerbau auf der Basis permanenter künstlicher Bewässerung (19). Der mit traditionalen Brunnen nicht erreichbare phreatische Horizont mußte in dieser Zone der Expansion landwirtschaftlicher Nutzfläche (20) durch mit modernen Techniken gebohrte Tiefbrunnen erschlossen werden. Nicht nur in der Küstenprovinz, sondern auch in anderen omanischen Teilräumen, beispielsweise Inner-Oman, wurde von der Landverteilung Gebrauch gemacht.

Erstmals räumte damit die Landvergabe auch nomadischen Bevölkerungsgruppen individuelle Besitzrechte am Produktionsmittel Boden ein. Ein entsprechender Antrag wurde dem Ministry of Lands and Municipalities (wizārat shu'ūn al araḍī wal baladīyāt) über die regionale wālī-Administration zugeleitet. Bei der Anhörung durch den wālī konnte ein Stammesfunktionsträger (shaykh, rashīd) eingeschaltet werden, seine Anwesenheit war aber nicht zwingend (21). Infolgedessen war es möglich, das Land auch außerhalb des Bannbereichs des Stammes, dem der Antragsteller angehört, vergeben werden kann. Die Zuteilung beinhaltete das Recht, die Parzelle zu veräußern, wofür jedoch die Zustimmung des Ministry of Lands und des Ministry of Agriculture einzuholen war (MALLAKH, 1972,426). Mit einem Verkauf erlosch aber zugleich der Anspruch auf weitere Zuweisung.

Das ausführende Ministry of Lands vergibt Parzellen bis zu einer Größe von 5 faddān (ca. 1,5 ha) für eine Periode von 49 Jahren (22). Pachtzahlungen von jährlich 1 riyāl/faddān sind ab dem dritten Jahr nach der Landverteilung zu leisten (MALLAKH, 1972, 426). Abgabepreise sind nach Nutzungskategorien gestaffelt.

Tabelle 16

Landverteilung in der Bāṭinah: Nutzungskategorien

Kategorie	vorgeschriebene Nutzung	Abgabepreis (R.O./sq.ft.)
(4)	Badū-Betrieb	0,010 (ca. 0,07 DM)
(3)	(Klein-) Gewerbe	0,035 (ca. 0,25 DM)
(2)	kommerzieller Landw. Betrieb	0,075 (ca. 0,55 DM)
(1)	Wohnen	2,500 (ca. 17,50 DM)

Quelle: Inf. v. wālī Barkā' (Informant 18), 17/3/1977, Murāqib Extension Service Centre Shināṣ (Informant 21), 21/5/1977.

Im Einklang mit den Entwicklungsstrategien des Fünfjahresplanes sollen die wirtschaftlichen Existenzbedingungen auch der nomadischen Bevölkerungsgruppen durch die Landverteilung erweitert werden (23). Da jedoch am landwärtigen Saum der Küstenregion mobile Viehhaltung und ackerbauliche Nutzung räumlich konkurrieren, zeichnet sich im traditionalen Sommer-Weidegebiet der Bāṭinah-Badū ein Flächennutzungskonflikt zwischen traditionaler Wanderviehwirtschaft und Ackerbau ab. Die Entwicklungsstrategien weisen hier der ackerbaulichen Nutzung den eindeutigen Vorrang zu (24).

Auf den von Bāṭinah-Badū im Zuge der Landzuweisung erworbenen Parzellen werden gewöhnlich keine Dattelpalmen kultiviert, da der Markt für Bāṭinah-Datteln zu Beginn der siebziger Jahre bereits faktisch zusammengebrochen ist (25). Dattelpalmen umgeben neuangelegte Gärten häufig nurmehr noch als Begrenzungshecken bzw. Windbrecher. Stattdessen resultiert der Kontakt mit bäuerlich-seßhaften Bevölkerungsgruppen in einer Diversifikation des traditionalen Anbauspektrums über Datteln, Agrumen- und Luzernearten hinaus. Diese Entwicklung erfaßt den landwirtschaftlichen Produktionsbereich der Bāṭinah-Badū nicht durchgängig, sondern regional unterschiedlich. So gingen einige Badū der N-Bāṭinah (wilāyat Shināṣ) vereinzelt bereits gegen Ende der sechziger Jahre, also kurz vor der Öffnung des Sultanats, zum Anbau von Gemüse über. Denn der expandierende Markt in den Scheichtümern Trucial Omans (Abū Dhabī, Dubay), die verhältnismäßig gut zu erreichen waren, wirkte als Anreiz zur Kultivierung von Marktfrüchten. In der geschlossenen Zone der Oasenlandwirtschaft in der Küstenregion, kaum indessen in den Gärten der Bergfußoasen, treten neben die Dattel in wechselndem Umfang Fruchtbäume - Agrumen, Mango, Papaya (fifay) -, Sommer- und Wintergemüse - Zwiebel, Gurke, Tomate, Melone - und Futterbaupflanzen - qatt, barsīm (Tab. 17).

Der 1972 angelegte "Badū-Betrieb" (26) des Ḥamīd b. Ḥamad al Wahībi (Abb.28 ; Ausschnitt: F 12) - zuvor hatte diese Gruppe weder über Eigentum an Dattelpalmen oder Dattelgärten verfügt - war 1977 erst zu einem Drittel der Fläche kultiviert. Neben etwa 100 Dattelpalmen, ca. fünf Jahre alt, bilden Futterpflanzen (qatt, barsīm) den Anbauschwerpunkt des Gartens, sie besetzen den überwiegenden Teil der kultivierten Fläche. Bananenstauden (mawz), einige Agrumen und wenig Gemüse (Tomaten, Peperoni) werden zur Eigenversorgung angebaut. Ungefähr 40 % des geschnittenen qatt verkaufte die Gruppe im Sommer 1977 auf den Märkten in Barkā' und Al Muladdah (S-Bāṭinah). Angaben Ḥamīd b. Ḥamads zufolge wurde das Netz der Bewässerungskanäle nach dem Vorbild der landwirtschaftlichen Produktionsflächen seßhafter Bevölkerungsgruppen angelegt, ohne Konsultation bzw. Beratung durch den Extension Service.

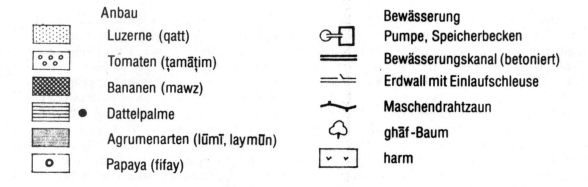

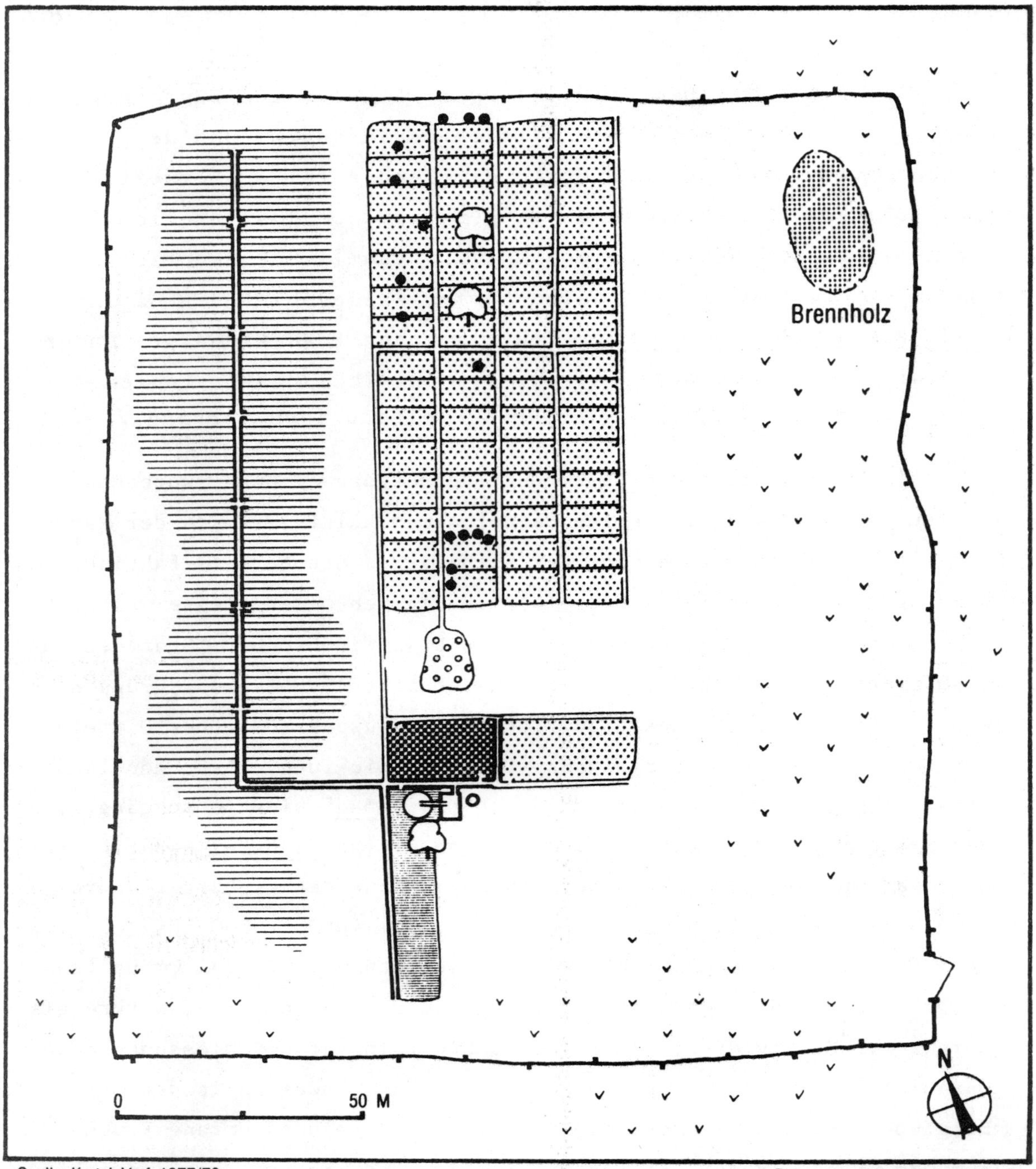

Quelle: Kart d. Verf. 1977/78

Behausung (Abb. 33) ca. 250 m E

Anbau

- Luzerne (qatt)
- Tomaten (ṭamāṭim)
- Bananen (mawz)
- Dattelpalme
- Agrumenarten (lūmī, laymūn)
- Papaya (fifay)

Bewässerung

- Pumpe, Speicherbecken
- Bewässerungskanal (betoniert)
- Erdwall mit Einlaufschleuse
- Maschendrahtzaun
- ghāf-Baum
- harm

Abb. 28 Landverteilung an Bāṭinah-Badū — Beispiel Al Wahībah (1978)

Tabelle 17

Wandel der landwirtschaftlichen Produktion der Bāṭinah-Badū - Anbaupflanzen

Anbaupflanzen	vor 1970	1977/78
Fruchtbäume	Datteln (nakhl) Agrumenarten (lūmī, laymūn, safarjil) Mango ('ambah)	Datteln (nakhl) Agrumenarten (lūmī, laymūn, safarjil, burtuqāl) Mango ('ambah) Papaya (fifay) Wein ('inab)
Dauerkulturen	Luzernearten (qatt) vereinzelt: Bananen (mawz) Gemüse (khuḍrawat)	Luzernearten (qatt, barsim hijazi)
Sommerkultur		Melonen (shammām) Gurken (khiyār) Tomaten (ṭamāṭim) Auberginen (bazinjān)
Winterkultur		Zwiebeln (baṣal) Tomaten (ṭamāṭim) Kohl (kurunb) Knoblauch (thūm) Peperoni (filfil)

Quelle: Erm. und Kart. d. Verf., 1977/78

Etwa gleichzeitig mit der Expansion landwirtschaftlicher Nutzfläche verfallen zunehmend im Besitz von mobilen Viehhaltern befindliche, mitunter um hundert Jahre alte Dattelgärten in der Küstenregion. Vereinzelt gilt dies entsprechend für den Dattelbesitz einiger nomadischer Bevölkerungsgruppen in kleinen Bergfußoasen, besonders dann, wenn sie nicht auf Pisten erreicht werden können (W. Fayḍ, Tīwam, Shakhs; wilāyat Shināṣ) (27).

'Abdallah al Bidwī, ein Stammesmitglied der nomadischen Biduwāt, besitzt im Nahbereich der Siedlung Khaḍrawayn (N-Bāṭinah) drei landwirtschaftliche Produktionsflächen. Während er sich nach der Aufgabe mobiler Viehwirtschaft in zwei Gärten auf den marktorientierten Anbau von Gemüse (Melonen, Tomaten) konzentriert, wird die Bewirtschaftung des dritten Gartens, der Dattelkulturen, vernachlässigt. Sechs indische Landarbeiter, die beschäftigt werden, besorgen in erster Linie den Anbau von Gemüsekulturen; die Dattelpalmen bewässern sie unregelmäßig. Als Folge zeigen die z.T. 40 Jahre alten Palmen vertrocknete Palmwedel, die nicht ausgeschnitten werden, und ungeerntete Fruchtstände. Aufgrund der besseren Qualität von Datteln der Gebirgsregion bzw. Inner-Omans deckt der Besitzer den eigenen Bedarf aus Ar Rustāq (Ghadaf).

Luzernearten werden vornehmlich für den Verkauf am Markt angebaut, denn die Nachfrage in der Bāṭinah ist groß. Auf speziellen qatt-Märkten in den Küstenzentren der Bāṭinah bieten die Produzenten selbst das zu Bündeln zusammengeschnürte qatt an. Gemüse wird bei den Bāṭinah-Badū noch weitgehend zur Subsistenz produziert. Allerdings haben einige nomadische Gruppen (z.B. 'Abdallah al Bidwī) im traditionalen Sommer-Weidegebiet der N-Bāṭinah (wilāyat Shināṣ) den marktorientierten Anbau von Gemüse und Sonderkulturen (Tabak, ghaliyūn) aufgenommen.

Zwar führte die Landverteilung zu einer Hebung der ökonomischen Bedeutung des traditional ergänzenden Produktionsbereichs Ackerbau bei den Bāṭinah-Badū. Zugleich zeigten sich jedoch auch Entwicklungen, die die Intentionen der Landzuweisung ins Gegenteil zu verkehren drohen (SCHOLZ, 1979,130): Oftmals fehlte dem Landbesitzer das Kapital zur Inwertsetzung der Flächen, d.h. zur Anschaffung einer Motorpumpe, zum Kauf von Saatgut etc. Die Beratungsmöglichkeiten des Extension Service wurden kaum genutzt bzw. erreichten die nomadischen Landbesitzer nicht in effektiver Weise. Technische Defekte oder der Ausfall von Dieselpumpen, fehlende Mittel zum Kauf von Kraftstoff oder zur Reparatur führen i.d.R. zu sinkender Produktivität in der Landwirtschaft.

Die Ḥawāsinah-Wandergruppe des Sālim B. Khamīs al Ḥawsini (28) hat 1975 im Nahbereich von Al Khābūrah in der Wadiregion einen ca. fünf faddān große Parzelle erworben und die landwirtschaftliche Produktion aufgenommen. Die Anbaufläche wird von einer Motorpumpe bewässert, die seit Frühjahr 1977 einen Defekt aufweist, der die Pumpleistung stark vermindert. Da keine Mittel zur Reparatur der ohne Kredite finanzierten Pumpe vorhanden sind, erhalten qatt-, Gemüse- (Melonen, Gurken) und Sonnenblumenkulturen nur unzureichende Wassermengen. Aus diesem Grund ist die bewässerte Anbaufläche bereits auf etwa 50% der Nutzfläche geschrumpft. Die unbewässerte Fläche ist von dichter Grasvegetation überzogen, die in das Bewässerungsland vordringt. Auch die qatt-Kulturen des Ḥamīd b. Ḥamad al Wahībī (Billah) weisen wegen eines Pumpendefektes Dürreschäden auf.

So absorbierte zwar die insgesamt bei den mobilen Viehhaltern der Bāṭinah stattgefundene Ausweitung landwirtschaftlicher Produktion einen Teil der im Produktionsbereich Viehzucht freigesetzten Arbeitskraft und -zeit und/oder zog sie diesem ab. Unter den genannten Bedingungen führte wirtschaftlicher Mißerfolg im landwirtschaftlichen Produktionsbereich jedoch kaum dazu, die stark eingeschränkten Wirtschaftstätigkeiten der Viehhaltung wieder aufzunehmen, da der Bestand an Kleinvieh zumeist erheblich verringert worden war. Denn Fehlschläge im Anbau konnten durch den Produktionsbereich Viehwirtschaft aufgrund der Verringerung der Herden nicht mehr aufgefangen werden. Seit Mitte der siebziger Jahre nötigte der drohende Verlust der Existenzgrundlage auch die nomadischen Landbesitzer verstärkt zur Aufnahme externer Erwerbstätigkeiten außerhalb des traditionalen Subsistenzbereichs.

Eine ähnliche Entwicklung vollzog sich auch bei den bayādīr, in eingeschränkter Form ebenso bei den 'abīd, so daß als Folge das Potential qualifizierter Lohnarbeitskräfte in der Landwirtschaft schrumpfte (29). Garantierte Mindestlöhne und physisch weniger anstrengende Tätigkeiten im "modernen" Sektor schufen für diese unterprivilegierten Bevölkerungsgruppen einen beträchtlichen Anreiz zur oftmals permanenten Abwanderung aus der Bāṭinah. In dieser Situation sind die auch nomadischen Besitzer von Dattelgärten gefordert, die notwendigen Arbeiten selbst durchzuführen. Jedoch konzentrieren sich die Bāṭinah-Badū nach eigenen Aussagen auf Bewässerungsarbeiten und die Dattelernte, andere Arbeiten werden vernachlässigt: Die Kulturen werden kaum gepflegt, auch Maßnahmen der Bodenbearbeitung (Auflöckerung, Unkrautvernichtung) unterbleiben weitgehend. Einige Arbeitsprozesse, insbesondere beim Futterbau (qatt-Schneiden), werden Frauen und alten Männern übertragen.

Da insbesondere von seiten kapitalkräftiger Händler oder Unternehmungen der Hauptstadtregion in der Bāṭinah eine große Landnachfrage besteht, veräußerten eine Reihe nomadischer Besitzer ihre Parzellen. Die Verkaufserlöse wurden oft zur Konsumteilhabe (SCHOLZ, 1979,131) oder zur Errichtung einer bodensteten Behausung aus "modernem" Baumaterial (Sperrholz, Formstein) verwendet. In den von Einwohnern der Hauptstadtregion schwerpunktmäßig im Raum Rumays (S-Bāṭinah) angelegten und nach industriellen Gesichtspunkten geführten kommerziellen Farmen (30), die unter hohem Kapitaleinsatz und mit auslädischen Arbeitskräften (Inder, Pakistani) Gemüseproduktion betreiben, ist den Besitzern von Badū-Betrieben eine Marktkonkurrenz erwachsen. Wenn auch auf den kommerziellen Farmen aufgrund der anfallenden hohen Kosten vornehmlich für die Selbstversorgung produziert wird, haben sie doch ökonomisch profitable Marktanteile wie die Versorgung von Hotels, europäischen Unternehmungen etc. in ihren Händen konzentriert.

Ein inner-omanischer Markt für Gemüse ist hingegen derzeit nur schwach entwickelt, da die Vermarktung des von Badū-Betrieben und den Gärten seßhafter Oasenbauern produzierten Gemüses mangelhaft ist. Der Verzehr von Gemüse selbst stellt eine Innovation in den Ernährungsgewohnheiten dar. Lediglich für die N-Bāṭinah bieten die Märkte in Al 'Ayn, Abū Dhabī und Dubay eine ökonomische Alternative.

Als jüngste, räumlich-manifeste Entwicklung im Produktionsbereich Landwirtschaft zeigen sich 1978 in der Wadiregion Tendenzen für eine Ausweitung der landwirtschaftlichen Produktion. In der Aufschüttungsebene, einem landwirtschaftlichen Ungunstraum, legen in der N-Bāṭinah einige Wandergemeinschaften kleine Gärten an ihren jeweiligen Lagerstandorten an (F 13).

Die Wandergruppe des Khamīs b. Sālim as Surayhī hat im Frühjahr 1978 an ihrem permanenten Siedlungsstandort im Wādī al Ḥiltī (wilāyat Ṣuḥār) eine kleine Nutzungsparzelle (ca. 600 m²; F 7) angelegt (31). Lediglich von groben Steinen wurde die am Wadirand lokalisierte Parzelle gesäubert; der gegen Viehbiß eingezäunte Garten wird über Schlauchbewässerung mit Wasser versorgt. Als Produktionsziel strebt die Gruppe die Versorgung mit Gemüse an. Dazu ist die Melioration des Bodens durch Aufbringung lehmig-sandigen Materials aus dem Wadibett geplant.

Die von den Entwicklungsstrategien verfolgte Absicht, durch die Landvergabe auch nomadischen Bevölkerungsgruppen Möglichkeiten der Teilhabe an der übergeordneten Entwicklung des Landes zu eröffnen, haben jedoch im landwirtschaftlichen Produktionsbereich der Bāṭinah-Badū eine widersprüchliche, in sich gegenläufige Entwicklung ausgelöst.

(1) Staatliche Entwicklungsstrategien haben in einem frühen Stadium des Wandels die Badū befähigt, den landwirtschaftlichen Produktionsbereich innerhalb der traditionalen Wirtschaftsform auszuweiten.

(2) Einträgliche Marktproduktion im Produktionsbereich Landwirtschaft hat sich für die nahwandernden Viehhalter nur bei beträchtlichem Kapitaleinsatz und der Lösung des Vermarktungsproblems als realisierbar erwiesen.

Die erste Entwicklung führte am Beginn der siebziger Jahre dazu, den landwirtschaftlichen Wirtschaftstätigkeiten erste Priorität im Rahmen der Existenzsicherung einzuräumen. In der Folgezeit sank jedoch zumeist die Produktivität der Landwirtschaft, so daß auch die stark eingeschränkte Viehhaltung der Badū temporäre oder permanente Ausfälle kaum ausgleichen konnte. Infolgedessen steigt in der gegenwärtigen Phase des Wandels die Zahl der Bāṭinah-Badū, die landwirtschaftliche Produktion aufgeben und in Erwerbstätigkeiten außerhalb des Subsistenzbereiches abwandern. Die regionalen Schwerpunkte der externen Arbeitsaufnahme liegen vornehmlich in den Entwicklungszentren Masqaṭ und Abū Dhabī. Dort konzentriert sich die Erwerbstätigkeit in erster Linie auf wenig qualifizierte Beschäftigungen, die in der Rangfolge abnehmender Bedeutung "casual labouring, employed on a daily basis; driving; unskilled office work; domestic services; unemployment; farming; trading; begging; and smithing" (BIRKS/MACKAY, 1979,103) umfassen. Lediglich in den UAE besitzt die Arbeitsaufnahme im militärischen Sektor eine größere Bedeutung.

Im gegenwärtigen Abschnitt des Wirtschaftswandels bei den Bāṭinah-Badū haben einerseits außerpastorale Beschäftigungen die Stellung des Produktionsbereichs Viehwirtschaft eingenommen und für eine beträchtliche Minderheit (ca. 40 %) eine Einbeziehung in die junge sozioökonomische Entwicklung des Sultanats ermöglicht (32). Andererseits wurde externe Arbeitsaufnahme bislang selten genutzt, um berufliche Qualifikation zu erwerben (33).

Zumeist bieten die aufgenommenen Erwerbstätigkeiten, zumal den Badū, selten die Möglichkeit, traditionale Fähigkeiten beruflich einzusetzen (BIRKS/MACKAY, 1979,103). Die nomadischen Bevölkerungsgruppen stellen damit in besonderer Weise ein Reservoir unqualifizierter Arbeitskraft für die Entwicklungszentren dar. Infolge der geringen beruflichen Qualifikation sind ihre Arbeitsplätze insbesondere in Stagnationsphasen der ökonomischen Expansion, wie sie sich gegenwärtig beispielsweise im Bausektor zeigen, in stärkerem Maße gefährdet. Daraus folgt, daß die nomadischen Bevölkerungsgruppen größtenteils zwar in die übergeordnete Wirtschaftsentwicklung einbezogen sind. Eine auch aktive Teilhabe (Partizipation) an ihr bedeutet dies, wie in den vorausgegangenen Ausführungen zu zeigen versucht wurde, zugleich freilich noch nicht. Daher kehren vereinzelt Bāṭinah-Badū aus externer Erwerbstätigkeit in den traditionalen Subsistenzbereich, nicht aber in die traditionalen Wirtschaftstätigkeiten zurück.

5.1.2 Stattgefundener Wandel in der Wirtschaftsform der Fischer

5.1.2.1 Fischfang

Im traditionalen Hauptproduktionsbereich fanden seit den fünfziger Jahren dieses Jahrhunderts die ersten Innovationen Eingang. Diesen Wandel zeigt deutliche Veränderungen im Arbeitsinstrumentarium der Bāṭinah-Fischer, die aufgrund ihrer Wirtschaftstätigkeiten auch außerhalb des Sultanats über ein größeres Maß an Außenkontakten verfügten als die übrigen Lebensformgruppen der Küstenprovinz (34). Wie erwähnt, bezogen die Fischer Material, traditional auch Baustoffe zur Fertigung der Arbeitsinstrumente, aus Indien und dem Golfbereich (Baḥrayn, Dubay).

Innerhalb des Produktionsbereichs Fischfang soll vor allem auf drei Innovationen eingegangen werden, die den Wandel in diesem Wirtschaftssektor wesentlich mitbestimmt haben. Diese sind

(1) das Vordringen des Einbaum-hūrī in die Bāṭinah;

(2) die Motorisierung kleinerer Bootstypen;

(3) die Einführung von Nylonnetzen.

Die Bootstypen der Bāṭinah-Fischer wurden seit den fünfziger Jahren durch den Einbaum-hūrī ergänzt, dessen traditionales Hauptverbreitungsgebiet die Kliffküste zwischen Ṣūr und Masqaṭ war (35) (BERTRAM, 1948,8). In der gegenwärtigen Phase hat sich der Einbaum-hūrī in der gesamten Bāṭinah durchgesetzt, mit einem Verbreitungsschwerpunkt in der S-Bāṭinah.

Angaben der Fischer zufolge wurden die Einbäume in Indien aus Mangostämmen (jidh', pl. ajdhā' 'ambah) gefertigt, die Rohlinge über indische Händler in Maṭraḥ und seit den fünfziger Jahren auch über die sūqs der städtischen Küstenzentren in der Bāṭinah aus Malabar (Mangalore) importiert. Nach dem Kauf des Rohlings ließen die Fischer in den einzelnen Küstensiedlungen von Schiffbauern (ustādh, pl. asātidhah) Veränderungen vornehmen: U.a. wurde der Kiel des ca. 4-8 m langen Bootes durch Holzleisten (samīkah, pl. samā'ik) verstärkt und innerhalb des Rumpfes ein bewegliches Deck aus Palmwedelrippen eingezogen (36).

Die Ausbreitung des Einbaum-hūrī wurde jedoch erst in den sechziger Jahren von besonderer Dynamik erfaßt im Zusammenwirken mit einer zweiten, entscheidenden Innovation: Zwischen 1960 und 1965 wurden die ersten Fischerboote in der Bāṭinah mit Benzin-Außenbordmotoren ausgerüstet (37). Da bis 1970 die Herrschaft Sa'īd b. Taymūrs nur Import und Betrieb von Außenbordmotoren geringer Leistung (ca. 5 PS) gestattete (SKEET, 1975,187), motorisierten die Fischer kleinere Bootstypen, die nicht besegelt werden konnten und für die Aufnahme eines Außenbordmotors geeignet schienen (38). Es stellte sich heraus, daß insbesondere der Einbaum-hūrī (in geringerem Umfang auch der Planken-hūrī) nach nur wenigen Veränderungen, genauer: durch einen einfachen Heckaufbau, mit einem Außenbordmotor versehen werden konnte. Infolgedessen erweiterte sich das Verbreitungsgebiet des Einbaum-hūrī nach Westen stetig. Dieser Bootstyp löste bis zum gegenwärtigen Zeitpunkt in der S-Bāṭinah die shāshah weitgehend ab.

Ein weiterer Grund, der das Vordringen des Einbaum-hūrī begünstigte, kann in den Anschaffungskosten gesehen werden. Während ein aus Planken gefertigter hūrī 1977 bis 500 riyāl kostete, war ein vergleichbarer Einbaum um etwa 100 riyāl günstiger in der Anschaffung (39).

Die Anzahl kleiner hölzerner Fischerboote stieg, im wesentlichen als Folge der genannten Importbeschränkung, permanent seit den sechziger Jahren, der Fischfang mit shāsh, insbesondere aber mit größeren Bootstypen (badan) ging stark zurück: Während der Feldforschung konnten nur zwei Boote des badan-Typus im Einsatz beobachtet werden (40); diese großen Ruderboote wurden seit den zwanziger Jahren immer weniger für den Fischfang verwendet. Gegenwärtig sind die kleineren shāsh östlich Al Maṣna'ah (S-Bāṭinah) kaum noch anzutreffen.

Nach 1970 wurde das Importverbot für stärkere Bootsmotoren aufgehoben, so daß erst zu Beginn der siebziger Jahre größere Bootstypen (shāhūf, baqārah), vornehmlich in der N-Bāṭinah, mit Innenbord-Dieselmotoren versehen wurden. In der Fischersiedlung Suwādī al Baṭḥā' (wilāyat Al Maṣna'ah) existiert jedoch das nach Bekundung von Bāṭinah-Fischern einzige Boot der shāhūf-Größenklasse in der Bāṭinah, das durch einen Außenbordmotor (Benzin, ca. 50 PS) angetrieben wird (41).

Seit Mitte der siebziger Jahre haben einzelne Fischer begonnen, die als nicht motorisierbar geltende shāshah mit kleinen Außenbordmotoren auszurüsten. Dazu wurde im Heckteil des Bootes ein Brett eingezogen, an dem der Motor befestigt ist, und ein Loch in den Rumpf geschnitten, damit Schaft und Schraube das Wasser erreichen.

Bei den Bootstypen stellen die vorerst letzte Innovation kleine Aluminium-Fischerboote dar, die vereinzelt in der Bāṭinah anzutreffen sind. Eingeführt wurden sie von der Zentralgewalt ab 1975 mit der Vergabe langfristiger Rückzahlungskredite (42). Somit wäre, so scheint es, mit der Verwirklichung einer der für den Fischereisektor geplanten Entwicklungsmaßnahme begonnen worden. Indessen war die Verteilung der Boote in der Bāṭinah eine Reaktion auf die Vergabe von Aluminiumbooten während des Konfliktes in Dhufār. Um die Fischer-Bevölkerungsgruppen Dhufārs in der Endphase des militärischen Kampfes an den in der omanischen Südprovinz eingeleiteten Entwicklungsmaßnahmen teilhaben zu lassen und auf diese Weise die Sultanats-Herrschaft über die Küste zu festigen, wurden in großem Maßstab diese Boote bei einem Stückpreis von 750 riyāl verteilt. Indem die Zentralgewalt auch in der Bāṭinah einige Boote zur Verfügung stellte, suchte sie Forderungen und Kritik aus N-Oman, die gegen eine auf allen Sektoren zu konstatierende Bevorzugung Dhufārs während der sozioökonomischen Entwicklung gerichtet war, zu begegnen.

Die dritte, wesentliche Innovation im Produktionsbereich Fischfang sind Nylonnetze, die seit der Mitte der sechziger Jahre über Trucial Oman (Dubay) in die Bāṭinah eindrangen. Von dort wurden bis 1970 Nylonnetze auch importiert, nach dem Regierungswechsel jedoch auch aus Maṭraḥ und den sūqs der Küstenzentren bezogen (43).

Komplette Netzteile (ṭāqah, pl. ṭāqāt), die zu Netzen zusammengefügt wurden, ersetzten die traditionalen, von den Fischern selbst geknüpften Baumwollnetze. Lediglich Zugleinen und Schwimmer fertigten die Fischer teilweise noch selbst.

Ungefähr gleichzeitig mit der Einführung von Nylonnetzen begannen die Bāṭinah-Fischer, statt der aus Dattelwedelrippen hergestellten Reusen solche aus Draht zu verwenden. Das Baumaterial dazu wurde vor 1970 in Rollen ebenfalls nahezu ausschließlich und nach der Öffnung des Sultanats überwiegend in Dubay erworben. Spezialisierte Fischreusenbauer, die gewöhnlich in jeder Fischersiedlung anzutreffen sind, verarbeiteten den Draht. Bei Einschaltung eines solchen Handwerkers, der ca. sieben Tage zur Herstellung einer dubāyah benötigt, belaufen sich beispielsweise gegenwärtig (1978) in der Fischersiedlung Ḥarādī (S-Bāṭinah) die Fertigungskosten auf etwa 13 riyāl bei einem Arbeitslohnanteil von ca. fünf riyāl. Reusen, die ein Händler im sechs Kilometer entfernten sūq von Barkā' zur gleichen Zeit anbot, kosteten 16 riyāl (44). Die aus Drahtgeflecht bestehenden Reusen haben gegenwärtig die traditionalen dawābī in der Nutzung vollkommen verdrängt (45).

Die Innovationen des Arbeitsinstrumentariums haben freilich die traditionale Arbeitsorganisation und die Produktivität nur unwesentlich gewandelt. Um die Fischer-Bevölkerungsgruppen an der jungen sozioökonomischen Entwicklung zu beteiligen, vergab die Zentralgewalt 1971 im Fischereisektor Aufträge über Grundlagenforschung, deren Ergebnisse seit 1975 vorliegen. Zwei Jahre zuvor wurde ein Fischereiforschungsschiff ("Darbāt") erworben, mit dessen Hilfe der Fischreichtum der omanischen Hoheitsgewässer und geeignete Fangmethoden näher bestimmt werden sollten (A.F., 20).

Die Grundlagenforschung führte u.a. zur Vergabe von Fangkonzessionen vor den Küsten SE-Omans; ähnliche Konzessionen an ausländische Unternehmungen in den Küstengewässern der Bāṭinah sind derzeit nicht geplant (46). An konkreten Entwicklungsprogrammen, die auf die Einbeziehung und Entwicklung des traditionalen Fischfangs in den sozioökonomischen Wandel zielt, fehlt es in der

Bāṭinah weitgehend. Deshalb ist der Hauptproduktionsbereich der Fischer noch ungenügend in die expandierende Ökonomie des Sultanats integriert, obwohl die Bedeutung dieses Wirtschaftssektors für die künftige Entwicklung allenthalben erkannt wurde (A.F., 22).

Um, gemäß den Entwicklungsstrategien, der sich wenig entwickelnden Fischerei des Sultanats wirtschaftliche Impulse zu geben, sahen die Maßnahmen Investitionen im Fischereisektor vor, die die materielle Existenz der Fischer verbessern helfen sollten. Beispielsweise wurde nach 1970 der Zwang aufgehoben, den Fang auf einer Auktion zu verkaufen, in der Vermarktung ist der Fischer nunmehr ungebunden. Allerdings stellt, insbesondere in der S-Bāṭinah (Barkā', As Sīb), die Auktion durch einen dalāl die verbreitetste Form des Fischverkaufs dar. Da die Vermarktung von Fisch in das ökonomische Gefüge einer anderen Lebensformgruppe fällt, haben sich die traditionalen Vermarktungsformen und die Beteiligung der Fischer daran im Verlauf des Wandels kaum verändert.

Steigender Bedarf an Fisch und verbesserte Transportmöglichkeiten führen neuerdings dazu, daß Frischfisch von den SE-Küsten Omans (Ṣūr, Al Ashkharah) in den Fisch-sūqs der Bāṭinah angeboten wird (47) und den Bāṭinah-Fischern starke Konkurrenz erwächst.

Andere Entwicklungsmaßnahmen im Fischereisektor, wie die angestrebte Verbesserung der Vermarktung des Fanges, die Errichtung einer Eisfabrik und von Kühlhäusern (48) sind geeignet, die ökonomische Position der Fischhändler und erst in zweiter Linie bzw. indirekt die der Fischer-Bevölkerungsgruppen selbst zu verbessern. Da, insgesamt, bis zum gegenwärtigen Zeitpunkt die staatlichen Entwicklungsmaßnahmen im Fischereisektor die Bāṭinah-Fischer nur mangelhaft zur Partizipation am jungen sozioökonomischen Wandel befähigt haben, zeigte der traditionale Produktionsbereich auch nach 1970 geringe wirtschaftliche Dynamik. Die Folge war zumeist saisonale Erwerbstätigkeit der Fischer außerhalb Omans. Auch die traditionalen ergänzenden Produktionsbereiche vermochten den ökonomischen Bedeutungsverfall des Fischfangs nur unvollkommen aufzufangen, da auch sie z.T. tiefgreifenden Veränderungen unterworfen waren.

5.1.2.2 Ergänzende Wirtschaftsbereiche

Ein Umbruch innerhalb der ergänzenden Wirtschaftstätigkeiten setzte, wie im Produktionsbereich Fischfang, bereits vor der Öffnung des Sultanats ein; erste Wandlungsprozesse lassen sich bis in die dreißiger Jahre zurückverfolgen. Dies gilt insbesondere für die Perlfischerei, zu der die Bāṭinah-Fischer saisonal abwanderten.

Nach einem Höhepunkt zu Beginn des 20. Jahrhunderts verzeichnete die Perlfischerei des Golfs seit den zwanziger Jahren einen permanenten Niedergang. Der Zusammenbruch fand seine Ursachen im Eindringen japanischer Zuchtperlen auf den Weltmarkt in den zwanziger Jahren. Dies führte - in der weltwirtschaftlichen Depression der dreißiger Jahre - zu sinkender Nachfrage nach Perlen aus dem Golf und zu beträchtlichem Preisverfall (BARTZ, 1965,22; BOWEN, 1951(b),163-164; BELGRAVE, 1934,450).

Mit dem Beginn der durch den Export von Erdöl initiierten wirtschaftlichen Entwicklung in einigen Golfstaaten (Baḥrayn, Kuwayt, Sa'ūdi Arabien) wurden große Teile der Perlfischer dieser Länder außerhalb dieses traditionalen Produktionsbereichs zumeist im jungen Ölsektor erwerbstätig (BOWEN, 1951(a),400; 1951(b),179-180). Trotz der rückläufigen Entwicklung der Perlfischerei bestand, wenngleich vermindert, ein Bedarf an Arbeitskräften fort. Infolgedessen "many men still make the northern trek from the Batinah coast, and the nakhodas there have little difficulty in finding pearling crews" (BOWEN, 1951(b),180). Obwohl bis in die fünziger Jahre die Beteiligung von Bāṭinah-Fischern ständig sank, bewirkten mangelnde Möglichkeiten der Existenzsicherung in den stagnierenden Ökonomien SE-Arabiens (Oman und Trucial Oman) nur ein allmähliches Nachlassen der Teilnahme an der Perlfischerei.

Seit den fünfziger Jahren besaß auch der Export von Perlen und Perlmutter aus Masqaṭ keine ökonomische Bedeutung mehr (App. 6). Anhaltender Verfall der Perlfischerei und erste Innovationen im Produktionsbereich Fischerei hatten zur Folge, daß die Fischer Perlfischerei als saisonalen ergänzenden Produktionsbereich ungefähr seit Beginn der sechziger Jahre nicht mehr ausüben. An die Aufgabe dieser Wirtschaftstätigkeit waren, neben den ökonomischen Folgen für die traditionale Wirtschaftsform, Veränderungen im traditionalen räumlichen Verwirklichungsmuster gekoppelt (49).

Wandlungen in weiteren ergänzenden Wirtschaftsbereichen der Bāṭinah-Fischer datierten zumeist nach der Öffnung des Sultanats. Partiell allerdings waren diese Entwicklungen latent vorhanden, sie traten jedoch erst nach 1970 zutage.

Im Bereich der Transportdienste, die die Fischer traditional diskontinuierlich leisteten, war nach 1970 ein starker Rückgang festzustellen. Die wesentliche Ursache kann in dem Tatbestand gesehen werden, daß der Transport von Gütern auf Schiffen zwischen den Bāṭinah-Siedlungen und Maṭraḥ ("coasting trade") weitgehend auf Kraftfahrzeuge verlagert worden ist, seit ein ausgebautes Straßennetz die Bāṭinah mit der Hauptstadtregion Masqaṭ und den Nachbarterritorien (UAE) verbindet (50). Da traditionale Transportschiffe kaum noch die Küstenzentren anlaufen, sind nur noch selten Fischer am Leichtern beteiligt.

Die Erwerbstätigkeiten der Fischer im landwirtschaftlichen Sektor haben eine uneinheitliche Entwicklung genommen. Die Kultivierung von Dattelpalmen, traditional zu Zwecken der Subsistenz mit vegetabiler Nahrung, stagnierte bzw. ging im Verlauf des jungen Wandels leicht zurück. Bedeutungslos ist jedenfalls die Gewinnung von Baumaterial zur Herstellung von shāsh geworden. Von der S-Bāṭinah ausgehend, schreitet dieser Wandlungsprozeß in dem Maße fort, wie die shāshah durch den Einbaum-hūrī abgelöst wird.

Die Anzahl der Dattelpalmen, die die Bāṭinah-Fischer besitzen, schwankt gegenwärtig (1978) zwischen 4 und ca. 40; Funktionsträger (rashīd) einer Siedlung können jedoch über einen weit größeren Dattelbesitz verfügen. Während, um ein Beispiel anzuführen, in der Küstensiedlung Ḥarādī (wilāyat Barkā') die Fischer zwischen 6 und 30 Dattelpalmen besitzen, umfaßt der Dattelgarten des rashīd der ḥārat ash sharqī, dem östlichen Viertel, mehr als 800 Bäume (51).

Eine erkennbare Abnahme fand seit 1970 im Bereich der entlohnten Erntetätigkeiten der Fischer in der Küstenregion und Inner-Oman statt. Nur selten wird zu diesem Zweck noch der küstennahe Fischfang unterbrochen. Der Rückgang der saisonalen Erwerbstätigkeit bei der Dattelernte wurde durch die junge sozioökonomische Entwicklung des ländlichen Raumes ausgelöst. Die starke ökonomische Expansion des tertiären Sektors zog in der Bāṭinah eine zunehmende Vernachlässigung der Landwirtschaft nach sich; der Zusammenbruch des Dattelhandels ließ eine arbeits- und kostenaufwendige Bewirtschaftung der Dattelgärten für die Besitzer unwirtschaftlich werden. Als Folge wurden saisonale Ernetarbeiter nicht mehr eingestellt, die noch gepflegten Dattelpalmen vom Besitzer selbst geerntet (52).

Insgesamt schrumpft die wirtschaftliche Bedeutung der traditionalen ergänzenden Produktionsbereiche, und nur in geringem Umfang hat bislang die Arbeitsaufnahme außerhalb der traditionalen Produktionsbereiche diesen Bedeutungsverlust kompensiert: Die ökonomische Teilnahme innerhalb der sich entwickelnden staatlichen und privaten Wirtschaftssektoren, zu der alle omanischen Bevölkerungsgruppe befähigt werden sollten, ist bei einer großen Zahl der Batinah-Fischer gegenwärtig nicht verwirklicht (53). Am Beispiel der Fischersiedlung Ḥarādī (wilāyat Barkā') sei diese Situation verdeutlicht.

Von den 52 Haushaltungen des östlichen Viertels sicherten 45 ihre materielle Existenz durch Fischfang, den sie als Hauptproduktionsbereich der traditionalen Wirtschaftsform ausübten. Im März 1978 hatten 12 ehemalige Fischer Erwerbstätigkeiten außerhalb der traditionalen Wirtschaftsbereiche aufgenommen, zehn davon in der Hauptstadtregion Masqaṭ (54).

Auch in anderen Fischersiedlungen (Bārṣit, Suwādī al Baṭḥā', 'Amq, Ḥarmūl, Sūr al 'Abrī) hat eine ähnliche Zahl (zwischen 15 und 20%) von Fischern zu externer Arbeitsaufnahme innerhalb und außerhalb des Sultanats die traditionale Wirtschaftsform verlassen (55).

Die Möglichkeit einer Erwerbstätigkeit in den sich entwickelnden industriellen oder tertiären Wirtschaftssektoren bei der die traditionale berufliche Qualifikation der Fischer genutzt werden könnte, besteht nur für eine Minderheit von Bāṭinah-Fischern. Insbesondere der nach 1970 begonnene Bau moderner Hafenanlagen in Maṭraḥ (Mīnā' Qābūs) und Dhufar (Mīnā' Raysūt) schaffte einen begrenzten Bedarf von Arbeitskräften zum Führen von Bootsgerät. Die die Bauarbeiten ausführenden europäischen Unternehmungen (Six Construct, Hochtief) stellten für diese Tätigkeiten Bāṭinah-Fischer aus den wilāyāt Aṣ Ṣaḥm und As Suwayq ein. Nach Angaben der Unternehmungen wurden die ehemaligen Fischer der Bāṭinah als besonders qualifiziert zum Führen modernen Bootsgerätes angesehen (56). Jene Fischer, die beim Bau des Hafens in Maṭraḥ bis 1975/76 als Lotsen und Schlepperführer erwerbstätig waren, wurden erneut 1977 bei Baubeginn des Hafens in Raysūt (Dhufār) eingesetzt. Dabei lag die Rekrutierung der Fischer in der Hand eines nākhudā in Aṣ Ṣaḥm, der - ähnlich dem bei der traditionalen Perlfischerei geübten System - insgesamt 13 Fischer aus der N-Bāṭinah anwarb (57).

5.2 Marktbeziehungen der Fischer und nomadischen Bevölkerungsgruppen

Die weitgehende traditionale ökonomische Selbständigkeit, die die Wirtschaftsform der Bāṭinah-Badū gestattet, läßt die mobilen Kleinviehhalter gleichwohl nicht gänzlich autark sein (58):

"no Bedouin society is wholly self-supporting. Even if it can supply itself with the steer food of its own dīra (...) it is dependent on the outer world for another necessaries, as well for any sort of simple luxury. Clothing materials, coffee, tobacco, and, to a great extent, arms and munitions can only reach it from ports, or from the settled fringes of Arabia " (H.B.A., 1920, i,23).

Auch die Badū der Bāṭinah hatten mithin ständigen Kontakt zu Märkten und der Ökonomie seßhafter Bevölkerungsgruppen. In erheblich stärkerem Maße als die Badū waren die Fischer zum Verkauf des angelandeten Fisches auf den Markt angewiesen. Das Angebot von Fisch am Markt überstieg die Nachfrage bei weitem, so daß die Küstenprovinz wesentlich zur Bedarfsdeckung Inner-Omans beitrug und ein traditionaler Exportraum von (getrocknetem) Fisch war.

Nach dem Einsetzen des jungen sozioökonomischen Wandels vollzogen sich größere Veränderungen in Art und Ausmaß der traditionalen Marktbeziehungen beider Lebensformgruppen. Spätestens seit Mitte der siebziger Jahre führte das Ausbleiben größerer Fischschwärme in den Küstengewässern zu einer deutlichen Verschlechterung der Marktposition der Fischer. Am Ende der Dekade ist die Bāṭinah weitgehend zu einem Bedarfsraum für Fisch geworden, der Markt in Inner-Oman ging an Fischer aus der SE-Provinz Sharqīyah verloren, der Export wurde weitgehend eingestellt. Bei den Badū hingegen weiteten sich als Folge der nach der Öffnung des Sultanats auch in den ländlich-nomadischen Lebensraum expandierenden Ökonomie der Umfang der Beziehungen mit den übergeordneten Wirtschaftssektoren noch aus. Im folgenden seien die gegenwärtigen Marktbeziehungen von Badū und Fischern kurz dargestellt, wobei teilweise im Zusammenhang auf die traditionalen Formen des Warenaustausches verwiesen werden wird.

5.2.1 Nomadische Bevölkerungsgruppen

Die traditionale, auf mobiler Viehwirtschaft basierende Wirtschaftsform befähigte die Bāṭinah-Badū im wesentlichen, viehwirtschaftliche Produkte am Markt anzubieten: lebende Ziegen und Schafe, lebende Kamele, in geringem Umfang auch aus Wolle gefertigte haushaltshandwerkliche Produkte. Nach 1970 vorgenommene Schätzungen legen dabei zugrunde, daß ca. 75% der auf den Märkten verkauften Tieren von nomadischen Bevölkerungsgruppen stammen (W.R.S., 1975,v,103; WRDP, 1975,5,401). Dagegen sind tierische Produkte wie Butter, Milch oder Käse, kein Bestandteil des Warenaustausches (E.S., 1973,Part iii,1.8.1).

Die Absatzgebiete von lebendem Kleinvieh befinden sich in der Küstenprovinz, wo in den Märkten der von Badū als auch Fischern als "Zentren" (markaz, pl. marakīz) bezeichneten Küstensiedlungen Shināṣ, Ṣuḥār, Al Khābūrah und Barkā' Ziegen und Schafe verkauft wurden. Auch an den Lagerstandorten bzw. in den Siedlungen von nomadischen Wandergruppen werden gewöhnlich Ziegen Mitgliedern seßhafter Bevölkerungsgruppen angeboten (oder von letzteren nachgefragt). Nach Angaben der Bāṭinah-Badū überwiegt jedoch der Viehverkauf in den sūqs der Küstenzentren.

Für den Absatz von Kamelen ist die Oase Buraymī, genauer: deren zum Territorium des Scheichtums Abū Dhabī gehörender Siedlungsteil Al 'Ayn das überregional bedeutendste Handelszentrum ganz N-Omans. Seine Stellung wurde noch gestärkt, nachdem durch eine nach 1970 erfolgte Anbindung durch eine Schotterpiste (ab 1976 durch eine 1978 fertiggestellte Asphaltstraße) an die Bāṭinah die Verbindung zur omanischen Küstenprovinz nachhaltig verbessert worden ist. Die Badū, die seit der Öffnung des Sultanats in steigendem Maße über Geländefahrzeuge als Transportmittel verfügen, transportieren die Kamele mit Fahrzeugen selbst zu den Marktzentren. Zuvor trieb der Besitzer seine Kamele in einer mehrtägigen Wanderung zum Markt.

Von den mobilen Viehhaltern der Bāṭinah wurden in Al 'Ayn vornehmlich Reit- und Rennkamele angeboten. Teilweise war und ist es

Tabelle 18

Verkaufspreise von Kamelen und Ziegen (vor/nach 1970)

Marktort		Kamele (a) vor 1970 (b) 1977/78			Ziegen (a) 1972 (b) 1977/78	
		MT$	R.O.	Dh.	R.O.	Dh.
sūq					15-20 (y)	
Al 'Ayn	(a)	15-20	100 (x)	1.000	-	-
	(b)	-	-	17.000 - 20.000	50 (z)	-
Ṣuḥār	(a)	-	-	-	-	-
	(b)	-	-	-	35-40	-
Barkā'	(a)	-	-	-	-	-
	(b)	-	-	-	30-35	-
farīq						
Falaj Sūq	(a)	15-20	100 (x)	-	-	-
	(b)	-	-	20.000	-	400-500
Sayḥ Qaray'ah	(a)	-	-	-	-	-
	(b)	-	-	17.000	45	-
Al Harm	(a)	20	-	-	-	-
	(b)	-	-	15.000 - 25.000	30-40	-

(x) Riyāl Sa'īdī (= 1 R.O. = 1,5 MT$ = 11 DM)

(y) Angaben nach FAO 5, 1973, 6. Cf. (z)

(z) Spitzenpreise bis R.O. 80 während des 'Īd

MT$: Mariatheresientaler (riyāl firans; qursh)

R.O.: riyāl omānī (= 1,5 MT$ = 11 DM)

Dh.: dirham

Quelle: Erm. d. Verf. 1977, 1978

üblich, daß Kaufinteressenten die Zuchtplätze der bāṭinīyah-Kamele aufsuchten (59).

Außer der eingangs genannten Schätzung liegen sowohl für den Zeitraum vor 1970 als auch danach keine statistischen Angaben über den Umfang des Warenaustausches zwischen den Bāṭinah-Badū und den regionalen und überregionalen Märkten vor. Auch durch Befragungen konnte kein klares Bild, zumal für die traditionale Situation, gewonnen werden. Generell jedoch läßt sich feststellen: "The market for livestock is not very active except during the 'Eid festivals'" (E.S., 1972, Part iii,1.8.1). Derzeit werden Ziegen und Schafe von den Badū ein- oder zweimal pro Jahr verkauft, in erster Linie während der kühlen Jahreszeit, da sich die Tiere in dieser Zeit aufgrund ausreichender Naturweide in gutem Zustand befinden. Deutliche Nachfragespitzen zeigt der Ziegenhandel am Ende des Fastenmonats ramaḍān und, wie bereits erwähnt, zu den 'īd-Festen. Zu diesem Zeitpunkt lassen sich Höchstpreise von bis zu 50 riyāl pro Ziege erzielen (Tab. 18).

Gegenwärtig sind Kamelverkäufe selten, da bereits mit dem Beginn des jungen Wandels viele nomadische Bevölkerungsgruppen ihre Kamele verkauften. In der gesamten Bāṭinah werden die Kamelverkaufspreise in der UAE-Währung dirham (Dh) angegeben. Dies illustriert die überragende Stellung von Al 'Ayn im Kamelhandel. Die Verkaufspreise für bāṭinīyah-Kamele schwanken zwischen 15.000 und 25.000 dirham (zwischen 9.300 und 15.500 DM), an den Lagerstandorten der Badū liegen sie nicht wesentlich unter diesem Al 'Ayn-Preis.

Beim Verkauf von Ziegen und Schafen am Markt herrscht die Form der Auktion (mufāḍāḥ) vor (E.S., 1972, Part iii,1.8.1), die an speziellen Plätzen des sūq stattfindet. Dort sitzen die potentiellen Käufer im Kreise, in dessen Mitte die Anbieter ihre Tiere herumführen und laut die geforderten Preise nennen. Ein Mittelsmann (dalāl), der bei jeder Auktion anwesend ist, zeichnet jeden Verkaufspreis, Käufer und Verkäufer schriftlich auf. Der dalāl war traditional oft der lokalen wālī-Administration zugeordnet, heute untersteht er zumeist der Stadtverwaltung (baladīyah). Seine Aufgabe besteht darin, einerseits die Viehverkäufe zu überwachen, andererseits auch Abgaben einzuziehen (60), die einen Teil des Verkaufserlöses ausmachten. Der vom Kaufpreis einbehaltene Anteil beträgt etwa zwischen 5 und 10%; teils wurde dieser Betrag an die wālī-Administration abgeführt (die den dalāl entlohnte), teils jedoch dem dalāl als Verdienst zugestanden.

An den Lagerstandorten und in Al 'Ayn geschah der Verkauf von Kamelen und Kleinvieh ohne Einschaltung eines Mittelsmannes.

Erzeugnisse des Produktionsbereichs Landwirtschaft nahmen einen untergeordneten Rang innerhalb des nomadischen Warenaustausches ein, da sie in Ergänzung tierischer Produkte vornehmlich der eigenen Subsistenz dienten. Infolgedessen beherrschten den Handel mit vegetabilischen Produkten seßhafte Oasenbauern der Küstenprovinz. Wurden vor 1970 in geringem Maße vor allem Dattelüberschüsse und Agrumen von Badū am Markt angeboten, bringen gegenwärtig eine Reihe von Bātinah-Badū einen Teil der auf Badū-Betrieben betriebenen Futterbauproduktion auf den Markt (Tab. 17 , App. 10). Als Käufer wie Anbieter von Luzernearten, das ohne Auktion und Einschaltung eines dalāl direkt verkauft wird, treten sowohl nomadische als auch seßhafte Viehhalter bzw. Bauern auf (61).

So kaufen Mitglieder der Wandergruppe des 'Abdallah b. Matar al Wahībī (W. Far') täglich qatt auf dem Markt in der Ḥaḍar-Siedlung Al Muladdah als Zufuttergabe für die 18 Kamele der Gruppe. Die Wandergruppe des Ḥamīd b. Ḥamad al Wahībī (Billah), ebenfalls in der S-Bāṭinah, verkauft hingegen täglich auf ihrem Badu-Betrieb angebautes Alfalfa auf dem Markt in Barkā'. Nach Angaben des Ḥamīd b. Ḥamad werden ca. 40% des angebauten qatt am Markt angeboten.

Märkte außerhalb der Bāṭinah wie die sūqs von Maṭraḥ, As Sīb (Hauptstadtregion) oder Buraymī/Al 'Ayn suchen die mobilen Viehhalter zur Versorgung mit Reis, Kleidung, Gebrauchs- und Luxusgütern (Tab. 19) i.d.R. nur im Zusammenhang mit dem Verkauf von Vieh auf. Häufig wird dagegen die Möglichkeit genutzt, mit dem Marktbesuch dieser Zentren die Inanspruchnahme medizinischer Einrich-

Tabelle 19

Marktbeziehungen der Bāṭinah-Badū: Bedarfsdeckung einer Wandergruppe im sūq Barkā' (1977)

(1)	Lebensmittel:	Reis Fisch Mehl Kaffee Tee Cardamom Zucker Steinsalz Gewürze Erfrischungsgetränke Keks (Datteln)
(2)	Gebrauchsgüter:	Decken Matratzen (Schaumstoff) Stoff Fertigtextilien (dishdashah) Sandalen Garn Seife, Waschpulver Parfum, Weihrauch Rasierklingen Haushaltsgeräte (Töpfe, Schüsseln, Thermoskaffeekannen, Kaffeetassen, etc.) Sturmlaterne Petroleum, Streichhölzer Kamelstöckchen (Bambus) (Munition, Gewehr)
(3)	Luxusgüter:	Unterhaltungselektronik (Transistorradio, Fernsehgerät) Batterien bespielte Musik-Casetten Tabak, Zigaretten Konservennahrung (Ananas, Pfirsiche, Tomatenmark) Trockenmilch, Babynahrung Kinderspielzeug (Goldschmuck im sūq Matrah)

Quelle: Inf. u. Erm. des Verf., 1977

tungen, insbesondere des Krankenhauses (mustashfa) Al 'Ayn, zu verbinden. Vor der Öffnung des Sultanats muß die Quantität dieser Austauschbeziehungen, auch unter dem Einfluß der schwach entwickelten Verkehrserschließung, als sehr gering angesetzt werden. Nach 1970 dagegen erfuhr sie eine deutliche Zunahme.

Motorisierte Transportmittel, die am Beginn der siebziger Jahre bereits den Kamelkarawanentransport (wie auch den "coasting trade") abgelöst hatten, und der Ausbau eines modernen Verkehrsnetzes ermöglichten einerseits, die Märkte schneller zu erreichen, andererseits die Häufigkeit des Marktbesuches zu steigern (App. 10). Bei den Bāṭinah-Badū hat das verstärkte Aufsuchen der sūqs zur Bedarfsdeckung auch zur gesteigerten Konsumteilhabe geführt, als deren Folge sich ein Wandel in den Ernährungs- und Konsumgewohnheiten der nomadischen Bevölkerungsgruppen vollzieht. Wurden traditional vornehmlich Reis und Fisch, z.T. auch Datteln aus Inner-Oman am Markt erworben, so spielen gegenwärtig Konservennahrung und Trockenmilch eine wichtige Rolle bei der Versorgung der Bāṭinah-Badū. Eine in der derzeitigen Phase des Wandels (1977) als typisch erachtete Bedarfsdeckung einer mobilen Viehhaltergruppe der S-Bāṭinah ist in Tab. 19 zusammengestellt.

Wachsende Bedeutung für die Bedarfsdeckung der Lebensformgruppen des ländlich nomadischen Lebensraumes erhalten im Zuge des Ausbaus der Küstenstraße As Sīb - Khaṭmat Malaḥah entstandene Straßenmärkte und verstreut entlang der Straße lokalisierte Läden (63). Da ihr Warenangebot gegenwärtig stark auf den Autoverkehr (Ersatzteile, Restaurants, europäische (Konserven-) Lebensmittel) zugeschnitten ist (64), dürften die traditionalen Marktzentren in den Küstensiedlungen einstweilen noch ihre ökonomische Bedeutung für den Warenaustausch von nomadischen mit seßhaften Bevölkerungsgruppen behaupten.

Abschließend sei auf eine besondere Form der Versorgung mit Gebrauchsgütern ohne Marktbesuch kurz eingegangen. Eisengeräte wie Sicheln (miqiss), Schaufeln (mishah), Schwerter, ferner Messer und andere Schneidewerkzeuge wurden traditional von Schmieden (haddād, pl. haddādīn) der mobilen Pariagruppe Zuṭūṭ (sing. Zuṭṭī) erworben. Von den Arabern wegen ihrer ethnischen Herkunft diskriminiert, suchten die Zuṭūṭ in Familienverbänden mit Eseln, Ziegen und Arbeitsgeräten auf Einladung Lager von Bāṭinah-Badū auf. In bodenvagen, temporären Baumhütten (65) fertigten sie die von den Badū in Auftrag gegebenen Waren gegen Natural- (Datteln) oder Geldentlohnung an. Während des Aufenthaltes im Nahbereich eines Lagerstandortes, den sie i.d.R. nach drei Tagen wieder verlassen mußten (THOMAS, 1931,152), bettelten Frauen und Kinder häufig in den Lagern oder Siedlungen der Badū um Nahrungsmittel, die ihnen zumeist überlassen wurden. Nach Beendigung der Auftragsarbeiten zogen die Zuṭūṭ zu anderen Lagerstandorten oder Siedlungen. Ihre Wanderungen blieben dabei nicht auf die Küstenprovinz beschränkt, sondern führten sie auch nach Inner-Oman (Aẓ Ẓāhirah).

Im Verlauf des Wandels begannen eine Reihe von Zuṭūṭ seit den sechziger Jahren bereits zu unterschiedlichen Formen der Seßhaftigkeit in Küstensiedlungen überzugehen. Gegenwärtig sind Zuṭūṭ-Gruppen insbesondere in den Siedlungen Maṭraḥ, As Sīb, Nakhl und Ruwaylah (Aṣ Ṣaḥm) verbreitet. Dort üben sie ihre Tätigkeiten in ihren Behausungen (Ruwaylah, Ṣuḥār) oder in Werkstätten im sūq (Barkā', Ṣuḥār) aus, so daß nomadische Bevölkerungsgruppen auch von dort ihren Bedarf an Schmiedegeräten decken. Neben ihrem Tätigkeitsbereich als Schmiede führen die Zuṭūṭ traditional und gegenwärtig auf Einladung die Beschneidung von Mädchen und Jungen durch (66). Bei Festen und anderen Anlässen tanzen die Frauen der Zuṭūṭ in der Öffentlichkeit gegen Entlohnung .

5.2.2 Fischer

Während die Bedeutung des Marktes, gleichermaßen aber auch die Abhängigkeit vom Markt bei den mobilen Viehhaltern der Bāṭinah zunimmt, waren die Fischer der Küstenprovinz zur Sicherung der materiellen Existenz traditional auf den Markt angewiesen. Da die Bāṭinah gegenwärtig als Bedarfsraum für Fisch anzusehen ist, wird fast aller angelandete Fisch am Markt angeboten. Ein sicherer Absatz aufgrund des Bedarfs allein ist damit freilich nicht verbunden, denn aus fischereilichen Überschußräumen (Sharqīyah) kommt zunehmende Konkurrenz in den Märkten der Küstenprovinz auf (67).

Auf die Marktbeschickung übten traditional wie in der gegenwärtigen Phase des Wandels eine Reihe von Faktoren einen Einfluß aus. Neben der Eigeninitiative des einzelnen Fischers, den Fang auf dem Fischmarkt (sūq as samak) anzubieten, wären zu nennen die

(1) Größe des Fanges;

(2) Größe des Eigenbedarfs an Fisch. Bei geringen Fangerträgen, die gerade die eigene Subsistenz garantieren, entfällt der Besuch des Marktes;

(3) Entfernung der Fischersiedlung vom nächsten Fischmarkt. Sie beträgt, legt man die täglich geöffneten Fischmärkte zugrunde, bis zu 15 km;

(4) Tatsache, ob in der Fischersiedlung ein lokaler Fischhändler (qammāt) vorhanden ist bzw. die Siedlung von Fischhändlern besucht wird.

Bei geringen Fangergebnissen wird daher der Fischer den Fischmarkt nicht aufsuchen. Entweder dient die Menge der Selbstversorgung, unbedeutende Überschüsse werden, falls möglich, in der Fischersiedlung an Nachbarn oder Verwandte abgegeben bzw. einem anwesenden Fischhändler verkauft. Erst bei guten Fangergebnisse läuft der Fischer, häufig direkt von den Fanggründen aus, mit dem Boot den nächsten Fischmarkt an. Teilweise auch kehrt der Fischer zunächst zur Fischersiedlung zurück und transportiert dann den angelandeten Fisch auf Eseln zum Fischmarkt (68).

Permanente Fischmärkte bestehen in der Bāṭinah in den sūqs von Shināṣ, Ṣuḥār, Aṣ Ṣaḥm Al Khābūrah, As Suwayq, Al Maṣna'ah und Barkā'. Die Fischmärkte in Liwā', Majīs und Al Khaḍrā' besitzen eine untergeordnete ökonomische Bedeutung. In den Fischmärkten war bis 1970 die traditionale Form des Absatzes obligatorisch mit der Einschaltung eines dalāl verbunden. Die Aufgaben dieses Mittelmannes bei einer Fischauktion entsprechen denen, wie sie beim Absatz von Kleinvieh beschrieben worden sind (69). Zwar wurde nach dem Regierungswechsel der Zwang zur Auktion als herrschender Form des Warenaustausches aufgehoben. Doch ist auch gegenwärtig der Fischverkauf über den dalāl an Fischhändler oder Kunden auf allen Fischmärkten der Bāṭinah üblich.

Traditional wie gegenwärtig sind damit zwischen Verkäufer und Käufer zwei Zwischenglieder geschaltet, dalāl und qammāt. Infolgedessen bestanden zwischen Fischern und Badū, die sich mit Fisch versorgten, nur indirekte Warenaustauschbeziehungen. Auch am Transport von Fisch zu den Märkten Inner-Omans waren die Bāṭinah-Badū nicht beteiligt. Der Fisch wurde traditional von seßhaften Bevölkerungsgruppen mit Eselkarawanen transportiert (MILES, 1877,47-48). Dieser Fischhandel ist jedoch am Ende der siebziger Jahre, wie bereits erwähnt, weitgehend zusammengebrochen.

Die angestrebten und teilweise begonnenen Entwicklungsmaßnahmen im Fischereisektor, die u.a. auf die Verbesserung der Fischvermarktung zielen (70), haben bislang in der Bāṭinah für die Fischer kaum positive Auswirkungen nach sich gezogen. Vorwiegend auf den Fischmärkten Inner-Omans, vereinzelt jedoch auch in der Bāṭinah (Fischmarkt Ṣuḥār) wurde dagegen vom Ministry of Agriculture and Fisheries (wizārat az zirā'ah wal asmāk) abgepackter und vermarkteter Frischfisch zu günstigen Verkaufspreisen angeboten, der eine weitere Marktkonkurrenz für die Bāṭinah-Fischer darstellt. Ohnedies hatte der Fortfall der Auktion als obligatorischer Form des Fischverkaufs vornehmlich für Fischverkäufer aus der inneromanischen Provinz Sharqīyah, die zunehmend auch Fischmärkte der Bāṭinah (Ṣuḥār, As Sīb) mit Frischfisch beschicken, zu Marktvorteilen geführt. Während der Feldforschung konnte wiederholt beobachtet werden, daß ihr größerer und qualitativ höherwertiger Fisch (Thunarten) Höchstpreise erzielte und schnellen Absatz fand. Dagegen vermochten in einem solchen Fall die lokalen Fischer den angelandeten Fang nicht oder nur unter Preisverlusten zu verkaufen (71).

5.3 Zusammenfassung

Der stattgefundene Wandel in den Wirtschaftsformen der Fischer und Badū der Bāṭinah löste nachhaltige Veränderungen im Gefüge der Produktionsbereiche aus. Bei den Badū nahm externe Arbeitsaufnahme anstelle der traditionalen mobilen Viehhaltung die führende Position hinsichtlich der Existenzsicherung ein. Voraufgegangen war eine Phase, in der zunächst der Produktionsbereich Ackerbau die Viehwirtschaft als Hauptproduktionsbereich ablöste und die einstige parasitär-symbiotische Beziehung der Badū zu den Produktionsfaktoren (72) in eine stärkere Interdependenz verwandelte (73). Außerhalb des Subsistenzbereichs üben die abgewanderten Badū nunmehr zumeist unqualifizierte Beschäftigungen aus, die sie dennoch, u.a. aufgrund staatlicher Mindestlohn-Garantien, ökonomisch an der jungen Entwicklung teilnehmen lassen.

Bei den Fischern hingegen war das Gesamtgefüge der Produktionsbereiche nur geringen Veränderungen unterworfen, die einzelnen Produktionsbereiche dem Wandel freilich nicht entzogen. Die ökonomische Bedeutung des mit traditionalen Mitteln betriebenen, küstennahen Fischfangs stagniert, die Perlfischerei brach zusammen. Externe Arbeitsaufnahme im industriellen oder tertiären Sektor hat bei den Fischern bislang kaum eine ökonomische Bedeutung erreicht. In dieser Situation kann oftmals lediglich durch vermehrte Wanderarbeit in der Fischerei die materielle Existenz gesichert werden.

Auch die Marktbeziehungen beider Lebensformgruppen haben sich im Verlauf des Wandels im ländlich-nomadischen Lebensraum geändert: Während sich die Einbeziehung der Badū als Bedarfsdeckende bzw. Konsumenten in die expandierenden Marktbeziehungen stark ausgeweitete, stagniert das Angebot von tierischen Produkten nomadischer Bevölkerungsgruppen am Markt - trotz wachsenden Bedarfs. Der in der Vergangenheit einträgliche Kamelverkauf spielt insgesamt gegenwärtig eine nur untergeordnete Rolle. Eine ähnliche Entwicklung der Marktbeziehungen zeichnete sich auch bei den Fischern der Bāṭinah ab. Teilweise wurden bei den Fischern jedoch die Möglichkeiten, über den Fischverkauf am Markt die materielle Existenz zu sichern, noch durch schwer kontrollierbare Unsicherheitsfaktoren der Fischerei (Ausbleiben von Fischschwärmen im küstennahen Bereich) beschränkt. Staatliche Entwicklungsprogramme haben sich in der Bāṭinah bislang nicht positiv für die traditionale Fischerei ausgewirkt. Eher scheint im Gegenteil durch staatlicherseits industriell betriebenen Fischfang und Vermarktung den Fischern der Küstenprovinz eine ernste Marktkonkurrenz zu erwachsen. In der Bedarfsdeckung verstärkte sich wie bei den Badū die Marktorientierung der Fischer. Dies gilt um so mehr, als bei beiden Lebensformgruppen bestimmte Marktprodukte, beispielsweise Konservennahrung, einen hohen Statuswert besitzen (74). Traditionale Formen der Bedarfsdeckung ohne Einschaltung des Marktes sind im Schwinden begriffen.

Insgesamt ist die akuelle Wirtschaftsform von Badū und Fischern in stärkerem Maße mit dem übergeordneten Wirtschaftsprozeß verflochten. Dabei dürfte aus den vorausgegangenen Ausführungen deutlich geworden sein, daß sowohl über die ergänzenden Wirtschaftstätigkeiten, genauer: externer Arbeitsaufnahme, als auch über die gewandelten Warenaustauschbeziehungen Entwicklungs- und Innovationsimpulse in den ländlich-nomadischen Lebensraum kanalisiert werden. Als Folge wurde beiden Lebensformgruppen eine ökonomische Neuorientierung abverlangt, die bei den Badū in größerem Ausmaß stattfand (Tab. 20). Die Einbindung in die übergreifende wirtschaftliche Entwicklung des Sultanats beschränkte jedoch die im Rahmen der traditionalen Wirtschaftsform bestehende tendenzielle ökonomische Selbständigkeit von Fischern und Badū in starkem Maße. Die weitgehend fehlende externe Arbeitsaufnahme bei den Fischern und die bei den Badū an die Stelle wirtschaftlicher Unabhängigkeit getretene Art der Erwerbstätigkeit außerhalb des Subsistenzbereiches muß allerdings die Frage aufwerfen, ob die bloße Einbeziehung bzw. Teilnahme an übergeordneten ökonomischen Abläufen zugleich auch eine echte Teilhabe gestattet.

Auf der Ebene des stattgefundenen Wirtschaftswandels von Badū und Fischern zeichnen sich daher folgende Tendenzen ab:

(1) Bei externer Arbeitsaufnahme bzw. Einbeziehung in die wirtschaftliche Entwicklung des Sultanats besteht die Möglichkeit ökonomischer Integration, im günstigsten Fall ökonomischer Partizipation.

(2) Wirtschaftliche Verhaftung im bzw. Orientierung auf den traditionalen Subsistenzbereich birgt dagegen die Gefahr ökonomischer Marginalisierung.

(3) In jedem Fall verstärkt sich bei beiden Gruppen die Abhängigkeit von dem nomadisch-ländlichem Lebensraum übergeordneten ökonomischen und politischen Entwicklungen, von der insbesondere die Badū traditional weitgehend frei waren.

Tabelle 20

Wandel in der Wirtschaftsform der Badū und Fischer der Bāṭinah

Priorität	Wirtschaftstätigkeiten			
	traditional	aktuell	traditional	aktuell
	Badū		Fischer	
(1)	mobile Viehzucht	externe Arbeitsaufnahme, Landwirtschaft	küstennaher Fischfang Bāṭinah, Makrān	Fischfang
(2)	Landwirtschaft			
(3)		(mobile) Viehhaltung		
ergänzende Wirtschaftsbereiche	Transportarbeit, Handel, Haushaltshandwerke, externe Arbeitsaufnahme, (Waffenschmuggel; Sklavenhandel)		Perlfischerei, Landwirtschaft, Transportarbeit	Landwirtschaft, externe Arbeitsaufnahme

Quelle: Erm. d. Verf., 1977/78

5.4 Wandel des räumlichen Verwirklichungsmusters

5.4.1 Stattgefundener Wandel des Regional-Mobilitäts-Verhaltens der nomadischen Bevölkerungsgruppen

Die Veränderungen in der Wirtschaftsform der mobilen Viehhaltergruppen der Bāṭinah haben unterschiedliche Wirkungen auf das Regional-Mobilitäts-Verhalten der nomadischen Bevölkerungsgruppen ausgeübt. Wie der Prozeß des Wirtschaftswandels in den nomadischen Bevölkerungsgruppen eine Reihe von Zwischenformen hervorbrachte, so zeigt auch das räumliche Verwirklichungsmuster in der gegenwärtigen Phase des Wandels keine einlinige Entwicklung. Stattdessen haben sich eine Vielfalt von Formen des Siedlungs- und Regional-Mobilitäts-Verhaltens herausgebildet. Zwar lassen sie sich einer generellen Entwicklungstendenz zur Seßhaftigkeit zuordnen, variieren jedoch z.T. beträchtlich nach regionaler, lokaler, tribaler unter intra-tribaler Ausprägung (Abb. 19).

Auf der Ebene des Regional-Mobilitäts-Verhaltens hat der ökonomische Bedeutungsverfall des traditionalen Hauptproduktionsbereichs Viehzucht eine Einschränkung der Wandertätigkeit nach sich gezogen. Nur solche Bāṭinah-<u>Badū</u>, die in erster Linie mobile Viehwirtschaft betreiben, führen einen Weidewechsel zwischen Sommer- und Winter-Weidegebieten überhaupt noch durch. Für die S-Bāṭinah, d.h. den Bereich der nomadischen Stämme Al Wahībah, Maqābīl und Mashāfirah schätzten befragte <u>Badū</u> für 1977, daß höchstens 200 Männer dieser Stämme Wanderweidewirtschaft betreiben (75).

Das veränderte Regional-Mobilitäts-Verhalten der Bāṭinah-<u>Badū</u> ist durch die Tendenz, die Distanz der saisonal-periodischen Nahwanderung noch zu verringern, charakterisiert. Der inter-/intra-tribal durchaus unterschiedliche Stand dieser Entwicklung sei an Wandergruppen aus der S- und N-Bāṭinah aufgezeigt.

Die Wandergruppen der Wahībah in der S-Bāṭinah (76) beanspruchten einen traditionalen Bannbereich, der sich zwischen den Wādīs B. Kharūs und Far' in der <u>sayḥ</u> erstreckt. Diesen Aktionsraum nutzten sie durch mobile Weidewirtschaft mit Kamelen und Ziegen. Auch nach der Öffnung des Sultanats 1970 nahm Viehzucht (<u>bāṭinīyah-</u>

Kamele) erste Priorität in der Wirtschaftsform dieser Gruppe ein. Insofern folgte das Regional-Mobilitäts-Verhalten der Wahībah weitgehend den traditionalen Formen. Während der kühlen Jahreszeit befanden sich die temporären Lagerplätze der Wahībah-Wandergruppen im gebirgsnahen Bereich der sayḥ - ca. 20 km von der Küstenregion entfernt - in einem sandigen, strauch- und baumarmen Gebiet. Die Lagerstandorte, die oft in Sichtweite zueinander angelegt waren, wurden bereits vor 1970 immer wieder aufgesucht. Nach 1970 zeichnete sich hingegen eine zunehmende Verlagerung der Lager in den Nahbereich der Schotterpiste von Billah nach Al Abyaḍ ab. Von den Lagerstandorten wurden die Ziegen im Nahbereich (Radius ca. 4 km) ausgetrieben; täglich kehrten Herden und Begleiter (Kinder und Jugendliche) an den Lagerstandort zurück. Während des winterzeitlichen Aufenthalts in der Wadiregion verlagerten die Wahībah ihre Standorte in der Regel nicht, da während der kühlen Jahreszeit die Futterwüchsigkeit der natürlichen Weidevegetation ('ushub) im Nahbereich gute Weidebedingungen ermöglichte.

Zur Teilnahme an der Dattelernte in der Oasenlandwirtschaftszone der Küstenregion begannen die Wahībah-Gruppen ab Mitte Mai einen eintägigen Umzug in den Nahbereich ihrer Dattelkulturen, die sie in den Siedlungen Billah, Suwādī 'Alwā und Ḥaḍīb besitzen (77). Die Wandergruppen, die ganzjährig Zelte benutzen (78), suchten in der Sayḥ Qaray'ah einzelne bodenstete Behausungen des 'arīsh-Typus auf, bei denen sich ein Brunnen befindet (Ṭawī Qaray'ah). Nach Abschluß der Erntearbeiten, etwa ab Mitte September, verlegten die Wahībah ihre Lager erneut gegen den Gebirgsfuß in die Wadiregion.

Das traditionale Regional-Mobilitäts-Verhalten der Wahībah-Gruppen der Bāṭinah hat sich in der gegenwärtigen Phase des Wandels im nomadischen Lebensraum in wenig veränderter Form erhalten. Allein Sommer- und Winter-Weidegebiete rückten aufeinander zu, so daß eine klare räumliche Scheidung beider Wirtschaftsflächen nicht mehr praktiziert wird. Als Folge sank die Distanz der saisonal-periodischen Wanderung von ca. 30 km auf maximal 15 km. Der durch unvermeidliche intensive Beweidung des eingeschränkten Aktionsraumes bzw. die Überstockung mit Kleinvieh sich abzeichnende Schädigung der natürlichen Vegetation suchen die Wahībah dadurch zu begegnen, daß sie den Kleinviehbestand verringern und die Kamelhaltung einschränkten (Tab. 15). Bei allen Wahībah-Wandergruppen ist zu beobachten, daß die Lagerstandorte zunehmend an Einrichtungen der technischen Infrastruktur (Schotterpiste) ausgerichtet werden.

Stärkere Veränderungen in den Formen regionaler Mobilität zeigen sich bei einer Wandergruppe der Maqābīl in der N-Bāṭinah (wilāyat Ṣuḥār) (79). Bis 1977 suchte die traditionale Wanderviehwirtschaft betreibende Gruppe des Sālim b. Farhān al Maqbālī in der heißen Jahreszeit temporäre, bodenvage Lagerstandorte im W. Sarāmī bei der kleinen Oase Aflāj Mukhalifah (wilāyat Aṣ Ṣaḥm) auf. Die Winter-Weidegebiete befanden sich im mittleren Abschnitt der Wadiregion (80). Mit Beginn der kühlen Jahreszeit 1977 wanderte die Maqābīl-Gruppe nach Norden in den Nahbereich der neu fertiggestellten Asphaltstraße von Falaj al Qabā'il nach Al Buraymī in das W. Sūq. Dort wurde das erste permanente Lager mit den ersten bodensteten Behausungen in der Lokalität Falaj Sūq in unmittelbarer Nachbarschaft zu einer nomadischen Shabūl-Gruppe und deren Brunnen (Ṭawī Sūq) eingerichtet. Wegen der Benutzung des gleichen Lagerstandortes und des Brunnens, der von den Shabūl seit den dreißiger Jahren immer wieder aufgesucht und Mitte der sechziger Jahre mit einer Motorpumpe ausgestattet wurde, gab es Aussagen beider Gruppen zufolge keine Probleme.

Von diesem Lagerstandort aus nahmen die Maqābīl Ende 1977 einen kleinräumigen Austrieb des Kleinviehs in das W. al Jizī bei täglicher Rückkehr an den Lagerstandort auf. Ein Ortswechsel war auch für die heiße Jahreszeit 1978 nicht mehr geplant. Da die Gruppe das Sālim b. Farhān über keine landwirtschaftlichen Produktionsflächen oder Dattelkulturen verfügt, ist die Organisation des Weidegangs von Ziegen und Kamelen nicht an ortsfeste Wirtschaftsflächen ergänzender Wirtschaftsbereiche gebunden. Infolgedessen konnte der neue Standort, ohne Berücksichtigung von Wanderdistanzen zu etwaigen landwirtschaftlichen Produktionsflächen, einzig nach den Erfordernissen der Weidewirtschaft gewählt werden: Denn als Grund für den einmaligen Umzug in einen etwa 50 km entfernten

Aktionsraum wurde die geringe Futterwüchsigkeit der natürlichen Vegetation im W. Sarāmī genannt. Als entscheidenderes Steuerungsmerkmal für die Wahl des Siedlungsplatzes der Maqābīl verwies die ebenfalls dort siedelnde Shabūl-Gruppe auf die besondere Lagegunst des Standortes. Sowohl vegetationsreiche Weidegebiete im Nahbereich des Lagers als auch Einrichtungen der technischen (Straßenverbindung) und sozialen Infrastruktur (medizinische Versorgung in Falaj al Qabā'il und Ṣuḥār) sowie der regional bedeutende sūq von Ṣuḥār können von diesem Standort leicht erreicht werden (81).

Im Wanderverhalten der Maqābīl-Gruppe vollzogen sich nicht allein, wie bei den Wahībah, Distanzverminderungen. Auch der saisonale Wechsel der Weidegebiete wird nicht mehr durchgeführt, stattdessen beweiden die Ziegen und Schafe ganzjährig den Nahbereich eines permanenten Lagerstandortes. Damit ist eine Unterscheidung des Aktionsraumes nach Winter- und Sommer-Weidegebieten hinfällig geworden.

Eine Beibehaltung traditionaler Formen regionaler Mobilität findet sich insbesondere bei solchen Bāṭinah-Badū, bei denen weiterhin die Wanderweidewirtschaft erste Priorität unter den Produktionsbereichen einnimmt. Treten jedoch an die Stelle der Viehhaltung andere Wirtschaftstätigkeiten, so entfällt die entscheidende, existenzsichernde Funktion der mobilen Formen der Viehzucht. Dies hat bei einer beträchtlichen Anzahl mobiler Viehhalter zur Einstellung der Wanderweidewirtschaft sowie der mit ihr verbundenen Formen regionaler Mobilität geführt.

Von 23 Haushaltungen der Āl Mabī'sī, einer Stammesgruppe (fakhidh) der nomadischen Āl Ḥamad, in der Siedlung Salāḥah (wilāyat Barkā') sicherten 1978 13 ihre Existenz vorwiegend über Erwerbstätigkeit außerhalb des Subsistenzbereiches. Bei sieben Haushaltungen dominierten ackerbauliche Tätigkeiten die Wirtschaftsform, bei drei Haushaltungen (mobile) Viehwirtschaft. Drei Haushaltungen von jenen Mabī'sī, die die traditionalen Produktionsbereiche ausüben, führen noch saisonale Nahwanderungen unter Benutzung bodenvager Behausungen durch. Die übrigen weiden ihre Ziegen ganzjährig im Nahbereich des Siedlungsstandortes in der Wadiregion (82).

Im Zuge dieser Entwicklung, die seit etwa der Mitte der siebziger Jahre quantitativ erfaßbar ist, haben die betroffenen nomadischen Bevölkerungsgruppen in der Bāṭinah teilweise ihre einstmaligen Aktions- und Wirtschaftsräume verlassen und sind an Standorten im Nahbereich intrastruktureller Einrichtungen (Pisten, Straßen, Hospitäler, Sanitätsstationen) zur Seßhaftigkeit übergegangen. Die Seßhaftwerdung von Bāṭinah-Badū kann jedoch nicht als Phänomen bezeichnet werden, das ausschließlich durch den jungen Wandel im ländlich-nomadischen Lebensraum ausgelöst wurde. Wie eine Textstelle bei LORIMER (1970) für die S-Bāṭinah (Barkā') belegt, bestand bereits um die Jahrhundertwende eine Tendenz bei den mobilen Viehhaltergruppen der Küstenprovinz, sich an permanenten Siedlungsplätzen niederzulassen:

"Many of the Arabs are Bedouins, - still owning cattle, sheep and camels, - who have settled down and aquired date-plantations" (LORIMER, 1970,ii,266).

Jene Bāṭinah-Badū, die rudimentäre Formen des traditionalen Wanderverhaltens bewahrt haben, richten gleichermaßen auch ihre Weidegebiete zunehmend nach der Lage zu Pisten und Brunnen sowie infrastrukturellen Einrichtungen aus - ebenfalls folgt die Lokalisation der Lagerstandorte diesen jungen Raumstrukturen. In den ehemaligen Sommer-Weidegebieten organisieren die Badū den begleiteten Weidegang der Kleinviehherden nahezu ganzjährig von diesen permanenten Siedlungsplätzen aus. Der verringerte Herdenbestand wird dabei in einem eingeschränkten Nutzungsradius zwischen 1-3 km um den Lagerstandort ausgetrieben. Da die Herden täglich an den Lagerplatz zurückkehren, können auch Tiere benachbarter seßhafter Bevölkerungsgruppen gegen Entlohnung mit dem eigenen Bestand geweidet werden. Allein nach häufigeren bzw. längeren Niederschlägen (ḥayā) während der kühlen Jahreszeit unternehmen gegenwärtig (1978) einige wenige, viehwirtschaftliche ausgerichtete Wandergruppen noch mehrtägige Wanderungen mit der Kleinviehherde zur Abweidung der aufkommenden saftigen Grasvegetation ('ushub) (Abb. 29).

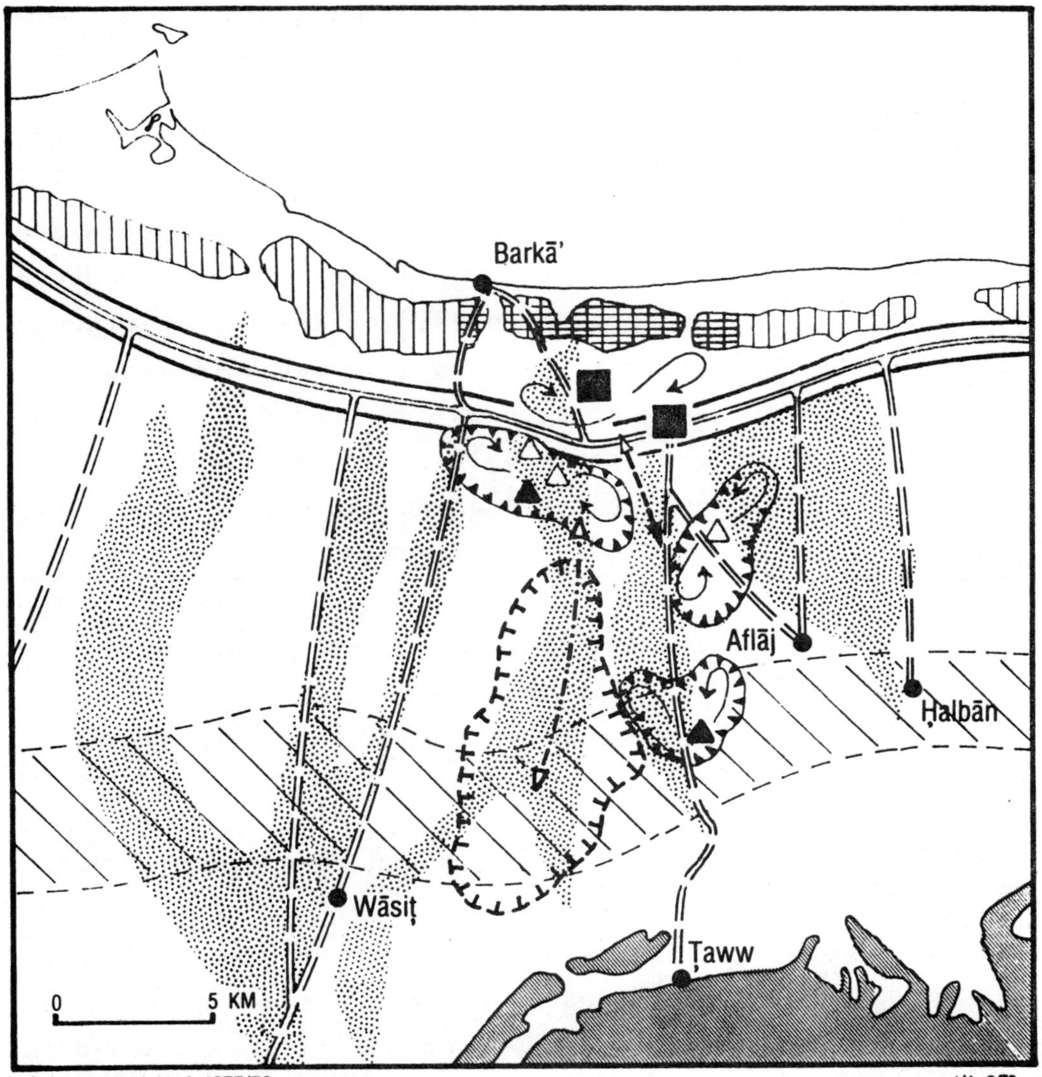

Quelle: Kart. d. Verf. 1977/78 HA 679

Wanderung

- Standortwechsel der Gruppe und Herden
- Weidegang der Hirten und Herden
- Weidegang der Kamele (unbegleitet)

Weidegebiet

- Ziegenherden
- Kamele
- Zone dichter (Baum-) Vegetation
- Gebirgsregion
- Wadisystem

Siedlung

- bodenstete Gruppensiedlung
- bodenvager, temporärer Lagerstandort 1977 / 1978
- Dattelpalmenzone
- Dattelbesitz Āl Ḥamad
- Zone projektierter Agrarnutzung
- Straße, Piste

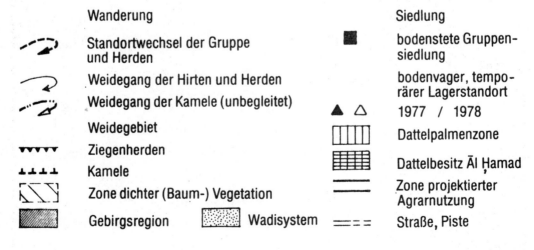

Abb. 29 **Wandel des Regional-Mobilitäts-Verhaltens der Bāṭinah-Badū - Beispiel Āl Ḥamad (1978)**

5.4.2 Stattgefundener Wandel des Regional-Mobilitäts-Verhaltens der Fischer

Bereits vor 1970 zeichneten sich erste Veränderungen im Regional-Mobilitäts-Verhalten der Fischer ab, die jedoch nicht mit dem Wandel in Betriebsformen und Fangausrüstung im Hauptproduktionsbereich Fischerei korrelierten. Vielmehr führte der ökonomische Verfall der Perlfischerei in diesem ergänzenden Wirtschaftsbereich seit den dreißiger Jahren zu nachlassender Beteiligung an den saisonalen Arbeitswanderungen zu den Perlenbänken im Golf, bis sie in den sechziger Jahren völlig zum Erliegen kam. Ein Teil der Bāṭinah-Fischer nahm stattdessen an den etwa gleichzeitig stattfindenden Arbeitskräftewanderungen zur Dattelernte teil, um die wirtschaftliche Einbuße auszugleichen. Diese Erwerbstätigkeit als einer der steuernden Faktoren der Arbeitswanderungen erlebte allerdings seit der Öffnung des Sultanats insbesondere in Bāṭinah und Ghadaf einen starken Niedergang infolge des Preisverfalls der Dattel.

Saisonale Arbeitskräftewanderungen haben sich am ausgeprägtesten noch im Hauptproduktionsbereich Fischerei erhalten. Neben dem Fischfang vor der Makrān-Küste mit eingenen Booten und Fanggeräten, gab es traditional eine Zahl von Bāṭinah-Fischern, die vor allem zu bestimmten Fangperioden den Golfbereich aufsuchten. In diesem Fall geschah die Abwanderung selten mit eigenen Booten, vielmehr waren die Fischer von Bootseignern der Golfstaaten (Baḥrayn, Qaṭar, Trucial Oman) als Schiffsführer und Besatzungsmitglieder größerer Fischereifahrzeuge zu saisonaler Erwerbstätigkeit angeworben (83).

Auch nach dem Beginn der wirtschaftlichen Entwicklung Omans dauerte diese Erwerbstätigkeit bei einer nennenswerten Minderheit an (84). Bei diesen Fischern hat sich im Verlauf des jungen Wandels eine spezifisches, organisatorisch-räumliches System herausgebildet, das selbständige Fischerei und Lohnarbeit, standortbezogenen Fischfang und Arbeitswanderungen kombiniert. Während ca. neun bis zehn Monaten betreiben die Fischer von ihren permanenten Siedlungsstandorten Fischfang im küstennahen Schelfbereich. Teils verlassen sie zwischen den Monaten September und Dezember, da während der Fangsaison für Thunarten (kan'ad) ein Arbeitskräftebedarf in den genannten Golfstaaten besteht, teils geben sie in der heißen Jahreszeit (qayẓ) die Küstenfischerei in der Bāṭinah auf, um während der Fangsaison für Garnelen (rubiyān) im Golf erwerbstätig zu sein.

Diese Arbeitswanderungen haben bis zum gegenwärtigen Zeitpunkt weitgehend den saisonalen Fischfang an der Makrān-Küste abgelöst. Nach Angaben der Fischer liegen die Ursachen u.a. in der restriktiven Fischerei-Politik der Anrainerstaaten Iran und Pakistan begründet, die ihre Küstengewässer der Nutzung durch die eigene Fischerbevölkerung vorbehalten wollen (85).

Insgesamt zeigt das durch Arbeitskräftewanderungen gekennzeichnete, traditional ausgeprägte Regional-Mobilitäts-Verhalten der Bāṭinah-Fischer in der derzeitigen Phase des Wandels eine stark rückläufige Tendenz. Arbeitskräftewanderungen und Pendlerbewegungen, wie sie externe Arbeitsaufnahme im industriellen Sektor der Wirtschaft hervorriefen, sind jedoch, anders als bei den nomadischen Bevölkerungsgruppen, nur in geringem Umfang an die Stelle des traditionalen räumlichen Verwirklichungsmusters getreten (86). Abschließend sei jedoch auf eine in der S-Bāṭinah existierende Variante des Regional-Mobilitäts-Verhaltens der Fischer eingegangen, die bis zum gegenwärtigen Zeitpunkt fortbesteht.

In der Fischersiedlung Ḥarādī (wilāyat Barkā') wurden um die Jahrhundertwende, unter der Herrschaft des Fayṣal b. Turkī und während der Regierung des Sa'īd b. Taymūr einzelne Fischer aus Ḥarādī nach Sidāb, einer Masqaṭ östlich benachbarten Fischersiedlung abgeworben (87). Angeben betroffener Fischer zufolge war ein wesentlicher Grund dieser Ansiedlungsmaßnahme, die Versorgung von Masqaṭ mit Frischfisch zu gewährleisten und ein Gegengewicht zu dem bedeutenderen Fischmarkt in Maṭraḥ zu schaffen. Vornehmlich Fischer der Jawābir und Al Wahībah wanderten nach Sidāb ab, das nach Küstenkonfiguration Betriebsformen und Fangausrüstung bereits dem Verbreitungsgebiet des "rock fisherman" zurechnet.

Den Dattelbesitz, den die Fischer im Nahbereich der Stammsiedlung Ḥarādī im W. Amūn hatten, gaben sie freilich nicht auf, mit

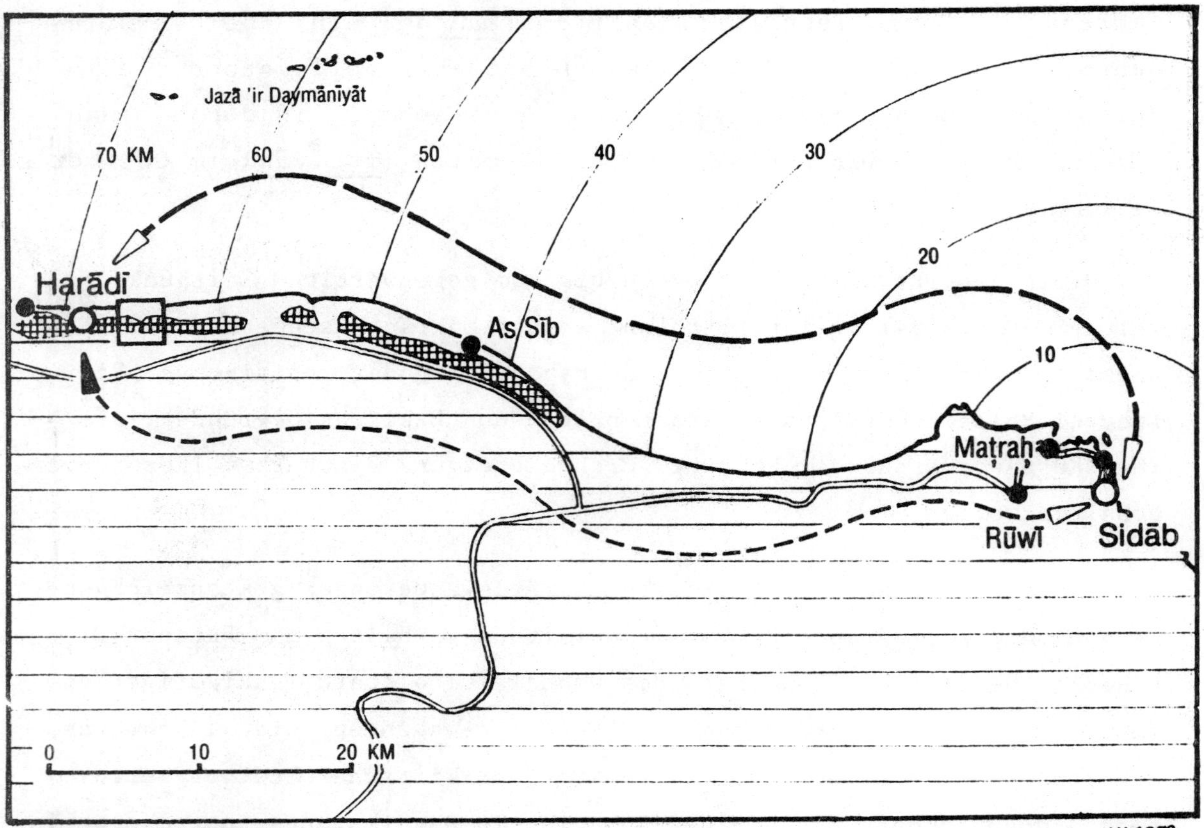

Quelle: Kart. d. Verf. Jun. 1977

HA 1079

Wanderung
zu Beginn der Dattelernte
am Ende der Dattelernte
Boot
KFZ

Dattelpalmenzone
Dattelbesitz von Sidāb-Fischern
Straße

Abb. 30 Umweltwechselnde Saisonale Wanderung der Bāṭinah-Fischer
Beispiel Sidāb/Ḥarādī (1977)

Hilfe von in Ḥarādī ansässigen Verwandten oder gegen Entlohnung tätigen bayādīr (88) wurden die Dattelbäume weiter bewirtschaftet. Lediglich zur Teilnahme an den Ernteabläufen in den Monaten Mai und Juni suchen die Fischer ihren Dattelbesitz auf. Während dieser Periode bewohnen sie bodenstete Behausungen des 'arīsh-Typus am Südostrand der Siedlung Ḥarādī (ḥārat ash sharqī) und in den Dattelgärten des W. Amūn. Die übrigen Monate des Jahres werden diese Behausungen nicht zu Wohnzwecken genutzt, teilweise dienen sie als Vorratsspeicher für Datteln (89).

Nicht nur die Fischer, sondern auch Familien- bzw. Haushaltsmitglieder unternehmen diese saisonal-periodische Nahwanderung (Distanz ca. 70 km). Sie folgen damit gleichzeitig aber auch einer traditionalen Gepflogenheit, während der heißen Jahreszeit den (mikro-) klimatisch ungünstigen Raum Masqaṭ zu verlassen (BIDWELL, 1975,129,135; HOOGERWOERD, 1889,196; LORIMER, 1970,ii,1824; PENGELLY, 1863,33; THOMAS, 1931,126-127). Als Transportmittel werden i.d.R. Kraftfahrzeuge benutzt, doch legen vereinzelt Fischer diese Distanz auch mit eigenen, motorisierten Booten (hūrī) zurück, um neben der Dattelernte zur Subsistenz Fischfang betreiben zu können (Abb. 30).

5.4.3 Stattgefundener Wandel im Siedlungsverhalten

Sowohl der stattgefundene Wandel im Regional-Mobilitäts-Verhalten wie auch in der Wirtschaftsform der nomadischen Bevölkerungsgruppen sind als Faktoren für die Entwicklung im Siedlungsverhalten der Bāṭinah-Badū eingegangen. Daher hat sich auch in den Siedlungs- und Behausungsformen seit 1970 ein tiefgreifender Wandel vollzogen. Dabei zeichnet sich in der gesamten Bāṭinah eine gleichgerichtete Entwicklungstendenz zur Seßhaftwerdung an permanenten Standorten ab. Dies schließt indessen nicht aus, daß der Wandel eine Vielzahl von physiognomischen und funktionalen Zwischenformen hervorgebracht hat.

Direkte Eingriffe der Zentralgewalt in das Siedlungsverhalten der nomadischen Bevölkerungsgruppen fehlen bis zum gegenwärtigen Zeitpunkt. Staatlich gelenkte Nomadenansiedlung kennt das Sultanat nicht. Wohl aber gibt es staatliche Siedlungsprojekte (low coast housing schemes), die sich in der Bāṭinah jedoch auf wenige Küstenzentren (z.B. Barkā', Ṣuḥār) beschränken. Da jedem Omani bei Erfüllung bestimmter Bedingungen die Möglichkeit zusteht, bei der Vergabe von Häusern solcher Projekte berücksichtigt zu werden, könnten auch Badū zu den potentiellen Nutznießern gehören. Während der Feldforschung konnten allerdings keine Wandergruppen ermittelt werden, die im Rahmen eines Siedlungsprojektes eine bodenstete Behausung zugewiesen bekommen hätten. Die folgende Behandlung des stattgefundenen Siedlungsverhaltens spart diese Sonderform daher aus. Sie beschränkt sich auf von den mobilen Viehhaltergruppen der Bāṭinah selbst initiierten Veränderungen der Behausungs- und Siedlungsformen.

Der Wandel im Regional-Mobilitäts-Verhalten der Bāṭinah-Badū hat nicht allein das Aufsuchen verschiedener Lagerstandorte innerhalb der Sommer- und Winter-Weidegebiete zum Erliegen gebracht. Da die nomadischen Bevölkerungsgruppen ganzjährig in einem Aktionsraum verbleiben, laufen sie keine getrennten Standorte von Sommer- und Winterlager mehr an: Vielmehr ist ein permanenter Lager-/Siedlungsstandort Ausgangspunkt ganzjährig im Nahbereich betriebener Weidewirtschaft. Solche Plätze bauten die Batinah-Badū in der Wadiregion mit bodensteten Behausungen aus, in denen sie sich den überwiegenden Teil des Jahres aufhalten. Zumindest aber einige Mitglieder dieser ehemaligen Wandergruppen verbleiben ganzjährig am permanenten Siedlungsstandort. Diese Entwicklung zu permanenten Siedlungsstandorten nahm an temporären Lagern, die im Zuge der Anlage von Pisten und/oder Straßen, in deren Nahbereich sie dadurch gerieten (somit eine besondere Lagegunst erhielten), Mitte der siebziger Jahre in der Wadiregion ihren Anfang. Hospitäler, Sanitätsstationen und andere Einrichtungen der sozialen Infrastruktur haben sich nicht in gleichem Maße als standortbestimmend für die Lokalisation der permanenten Siedlungsplätze der Bāṭinah-Badū erwiesen. Auch an dieser Stelle sei darauf verwiesen, daß der Übergang von Bāṭinah-Badū zur Seßhaftigkeit vereinzelt schon zuvor beobachtet wurde, eine Tendenz zur Aufnahme stationärer Lebens- und Wirtschaftsformen mithin erkennbar ist.

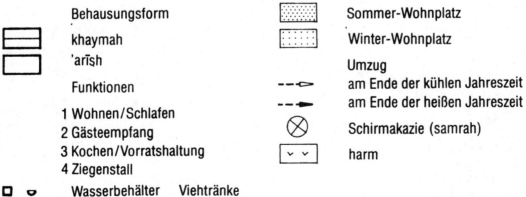

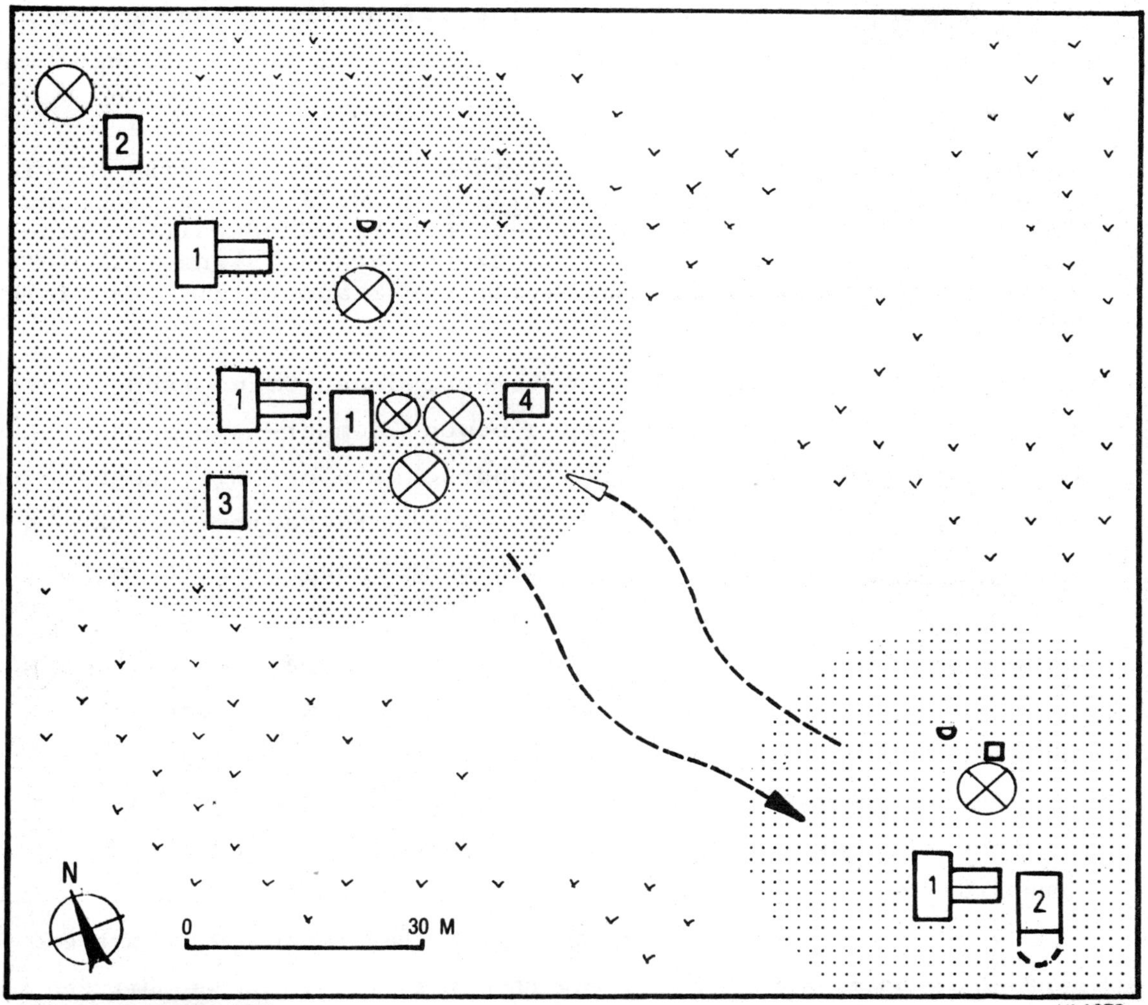

Quelle: Kart. d. Verf. Feb. 1978 HA 1079

Behausungsform

khaymah

'arīsh

Funktionen

1 Wohnen/Schlafen

2 Gästeempfang

3 Kochen/Vorratshaltung

4 Ziegenstall

Wasserbehälter Viehtränke

Sommer-Wohnplatz

Winter-Wohnplatz

Umzug

am Ende der kühlen Jahreszeit

am Ende der heißen Jahreszeit

Schirmakazie (samrah)

harm

Abb. 31 Winter-/Sommer-Siedlungsstandort der Bāṭinah - Beispiel Sayḥ Aflāj (1978)

Trotz der Tendenz zur Seßhaftwerdung gibt es gegenwärtig Bāṭinah-Badū, die, obwohl sie keine saisonalen Nahwanderungen mehr unternehmen, dennoch unterschiedliche Sommer- und Winteraufenthaltsplätze benutzen.

So wechselt im Nahbereich der kleinen Oase Aflāj (Falaj Sayyid) in der Wadiregion (S-Bāṭinah, wilāyat Barkā') die Badū-Gruppe des Ḥamad b. 'Alī al Qanuwī während der kühlen Jahreszeit in einen ca. 50 m vom Sommeraufenthaltsplatz entfernten Standort. Dieses Winterlager ist wie der sommerzeitliche Standort mit den gleichen bodensteten Behausungen ausgebaut (90).

Auch in der N-Bāṭinah haben an verschiedenen Standorten in der Wadiregion Maqābīl-Wandergruppen sowohl Sommer- als auch Winterlagerplätze in unmittelbarer Nachbarschaftslage mit bodensteten Behausungen angelegt, zwischen denen sie zu Beginn der kühlen bzw. heißen Jahreszeit umziehen. Dieser Umzug konnte im März 1978 an den Maqābīl-Standorten Ṭawī Safay im W. al Ḥiltī (wilāyat Ṣuḥār) und Makhattah im W. Fayḍ (wilāyat Shināṣ) beobachtet werden. Kartierungen an den genannten Standorten ergaben, daß zwischen Sommer- und Winteraufenthaltsplatz keine nennenswerten baulichen Unterschiede bestanden. Zumeist war selbst die räumliche Zuordnung der bodensteten Behausungen zueinander (nahezu) identisch (Abb. 31). Als Grund für den Standortwechsel als symbolischer Akt wurde auf die Tradition verwiesen, saisonal unterschiedliche Lagerplätze zu benutzen. Die ganzjährig betriebene Wanderviehwirtschaft bleibt von den Umzügen völlig unberührt.

Die Permanenz der Siedlungsstandorte wird - mit Einschränkungen - durch die Behausungsformen unterstrichen. Im Zuge des jungen Wandels im ländlich-nomadischen Lebensraum werden bodenvage Baumhütten und Windschirme durch bodenstete, aus da'ān-Matten gefertigte Hütten und Häuser des 'arīsh- und khaymah-Typus ersetzt, wie sie die Badū bereits vereinzelt in den Sommer-Weidegebieten errichtet hatten.

Nach weitgehender Einstellung der traditionalen Weidewanderungen und den Umzug in einen neuen Aktionsraum baute die Wandergruppe des Sālim b. Farhān al Maqbālī den permanenten Lagerstandort Falaj Sūq mit bodensteten Behausungen aus. Die Gruppe, die zuvor nur bodenvage Baumhütten und Windschirme benutzt hatte, erbaute im Herbst 1977 erstmals zwei bodenstete 'arīsh und khaymah.

Die Behausungen des 'arīsh-Typus besitzen im Grund- und Aufriß die Form eines Rechteckbaus. Bei dem khaymah-Typus ist der quarderartigen Grundform ein Satteldach in Firstsäulenkonstruktion aufgesetzt. Als Baumaterial finden die lokal/regional verfügbaren Dattelstämme (jidh', pl. judh'ān), die aus dem Wedelrist (ẓūr) von Dattelpalmen zusammengefügten Matten (da'ān) und Seile Verwendung. Gegenwärtig werden die Dattelstämme jedoch zunehmend durch in den sūqs gekaufte Vierkantbalken indischer Herkunft ersetzt.

Zum Bau einer da'ān-Behausung (91) wurden zunächst die Wände und Dach tragenden Firstsäulen etwa 0,6 - 1 m tief in den sandigen Boden eingelassen. Die Stämme überragen den Dachfirst der khaymah oft um mehr als 1 m. Als Grund für die Länge der Firstsäulen wurde die allmähliche Verrottung der in den Boden eingelassenen Stämme durch Insekteneinwirkung genannt. Nach Angaben von Bāṭinah-Badū, die durch seßhafte Oasenbauern und Fischer bestätigt wurden, erlaubt es diese Konstruktion, die Firstsäulen nach Entfernung der zersetzten Teile erneut zu nutzen, ohne die Gesamtkonstruktion zu gefährden. An den Stämmen wurden First- und Beipfetten befestigt und in geringem Abstand Rofen aufgelegt. Schließlich wurden die da'ān als Wände und Dach eingehängt und mit dem tragenden Firstsäulengerüst durch Seile verbunden. Zum Schutz vor Hitze und Niederschlag verwendeten die Badū häufig eine doppelte Lage da'ān zur Dachabdeckung. Bei den da'ān-Matten, die zur Dachabdeckung vorgesehen waren, wurden nur die Spitzen der Palmblätter (khaws) gekappt, so daß ein weitgehend undurchlässiges Geflecht entsteht. Die spezifische Flechttechnik der da'ān erlaubt es, daß die Wände sowohl Sichtschutz gewähren als auch freie Sicht von innen ermöglichen können. Fensteröffnungen sind bei den Behausungen nomadischer Bevölkerungsgruppen selten, im Gegensatz zu den bayt ẓūr-Typen seßhafter Bevölkerungsgruppen. Eine Beschreibung der barastī-Behausungen, die darüber hinaus keine weiteren physiognomischen Unterschiede aufweisen, wurde in Kapitel 3.5.3. zitiert, ähnliche Beschreibungen nehmen auch HAWLEY (1977, 125,128) und PHILLIPS (1971(a), 42-43) vor (Abb. 32).

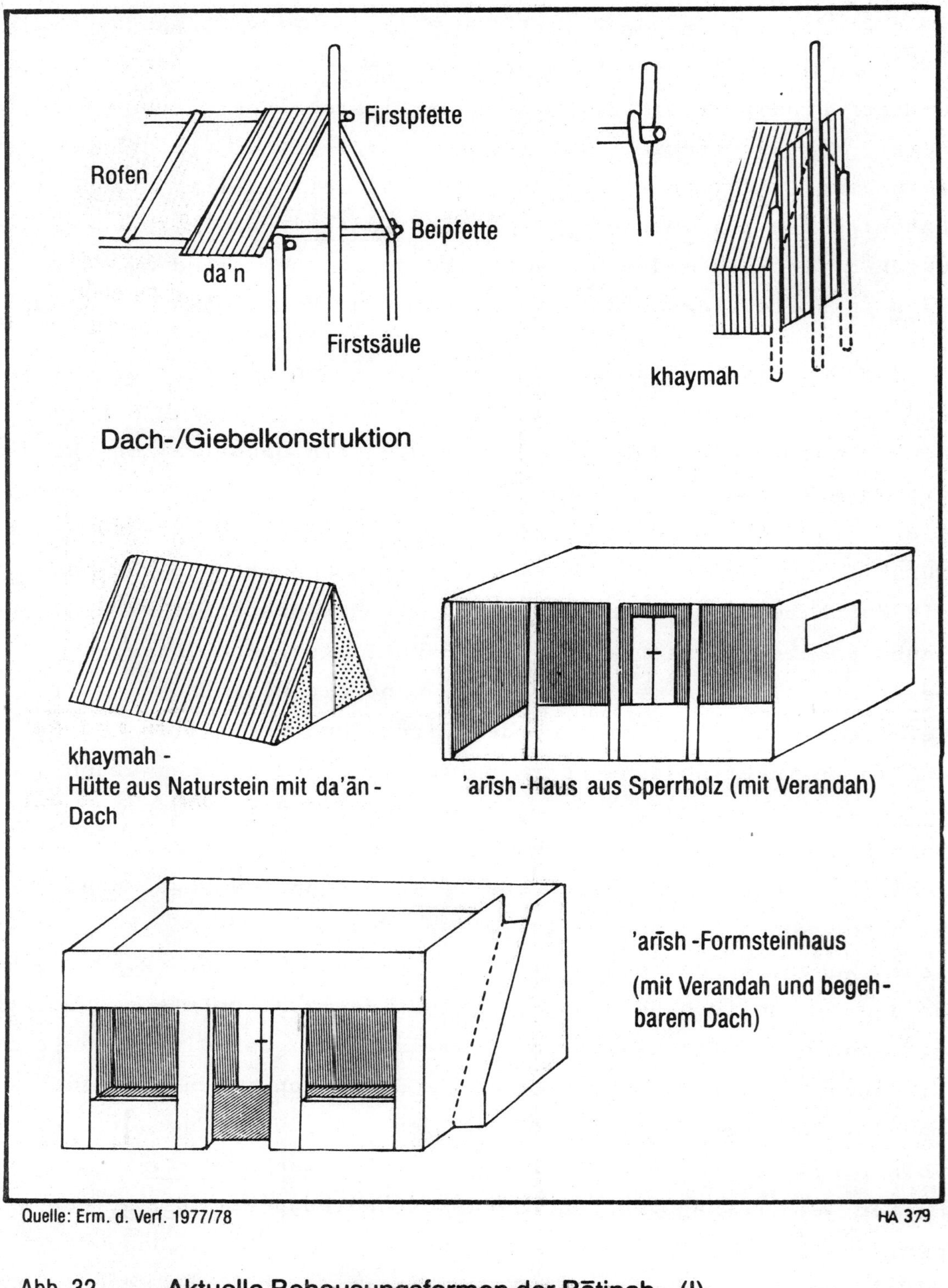

Quelle: Erm. d. Verf. 1977/78 HA 379

Abb. 32 Aktuelle Behausungsformen der Bāṭinah - (I)

Als Bauzeit eines zweiräumigen khaymah-Hauses mit einer Grundfläche von ca. 7 mal 4 m werden etwa sechs Tage gerechnet. Einen 'arīsh errichten die Badū in zwei Tagen. In beiden Fällen wird die Arbeitsleistung von zwei Arbeitskräften zugrundegelegt. In der Mehrzahl der Fälle erbaut eine Wandergruppe die bodensteten barastī-Behausungen ohne Mithilfe Fremder, zeitweilige Nachbarschaftshilfe wird jedoch nicht ausgeschlossen.

Von den bayt zūr-Typen werden 'urush gewöhnlich als Einraumhaus errichtet, selten ist jedoch ein 'arīsh die einzige bodenstete Behausung einer Badū-Gruppe. Der Einraum-'arīsh kann als Empfangs- und Gästeraum, Küche oder Vorratsraum genutzt werden. Teilweise dienen 'urush auch als Kleinviehställe. Zu Wohnzwecken errichten die Bāṭinah-Badū zumeist khaymah-Häuser. Durch eine da'ān-Wand in zwei Räume geteilt, nahm ein khaymah-Haus sowohl die Wohn-/Schlafnutzung von Männern wie Frauen (Kindern) auf. Khaymah-Hütten sind gewöhnlich als Einraum-Behausungen konstruiert. Sie dienen häufig als Küche und Vorratslager.

In den zur Küchennutzung errichteten Behausungen befinden sich eine oder mehrere, aus Steinen zusammengesetzte Feuerstellen. Um einen Rauchabzug zu erlauben, ist die Konstruktion der da'ān-Wände locker gehalten, so daß der Rauch durch die Zwischenräume der Wedelrippen entweichen konnte. Weitere Feuerstellen sind über den gesamten Lagerbereich verstreut.

Sowohl 'arīsh als auch khaymah können freistehend errichtet werden. Indem man 'arīsh und khaymah-Haus aneinanderfügt, entstehen zusammengesetzte Behausungsformen mit einer Viehzahl von Räumen. 'Urush oder khaymah-Häuser sowie khaymah-Hütten werden hingegen stets allseitig freistehend erbaut, da im Fall der khaymah-Hütte die fehlende Wandkonstruktion ein Anfügen an andere Typen erschwert.

Die Wandergruppe des Sālim b. Farḥān nutzt das khaymah-Haus, das einen Raum besitzt, als Wohn- und Schlafplatz für Männer und Frauen. Der 'arish dient als Küche (maṭbakh) und Vorratsraum, zeitweise als Jungviehstall. Teilweise umgeben die Bāṭinah-Badū an permanenten Siedlungsplätzen - sowohl Gruppensiedlungen wie Einzelstandorte - aus khaymah und 'arīsh gebiltete Gebäudekomplexe mit da'ān-Wänden, so daß ein Hof (hawsh) und ein eingehegtes Gehöft (compound) entsteht (Abb. 33).

Nachdem "moderne" Baumaterialien nach 1970 auch in den nomadisch-ländlichen Lebensraum der Bāṭinah vordrangen, verwenden die Badū zunehmend Sperrholz (blaywud; engl. "plywood") und Wellblech als Baumaterial, das in den sūqs der Küstenzentren erworben werden kann. In gebirgsnahen Standorten benutzen die ehemals mobilen Viehhalter auch grob behauene Steine, in den Sommer-Weidegebieten am landwärtigen Saum der Küstenregion Lehmziegel zur Wandkonstruktion. In steigendem Maße errichten auch nomadische Bevölkerungsgruppen bodenstete Behausungen aus Formsteinen, die lokal aus wādī-Kies und Zement gepreßt werden (F 8, 9). Die dazu erforderlichen einfachen Handpressen, zu deren Betrieb die Arbeitskraft zweier Männer benötigt wird, stellten teils Bauunternehmungen, die mit dem Rohbau des Hauses beauftragt waren. In der Siedlung Salahah / Al Harm besaß ein Maurer eine eigene Presse, die er an Stammesmitglieder vermietete. Die Herstellung der Steine oblag in diesem Fall dem Bauherrn.

Die Gruppe des Ḥamīd b. Ḥamad al Wahībi hat neben einer landwirtschaftlichen Nutzfläche (Abb. 28) im Zuge der Landverteilung ein etwa 300 m davon entferntes Hausgrundstück erworben. Im Nahbereich der Ḥaḍar-Siedlung Billah hat die Gruppe bis Ende 1976 mit dem Bau eines Formsteingehöftes begonnen. Zuerst wurde die Siedlungsparzelle mit einer ca. 2,5 m hohen Mauer umgeben, in der Fenster- und Türöffnungen ausgespart blieben. Bis 1977 waren in dem so entstandenen Hof keine Formsteinhäuser errichtet worden. Allein eine khaymah-Hütte hatte die Gruppe in einer Ecke des Innenhofs als Küche aufgestellt (Abb. 33). Während der heißen Jahreszeit schliefen die Gruppenmitglieder auf dem wenig planierten Lehmboden des Innenhofes. In der kühlen Jahreszeit hielten sie sich in einem 'arīsh innerhalb des Hofes auf. Es ist geplant, das Gehöft mit zwei Formsteinhäusern des khaymah-Typus auszubauen, sobald die finanziellen Mittel dazu bereitstehen.

Die mit modernen Baumaterialien konstruierten Behausungsformen gründen i.d.R. jedoch auf dem 'arīsh-Typus, der häufig mit einer

Abb. 33 Aktuelle Behausungsformen der Bāṭinah - (II)

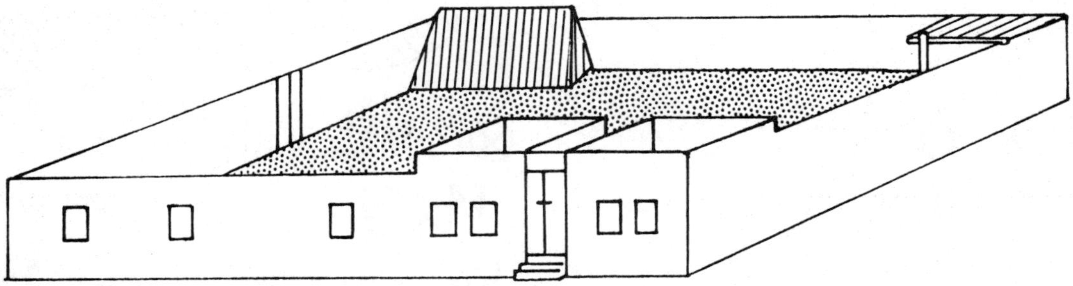

Formsteingehöft einer Wahībah-Gruppe/Billah

ca. 5 M

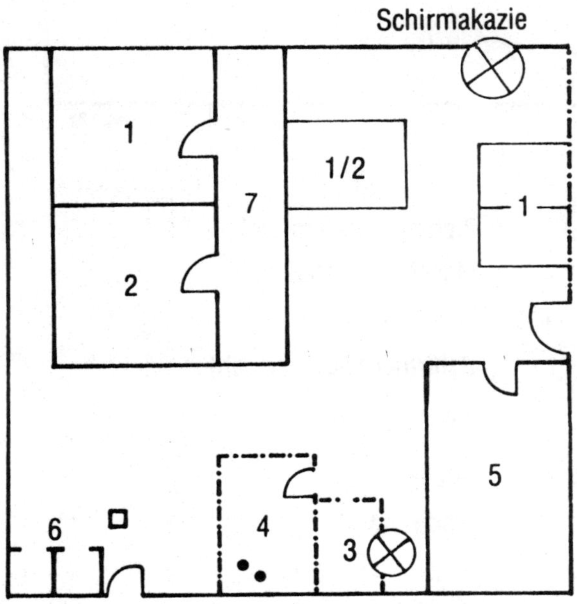

Formsteingehöft einer Maqābīl-Gruppe/ Ṣuḥār

ca. 5 M

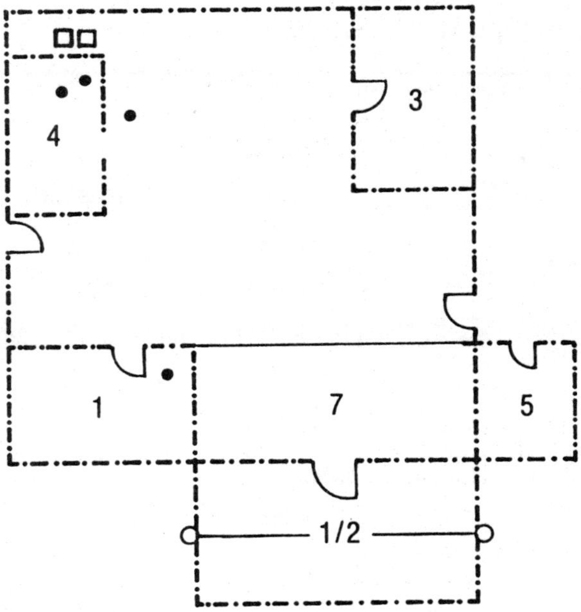

bayt ẓūr einer Āl Ḥamad-Gruppe/Al Harm

ca. 5 M

Quelle: Kart. d. Verf. 1977/78

HA 379

Funktionen

1 Schlafen/Wohnen/Kleidung Männer 2 Schlafen/Wohnen/Kleidung Frauen/Kinder 3 Vorratshaltung
4 Kochen 5 Gästeempfang 6 Waschen/Toilette 7 Vordach -·-· da'an-Wand — Formsteinwand

☐	bodenstete 'arīsh-Behausung	↶	Ziegen-/Rinderpferch
	Funktionen		Maschendrahtzaun
⊠	Schlafen/Wohnen Männer	⌒⌒	Brennholz
◩	Schlafen/Wohnen Frauen/Kinder	⊗	Schirmakazie (samrah)
⊡	Gästeempfang (majlis)	ᵛ ᵛ	harm
⊞	Vorratshaltung	▨	Hügel
⊡	Kochen		Wadirand
•	Feuerstelle		

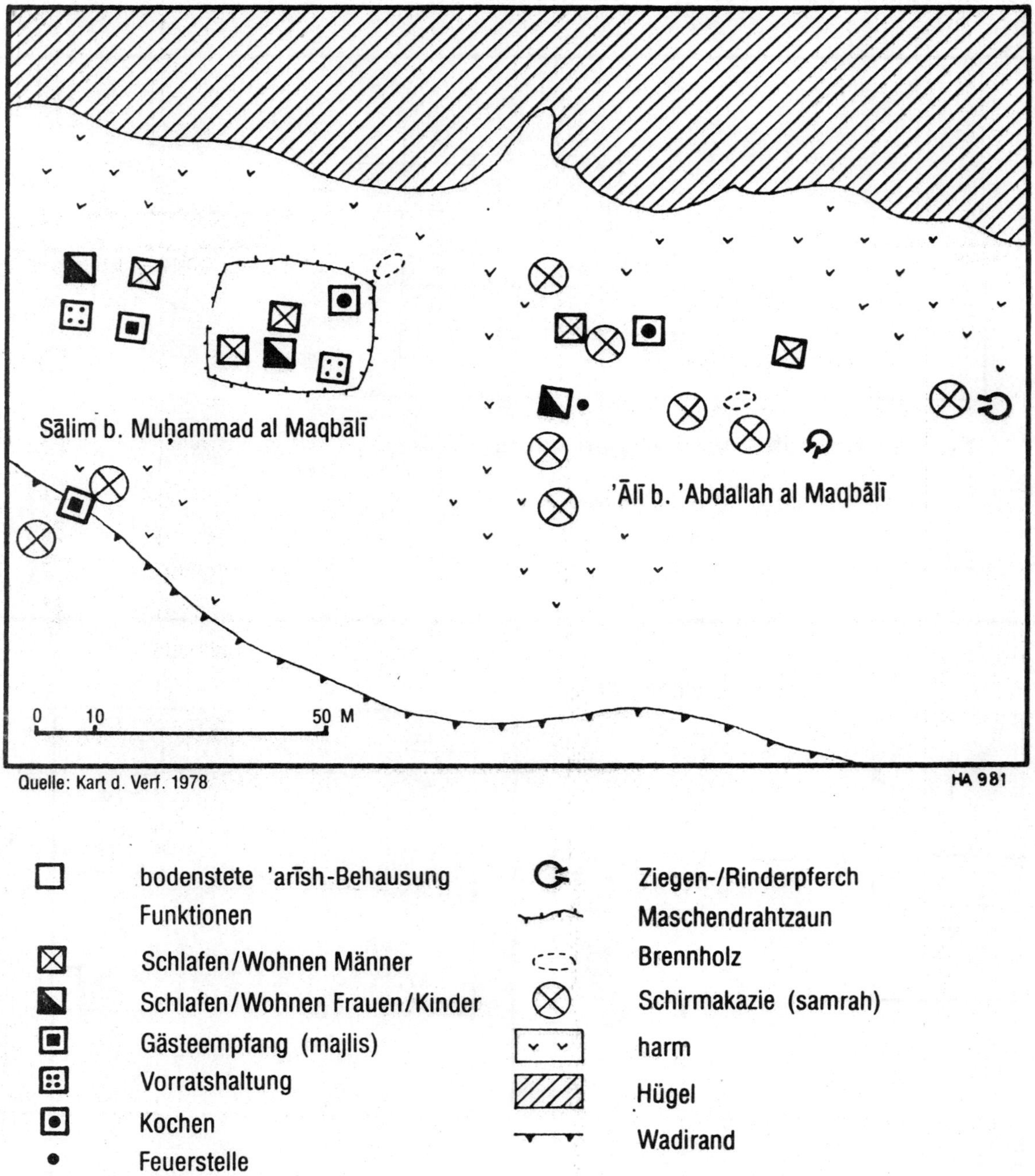

Abb. 34 Wandel des Siedlungsverhaltens der Bāṭinah-Badū
Permanenter Siedlungsstandort Ṭawī 'Asay (1978)

überdachten Veranda versehen wird. In der S-Bāṭinah sind auch Formsteinhaus-Typen verbreitet, die eine Dachterrasse besitzen. Sie dient den Bewohnern als sommerzeitlicher Schlafplatz. Für diese Konstruktion gibt es traditionale Behausungsvorbilder seßhafter Bevölkerungsgruppen, die solche da'ān-Typen in den Dattelgärten errichteten.

Die 'arīsh- und khaymah-Typen sind innerhalb der Siedlungsplätze locker und regellos angeordnet, gemäß den Erfordernissen der Bewohner kann ihre Anzahl pro Standort beträchtlich variieren. Die einzelnen Funktionen des Lagers sind jedoch, anders als an den temporären Standorten, auf je einzelne Behausungen verteilt. Sowohl eine Familie, eine Wandergruppe oder mehrere ehemalige Wandergruppen können einen gemeinsamen Siedlungsplatz bewohnen, wie Standorte in den Wādīs Sūq (Falaj Sūq), al Ḥiltī (Ṭawī Jayrūrah; F 7) und Fayd (Ṭawī 'Asay; Abb. 34) zeigen (92).

Als Ausnahme in der Bāṭinah sei auf die Wahībah-Badū verwiesen, bei denen Zelte eine größere Bedeutung besitzen. Die Wandergruppen der Wahībah verwenden aber keine Ziegenhaarzelte (bayt ash sha'r) wie die nomadischen Bevölkerungsgruppen Nord- und Zentralarabiens (93). Die modernen Baumwollstoff-Zelte (khaymah; ṭarbāl), z.T. aus pakistanischer Fabrikation, haben die Wahībah-Gruppen erst nach 1970 angeschafft. Neben den Zelten werden stets einige Windschirme, die aus Ästen und gewebten Ziegenhaarbahnen (mizḥ) zusammengefügt sind, an einem Lagerstandort errichtet (F 6). Während die Zelte die gesamte mobile Habe der Wandergruppen beherbergen, werden die Windschirme, die den Wahībah einst auch als Wohnstätten dienten, als Kochplätze und Jungviehpferche genutzt. Angaben der Wahībah zufolge werden die Zelte auch neben den bodensteten barastī-Behausungen, die die Wandergruppen im Nahbereich des Ṭawī Qaray'ah (wilāyat Al Maṣna'ah) besitzen (94), aufgebaut. Dort nutzen die Badū die Zelte ausschließlich als Empfangs- und Gästebehausungen (majlis). Nur bei einer Gruppe der Shabūl-Badū in der N-Bāṭinah (Falaj Sūq) wurde 1978 ein weiteres Zelt des gleichen Typus erfaßt.

Abb. 35

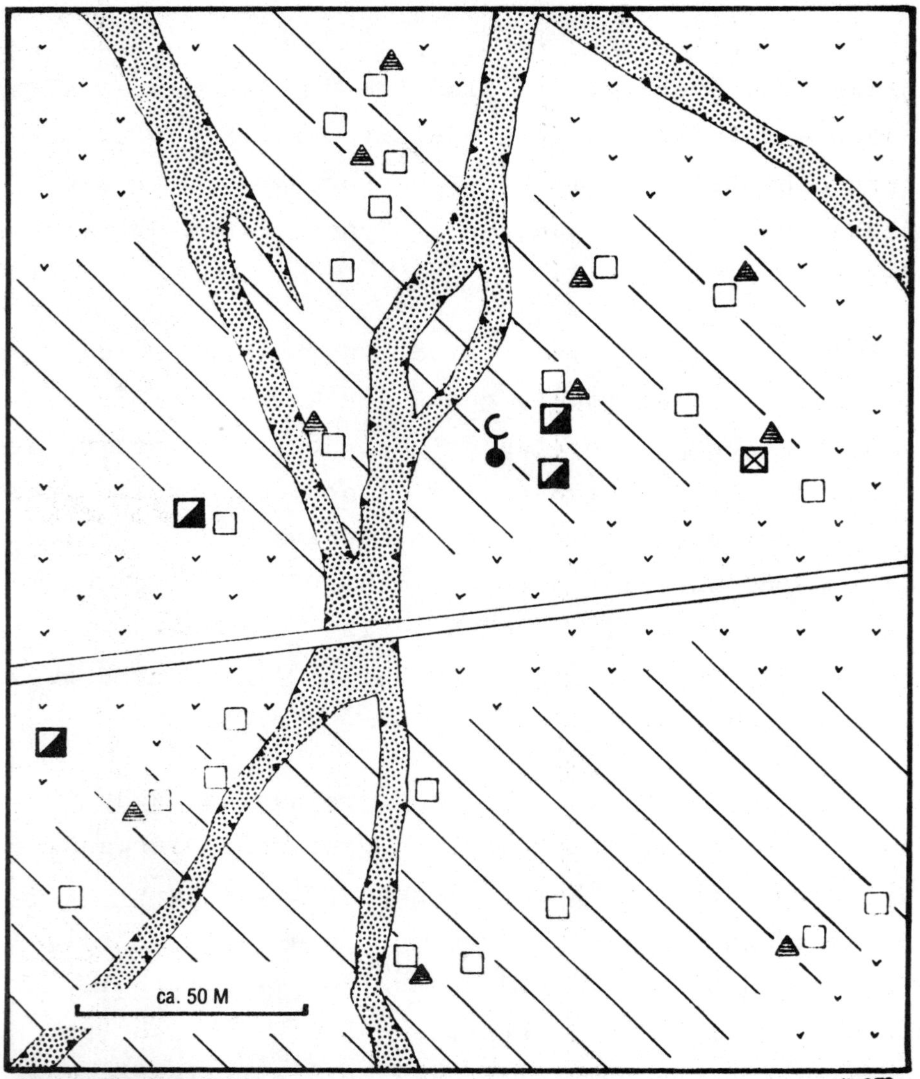

Quelle: Kart. d. Verf. 1977/78 HA 679

Behausungsform

- ▲ bodenvage Baumhütte (heute als Viehpferch genutzt)
- □ bodensteter bayt ẓūr -Wohnstättenkomplex
- ⊠ bodensteter ḥawsh
- ◪ bodenstetes Sperrholz-/Formsteingehöft
- Moschee
- Straße
- lichter Schirmakazienbestand
- harm
- wādī

Wandel des Siedlungsverhaltens der Bāṭinah - Badū
Beispiel Salāḥah (1978)

In den Winter- wie in den Sommer-Weidegebieten ist der Ausbau permanenter Lagerstandorte mit bodensteten Behausungen weit vorangeschritten. Nach Schätzungen von Badū-Gruppen der N- und S-Bāṭinah hat die Entwicklung zu bodensteten Behausungen 90-95% der nomadischen Bevölkerungsgruppen in der Küstenprovinz erfaßt. Ausgangspunkt und Zentrum dieser Entwicklung sind die ehemaligen Sommer-Weidegebiete, wo mobile Viehhaltergruppen bereits traditional auch über saisonal aufgesuchte, bodenstete Behausungen verfügten. Durch die Landverteilung wurde der Übergang zur Errichtung bodensteter Behausungen in diesem Raum besonders gefördert (95). Die Küstenstraße von As Sīb nach Khaṭmat Malaḥah, die im Grenzsaum zwischen Küsten- und Wadiregion verläuft, bildet gleichsam die Siedlungsachse, entlang der die Siedlungsstandorte der Bāṭinah-Badū, gebietsweise zu lockeren Gruppensiedlungen zusammengefügt, aufgereiht sind. In diesen kleinen Gruppensiedlungen (ḥillah), die mit je verschiedenen Siedlungsnamen bezeichnet werden, finden sich sowohl Gebäudekomplexe mit 'arīsh- und khaymah-Typen als auch Gehöfte. Selten haben die ehemals mobilen Viehhaltergruppen in den traditionalen Sommeraufenthaltsgebieten noch bodenvage Baumhütten erhalten. Diese wurden 1978 nur in einer Siedlung der S-Bāṭinah (Salāḥah) erfaßt, wo neben 27 Behausungen 10 Baumhütten in Nutzung sind (Abb. 35).

Eine zunehmende Zahl dieser Gruppensiedlungen statten die nomadischen Bevölkerungsgruppen mit Gemeinschaftseinrichtungen verschiedenster Art aus. Am häufigsten fanden sich Brunnen (ṭawī), Moschee (masjid, pl. masājid), Qur'ān-Schule (kuttāb, pl. katātīb) und teilweise Läden (dikkān, pl. dakākīn) in den Siedlungen. Die Läden, oft zur Küstenstraße hin orientiert, erbauten die Badū zumeist aus Sperrholz im 'arīsh-Typus. Sie werden mit Getränkewerbung bunt bemalt, für die die betreffende Unternehmung die Farben stellt (96).

Auch die 1977/78 in der Wadiregion besuchten permanenten Lagerstandorte besaßen sämtlich bodenstete Behausungen, die traditionalen Baumhütten waren zerstört. Eine Reihe solcher Siedlungsstandorte haben die ehemaligen Wandergruppen entweder mit neuen Brunnen versehen, oder alte Wasserstellen mit Dieselpumpen ausgestattet (F 7). Diese Brunnen versorgen häufig mehrere Lagerplätze. Andere Gemeinschaftseinrichtungen sind in den Siedlungsstandorten der Wadiregion selten. Mit Steinen umfriedete und gesäuberte Gebetsplätze fanden sich 1978 nur an zwei besuchten Standorten der N-Bāṭinah (Tawī Safay, Wādī al Ḥiltī; Tawī 'Asay, Wādī Fayḍ). In unmittelbarer Nachbarschaftslage zu motorisierten Brunnen beginnen vereinzelt ehemalige Wandergruppen den Behausungen kleine Anbauflächen hinzuzufügen (97).

5.4.4 Anmerkungen zur Wirkungsweise staatlicher Entwicklungsstrategien

Als markantester Steuerungsfaktor haben den oben untersuchten Wandel des räumlichen Verwirklichungsmusters die Planungen der Zentralgewalt für den Landesausbau der Bāṭinah wesentlich mitbestimmt. Aus diesem Grund sind an dieser Stelle die Maßnahmen der Entwicklungsstrategien (98) zur näheren Bestimmung der Motivationen, die dem stattgefundenen Wandel im ländlich-nomadischen Lebensraum unterliegen, der Entwicklung im räumlichen Verwirklichungsmuster der nahwandernden Kleinviehhaltergruppen der Bāṭinah gegenübergestellt.

Nach 1970 verbesserte die Erschließung der Wadiregion durch Pisten und Straßen, die erstmals überhaupt (auch kleinere) Bergfußoasen mit den Küstenzentren verbinden, die Verkehrsgunst des Raumes nachhaltig (Tab. 14). Sowohl die Küstenzentren der Bāṭinah als auch die überregionalen Entwicklungszentren können nunmehr besser, permanent und in teilweis beträchtlich kürzerer Zeit erreicht werden. Die staatlichen Impulse infrastruktureller Entwicklung, zu denen nicht zuletzt die Einrichtung von Sanitätsstationen zählen, haben die Bāṭinah-Badū veranlaßt, ihre Lagerstandorte in den Nahbereich von Pisten und Straßen zu verlagern. Die Ausnutzung der durch den Infrastrukturausbau eingeleiteten Verminderung von Bewegungswiderständen ist wesentlicher Grund für diese Standortwahl. Im einzelnen gaben die Badū (Antworten nach der Zahl der Nennungen gewichtet) an (99):

(1) Straßen und Pisten haben den Zugang zu Erwerbstätigkeiten außerhalb des traditionalen Subsistenzbereichs erleichtert;

(2) externe Arbeitsaufnahme ist ohne permanente Abwanderung aus dem traditionalen Lebensraum möglich, da die Bāṭinah verkehrsgünstig an die Hauptstadtregion Masqaṭ angebunden wurde;

(3) die zentralörtlichen Funktionen (Markt, Hospital, Verwaltung, Schule) der städtischen Küstenzentren sind jetzt permanent erreichbar.

Die Aussagen der Badū geben deutlich zu erkennen, daß die Motivationen, die von seiten der nomadischen Bevölkerungsgruppen zu Standortwechsel geführt haben, weniger in der regionalen Entwicklung selbst zu suchen sind. Vielmehr erhöhte der Ausbau insbesondere der technischen Infrastruktur die Aktionsreichweiten der nomadischen Bevölkerungsgruppen, sofern sie ihre Siedlungsstandorte daran ausrichteten. Auf diese Weise wurde es möglich, den traditionalen Subsistenzbereich zu verlassen und die materielle Existenz außerhalb der Region, in den Entwicklungszentren, zu sichern. Die vor 1970 infolge der politökonomischen Situation bestehenden nahezu unüberwindlichen "Bewegungswiderstände" (BARTELS, 1970,35) wurden durch die erstmalige Erschließung des ländlichen Raumes weitgehend beseitigt (Abb. 24).

Zweifellos lag darin ein Ziel der Entwicklungsstrategien. Auch und vor allem jedoch sollte die allgemeine Landesentwicklung durch den Aufbau eines Netzes von Nebenzentren, die durch Straßen untereinander und mit dem Hauptzentrum verbunden sind, ein Entwicklungsgefälle zwischen dem Hauptzentrum und dem ländlichen Raum verhindern (SCHOLZ, 1977,31; 1979,127). Da der Entscheidung des "Privatsektors" bei der Umsetzung dieses Raummodells eine überragende Rolle eingeräumt wurde (FDYP, 1976,14,107), lief die Entwicklung im Privatsektor in starkem Maße den staatlichen Intentionen zuwider (SCHOLZ, 1979,140-141). Die regionale Administration in den Nebenzentren wurde auf die Ausführung von Direktiven der Zentralgewalt beschränkt. Selbst lokale Probleme müssen zur Entscheidung in die Hauptstadtregion verwiesen werden, dort ist die Anwesenheit der Beteiligten erforderlich (SCHOLZ, 1979,129). Zwar wurde die medizinische Versorgung nachhaltig verbessert, doch nutzen die

Bāṭinah-Badū häufig nicht die regionalen Möglichkeiten, sondern die Hospitäler in der Hauptstadtregion oder/und in 'Al Ayn (UAE). Allein der Zugang zu den regionalen Märkten wurde, wie die größere Häufigkeit der Marktbesuche zeigt , durch die verkehrsmäßige Erschließung der Wadiregion gefördert.

Private und staatliche Investitionen wurden vornehmlich in der Hauptstadtregion Masqaṭ getätigt (SCHOLZ, 1979,130,140). Bis auf wenige Ausnahmen - z.B. Dattelfabrik (maṣnā' aṭ ṭumūr) in Ar Rustāq (100) - fehlen in der Küstenprovinz attraktive ökonomische Alternativen in den traditionalen Produktionsbereichen. Insbesondere die Bāṭinah-Badū sind als Folge des stattgefundenen Wandels zunehmend gezwungen, ihre materielle Existenz durch Abwanderung zu externer Erwerbstätigkeit zu sichern. Dies wird durch die infrastrukturelle Landesentwicklung erheblich erleichtert. Die günstige Anbindung der Küstenprovinz an die außerregionalen Entwicklungszentren verhindert zugleich gegenwärtig noch die permanente Abwanderung in die Hauptstadtregion (101).

Als Folge steigender externer Arbeitsaufnahme der Bāṭinah-Badū geht die traditionale Kleinviehhaltung zurück - trotz wachsender Marktnachfrage. Der Flächenanspruch der Wanderweidewirtschaft, die bei einigen mobilen Viehhaltergruppen in den einstigen Sommer-Weidegebieten in veränderter Form noch fortbesteht, wird durch die staatliche Landverteilungspolitik in der Küstenprovinz weiter zurückgedrängt.

In den traditionalen Sommer-Weidegebieten hat die Landzuweisung bis auf wenige Ausnahmen eine geschlossene Zone von neuangelegten Ackerflächen beiderseits der Küstenstraße entstehen lassen. Da

(1) die verteilten Besitzparzellen innerhalb einer Frist - sechs Monate, andernfalls die Parzelle erneut verteilt wird - eingezäunt und der vorgeschriebenen Nutzung zugeführt werden müssen;

(2) Viehtriften innerhalb dieser Zone nicht ausgespart sind;

bahnt sich ein Flächennutzungskonflikt zwischen viehwirtschaftlicher und ackerbaulicher Nutzung im landwärtigen Saum der Dattel-

Abb. 36 Landverteilung/Agrarnutzung in der Bāṭinah - Beispiel Ṣuḥār (1978)

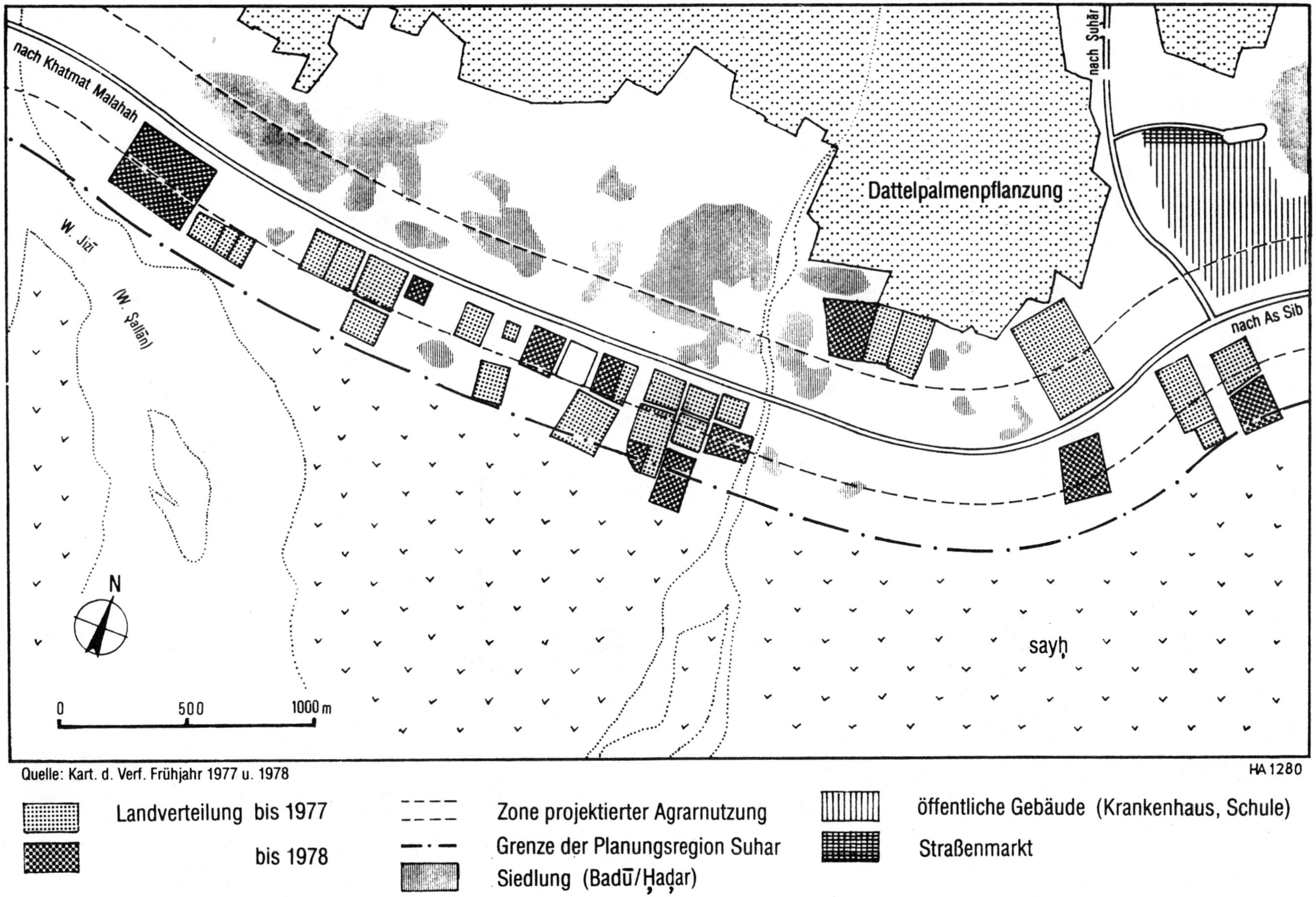

Quelle: Kart. d. Verf. Frühjahr 1977 u. 1978

palmenzone an. Denn der Austrieb der Herden in die Weidegebiete jenseits der Küstenstraße wird auf diese Weise stark behindert. Die mobile Viehwirtschaft bleibt mithin oft auf einen schmalen Streifen zwischen Küstenstraße und Dattelpalmenzone beschränkt, ein Weidegebiet, in dem die Herden der Badū mit denen seßhafter Oasenbauern konkurrieren (102). Nach Angaben der in S-Bāṭinah betroffenen Āl Ḥamad läßt dieser Flächennutzungskonflikt erwarten, daß die mobilen Formen viehwirtschaftlicher Produktion in absehbarer Zeit aufgegeben werden (103).

Diese Aussage findet eine Bestätigung im Licht der Tatsache, daß die Strategien der Landesentwicklung für die Bāṭinah einen Gürtel landwirtschaftlich zu nutzender Fläche in einem Bereich von 150 m beiderseits der Küstenstraße ausweisen. Aus dieser Zone sollen alle übrigen Flächennutzungen herausgedrängt werden: So steht im wilāyat Ṣuḥār der Abriß der innerhalb dieser Sperrflächen lokalisierten permanenten Siedlungen von nomadischen Bevölkerungsgruppen bevor (Abb. 36) (104).

Insgesamt, so dürften diese Ausführungen verdeutlicht haben, kennzeichnen durchaus gegenläufige, widersprüchliche Entwicklungen die Wirkung der staatlichen Entwicklungsstrategien auf den Wandel im räumlichen Verwirklichungsmuster der Bāṭinah-Badū. Einerseits befähigt der infrastrukturelle Ausbau des ländlich-nomadischen Lebensraumes und die Entfaltung einer nationalen Wirtschaft auch die nomadischen Bevölkerungsgruppen, an der jungen Entwicklung auf lokaler und regionaler/überregionaler Ebene teilzunehmen. Der Zwang zu permanenter Abwanderung in die ökonomischen Aktivräume des Sultanats als Folge des Wandels der Wirtschafts- und Lebensform der Bāṭinah-Badū wurde durch den Landesausbau tendenziell vermindert. Damit wird im gegenwärtigen Zeitpunkt (1978) auch die Gefahr sozialer Orientierungslosigkeit in einer veränderten Wirtschaftsform gering gehalten, jedenfalls auf der Ebene der ehemaligen Wandergruppe: Während die männlichen Mitglieder bei regelmäßiger Rückkehr in ein verändertes wirtschaftliches Umfeld integriert sind, verbleibt ein Teil der ehemaligen Wandergruppe permanent im traditionalen Subsistenzbereich.

Andererseits bergen die Raumwirkungen der Entwicklungsmaßnahmen für die nomadischen Bevölkerungsgruppen der Bāṭinah auch die Tendenz, deren traditionale Lebens- und Wirtschaftsweise zu verdrängen, indem traditionale Flächenansprüche im Wirtschaftsraum der Bāṭinah-Badū von den staatlichen Entwicklungsstrategien nicht berücksichtigt werden. Aus der Perspektive der Entwicklungskonzeption erscheint dies folgerichtig, soll doch nomadischen Bevölkerungsgruppen die Landverteilung eine Möglichkeit zur Sicherung der Reproduktion aus stationären Produktionsbereichen anbieten, soll ökonomische Alternative zu mobilen Wirtschaftsformen sein. Dem räumlichen Verwirklichungsmuster der nomadischen Bevölkerungsgruppen wurden damit einschneidende Veränderungen aufgenötigt.

Die staatlichen Entwicklungsstrategien haben in ihren Wirkungen im ländlich-nomadischen Lebensraum der Bāṭinah das räumliche Verwirklichungsmuster in Richtung Seßhaftigkeit bewegt, obgleich es keine spezifisch darauf abzielenden Maßnahmen gibt. Inwieweit aber die räumlichen Wirkungen der Maßnahmen des Landesausbaus die Integration der nomadischen Bevölkerungsgruppen in die übergeordnete Entwicklung fördern, kann nicht abschließend beurteilt werden: Eine Teilhabe an der jungen Entwicklung kann, da spezifische Eingliederungsprogramme bislang fehlen, beim gegenwärtigen Stand des Wandels jedenfalls nur durch aktive Partizipation der Bāṭinah-Badū in den Entwicklungszentren selbst sichergestellt werden.

Anmerkungen zu Abschnitt 5

(1) Befragung an verschiedenen Lagerstandorten, 1977/78, vgl. Abb. 11.

(2) Inf. shaykh Āl Hamad (Informant 2), 17/3/1977.

(3) WILKINSON (1977,34) illustriert diese Entwicklung, die mit dem Eindringen des Lastwagen-Transports von den Scheichtümern Trucial Omans aus begann (cf. 3.1.3.1.): "Mechanized transport has rapidly changed (the) situation (of the carrying trade) and during a recent visit to Oman (1973) the writer did not see a single camel-train in the Sumayil Gap, whereas when he was previously there (1965) several would have been encountered on this route". Vgl. auch CHATTY, 1976.

(4) In Polizeiverordnungen des Frühjahrs 1977 wurde es unter Strafe gestellt, Tiere unbeaufsichtigt im Nahbereich der Küstenstraße weiden zu lassen, um solchen Unfällen vorzubeugen. T.O., 2/48; 11; 3/4, 17.

(5) Befragung 19/5/1977 (Informant 21), 14/2/1978 (Informant 9).

(6) Befragung an verschiedenen Lagerstandorten der N-Bāṭinah, 1978 (Abb. 11).

(7) Es handelt sich um die Wandergruppe des Sālim b. Muḥamad al Maqbālī, W. Fayḍ (wilāyat Shināṣ), Befragung und Kartierung 5/2/1978 sowie des 'Alī b. Zubayr al Maqbālī, Ṭarayf (wilāyat Ṣuḥār) Befragung 29/1/1978.

(8) Inf. Director Extension Service (Informant 1), 23/5/1977.

(9) Der Bedarf bezieht sich in erster Linie auf lebende Reit- oder Rennkamele, deren Haltung im Scheichtum Abū Dhabī durch staatliche Regierungsprogramme stark gefördert wird. In wesentlich geringerem Maße stieg die Nachfrage nach Kamelfleisch. Zu diesem Komplex vgl. CORDES, 1979; FAULKNER, 1973, 8; WILKINSON, 1977,34.

(10) Befragungen Suwayd b. Tawwār al Maqbālī, W. al Ḥiltī (wilāyat Ṣuḥār), 29/1/1978 sowie Sirhān b. Ḥamīd al Maqbālī, W. Fayḍ (wilāyat Shināṣ),5/2/1978.

(11) Vgl. 3.1.3.2

(12) In diesem Zusammenhang sei erwähnt, daß DOWSON (1927, 11) elektrisch betriebene Pumpen für die Landwirtschaft der Bāṭinah vorschlug. Für durchsetzbarer erachtete er allerdings die Einführung von Motorpumpen oder windgetriebener Hebewerke.

(13) Befragungen an verschiedenen Lagerstandorten, 1977/78 (Abb. 11).

(14) Befragung und Kart. 22/2/1977, 7/3/1977.

(15) Vgl. 5.2.1., 5.4.3

(16) Zum Komplex der Landvergabe vgl. auch 4.1.2.2.3.

(17) Im Raum Rumays waren mit dem Sultan um die Jahrhundertwende Landverkäufe ausgehandelt worden, Inf. d. Verf. 20/3/1978.

(18) Vgl. 4.1.2.2.3

(19) Vgl. 2.1.3., 2.1.5

(20) Insbesondere in der N-Bāṭinah handelt es sich teilweise um Flächen, die bis zum 7. Jahrhundert von den Persern über ghayl falaj-Bewässerung bereits landwirtschaftlich genutzt worden waren, vgl. 2.2.1

(21) Daß ein einzelnes Stammesmitglied ohne Einschaltung der tribalen Hierarchie direkt mit staatlichen Einrichtungen Kontakt aufnehmen kann, zeigt das Bestreben der Sultanats-Herrschaft, die tribalen Bindungen zu lockern. Durch gezielte Eingriffe hat sich auf der Ebene der Stämme bereits ein sozialer Wandel vollzogen, der die Autorität der Stammesführer beschnitt und dem einzelnen Stammesmitglied größere Entscheidungsbefugnisse einräumt. Vgl. 4.3

(22) Nach Ablauf der Periode kann noch einmal um 49 Jahre verlängert werden (MALLAKH, 1972,426). Die unterschiedliche Größe von Parzellen kommt u.a. dadurch zustande, daß Land z.T. als Schenkung vergeben wird.

(23) Vgl. 4.1.2.2.3

(24) Vgl. 4.1.2.2.3

(25) Der Markt für die Bāṭinah-Datteln, die eine geringere Qualität als die inner-omanischen Varietäten besitzen und daher niedrigere Preise erzielten, brach zusammen, nachdem zu Beginn der siebziger Jahre der Dattelaufkauf durch eine indische Unternehmung (Khimji Ramdas) vom Ministry of Agriculture übernommen wurde. Ein starker Preisverfall war die Folge, so daß nach Angaben von Oasenbauern und Badū die Bewirtschaftungskosten eines Dattelgartens die Erlöse bei weitem übersteigen. Eine Befragung des für Agro Industries (Dattelfabriken) zuständigen Direktors bestätigte dies.

(26) Als "Badū-Betrieb" seien solche Anbauflächen bezeichnet, auf denen nomadische Besitzer vornehmlich Gemüse und Futterbaupflanzen kultivieren. Badū-Betriebe wurden i.d.R. auf im Zuge der Landzuweisung erworbenen Parzellen angelegt.

(27) Als Beispiel sei die Oase Ḥayl ash Shakharīyīn (W. 'Āhin) genannt (Inf. d. Verf., 30/1/1978). Über ein Verfallen von Dattelgärten in der Bāṭinah als Folge mangelhafter Bewirtschaftung berichtet bereits für die fünfziger Jahre PHILLIPS (1971(a),42).

(28) Befragung und Kart., 22/5/1978.

(29) Als weiterer Faktor, der die Knappheit von qualifizierter Arbeitskraft im landwirtschaftlichen Sektor mitbestimmt, sei auf die Garantie von Mindestlöhnen bei Beschäftigung im staatlichen oder industriellen Sektor verwiesen. Die Besitzer von Anbauflächen sind nicht in der Lage, die gleichen Löhne für omanische Fachkräfte zu zahlen. Als Folge werden Inder und Pakistani beschäftigt, denen oft zwar jede Qualifikation fehlt, die jedoch für geringe Entlohnung arbeiten. Als 1977 indischen und pakistanischen Arbeitskräften für die Landwirtschaft staatlicherseits die Arbeitserlaubnis verweigert wurde, traten eine Reihe von Farmern mit einer Petition zur Aufhebung dieser Regelung an den Extension Service heran. Inf. d. Verf., 22/5/1977.

(30) Auf die Anlage wasserverschwendender Ziergärten insbesondere in der S-Bāṭinah und die dem Wasserhaushalt der Küstenprovinz zugefügten Schäden sei in diesem Zusammenhang nicht näher eingegangen.

(31) Inf. und Kart. d. Verf., 30/1/1978.

(32) Vgl. 4.2

(33) Das Angebot einiger europäischer Gesellschaften Ausbildungsplätze für Omanis zur Verfügung zu stellen, wird bislang kaum genutzt. Inf. d. Verf. 1977.

(34) Als Ausnahmen wären lediglich Händler und Seefahrer zu nennen.

(35) Eine frühe Beschreibung des hūrī von Lumsden (1820) gibt BIDWELL (1975,141) wieder.

(36) Es handelt sich um die gleiche Konstruktion wie sie für den badan beschrieben wurde, vgl. 3.2.1.

(37) Die vor 1970 benutzten Außenbordmotoren waren Angaben von Fischern zufolge europäischen Ursprungs (Outboard Marine, Belgien). Nach der Öffnung des Sultanats drangen verstärkt japanische Fabrikate (Yamaha) ein, die gegenwärtig (1978) in der Bāṭinah dominieren. Der Yamaha-Oman-Agent, Oman Commercial Enterprises, Maṭraḥ, führte auch japanische Nylonnetze in die Bāṭinah ein.

(38) Der MARDELA-Untersuchung (1975) über die Fischerei zufolge (eingesehen im Ministry of Agriculture and Fisheries, 1977) sind shāsh für eine Motorisierung gänzlich ungeeignet. Dennoch werden auch sie mit Motoren ausgerüstet.

(39) Inf. v. Händlern im sūq Barkā' (Informant 22), 28/5/1977. Gegenüber einem Planken-hūrī von 500 riyāl kostet ein vergleichbarer Einbaum-Rohling 360-400 riyāl.

(40) In Ḥayl al 'Awāmir, bereits in der Hauptstadtregion Masqaṭ gelegen, Frühjahr 1978.

(41) Befragung (Informanten 11, 12), Mai 1977, Fischer Suwādī Alwā".

(42) Vgl. 4.1.2.2.4

(43) Auf die Rolle der Oman Commercial Enterprises wurde bereits hingewiesen (fn. 37).

(44) Inf. v. Fischern in Ḥarādī, 3/2/1977 und Händlern im sūq Barkā' (Informanten 23, 3).

(45) Befragung (Informanten 10, 11), Mai 1977.

(46) Inf. Research Director Fisheries (Informant 6), 6/2/1977.

(47) Vgl. 5.2.2

(48) Vgl. 4.1.2.2.4

(49) Vgl. 5.4.2

(50) Die einstmalige Bedeutung dieses "coasting trade" illustriert eine Zusammenstellung von LORIMER, 1970,ii,285-286. Zum Ausbau des Straßennetzes vgl. 4.1.2.2.1

(51) Inf. u. Kart. d. Verf., 20/3/1978.

(52) Dieser Wandlungsprozeß vollzog sich auch in der Landwirtschaft der nomadischen Bevölkerungsgruppen, vgl. 5.1.1.2.

(53) Inf. Research Director Fischeries (Informant 16), 8/5/1978, Befragung (Informanten 11, 12), Mai 1977.

(54) Inf. und Kart. d. Verf., 20/3/1978.

(55) Inf. d. Verf., 1977.

(56) Befragung (Informant 12), Mai 1977, Ṣalālah (Dhufār).

(57) Befragung (Informanten 11, 12), Mai 1977.

(58) Zu diesem Komplex allgemein vgl. COLE, 1975,105; DYSON-HUDSON, 1972,16; HARTMANN, 1938,35-36; HERZOG, 1963,164; 1967,14; KRADER, 1959,499; RATHJENS, 1969,24; STEIN, 1967,84; SWIDLER, 1973,41.

(59) Im Frühjahr 1978 besuchten zwei Badū aus Abū Dhabī den shaykh der bāṭinīyah-Kamele züchtenden Al Hamad, um ein Rennkamel zu erwerben.

(60) Im sūq Suhār hat der dalāl beim Verkauf von Vieh, Fisch und Früchten noch zusätzlich die Aufgabe zu überwachen, daß keine verdorbenen Produkte am Markt angeboten werden. Inf. Director baladīyah Ṣuḥār (Informant 15) und dalāl im sūq Ṣuḥār (Informant 23), 6/2/1978.

(61) Vgl. 5.1.1.2

(62) Zur näheren Bestimmung von Gebrauchs- und Luxusgütern vgl. Tab. 19.

(63) Inf. und Kart. d. Verf., Frühjahr 1977 und Frühjahr 1978.

(64) Die wesentlichste Ausnahme ist der Straßen-sūq von Bidāyah (wilāyat Al Khābūrah), dessen Größe und Warenangebot mit anderen sūqs der Küstenzentren vergleichbar ist. Inf. und Kart. d. Verf., 9/3/1978.

(65) Zu den Zuṭūṭ vgl. 2.2.2., ferner MILES, 1877,57-59; LORIMER, 1970,ii,1938-1939; PHILLIPS, 1971(a),173; THOMAS, 1931,152.

(66) Vgl. THOMAS, 1931,152; PHILLIPS, 1971(a),173. Zunehmend wird jedoch die Beschneidung in Hospitälern durchgeführt.

(67) Vgl. 5.1.2.1

(68) Vgl. 3.2.1.2

(69) Vgl. 5.2.1

(70) Vgl. 4.1.2.2.4

(71) Inf. d. Verf., Frühjahr 1977.

(72) Vgl. 3.1.1.4

(73) "The farming mode involves a relationship of interdependence. The food grown is necessary to keep the farming society alive; but the farmers will till, weed, plant, water, seed, and conserve seed. The crops they raise are dependent on their activity as they are dependent on the crops" (KRADER, 1959, 501).

(74) Vgl. 6

(75) Befragung (Informant 7), 14/3/1977.

(76) Inf. und Kart. d. Verf., 19/5/1977, 14/2/1978. Die Wahībah der Bāṭinah gehören sämtlich der Jaḥaḥayf-Fraktion des vornehmlich in der südostomanischen Provinz Sharqīyah verbreite-

ten Stammes an. Vgl. CARTER, 1977,28-33; LORIMER, 1970,ii, 1921-1925; MILES, 1919,437; SCHOLZ, 1977,123-129.

(77) Einige wenige Wandergruppen besitzen darüber hinaus Dattelgärten in Nakhl (Ghadaf).

(78) Vgl. 5.4.3

(79) Befragung und Kart. 4/2/1978.

(80) Vgl. 2.1.4

(81) Durch die Lokalisation dieses Siedlungsplatzes scheinen beide Gruppen beispielhaft erreicht zu haben, "mit einem Minimum des Bewegungsaufwands ein Maximum von Befriedigung im Rahmen ihrer Existenzziele und Handlungsmöglichkeiten" (BARTELS, 1970,35) zu verwirklichen.

(82) Inf. und Kart. d. Verf., 12/6/1977.

(83) Teilweise kehrten diese Fischer bis 1970 nicht in das Sultanat zurück.

(84) Inf. Research Director Fisheries (Informant 16), 8/5/1978, Befragung (Informanten 11, 12), Mai 1977.

(85) Die Exklave Gwādar, die das Sultanat an der pakistanischen Makrān-Küste besaß, wurde 1958 für 3 Mio. Pfund Sterling an Pakistan verkauft.

(86) Inf. d. Verf., 1977/78.

(87) Befragung (Informant 24), Juni 1977.

(88) Vgl. 3.1.2

(89) Kart. d. Verf., 20/3/1978.

(90) Inf. u. Kart. d. Verf., 9/2/1978.

(91) Befragung (Informant 4), 28/3/1977.

(92) Inf. und Kart. d. Verf., 30/1/1978, 4-5/2/1978.

(93) Vgl. 1

(94) Befragung (Informanten 4, 2), 1977.

(95) Im Zuge der Landvergabe wurden auch Parzellen verteilt, die nur zu Wohnzwecken genutzt werden konnten, vgl. 5.1.2.

(96) Befragung (Informant 4), 17/3/1978.

(97) Vgl. 5.1.1.2

(98) Vgl. 4.1.2.2

(99) Befragung an verschiedenen Lagerstandorten, 1977/78 (Abb. 11).

(100) Diese 1975 eröffnete halbstaatliche Datterverarbeitungsanlage, die zum ersten Mal in Oman auch einheimischen Frauen eine Beschäftigung bietet, soll von halbautomatischer auf vollautomatische Verarbeitung umgestellt werden, was den Verlust eines Großteils der gegenwärtigen Arbeitsplätze zur Folge hätte.

(101) Vgl. 4.3

(102) Vgl. FAULKNER, 1973; W.R.S., 1975,v,103; WRDP, 1975,3,403.

(103) Inf. shaykh Āl Ḥamad (Informant 2), 2/4/1978.

(104) Inf. Director baladīyah Ṣuḥār (Informant 15), 6/2/1978.

6 VORLÄUFIGE WANDLUNGSBILANZ, BEWERTUNG UND PERSPEKTIVEN

6.1 Ergebnisse des Wandels

6.1.1 Ausgangslage

Der junge Wandel im ländlichen Lebensraum der Badū und Fischer der Bāṭinah, der im wesentlichen nach dem Ende der Stagnation im Jahre 1970 einsetzte, ist noch nicht abgeschlossen. Sein Ausgangspunkt charakterisierte eine Situation, in der insbesondere die Badū nur in geringem Maße in das politökonomische Gefüge des Sultanats integriert waren. Sowohl die traditionale Wirtschaftsform der Bāṭinah-Badū (Kleinviehhaltung, Transportdienste, Landwirtschaft) als auch der Fischer (Fischfang, Perlfischerei, Landwirtschaft) konnten nur eine enge materielle Existenz garantieren. Infolgedessen wurden nach der sharī'a die Fischer als miskīn, arm, eingestuft und von den zakah-Abgaben befreit. Da in Oman zakah jedoch nur auf bestimmte landwirtschaftliche Produkte erhoben wurde (1), zählten auch die nomadischen Bevölkerungsgruppen de facto zu jenen, die steuerlich kaum erfaßt wurden. Die wichtigsten Produktionsmittel beider Lebensformgruppen, Vieh und Fischfanggeräte, waren mobil, sie konnten relativ leicht der Kontrolle oder Konfiskation durch die Zentralgewalt entzogen werden.

Im Gegensatz zu Badū und Fischern gehörten die ethnisch heterogenen, seßhaften Lebensformgruppen der Oasenbauern und Händler zu den Trägern des traditionalen Wirtschaftssystems der Küste. Sie hatten am ökonomischen Aufschwung der Küstenprovinz, der bis zur zweiten Hälfte des 19. Jahrhunderts andauerte, den bedeutendsten Anteil, indem sie hochwertige (landwirtschaftliche) Exportgüter produzierten bzw. deren Handel und Ferntransport organisierten. Über das zumeist immobile Eigentum dieser Bevölkerungsgruppen war die Sultanats-Herrschaft auf dem Wege der Besteuerung (zakah, 'ushr) in der Lage, eine stärkere Kontrolle auszuüben.

Die vielfältigen Beziehungen zwischen diesen seßhaften Bevölkerungsgruppen und der Āl Bū Sa'īd-Herrschaft brachte es mit sich, daß aus diesen Lebensformgruppen sich größtenteils die Bürokratie der Zentralgewalt rekrutierte. Zwar wurden insbesondere die Händler, aber auch die Oasenbauern, von der ökonomischen Stagnation und Isolation des Sultanats stark betroffen, dennoch erhielten sich beide Gruppen bis 1970 ihre sozial und wirtschaftlich führende Stellung.

6.1.2 Wandlungsbilanz

Vor diesem Hintergrund lassen sich, in Beantwortung der Frage nach dem Wandel in den Badū- und Fischer-Bevölkerungsgruppen, folgende Ergebnisse des Wandels eines knappen Jahrzehnts nach der Öffnung des Sultanats resümieren:

Im nomadischen Lebensraum hat der stattgefundene Wandel zu einem Rückgang der Wanderweidewirtschaft geführt, die traditionalen ergänzenden Produktionsbereiche brachen weitgehend zusammen. Trotz spezifischer Entwicklungsmaßnahmen im Fischereisektor wandelte sich die ökonomische Bedeutung des lokalen, küstennahen Fischfangs unwesentlich, während die Fischer eine folgenschwere Umstrukturierung der ergänzenden Wirtschaftsbereiche hinzunehmen hatten (2). Die vorrangige Stellung der Viehhaltung in der Wirtschaftsform der Bāṭinah-Badū hat im Verlauf des Wandels die externe Arbeitsaufnahme eingenommen, die gegewärtig etwa der Hälfte der nomadischen Bevölkerungsgruppen die Existenzgrundlage bietet. Der einstige Status weitgehender ökonomischer Unabhängigkeit wurde durch die wirtschaftliche Abhängigkeit ersetzt. Bei den Fischern ist der stagnierende Produktionsbereich Fischerei in nennenswertem Umfang bislang nicht durch Erwerbstätigkeit im industriellen tertiären Sektor ergänzt worden. Vermehrte Wanderarbeit (Fischerei) trägt für eine bedeutende Minderheit (bis 40%) zur Sicherung der Reproduktion bei.

Während seßhafte Oasenbauern, die in eine externe Erwerbstätigkeit abwanderten, durch Verdrängung vom Arbeitskräftemarkt oder aus eigenem Entschluß (3) i.d.R. ihre bäuerliche Produktion wieder aufnehmen könnten (4), fehlen insbesondere den Badū dazu oft die Voraussetzungen. Zumeist haben sie ihren Viehbestand drastisch verringert und ihre Wandertätigkeit eingeschränkt. "This is aggravated by a surprinsingly quick loss of knowledge about pastoral pursuits" (BIRKS, 1978,16).

Da die Nutzung der lokalen Ressourcen durch Badū und Fischer als Folge der Expansion der übergeordneten Ökonomie abnimmt, konnte für die Masse beider Lebensformgruppen die permanente Gefährdung der materiellen Existenz durch den stattgefundenen Wirtschaftswandel nicht aufgehoben werden.

Bei Badū wie bei Fischern hat die Wandertätigkeit seit Beginn des jungen Wandels stark abgenommen. Die Fischer bewahrten allerdings weitgehend die Struktur des traditionalen Regional-Mobilitäts-Verhaltens, das durch saisonale Arbeitskräftewanderungen gekennzeichnet war. Dagegen haben sich die traditionalen Weidewanderungen der Bāṭinah-Badū nur teilweise - in rudimentären oder deformierten Formen - erhalten: Die Distanz der Nahwanderungen verminderte sich weiter, die Nahwanderungen selbst werden nur noch von wenigen ehemaligen Wandergruppen während der kühlen Jahreszeit durchgeführt. Die traditionale Wanderweidewirtschaft ist weithin einem Umtrieb des Viehbestandes um feste Lagerstandorte, einem "stationären Nomadisieren" gewichen (5). Die Nahwanderungen der Haushaltungen werden zunehmend durch Arbeitskräftewanderungen als Element des Regional-Mobilitäts-Verhaltens abgelöst.

An Wohnplätzen der ehemaligen Sommer-, teilweise auch der Winterweidegebiete mit günstiger Kontaktlage zu Einrichtungen der technisch-sozialen Infrastruktur (Straßen, Hospital, Schule) erfolgte ein Übergang zur Seßhaftigkeit, der mit der Errichtung permanenter Siedlungen und bodensteter Behausungen verbunden ist. Dieser Wandlungsprozeß im Siedlungsverhalten der Badū, ohne direkte staatliche Zwänge angelaufen, ist noch keineswegs abgeschlossen. Ebensowenig vollzieht er sich einheitlich, wie verschiedenste Zwischenformen belegen. Aufgrund der Lokalisation der Siedlungen ist Siedlungskontakt zu seßhaften Bevölkerungsgruppen auch in den ehemaligen Sommeraufenthaltsgebieten noch selten. Anders als das räumliche Verwirklichungsmuster der Fischer hat das der Bāṭinah-Badū somit eine tiefgreifende, strukturelle Umstellung erfahren.

Im Prozeß der Entwicklung im Lebensraum beider Bevölkerungsgruppen sind die Sozialformen weitgehend traditionalen Mustern verhaftet geblieben. Bislang hat externe Arbeitsaufnahme, die zur Adaption an ein verändertes, neues ökonomisches und soziales Umfeld nötigt, im ländlichen Raum der Küstenprovinz nicht zu erkennbaren permanenten Abwanderungen in die Entwicklungszentren geführt: Während insbesondere die nomadischen Bevölkerungsgruppen durch den jungen Wandel zu einer weitgehenden ökonomischen Umorientierung befähigt oder veranlaßt wurden, hat diese bislang auf der Ebene der ehemaligen Wandergruppen kaum sozialorganisatorische Orientierungslosigkeit zur Folge gehabt (6).

Wohl aber bewirkte ein mit der übergeordneten, expandierenden Wirtschaft in den ländlichen Raum verbundenes Eindringen von Geldwirtschaft wie auch fremder Wertnormen eine Veränderung der Ernährungs- und Konsumgewohnheiten von Badū und Fischern. Der Ersatz des traditionalen Silberschmuckes durch massengefertigten Goldschmuck und die Zunahme der Konsumption importierter (Konserven-) Nahrungsmittel (Beispiel: Trockenmilch) können als sichtbare Zeichen im Bereich materieller Kultur und Ernährung gewertet werden. Neben anderen besitzen diese Attribute der "modernen" Entwicklung in der Bāṭinah hohen Statuswert.

6.1.3 Zusammenfassende Bewertung

Die eingangs formulierte Hypothese, derzufolge in den Lebensräumen von Badū und Fischern eine große Dynamik des Wandels zu erwarten sei, bedarf, wie die Ergebnisse des Wandels verdeutlicht haben dürften, einer Modifikation hinsichtlich des zweiten Elements der Hypothese. Zwar hat der stattgefundene Wandel im Lebensraum der Badū und Fischer der Küstenprovinz eine dynamische Entwicklung, im Einzelfall stärker und umfassender als bei den seßhaften Oasenbauern, ausgelöst. Das erste Element der Arbeitshypothese konnte jedoch nach der aufgezeigten Wandlungsbilanz in der zu Beginn der Studie aufgestellten, allgemeingültigen Form nicht verifiziert werden. Denn aus der Einbeziehung in die sozioökonomische Entwicklung des Sultanats resultierte bislang keine umfassende Teilhabe der Majorität beider Bevölkerungsgruppen an ihr. Daher läßt sich auch das zweite Element der Hypothese, daß die betreffenden Gruppen zur Teilnahme am jungen Wandel ohne Formen ökonomischer und sozialer Orientierungslosigkeit befähigt würden, nur mit Einschränkung aufrecht erhalten. Zum dritten Element: Generell hat der omanische Erdölsektor erst wesentliche Voraussetzungen für die sozioökonomische Umgestaltung des Sultanats, die als "Omans Renaissance" bezeichnet wird, geschaffen, indem er die finanziellen Mittel bereitstellte. Direkte Auswirkungen, so zeigte diese Studie, hat er auf den Wandel der Bāṭinah-Badū und Fischer in der Tat nicht gehabt; sie beschränkten sich überwiegend auf die Erdölregionen Inner-Omans (SCHOLZ, 1977(a),(b); 1980). Im Rahmen der angestrebten Diversifizierung der Wirtschaft soll überdies das Übergewicht der Erdölwirtschaft zurückgedrängt werden. Erst der für 1981 geplante Abbau von Kupfer (Baydhā', 'Arjah, Lasayl am Gebirgsfuß des Ḥajar 'Umān) und dessen Verhüttung in der N-Bāṭinah (wilāyat Ṣuḥār) könnte direkte Wandlungsimpulse in den Lebensraum der Fischer und Badū tragen. Insgesamt gelang weniger als der Hälfte - Schätzungen von Stammes- und Regierungsfunktionsträgern gehen von ca. 40 % aus - eine Partizipation an der sozioökonomischen Entwicklung des Sultanats im eingangs erläuterten Sinn. Dieser Umfang der Teilnahme sollte nach einer knappen Dekade des jungen Wandels nicht geringgeschätzt werden. Dennoch konnte für die Zukunft die Gefahr sozial-organisatorischer Orientierungslosigkeit nicht vollends ausgeräumt werden. Die Gefahr einer auch ökonomisch marginalen Existenz beider Bevölkerungsgruppen besteht tendenziel weiter fort. Eine bündige Bewertung werden daher erst die kommenden Entwicklungsphasen erlauben.

Damit sind Funktion und Auswirkungen der staatlichen Entwicklungsstrategien für den ländlichen Raum im allgemeinen, die Bāṭinah und deren Bevölkerungsgruppen im besonderen berührt, die im folgenden abschließend rekapituliert werden sollen.

6.2 Probleme der staatlichen Entwicklungsstrategien

Das erklärte Ziel der Entwicklungsstrategien des Sultanats war es - und darauf fußte die Arbeitshypothese -, die Beteiligung aller Bevölkerungsgruppen am jungen Wandel des Sultanats zu ermöglichen. Hinsichtlich der Umsetzung dieser Konzeption durch die eingeleiteten Entwicklungsmaßnahmen "ist die Absicht und das Bemühen, eine das gesamte Land erfassende, räumlich durchdringende Entwicklung unverkennbar und sektoral mit Erfolg realisiert worden" (SCHOLZ, 1979,135). Dennoch zeigte sich im Verlauf des Wandels, daß sowohl zwischen Zielplanung und sektoraler Umsetzung Abweichungen bestehen als auch die durch den Wandel in den Lebensräumen von Badū und Fischern ausgelösten Begleiterscheinungen teilweise den Zielen der Strategien entgegenliefen. Drei Punkte mögen diesen Sachverhalt erläutern.

(1) Eine erste Divergenz zwischen Planung und Umsetzung kann darin gesehen werden, daß zwar alle Bevölkerungsgruppen Omans (also auch die hier behandelten) zur Teilnahme am jungen Wandel befähigt werden sollten, im ländlichen Raum die Umsetzung dieses Entwicklungszieles faktisch jedoch nur die seßhaften Bevölkerungsgruppen einbezieht. Die wesentlichste Ursache für die Einengung der Reichweite liegt im Fehlen z.T. grundlegender Kenntnisse über die Lebens- und Wirtschaftsform sowie das ökonomische Potential der nomadischen Bevölkerungsgruppen des Sultanats. Da solche Untersuchungen zum Zeitpunkt, als die Entwicklungsstrategien ausgearbeitet wurden, indessen für seßhafte Oasenbauern und Fischer (7) in Auftrag gegeben und deren Ergebnisse verfügbar waren, stützte sich die Formulierung der Entwicklungsmaßnahmen auf die vorhandenen Studien über die ökonomische Situation des ländlichen Raumes.

Trotz der globalen Ausrichtung der Entwicklungsmaßnahmen wurde auf diese Weise ein höherer Integrationsgrad seßhafter Bevölkerungsgruppen in die junge Landesentwicklung begünstigt.

(2) Diese Feststellung bezieht sich auf den Tatbestand, daß Möglichkeiten und Maßnahmen der Entwicklung des ländlichen Raumes vornehmlich auf die seßhaften Bevölkerungsgruppen zugeschnitten waren. Den Maßnahmen in den Sektoren Landwirtschaft und Fischerei standen keine nennenswerten Entwicklungsimpulse im für die Bāṭinah-Badū traditional bedeutenden Produktionsbereich Viehzucht gegenüber. Spezifische Entwicklungsprojekte für die nomadischen Bevölkerungsgruppen fehlen bislang völlig. Die im ersten Fünfjahrplan ausgewiesenen Maßnahmen im Fischereisektor sind teils über das Planungsstadium nicht hinausgelangt, teils kamen sie den Fischern nicht direkt zugute.

(3) Die Entwicklungsmaßnahmen für den "Privatsektor" des ländlichen Raumes wurden von der übergeordneten staatlichen Entwicklungsplanung als Rahmenvorgabe verstanden. Ihre Innovationsimpulse wie etwa den Extension Service zu nutzen, war in das Belieben der Bevölkerungsgruppe gestellt. Ein solches Entwicklungskonzept verlangt daher, um am sozioökonomischen Wandel teilhaben zu können, aktive Partizipation aller Bevölkerungsgruppen. Unterschiedliche Ausgangspositionen bleiben unberücksichtigt.

Damit wurde zwar allen Bevölkerungsgruppen die Möglichkeit zur Integration in die neue Entwicklung ohne Zwangsmaßnahmen, wie etwa Seßhaftmachung im nomadischen Bereich, geschaffen. Die Auswirkungen der Entwicklungsstrategien lassen jedoch erkennen, daß

(1) einige Bevölkerungsgruppen aufgrund traditionaler Beziehungen zur Zentralgewalt, Protektion oder Durchsetzung von Partikularinteressen einen höheren Integrationsgrad in die sozioökonomische Entwicklung des Sultanats erreichten;

(2) jene, vor allem nomadischen Bevölkerungsgruppen mit traditional geringen Kontakten zur Sultanatsherrschaft, einen geringeren Integrationsgrad aufwiesen, teilweise sogar durch den jungen Wirtschaftswandel in Richtung einer Randseiter-Existenz gedrängt werden;

(3) mit der sinkenden Integration von Badū und Fischern eine Abnahme der ökonomischen Inwertsetzung weiter Areale der Wadiregion über mobile Viehhaltung und die Ausbeutung lokal verfügbarer Ressourcen durch den Fischfang einhergeht. Beide Entwicklungen haben einen Rückgang der Versorgung des omanischen Marktes mit tierischen Produkten nach sich gezogen. Die Aufgabe ökonomischer Nutzung, das Ausbleiben bzw. die Abwanderung von Investitionen deuten nach Ansicht des Verfassers den Beginn einer räumlichen Marginalisierung des ländlichen Raumes der Bāţinah gegenüber dem Entwicklungszentrum Masqaţ an.

6.3 Perspektiven des künftigen Wandels

Der beschriebene Wandel im Lebensraum von Badū und Fischern vollzieht sich - im Gegensatz zu den eingangs erläuterten Maßnahmen der meisten orientalischen Staaten - ohne direkte staatliche Zwänge. Entwicklungskonzeption und eingeleitete Rahmenplanung im "Privatsektor" des ländlichen Raumes belegen dies eindrucksvoll. Wie beim Vorgehen der kolonialen und nationalstaatlichen Einheiten, etwa im Maghrib, hat die stattgefundene Entwicklung Badū und Fischer der Bāţinah weitgehend aus einer eher homogen strukturierten, traditionalen Wirtschafts- und Lebensform in einen übergeordneten, heterogenen ökonomischen und gesellschaftlichen staatlichen Rahmen geführt. Beim gegenwärtigen Stand des Wandels, in dem wichtige Sektoren der angestrebten Entwicklung faktisch entgegenlaufen, drängt sich die Frage nach gezielteren staatlichen Eingriffen auf. Nur so scheint es noch möglich, die positive Integration aller Bevölkerungsgruppen in den Entwicklungsprozeß zu gewährleisten.

Es bedarf daher spezifischer Programme, um einer real möglichen Marginalisierung von Fischern und insbesondere Badū der Küstenprovinz entgegenzuwirken. Dies setzt jedoch die Anerkenntnis und Berücksichtigung der existenten ökonomischen und sozialen Heterogenität der Bevölkerungsgruppen, durch die sich die Bāţinah besonders auszeichnet, voraus. Darauf aufbauend, ist eine realitätsgerechte planerische

Bewertung des "Privatsektors" im ländlichen Raum einschließlich der positiven Würdigung mobiler Viehwirtschaft und traditionalen, lokalen Fischfangs für die weitere Entfaltung der übergeordneten Wirtschaft gefordert.

Für den am stärksten betroffenen Lebensraum der nomadischen Bevölkerungsgruppen (der Bāṭinah) könnte bereits eine an den Bedürfnissen des ländlich-nomadischen Lebensraums orientierte Umsetzung der Ziele des zuende gehenden Fünfjahr-Entwicklungsplans die aktive Teilhabe an der jungen Entwicklung fördern. Für N-Oman zählten dazu die

(1) Ausweitung des Extension Service auf den Produktionsbereich Viehzucht durch den Aufbau veterinärmedizinischer Versorgung für die viehhaltenden Bāṭinah-Badū;

(2) Schaffung von genossenschaftlich organisierten Absatz- und Vermarktungsorganisationen für die Erzeugnisse aus Ackerbau und Viehhaltung mit einer Reihe regionaler Einlieferungszentren;

(3) Expansion des Futterbaus bei noch mobile Viehzucht betreibenden Bātinah-Badū auf im Zuge der Landvergabe erworbenen Nutzflächen;

(4) Entwicklung mobiler Formen der Viehwirtschaft mit regional gelenktem Weidegang, die die Integration des Produktionsbereichs Viehzucht in die übergeordnete Ökonomie sicherstellen;

(5) planerische Berücksichtigung des Raumanspruches mobiler Formen der Viehwirtschaft im ehemaligen Sommer-Weidegebiet durch Freihalten bzw. Schaffung von ausreichenden Viehtriften.

Solche Konzeptionen zeichnen sich für den gesamten Raum N-Omans freilich gegenwärtig nicht ab. Daher steht zu erwarten, daß sich die aufgezeigten Tendenzen im künftigen Wandlungsprozeß fortsetzen dürften. Es sind daher umgehende interdisziplinäre Untersuchungen zu fordern, die sowohl Grundlagenforschung als auch "feasibility studies" einzubeziehen hätten, um Evaluationskriterien zur Entscheidungsfindung bereitzustellen.

Zugleich bedarf es konkreter Planungskorrekturen für den zweiten, ab 1981 anlaufenden Fünfjahr-Entwicklungsplan aufgrund der realen Entwicklung. Statt selbst tribale Unterschiede zu negieren, müßte dieser die regionale, bevölkerungsmäßige und tätigkeitsspezifische Segregation der omanischen Bevölkerungsgruppen zum Ausgangspunkt der Entwicklungsstrategien machen. Statt das Land einem durch konkurrierende Partikularinteressen geprägten Wettbewerbskapitalismus zu öffnen, wären maßvolle, staatlich gelengte Eingriffe in den Entwicklungsprozeß geboten. Statt regional zumeist an die Hauptstadtregion gebundene Großprojekte zu fördern, könnten auf diese Weise traditionale regionale Ressourcen für die Ökonomie genutzt werden. Ein solches Vorgehen könnte helfen, die Masse der Produzenten positiv in die sozioökonomische Entwicklung des Sultanats zu integrieren.

Begrenzte ökonomische Ressourcen Omans und eine, den künftigen Entwicklungsverlauf raumprägende, typische Deformation aufweisende Raumstruktur in N-Oman (SCHOLZ, 1979,141) lassen jedoch einen Wandel der Entwicklungsstrategien und -maßnahmen zunehmend problematisch erscheinen. Eine nach dem Beginn des jungen Wandels noch mögliche, skeptisch-positive Einschätzung (SCHOLZ, 1976; 1977(a); 1977(b)) wird beim derzeitigen Stand des Wandlungsprozesses kaum noch abgegeben werden können (BIRKS, 1978; SCHOLZ, 1979). Fügen sich doch die dargelegten Wandlungsergebnisse im ländlichen Raum der Bāṭinah in Entwicklungen ein, die sich im gesamten ländlich-nomadischen Bereich N-Omans vollziehen (BIRKS, 1976; 1978; CORDES/SCHOLZ, 1979). Zum gegenwärtigen Zeitpunkt jedenfalls scheint unausweichlich, daß die Bilanz des Wandels in den nomadischen und Fischer-Bevölkerungsgruppen der Bāṭinah - trotz einer günstigen Ausgangslage - sich den eingangs geschilderten Entwicklungen im nomadisch-ländlichen Lebensraum der meisten orientalischen Staaten annähert.

Anmerkungen zu Abschnitt 6

(1) Vgl. 2.2.3

(2) Die Umstrukturierung der ergänzenden Wirtschaftsbereiche wurde wesentlich ausgelöst durch den Niedergang der Perlfischerei seit den dreißiger Jahren dieses Jahrhundert, vgl. 3.3.2

(3) Die Aufgabe einer externen Erwerbstätigkeit aus eigenem Entschluß geschah vorwiegend, wenn genügend Kapital erwirtschaftet worden war, um selbständig wirtschaftlich tätig zu werden, beispielsweise als Taxi- und/oder Transportunternehmer oder durch die Eröffnung eines Ladengeschäfts.

(4) Die Voraussetzungen dazu sind, daß kein Landverkauf stattfindet und die existierenden Hilfsmöglichkeiten des Extension Service nicht abgebaut werden. Der Gedanke gibt die Meinung des Directors Extension Service (Informant 1) wieder.

(5) Vgl. STEIN, 1967,33.

(6) Vgl. 4.3

(7) Zu diesen Studien zählen W.R.S., 1975, WRDP, 1975 für die seßhaften Oasenbauern, MARDELA, 1975 für die Fischer und E.S., 1972 als alle Bereiche der omanischen Ökonomie abdeckende Untersuchung.

LITERATURVERZEICHNIS

Veröffentlichungen

ABOU-ZEID, A.M., 1959: The sedentarization of Nomads in the Western desert of Egypt. In: Internat.Soc.Sci.J., 11,4: 550-558.

AITCHISON, C.V. (Comp.), 1973: Government of India, Foreign Department. A collection of treaties, engagements and sanads relating to India and the neighbouring countries. 11. Calcutta. Repr. Neudeln.

ALBRIGHT, W.F., 1949-50: Zur Zähmung des Kamels. In: Z. alttestamentl. Wiss., 62.

AKKAD, H.A., 1967: The nomad problem and the implementation of a nomadic settlement scheme in Saudi Arabia. In: GHONEMY (ed.), 1967: 296-305.

AMIN, H., 1973: Notes, reports and comments on nomadic settlements in some Arab countries. In: Geogr.Rev. of Afghanistan, 12,2: 18-30.

AMIN, S., 1970: The Maghreb in the modern world. Algeria, Tunesia, Marocco. London.

ANTHONY, J.D., 1975: Arab States of the Lower Gulf. People, politics, petroleum. Washington.

——,-, 1976: Historical and cultural dictionary of the Sultanate of Oman and the Emirates of Eastern Arabia. London.

ASAD, T., 1970: Seasonal Movements of the Kababish Arabs of Northern Kordofan (Sudan). In: SWEET (ed.), 1970: 346-362.

ASCHE, H., 1977: Koloniale Siedlungs- und raumstrukturelle Entwicklung in Indien im 17. und 18. Jahrhundert. In: Studien über die Dritte Welt, Geographische Hochsch. Ms. 4: 133-299.

——,-, 1979: Economic development strategies in the Sultanate of Oman, Arab Gulf. Their effects on economic and social change in nomadic peoples of Northern Oman. Paper presented at the inaugural conference of the Centre for Arab Gulf Studies, Univ. of Exeter. To appear in: Strategies of social and economic development in the Arab Gulf.

——,-, 1980: Moderner Wandel und nomadische Bevölkerungsgruppen im Sultanat Oman (Südost-Arabien): Das Beispiel der Bāṭinah-Badū. In: SCHOLZ (ed.), 1980, 102-159.

AWAD, M., 1954: The assimilation of nomads in Egypt. In: Geogr.Rev. 44: 240-252.

——,-, 1959: Settlement of nomadic and semi-nomadic tribal groups in the Middle East. In: Internat.Lab.Rev. 29: 25-56.

——,-, 1962: Nomadism in the Arab lands of the Middle-East. In: Arid zone research 18: 325-339.

AZZI, R., 1973: Oman, land of frankincense and oil. In: Nat. Geogr.Mag.: 204-229.

BACON, E.E., 1954: Types of nomadism in Central and Southwest Asia. In: Southwestern J. of Anthropol. 10: 44-68.

——,-, 1958: Obock. A study of social structure in Eurasia. Viking Fund Publications in Anthropology 25. New York.

BAER, G., 1964: Population and society in the Arab East. New York - London.

BAHARNA, H.M., al-, 1978: Der arabisch-persische Golf als Subsystem der Weltgesellschaft. Studien zur historischen, politischen und ökonomischen Entwicklung der Golfregion (Diss.). München.

BANSE, E., 1914: Das Orientbuch. Der alte und neue Orient. Straßburg - Leipzig.

——,-, 1931: Das Beduinenbuch. Von Karawanenführern, Derwischen und Bluträchern. Berlin.

BAROUDI, M.F., 1969: Die Bedeutung städtischer Agglomerationen im Modernisierungsprozeß von Entwicklungsländern, mit besonderer Berücksichtigung des arabischen Mittleren Ostens. Köln.

BARTELS, D., 1970: Einleitung. In: BARTELS (ed.), 1970: 13-45.

——,- (ed.), 1970: Wirtschafts- und Sozialgeographie. Neue wissenschaftliche Bibliothek. Wirtschaftswissenschaften. Köln - Berlin.

BARTH, F., 1973: A general perspective on nomad-sedentary relations in the Middle East. In: NELSON (ed.), 1973: 11-21.

BARTZ, F., 1959: Fischer auf Ceylon. Ein Beitrag zur Wirtschafts- und Bevölkerungsgeographie des indischen Subkontinents. Bonner Geogr. Abh. 27.

BARTZ, F., 1965: Die großen Fischereiräume der Welt. Versuch einer regionalen Darstellung der Fischereiwirtschaft der Erde, 2: Asien mit Einschluß der Sowjetunion. Bibliothek geogr. Handbücher. Wiesbaden.

BATES, D.G., 1971: The rôle of the state in peasant-nomad mutualism. In: Anthropol.Quart. 44,3: 109-131.

BATHURST, R.D., 1972: Maritime trade and Imamate Government: two principal themes in the history of Oman to 1728. In: HOPWOOD, D. (ed.), 1972: 89-106.

BEAUMONT, P., BLAKE, G.H., WAGSTAFF, J.M., 1977: The Middle East. A geographical study. London - New York.

BECKER, H., KOPP, H. (eds.), 1978: Resultate aktueller Jemen-Forschung. Eine Zwischenbilanz. Bamberger Geogr. Schr. 1.

BECKINGHAM, C.F., 1941: Reign of Ahmed bin Sa'id, Imam of Oman. In: J. of the Roy.Asiat.Soc. 3: 257-260.

BELGRAVE, C.D., 1934: Pearl diving in Bahrain. In: J.Roy. Central Asian Soc. 21,3: 450-452.

———,-, 1968: Persian Gulf - past and present. In: J.Roy. Central Asian Soc. 55,1: 28-34.

———,-, 1972: The Pirate Coast. Beirut.

BERQUE, J., 1959: Introduction. Nomads and nomadism in the arid zone. In: Internat.Soc.Sci.J. 11,4: 481-498.

BERTRAM, C.G.L., 1948: The fisheries of the Sultanate of Muscat and Oman. Muscat.

BIDWELL, R., 1973: Marocco under colonial rule. French administration of Tribal Areas 1912-1956. London.

———,-, 1978: Bibliographical notes on European accounts of Muscat 1500-1900. In: Arabian Stud. 4: 123-160.

BIRKEN, A., 1972/73: Oman. Ein weißer Fleck nicht nur auf der Landkarte. In: Attempto 45/46: 67-71.

BIRKS, J.S., 1976: The Shawāwi population of Northern Oman: a pastoral society in transition. In: J. Oman Stud. 2: 9-16.

———,-, 1977: The reaction of rural population to drought: a case study from South East Arabia. In: Erdkunde 31: 299-305.

———,-, 1978(a): Development or decline of pastoralists: the Banī Qitab. In: Arabian Stud. 4: 7-20.

———,-, 1978(b): The mountain pastoralists of the Sultanate of Oman. In: Dev. and Change 9: 71-86.

BIRKS, J.S., LETTS, S.E., 1976: The 'Awāmr: specialist well- and falaj-diggers in Northern Interior Oman. In: J. Oman Stud. 2: 93-100.

—— / ——, 1977: Diqal and Muqadayah: dying oases in Arabia. In: T.v. Econ. en Soc.Geogr. 68: 145-151.

BIRKS, J.S., MACKAY, G.A., 1979: Economic development and migrant labour movements from the Sultanate of Oman. In: Orient 20,2: 101-105.

BIRKS, J.S., SINCLAIR, C.A., 1979: International Labour Migration in Arab Middle East. In: Third World Quart. 1/2: 87-99.

BOBEK, H., 1948: Soziale Raumbildungen am Beispiel des Vorderen Orients. In: Verh.Dt.Geographentag München 27,10: 193-207. Landshut 1950.

——,-, 1948: Stellung und Bedeutung der Sozialgeographie. In: Erdkunde 2: 118-125.

——,-, 1950: Aufriß einer vergleichenden Sozialgeographie. In: Mitt. Geogr.Ges. Wien 92: 34-45.

——,-, 1959: Die Hauptstufen der Gesellschafts- und Wirtschaftsentfaltung in geographischer Sicht. In: Die Erde 90: 259-298.

——,-, 1962: Über den Einbau der sozialgeographischen Betrachtungsweise in die Kulturgeographie. In: Tag.-Ber. u. wiss. Abh. Dt. Geographentag Köln 1961: 148-165. Wiesbaden.

——,-, 1974: Zum Konzept des Rentenkapitalismus. In: T.v.Econ. en soc.Geogr. 2: 73-78.

BOESCH, H., 1951: Nomadismus, Transhumanz und Alpwirtschaft. In: Die Alpen 27: 202-207.

——,-, 1959: Der Mittlere Osten. Bern.

——,-, 1977: Weltwirtschaftsgeographie. Braunschweig.

BOULOS, I., 1975: The development of fisheries in the Sultanate of Oman. Part 1. F.A.O. Dep . Fisheries/ Ministry of Agriculture, Fisheries, Petroleum and Minerals. Muscat.

BOWEN, R.L., 1951(a): Marine industries of Arabia. In: Geogr. Rev. 41: 384-400.

——,-, 1951(b): The pearl fisheries of the Persian Gulf. In: Middle East J. 5: 161-180.

BRANDT, A.v., 1953: Fischfanggeräte und Fangmethoden. Protokolle zur Fischereitechnik 9,17.

BRÄUNLICH, E., 1934: Beiträge zur Gesellschaftsordnung der arabischen Beduinenstämme. In: Islamica 6: 68-111, 182-229.

BREWER, W.D., 1969: Yesterday and tomorrow in the Persian Gulf. In: Middle East J. 2: 149-158.

BURCHARDT, H., 1906: Ost-Arabien von Basra bis Maskat auf Grund eigener Reisen. In: Z.Ges.f.Erdkunde Berlin 5: 305-322.

BURCKHARDT, J.L., 1831: Bemerkungen über die Beduinen und Wahaby. Weimar.

BURRET, M., 1944: Die Palmen Arabiens. In: Bot. Jb. 73,2: 175-190.

CAIN, A., AFSHAR, F., NORTON, J., 1974(a): Oman. The problems and potentials of the indigenous built environment in a developing country. O.O.

—— / —— / ——, 1974(b): The indigenous built environment of Oman - its problems and potentials for contemporary design. Masqat.

CAPOT-REY, R., 1962: The present state of nomadism in the Sahara. In: Arid zone Research 18: 301-310.

CARDOSO, H., 1974: Abhängigkeit und Entwicklung in Lateinamerika. In: SENGHAAS (ed.), 1974: 167-200.

CARTER, J., 1974: Changes in the bedouin way of life. In: Arab world (N.S.) 42: 4-7.

——,-, 1977: Tribal structures in Oman. In: Proc.Sem. Arabian Stud. 7: 11-68.

CASKEL, W., 1953: Die Bedeutung der Beduinen in der Geschichte der Araber. Arbeitsgemeinschaft für Forsch. des Landes Nordrhein-Westfalen, Geisteswiss. 8. Köln-Opladen.

——,-, 1953(a): Zur Beduinisierung Arabiens. In: Z.Dt.Morgenländ. Ges. 103: 28*-36*.

CHARNAY, J.P., 1971: Islamic culture and socio-economic change. Social, economic and political studies of the Middle East 4.

CHATTY, D., 1972: Pastoralism: adaptation and optimization. In: Folk 14: 27-38.

——,-, 1976: From camel to truck: a study in pastoral adaptation. In: Folk.

CHRISTODOULOU, D., 1970: Settlement of nomadic and semi-nomadic people in the Kazakh SSR. In: Land Reform 2: 50-63.

CODRAI, R.A., 1950: Oman, including the Trucial Coast. In: Canadian Geogr. J.: 185-192.

——,-, 1956: Desert shaikhdoms of Arabia's Pirate Coast. In: Nat.Geogr.Mag. 110: 65-104.

COLE, D.P., 1973: The enmeshment of nomads in Sa'udi Arabian society: the case of Āl Murrah. In: NELSON (ed.), 1973: 113-128.

——,-, 1974: Bedouins of the oil field. In: Ekistics 37,221: 268-270.

——,-, 1975: Nomads of the nomads. The Āl Murrah Bedouin of the Empty Quarter. Worlds of Man, Studies in Cultural ecology. Arlington Heights.

CONSTABLE, C.G., STIFFE, A.W., 1883: The Persian Gulf Pilot. The Gulf of 'Omán; and the Makrán Coast. London.

COON, C.S., 1951: Caravan. The story of the Middle East. New York.

——,-, 1968: The nomads. In: FISHER (ed.), 1968: 23-42.

CORDES, R., 1979: United Arab Emirates. In: CORDES/SCHOLZ, 1979.

CORDES, R., SCHOLZ, F., 1979: United Arab Emirates and Sultanate of Oman. Report on modern changes in the rural/nomadic areas with special reference to government measures, aims and development projects. United Nations Univ. Rep. Göttingen.

COX, P.Z., 1925: Some excursions in Oman. In: Geogr.J. 66,3: 193-227.

CRARY, D.D., 1951: Recent agricultural developments in Saudi Arabia. In: Geogr.Rev. 41,3: 366-383.

CRESSEY, G.B., 1960: Crossroads. Land and life in Soutwest Asia. Chicago.

CRONIN, V., 1957: The last migration. A year in the life of a nomad tribe of Southern Iraq. London.

CUNNISON, I., 1970: Camp and Surra (Baggara Arabs). In: SWEET (ed.), 1970/ 315-345.

DE JONG, G., 1934: Slavery in Arabia. In: Moslem World 33: 126-144.

DEQUIN, H., 1963: Die Landwirtschaft Saudisch-Arabiens und ihre Entwicklungsmöglichkeiten. Z.f.ausländ. Landwirtschaft, Sonderh. 1.

DICKSON, H.R.P., 1959: The Arab of the desert: A glimpse into Badawin life in Kuwait and Saudi Arabia. London.

DOLE, G.E., 1968: Tribe as the autonomous unit. In: HELM (ed.), 1968: 83-100.

DOSTAL, W., 1958: Zur Frage der Entwicklung des Beduinentums. In: Arch.f.Völkerkde. 13: 1-14.

——,-, 1959: The evolution of Bedouin life. In: GABRIELLI, F. (ed.), 1959: 11-34.

——,-, 1964: Paria-Gruppen in Vorderasien. In: Z.f.Ethnologie 89: 190-203.

——,-, 1967: Die Beduinen in Südarabien. Eine ethnologische Studie zur Entwicklung der Kamelhirtenkultur in Arabien. Wiener Beitr.z.Kult.-Gesch. u. Linguistik 16. Horn.

——,-, 1972: The Shihuh of Northern Oman: A contribution to cultural ecology. In: Geogr.J. 138,1: 1-7.

——,-, 1974(a): Sozioökonomische Aspekte der Stammesdemokratie in Nordost-Jemen. In: Sociologus (N.F.) 24,1: 1-15.

——,-, 1974: "Nomaden". In: KREISER/DIEM/MAIER (eds.), 1974,ii: 206-212.

DOUGHTY, C.M., 1888: Travels in Arabia Deserta. Cambridge.

——,-, 1937: Die Offenbarung Arabiens. Leipzig.

DOUGLAS, M., KABERRY, P.M. (eds.), 1969: Man in Africa. London.

DOWSON, V.H.W., 1927: Batinah Date trade. India Office file no. R/15/1/460.

——,-, 1949: The date and the Arab. In: J.Roy.Central Asian Soc. 36,1: 34-41.

DUDIN, H.M., 1976: Zwischen Marx und Mohammed. Sonderh. Berliner Extra Dienst 2. Berlin.

DÜSTER, J., 1971: Die völkerrechtlichen Verträge des Sultanats Oman. Verfassung und Recht in Übersee 3. Hamburg.

DYSON-HUDSON, N., 1972: The study of nomads. In: J. African and Asian Stud. 7,1/2: 2-29.

DYSON-HUDSON, R., 1972: Pastoralism: Self image and behavioral reality. In: J. African and Asian Stud. 7, 1/2: 30-47.

ECCLES, G.L., 1927: The Sultanate of Muscat and 'Oman, with a description of a journey into the Interior undertaken in 1925. In: J.Roy.Central Asian Soc. 14: 19-42.

EDNEY, E.B., 1966: Animals of the desert. In: HILLS (ed.), 1966: 181-218.

EHMANN, D., 1975: Baḫtiyāren - Persische Bergnomaden im Wandel der Zeit. Beih. zum Tübinger Atlas des Vorderen Orients, R.B. 15. Wiesbaden.

ENGLER, G., 1970: Entwicklungsplanung in Abu Dhabi. In: Orient 11: 39-43.

EVENARI, M., SHANAN, L., TADMOR, N., 1971: The Negev. The challenge of a desert. Cambridge/Mass.

EVERS, T.T., WOGAU, P.v., 1973: Lateinamerikanische Theorien zur Unterentwicklung. In: Das Argument 79,4-6: 404-454.

FATHY, H., 1971: The Arab house in the urban setting - past and future. London - New York.

FAULKNER, D.E., 1973: Current problems and prospects for agricultural development in the Sultanate of Oman. Livestock, F.A.O., Rome.

FELLMAN, W., 1965: Erdölwirtschaft am Persischen Golf. In: Petermanns Geogr. Mitt. 109,2: 125-133.

FENELON, K.G., 1967: The Trucial States. A brief economic survey. Middle East Economic and Social Monographs 1. Beirut.

FERNEA, R.A., 1970: Shaykh and Effendi. Changing patterns of authority among the El Shabana of Southern Iraq. Cambridge/ Mass.

FISHER, S.N. (ed.), 1968: Social forces in the Middle East. New York.

FISHER, W.B., 1970: The Middle East. A physical, social and regional geography. London.

FISHER, W.B., BOWEN-JONES, H., 1974: Development surveys in the Middle East. In: Geogr.J. 140,3: 454-466.

FLOR, R., 1929: Zum Wanderungsproblem. Anthropos 24: 1097-1100.

FÖLDES, L. (ed.), 1969: Viehzucht und Hirtenkultur. Ethnographische Studien. Budapest.

FRANK, A.G., 1971: Latin America: Underdevelopment or revolution. Harmondsworth.

——,-, 1978: Dependent accumulation and underdevelopment. London - Basingstoke.

FRIED, M.H., 1968: On the concept of "Tribe" and "Tribal society". In: HELM (ed.), 1968: 3-20.

FRIEDRICHS, J., 1973: Methoden empirischer Sozialforschung. Reinbek.

FRÖHLICH, D., 1967: Das Nomadenproblem in einer sich entwickelnden Wirtschaft. Kölner Z.f.Soziol. u. Soz.-Psychol. 4.

GABRIEL, A., 1929: Im weltfernen Orient. München - Berlin.

GAUTHIER, E.E., 1921: Nomad and sedentary folks of Northern Africa. In: Geogr.Rev. 11: 3-15.

GAUTHIER PILTERS, H., 1970: Atschana - das heißt Durst. Forschungsreise ins Nomadenland. Düsseldorf.

GELLNER, E., 1973: Approaches to nomadism. In: NELSON (ed.), 1973: 1-9.

GHONEMY, M.R. el- (ed.), 1967: Land Policy and the Near East. F.A.O., Rome.

GIESE, E., 1973: Sovchoz, Kolchoz und persönliche Nebenerwerbswirtschaft in Sowjet-Mittelasien. Eine Analyse der räumlichen Verteilungs- und Verflechtungssysteme. Westfälische Geogr. Stud. 27.

GLASER, E., 1899: Geschichte und Geographie Arabiens. Berlin.

GLENNIE, K.W. et al., 1974: Geology of the Oman Mountains. Verh.Kon.Nederl.Geol. Mijnboowkundig Genoot. 31; 1-3.

GLUBB, J.B., 1969: A short history of the Arab peoples. London.

GOLDSCHMIDT, W., 1967: On the accomodation of pastoralists to modern life. In: Amer. Anthropologist 69: 223-224.

GRADMANN, R., 1965: Blüte und Niedergang des Orients in geographischer Betrachtung. In: Geogr.Z. 53,4: 294-314.

GRÖTZBACH, E., 1972: Kulturgeographischer Wandel in Nordost-Afghanistan seit dem 19. Jahrhundert. Afghanische Stud. 4. Meisenheim.

HALLIDAY, F., 1974: Arabia without Sultans. Harmondsworth.

———,-, 1977: Mercenaries: "Counter-Insurgency" in the Gulf. Nottingham.

———,-, 1979: The Gulf between two revolutions: 1958-1979. Paper presented at the Inaugural conference of the Centre for Arab Gulf studies, Univ. of Exeter. To appear in: Strategies of social and economic development in the Arab Gulf. 1980.

HAMBLOCH, H., 1972: Allgemeine Anthropogeographie. Eine Einführung. Geogr.Z. Beih., Erdkundliches Wissen 31. Wiesbaden.

HAHN, E., 1910: Die Entstehung und geschichtliche Bedeutung der Wanderhirten (Nomaden). In: Z.f.Socialwissenschaften (N.F.) 1: 419-433, 500-514.

HANSEN, G., OTTO, I., PREISBERG, R.D., 1976: Wirtschaft, Gesellschaft und Politik der Staaten der Arabischen Halbinsel. Eine bibliographische Einführung. Dokumentationsdienst Moderner Orient, R. A 7, Hamburg.

HARRISON, D.L., 1976: The Oman flora and fauna. In: J. Oman Stud. 1: 181-186.

——,-, 1964/68: The mammals of Arabia. London.

HARRISON, P.W., STORM, W.H., 1934: The Arabs of Oman. In: Moslem World 24: 264-270.

HARRISON, S.V., 1941:Coastal Makran. In: Geogr.J. 97,1: 1-17.

HARTLEY, B.J., 1951: A preliminary report on the agricultural resources of the Batinah Coast - Sultanate of Muscat and Oman. India Office file no. R/15/6/283.

HARTMANN, R., 1938: Zur heutigen Lage des Beduinentums. In: Die Welt des Islam 20: 51-73.

HAWLEY, D., 1965: Courtesies in the Trucial States. Beirut.

——,-, 1970: The Trucial States. London.

——,-, 1977: Oman and its renaissance. London.

HAWLEY, R., 1978: Omani silver. London - New York.

HAY, R., 1954: The Persian Gulf States and their boundary problems. In: Geogr.J. 120: 433-445.

——,-, 1955: The impact of the oil industry on the Persian Gulf sheikhdoms. In: Middle East J. 9: 361-372.

——,-, 1959: The Persian Gulf States. Washington.

——,-, 1960: Great Britain's relations with Yemen and Oman. In: Middle Eastern Aff. 11,5: 142-149.

HEARD-BEY, F., 1972: Social changes in the Gulf States and Oman. In: Asian Aff. 59: 309-316.

——,-, 1973: Oman, revisited. In: Cresent (June): 6-11.

HEARD-BEY, F., 1972: The Gulf States and Oman in transition. In: Asian Aff. 59,1: 14-22.

——,-, 1974: Development anomalies in the bedouin oases of Al Liwa in the United Arab Emirates. In: Asian Aff. 61: 272-286.

——,-, 1975: Der Prozeß der Staatswerdung in arabischen Ölexportländern. Politischer und gesellschaftlicher Wandel in Bahrain, Qatar, den Vereinigten Arabischen Emiraten und Oman. Vjh.f. Zeitgesch. 2: 155-209.

HEISSIG, W., 1943: Nomaden in der Auseinandersetzung mit der modernen Zivilisation. In: Z.f.Geopolitik 20: 164-165.

HELAISSI, A.S., 1959: The bedouins and tribal life in Saudi Arabia. In: Internat.Soc.Sci.J. 11,4: 532-538.

HELM, J. (ed.), 1968: Essays on the Problem of Tribe. Proc. of the 1967 Annual Spring Meeting of the Amer. Ethnological Soc. Seattle - London.

HENNINGER, J., 1939: Pariastämme in Arabien. In: St. Gabrieler Stud. Festschr.z. 50-jährigen Bestandsjubiläum des Missionshauses St. Gabriel, Wien-Mödling: 501-539.

——,-, 1943: Die Familie bei den heutigen Beduinen Arabiens und seiner Randgebiete. Ein Beitrag zur ursprünglichen Familienform der Semiten. In: Internat.Arch.f. Ethnographie 42. Leiden.

——,-, 1968: Über Lebensraum und Lebensformen der Frühsemiten. Arbeitsgemeinschaft für Forsch. d. Landes Nordrhein-Westfalen, Geisteswiss. 151. Köln - Opladen.

HERZOG, R., 1956: Veränderungen und Auflösungserscheinungen im nordafrikanischen Nomadentum. In: Paideuma 6: 210-223.

——,-, 1963: Seßhaftwerden von Nomaden: Geschichte, gegenwärtiger Stand eines wirtschaftlichen wie sozialen Prozesses und Möglichkeiten einer sinnvollen technischen Unterstützung. Forsch.-Ber. d. Landes Nordrhein-Westfalen 1238. Köln - Opladen.

——,-, 1967: Anpassungsprobleme der Nomaden. In: Z.f.ausländische Landwirtsch. 6: 1-21.

HESS, J.J., 1938: Von den Beduinen des innern Arabiens. Lieder, Sitten und Gebräuche. Zürich - Leipzig.

HETTNER, A., 1897: Die Haustiere und die menschlichen Wirtschaftsformen. In: Geogr.Z. 3: 160-166.

HETTNER, A., 1902: Die wirtschaftlichen Typen der Ansiedlungen. In: Geogr.Z. 8: 92-100.

——,-, 1931: Der Orient und die orientalische Kultur. In: Geogr. Z.   : 193-210, 269-279, 341-350, 401-414.

HILLS, E.S. (ed.), 1966: Arid Lands. A geographical appraisal. London - Paris.

HOFFMANN-BURCHARDI, H., 1964: Die Berber im Hohen Atlas Zentralmarokkos. In: Geogr.Rdsch. 1: 1-14.

HOLM, D.A., 1960: Desert morphology of the Arabian Peninsula. In: Science 132, 2437: 1369-1379.

HONEYWELL, R.A. und G.E., 1976: Birds of the Batinah of Oman. O.O.

HONIGSHEIM, P., 1929: Die Wanderung, vom historisch-ethnologischen Standorte aus betrachtet. In: Verh.d. 6. Dt. Soziologentages 1928, Zürich, 6: 127-147. Tübingen.

HOOGERWOERD, K. de, 1889: Die Häfen und Handelsverhältnisse des Persischen Golfes und des Golfes von Oman. In: Ann. d. Hydrographie 17: 189-207.

HOPWOOD, D. (ed.), 1972: The Arabian Peninsula: Society and politcs. London.

HORNELL, J., 1946: Water transport: Origins and early evolution. Cambridge.

HOURANI, G.F., 1947: Direct sailing between the Persian Gulf and China in pre-islamic times. In: J.Roy.Asiatic Soc. 2: 157-160.

———,-, 1951: Arab seafaring in the Indian Ocean in ancient and early medieval times. Princeton Oriental Stud. 13. Princeton.

IRONS, W., DYSON-HUDSON, N. (eds.), 1972: Perspectives in nomadism. Internat.Stud. in Sociol. and Social Anthropol. 13. Leiden.

ISSAWI, C. (ed.), 1966: The economic history of the Middle East 1800-1914: A book of readings. Chicago - London.

ISHIDA, H., 1972: A cultural geography of the great plains of India: essays, techniques, and interim report-cum-methods. Univ. of Hiroshima, Dep . of Geography. Hiroshima.

JACOB, G., 1967: Altarabisches Beduinenleben. Berlin 1897. Repr. Hildesheim.

JACOBEIT, W., 1961: Zur Frage der Beziehungen zwischen Transhumanz, Nomadismus und Alpwirtschaft. In: Veröff.d.Mus.f. Völkerkunde zu Leipzig 11: 313-322.

JANZEN, J., 1980: Die nomadischen Viehhalter-Stämme Dhufars/ Sultanat Oman - Traditionelle Lebensformen im Wandel (Diss.). Göttingen.

JAYAKAR, A.S.G., 1904: 'Ománee Proverbs. In: J.Bombay Branch Roy.Asiatic Soc. 21: 435-498.

JENTSCH, C., 1973: Das Nomadentum im Afghanistan. Eine geographische Untersuchung zu Lebens- und Wirtschaftsformen im asiatischen Trockengebiet. Afghanische Stud. 9. Meisenheim.

JETTMAR, K., 1969: Organisation des Nomadismus und Möglichkeiten der politischen Integration. In: Bochumer Schr.z.Entwicklungsforsch. u. Entwicklungspolitik 5: 79-91.

JOHANSEN, B. 1975: Tradition und Moderne in der Dualismus-Theorie. Zu einer ideologischen Verwendung des Traditionsbegriffs. In: Z.f.Kulturaustausch 25,4: 21-28.

JOHNSON, D.L., 1969: The nature of nomadism, a comparative study of pastoral migrations in Southwestern Asia and North Africa. Univ. of Chicago, Dep . of Geogr. Res.Pap. 118. Chicago.

——,-, 1973: Jabal al akhdar, Cyranaica. Chicago - London.

JONES, R., 1976: Focus on Oman. In: Shell World 3: 18-19.

KANTOWSKY, D., 1969: Möglichkeiten und Grenzen der teilnehmenden Beobachtung als Methode der empirischen Sozialforschung. In: Soziale Welt 20: 428-439.

KASAB, N.N. al-, 1966: Die Nomadensiedlung in der irakischen Jezira. Tübinger Geogr.Stud. 20.

KASSAB, M., 1966: Plant life in deserts. In: HILLS (ed.), 1966: 145-180.

KATAKURA, M., 1974: Socioeconomic structure of a bedouin settlement. - A case study of Bushur, Saudi Arabia. In: Bull. Dept. of Geogr. Univ. ov Tokyo 6: 41-91.

——,-, 1977: Bedouin village: A study of a Saudi Arabian people in Transition. Tokyo.

KELLY, J.B., 1958: Sovereignity and jurisdiction in Eastern Arabia. In: Intern. Aff. 34,1: 16-24.

——,-, 1959: Sultanate and Imamate in Oman. Chatham House Memoranda. Roy.Inst.Internat.Aff. London.

——,-, 1964: Eastern Arabian Frontiers. London.

——,-, 1968: Britain and the Persian Gulf 1795-1880. Oxford.

——,-, 1972: A prevalence of furies: Tribes, politics, and religion in Oman and Trucial Oman. In: HOPWOOD (ed.), 1972: 107-141.

KING, R., STEVENS, J.H. (comps.), 1973: A bibliography of Oman 1900-1970. Centre for Middle Eastern and Islamic Stud., Occ. Pap.Ser. 2. Durham.

KÖNIG, R., 1969: Soziale Gruppen. Geogr.Rdsch. 21: 2-10.

KRADER, L., 1959: The ecology of nomadic pastorlism. In: Internat. Soc.Sci.J. 11,4: 499-510.

KRAUS, W., 1969: Nomadismus als entwicklungspolitisches Problem. In: KRAUSS (ed.), 1969: 7-17.

——,-, (ed.), 1969: Nomadismus als Entwicklungsproblem. Bochumer Schr. zur Entwicklungsforsch. u. Entwicklungspolitik 5.

KREISER, K., DIEM, W., MAIER, H.-G. (eds.), 1974: Lexikon der islamischen Welt. Stuttgart.

KUHN, O., 1929: Beiträge zur Paläologie und Stratigraphie von Oman. In: Ann. naturhist. Hofmus. Wien 43: 13-33.

LANDEN, R.G., 1967: Oman since 1856. Disruptive modernization in a traditional society. Princeton.

LEEDS, A., VAYDA, A.P. (eds.), 1965:. Man, Culture and Animals: Animals in human ecological adjustments. Washington.

LEES, G.M., 1928(a): The physical geography of South Eastern Arabia. In: Geogr.J. 71,5: 441-470.

——,-, 1928(b): The geology and tectonics of Oman and adjacent parts of South-Eastern Arabia. In: Quart.J.Geol.Soc. 84,4: 585-671.

LEIDLMAIR, A., 1961: Hadramaut. Bevölkerung und Wirtschaft im Wandel der Gegenwart. Bonner Geogr. Abh. 30.

——,-, 1965: Umbruch und Bedeutungswandel im nomadischen Lebensraum des Orients. In: Geogr.Z. 53: 81-100.

LERNER, D., 1964: The passing of traditional society. Modernising the Middle East. London.

LEWIS, I.M., 1969: From nomadism to cultivation: The expansion of political solidarity in Southern Somalia. In: DOUGLAS/KABERRY (eds.), 1969: 59-79.

——,-, 1972: The dynamics of nomadism: prospects for sedentarization and social change. In: MONOD (ed.), 1972.

LIEBESNY, H.J., 1956: Administration and legal development in Arabia: The Persian Gulf Principalities. In: Middle East J. 10: 33-42.

LIENHARDT, P., 1975: The authority of shaykhs in the Gulf: An essay of nineteenth-century history. In: Arabian Stud. 2: 61-74.

LOCKHARDT, L., 1935: Nādīr Shāh's campaign in 'Umān in 1737-1744. In: Bull. School Orient. and African Stud. 8,1: 157-171.

——,-, 1952: The menace of Muscat and its consequences in the late seventeenth and early eighteenth centuries. In: Asiatic Rev. (N.S.) 42,112: 363-369.

LÖFFLER, R., 1969: Aktuelle ethno-sozilogische Probleme des Nomadentums. In: KRAUS (ed.), 1969: 67-91.

LONGRIGG, S.H., JANKOWSKI, J., 1970: The Middle East. A social geography. London.

LORIMER, J.C. (comp.) 1970: Gazetteer of the Persian Gulf, 'Omân and Central Arabia. Calcutta. Repr. 1970.

MAHHOUK, A., 1956: Recent agricultural development and bedouin settlement in Syria. In: Middle East J. 10,2: 167-176.

MALLAKH, R. el -, 1972: Economic requirements for development, Oman, In: Middle East J. 26,4: 415-427.

MALTZAHN, H.v., 1870: Die Zerrüttung im ostarabischen Sultanat Om̂ân. In: Globus 18: 336.

MARX, E., 1967: Bedouin of the Negev. Manchester.

MARX, K., 1974: Grundrisse der Kritik der Politischen Ökonomie (Rohentwurf) 1857-58. Anhang 1850-1859. Berlin.

MATTHEWS, C.D., 1960: Bedouin life in contemporary Arabia. In: Riv.Stud.Orientali 35, 1/2: 31-61.

MAURIZI, V. ("Shaikh Mansur"), 1819: History of Seyd Said, Sultan of Muscat; Together with an account of the countries and peoples on the shores of the Persian Gulf, particularly the Wahabees. London.

MAY, D., 1976: Methoden sozialökonomischer Feldforschung. Eine Einführung. Sozialökonomische Schr.z.Agrarentwickl., Occ.Pap. 6. Saarbrücken.

McIVOR, I., 1880-81: Notes on sea-fishing in the Persian Gulf. Persian Gulf Residency Adm.Rep. 1880-81: 44-67.

——,-, 1876-77: Oman fisheries. In: Persian Gulf Adm.Rep. 1876-77: 81.

McLACHLAN, I., 1979: Natural resources and development in the Gulf States. Paper presented at the inaugural conference of the Centre for Arab Gulf Studies, Univ. of Exeter. To appear in: Strategies of social and economic development in the Arab Gulf. 1980.

MEADE, J.H., 1928: The Sultanate of Muscat and Oman. In: Asiatic Rev. 24: 574-575.

MELAMID, A., 1965: Political boundaries and nomadic grazing. In: Geogr.Rev. 55: 287-290.

——,-, 1954: Oil and the evolution of boundaries in Eastern Arabia. In: Geogr.Rev. 44: 295-296.

MENSCHING, H., 1971: Nomadismus und Oasenwirtschaft im Maghreb. Entwicklungstendenzen seit der Kolonialzeit und ihre Bedeutung im Kulturlandschaftswandel der Gegenwart. Braunschweiger Geogr.Stud. 3: 155-166.

MENSCHING, H., WIRTH, E. (eds.), 1973: Nordafrika und Vorderasien. Fischer Länderkunde 4. Frankfurt.

MERNER, P.G., 1937: Das Nomadentum im nordwestlichen Afrika. Berliner Geogr. Arb. 12.

MIKESELL, M.W., 1955: Notes on the dispersal of the dromedary. In: Southwestern J. of Anthropol. 11: 231-245.

MILES, S.B., 1877: On the route between Sohár and el-Bereymi in 'Omán, with a note on the Zaṭṭ, or gipsies in Arabia. In: J. Asiatic Soc. Bengal 46,1: 41-59.

MILES, S.B., 1878-79: Geography of Oman. In: Persian Gulf Adm. Rep. 1878-79: 117-119.

——,-, 1880-81: Note on the tribes of 'Oman. In: Persian Gulf Residency Adm.Rep. 1880-81: 19-34.

——,-, 1885-86: Notes on a tour through 'Oman and El Dhahireh. In: Persian Gulf Adm.Rep. 1885-86: 22-28.

——,-, 1896: Journal of an excursion in Oman in South-east Arabia. In: Geogr.J. 7: 522-537.

——,-, 1901: Across the Green Mountains of Oman. In: Geogr.J. 18,5: 465-498.

——,-, 1910: On the border of the Great Desert: a journey in Oman. In: Geogr.J. 36: 159-178, 405-425.

——,-, 1919: The countries and tribes of the Persian Gulf. London.

MISRA, S.C., 1964: Muslim Communities in Gujarat. New York.

MONTEIL, V., 1959: The evolution and settling of nomads in the Sahara. In: Internat.Soc.Sci.J. 11,4: 572-585.

MONOD, T. (ed.), 1972: Pastoralism and Development in Africa. Papers from the 13th International African Seminar held in Niamey. Oxford - London.

MORITZ, B., 1892: Sammlung arabischer Schriftstücke aus Zanzibar und Oman, mit einem Glossar. Lehrbücher d. Seminars f. orientalische Sprachen zu Berlin 9. Stuttgart - Berlin.

MORITZ, B., 1923: Arabien. Studien zur physikalischen und historischen Geographie des Landes. Hannover.

MORRIS, J.C., 1957: Sultan in Oman. Venture into the Middle East. London - New York.

MUHSAM, H.V., 1959: Sedentarization of the Bedouin in Israel. In: Intern.Soc.Sci.J. 11,4: 539-549.

NELSON, C. (ed.), 1973: The desert and the sown: Nomads in a wider society. Univ. of California Inst. Internat. Stud., Res.Ser. 21. Berkeley.

NIBLOCK, T., 1979: The prospects for integration in the Arab Gulf. Paper presented at the inaugural conference of the Centre for Arab Gulf Studies. Univ. of Exeter. To appear in: Strategies of social and economic development in the Arab Gulf. 1980.

NIEMEIER, G., 1955: Vollnomaden und Halbnomaden im Steppenhochland und in der nördlichen Sahara. Wirtschaftsgeographische Umrisse und Wandlungen. In: Erdkunde 9,4: 249-263.

NIEMEIER, G., 1969: Siedlungsgeographie. Das Geogr. Seminar. Braunschweig.

NIEWENHUIZE, C.A.O. van, 1971: Sociology of the Middle East. A stocktaking and interpretation. Leiden.

NOHLEN, D., NUSCHELER, F. (eds.), 1978: Handbuch der Unterentwicklung. 4: Unterentwicklung und Entwicklung in Asien. Hamburg.

OBERMEYER, G.J., 1973: Leadership and transition in Bedouin society: a case study. In: NELSON (ed.), 1973: 159-172.

OSBORNE, C., 1977: The Gulf States and Oman. London .

OPPENHEIM, M.v., 1900: Vom Mittelmeer zum Persischen Golf. Durch den Haurān, die syrische Wüste und Mesopotamien. Berlin

PALGRAVE, W.G., 1863-64: Notes of journey from Gaza through the interior of Arabia to El Khatif on the Persian Gulf and thence to Oman, in 1862-63, with queries by the Rev. G.P. Badger. In: Proc.Roy.Geogr.Soc. 7/8.

——,-, 1865: Narrative of a Year's Journey through Central and Eastern Arabia (1862-63). London.

——,-, 1868: Reise in Arabien. Leipzig.

PARET, R. (ed.), 1961: Die Welt des Islam und die Gegenwart. Stuttgart.

PATAI, R., 1955: The dynamics of westernization in the Middle East. In: Middle East J. 9,1: 1-16.

PEDGLEY, D.E., 1970: The climate of interior Oman. In: Meterol. Mag. 99,1171: 29-37.

PELLY, L., 1863-64: The Persian Gulf as an area of trade. In: Proc.Roy.Geogr.Soc. 7/8.

——,-, 1863-64: Remarks on the tribes, trade and resources around the shore line of the Persian Gulf. In: Trans. Bombay Geogr. Soc. 17: 32-112.

PENGELLY, W.M., 1863: Remarks on a portion of the Eastern Coast of Arabia between Muscat and Sohar. In: Trans. Bombay Geogr. Soc. 16: 30-39.

PEPPELENBOSCH, P.G.N., 1968: Nomads on the Arabian Peninsula. A general appraisal. In: T.v.Econ. en Soc.Geogr. 59: 335-346.

PETERSON, J.E., 1978: Oman in the twentieth century. Political foundations of an emerging state. London.

PHILLIPS, W., 1971(a): Unknown Oman. Beirut.

——,-, 1971(b): Oman: A history. Beirut.

RASWAN, C.R., 1930: Tribal areas and migration lines of the North Arabian Bedouins. In: Geogr.Rev. 20: 494-502.

RATHJENS, C., 1969: Geographische Grundlagen und Verbreitung des Nomadismus. In: KRAUS (ed.), 1969: 19-28.

RATZEL, R., 1897: Die geographische Methode in der Ethnographie. In: Geogr.Z. 3: 268-278.

REINHARDT, C., 1894: Ein Arabischer Dialekt, gesprochen in Oman und Zanzibar. Lehrbücher des Seminars für orientalische Sprachen zu Berlin 13. Stuttgart - Berlin.

RENESSE, E.-A.v. et al., 1965: Unvollendete Demokratie - Organisationsformen und Herrschaftsstrukturen in Entwicklungsländern. Köln - Opladen.

RENESSE, E.-A.v., SPONECK, H.v., 1969: Nomadismus in Afghanistan als sozioökonomisches Problem. Versuch einer Konferenzanalyse. In: KRAUS (ed.), 1969: 159-171.

RICHTHOFEN, F.v., 1908: Vorlesungen über allgemeine Siedlungs- und Verkehrsgeographie. Berlin.

RÖDIGER, E. (ed.), 1842: J.R. Wellsted's Reisen in Arabien. Halle.

RÖSSLER, W., 1898: Nachal und Wad il Ma'awil. In: Mitt.d.Seminars f. orientalische Sprachen 1,2: 56-90, 232.

———,-, 1900: Die Geschichte der Pockenkrankheit. Eine Erzählung im Omandialekt. In: Mitt. d. Seminars f. orientalische Sprachen 3: 1-42.

ROSS, E.C., 1874: Memorandum on the tribal divisions in the principality of 'Omân, with a map showing the general distribution of the tribes, and a table showing the genealogy of the ruling dynasty of Muscat. In: Trans. Bombay Geogr. Soc. 19: 185-198.

RUMAIHI, M.G. al-, 1979: Mode of production and its relations in the societies of the Arabian Gulf before the discovery of oil. Paper presented at the inaugural conference of the Centre for Arab Gulf Studies, Univ. of Exeter. To appear in: Strategies of social and economic development in the Arab Gulf. 1980.

RUPPERT, K., SCHAFFER, F., 1969: Zur Konzeption der Sozialgeographie. In: Geogr.Rdsch. 21,6: 205-214.

PARSONS, T., 1971: Das Problem des Strukturwandels: eine theoretische Skizze. In: ZAPF (ed.), 1971: 35-54.

SACHAU, E., 1898: Über eine Arabische Chronik aus Zanzibar. In: Mitt. d. Seminars f. orientalische Sprachen 1,2: 1-19.

SADIK, M.T., SNAVELY, W.P., 1972: Bahrain, Qatar and the United Arab Emirates. Colonial past, present problems, and future prospects. London - Toronto.

SAFA, H.I., DU TOIT, B.M. (eds.), 1975: Migration and development. Implications for ethnic identity and political conflict. World Anthropol. 5. The Hague.

SA'ID SALMAN, 1978: Sedenterisation and settlement of the Bedouin. In: Arabian Stud. 4: 1-5.

SALAH, M.Y., 1972: An evaluation of the Jafr pilot project for Bedouin settlement. In: F.A.O. expert consultation on the settlement of nomads in Africa and the Near East, held in Cairo. Rep. 20. F.A.O., Rome.

SALZMAN, P.C., 1972: Mulit-resource nomadism in Iranian Baluchistan. In: J. Asian and African Stud. 7,1/2: 60-68.

———,- (ed.), 1971: Comparative studies of nomadism and pastoralism. Special issue Anthropol. Quart. 44,3. Washington D.C.

SÁ SÁ, A.M., 1973: Die sozial-kulturellen Probleme der Seßhaftmachung von Kamel-Nomaden in Süd-Jordanien (El-Jafr-Region). (Diss.) Gießen.

SCHAFFER, F., 1968: Untersuchungen zur sozialgeographischen Situation und regionalen Mobilität in neuen Großwohneinheiten am Beispiel Ulm-Eselsberg. Münchener Geogr. H. 32.

SCHLETTE, F., 1958: Die ältesten Haus- und Siedlungsformen des Menschen. Ethnographisch-Archäol. Forsch. 5.

SCHMIDT-NIELSEN, K., 1964: Desert animals. Physiological problems of heat and water. London - Oxford.

SCHMIDT-RENNER, G., 1966: Elementare Theorie der ökonomische Geographie. Gotha - Leipzig.

SCHOLZ, F., 1971: Formen regionaler Mobilität bei den Brahui-Stämmen als Ausdruck sozial- und wirtschaftsgeographischer Wandlungen in Belutschistan (West-Pakistan). In: Tag.-Ber. u. wiss. Abh. Dt. Geographentag Erlangen-Nürnberg 1971: 355-370. Wiesbaden.

——,-, 1974: Belutschistan (Pakistan). Eine sozialgeographische Studie des Wandels in einem Nomadenland seit Beginn der Kolonialzeit. Göttinger Geogr. Abh. 63.

——,-, 1975: Seßhaftwerdung von Beduinen in Kuwait. In: Erdkunde 29,3: 223-234.

——,-, 1976: Entwicklungstendenzen im Beduinentum der kleinen Staaten am Persisch-Arabischen Golf - Oman als Beispiel (Versuch einer Analyse). In: Mitt. Österr.Geogr.Ges. Wien 118,1: 70-108.

——,-, 1977(a): Sultanat Oman: Ein Entwicklungsland im Südosten der Arabischen Halbinsel. Beschreibung der Entwicklung vor und nach 1970 und Versuch einer Analyse der Hintergründe und Perspektiven. In: Die Erde 108,1/2: 23-74.

——,-, 1977(b): Die beduinischen Stämme im östlichen Inner-Oman und ihr Regional-Mobilitäts-Verhalten. In: Sociologus 27,2: 97-133.

——,-, 1978(a): Oman. In: NOHLEN/NUSCHELER (eds.), 1978: 489-503

——,-, 1978(b): Ziele und Ergebnisse der wirtschaftlichen und wirtschaftsräumlichen Entwicklung in den "kleinen" arabischen Erdölförderländern. In: Die Erde 1909: 493-514.

——,-, 1978(c): Die Araber und ihre Welt. Wirtschafts- und sozialgeographische Grundlagen. In: Ploetz - Die arabische Welt. Geschichte, Probleme, Perspektiven: 9-54. Freiburg - Würzburg.

——,-, 1978(d): The significance of Wellsted's "Travels in Arabia" for the geographical investigation of Southeast, South and West Arabia and for the present day. In: WELLSTED, J.R., 1978: v-xxiii.

SCHOLZ, F., 1978(e): Sultanate of Oman. Areal Photographic Atlas. Stuttgart.

——,-, 1979: Zur Entstehung von "Zentrum" und "Peripherie". Das omanische Entwicklungskonzept und Probleme bei seiner Realisierung. In: DGFK-H. 12: 123-144.

——,-, 1979: Sultanate of Oman. In: CORDES/SCHOLZ, 1979.

SCHOLZ, F. (ed.), 1980, mit Beiträgen von H. Asche, J. Janzen, F. Scholz, W. Zimmermann: Beduinen im Zeichen des Erdöls. Studien zur Entwicklung im beduinischen Lebensraum Südost-Arabiens. Beih. zum Tübinger Atlas des Vorderen Orients, 'Reihe B', Nr. 45, Wiesbaden 1981.

SCOVILLE, S.A. (ed.), 1979: Gazetter of Arabia. A geographical and tribal history of the Arabian Peninsula. Graz.

SENGHAAS, D., 1977: Weltwirtschaftsordnung und Entwicklungspolitik. Plädoyer für Dissoziation. Frankfurt.

SENGHAAS, D., (ed.), 1973: Imperialismus und strukturelle Gewalt. Analysen über abhängige Reproduktion. Frankfurt.

——,-, (ed.), 1974: Peripherer Kapitalismus. Analysen über Abhängigkeit und Unterentwicklung. Frankfurt.

SHARKAWY, M.A., 1957: The mediterranean area and the monsoon lands as theatres of civilisation. In: Rev.Soc.Géogr. Egypte 30.

SIDDIQI, M.I., 1956: The fishermen's settlements on the coast of West Pakistan. Schr.Geogr.Inst.Univ. Kiel 16,2.

SILBERMAN, L., 1959: Somali Nomads. In: Internat.Soc.Sci.J. 11,4: 559-571.

SKEET, I., 1975: Muscat and Oman. The end of an era. London.

SMYTH, A.J., 1973: Current problems and prospects for agricultural development in the Sultanate of Oman. Soils. F.A.O., Rome.

SOFRI, G., 1972: Über asiatische Produktionsweise. Frankfurt.

SOUTHALL, A.W., 1970: The illusion of Tribe. In: J. African and Asian Stud. 5,1/2: 28-50.

STEIN, L., 1963: Zum Problem der Raubzüge (ġazū) bei den Šammar Ǧerba. In: Ann. Naprstek Mus. 2: 51-68.

——,-, 1967: Die Šammar Ǧerba. Beduinen im Übergang vom Nomadismus zur Seßhaftigkeit. Veröff.Mus.f.Völkerkde. Leipzig 17. Berlin.

——,-, 1968: Die älteste Beschreibung der Beduinen in der deutschsprachigen Literatur. In: Jb.Mus.f.Völkerdke. Leipzig 25: 60-78.

STEIN, L., 1968(a): Beduinen. Erläuterungen zur gleichnamigen Dauerausstellung im Museum für Völkerkunde zu Leipzig. Leipzig.

——,-, 1970: Sozialökonomischer Wandel bei Oasenbauern und Beduinen. Bericht über einen Studienaufenthalt in der VAR 1968/69. In: Ethnograph.-Archäol.Z. 11: 387-398.

STEINBECK, E.G., 1962: Zur Frage der Grenzen in Südost-Arabien. In: Orient 3,1: 14-19.

STEVENS, J.H., 1970: Changing agricultural practice in an Arabian oasis. A case study of the Al 'Ain Oasis, Abu Dhabi. In: Geogr.J. 136: 410-418.

STAVENHAGEN, R., 1974: Agrarische Strukturen und Unterentwicklung in Afrika und Lateinamerika. In: SENGHAAS (ed.), 1974: 276-297.

STIFFE, A.W., 1896: Ancient trading centres of the Persian Gulf - 2: Kais, or al-Kais. In: Geogr.J. 7,6: 644-649.

——,-, 1897: Ancient trading centres of the Persian Gulf - 4: Maskat. In:Geogr.J. 10: 608-618.

SWEET, L., 1965: Camel pastoralism in North Arabia and the minimal camping unit. In: LEEDS/VAYDA (eds.), 1965: 129-152.

——,-, 1970: Camel raiding of North Arabian Bedouin: A mechanism of ecological adaptation. In: SWEET (ed.), 1970: 265-289.

——,- (ed.), 1970: Peoples and cultures of the Middle East. Garden City.

SWIDLER, W.W., 1973: Adaptive processes regulating nomad-sedentary interaction in the Middle East. In: NELSON (ed.), 1973: 23-41.

TANNOUS, A.I., 1951: Land reform: key to the development and stability of the Arab world. In: Middle East J. 5,1: 1-20.

TERRAY, E., 1974: Zur politischen Ökonomie der "primitiven" Gesellschaften. Zwei Studien. Frankfurt.

THESIGER, W.P., 1950: Desert borderland of Oman. In: Geogr.J. 116: 137-171.

——,-,1949: The Badu of Southern Arabia. In: J.Roy.Central Asian Soc. 28,2: 53-61.

——,-, 1976: Arabian Sands. Harmondsworth.

THOMAS, B., 1931: Alarms and excursions in Arabia. London.

——,-, 1938: Arab rule under the Al Bu Sa'id Dynasty of Oman, 1741-1937. In: Proc. British Acad. 24: 27-53.

TIBBETTS, G.R., 1971: Arab navigation in the Indian Ocean before the coming of the Portuguese. Oriental Translation Fund 42. London.

TÖKEI, F., 1969: Zur Frage der asiatischen Produktionsweise. Neuwied.

TOMKINSON, M., 1975: The United Arab Emirates. An insight and a guide. Hammamet - London.

TONI, Y.T., 1963: Social mobility and relative stability among the Bedouins of Cyranaica. In: Bull.Soc.Geogr. Egypte 36: 113-136.

TOWNSEND, J., 1977: Oman. The Making of the modern state. London.

UHLIG, H. (ed.), 1967: Flur und Flurformen. Materialien zur Terminologie der Agrarlandschaft 1, Gießen.

——,- (ed.), 1972: Die Siedlungen des ländlichen Raumes. Materialien zur Terminologie der Agrarlandschaft 2. Gießen.

VARGA, E., 1967: Über die Asiatische Produktionsweise. In: Jb.f. Wirtsch.-Gesch. 4.

VESEY-FITZGERALD, D., 1951: From Hasa to Oman by car. In: Geogr.Rev. 41: 544-560.

VILLERS, A., 1948: Sailing with Sindbad's sons. In: Nat.Geogr. 94,5: 675-688.

——,-, 1970: Some aspects of the Arab Dhow trade. In: SWEET (ed.), 1970: 155-172.

WACE, B., 1962: Muscat und Oman. In: Geogr.Mag. 35,2: 109-122.

WALZ, R., 1951: Zum Problem der Domestikation der altweltlichen Cameliden. In: Z.Dt. Morgenländischen Ges. 101: 29-51.

WARDI, A. al-, 1972: Soziologie des Nomadentums. Studie über die iraqische Gesellschaft. Neuwied - Berlin.

WEHR, H., 1976: A dictionary of modern written Arabic. (Cowman, J.M. (ed.)). Ithaca.

WEIR, S., 1976: The bedouin. Aspects of the material culture of the bedouin of Jordan. London.

WEISGERBER, G., 1977: Beobachtungen zum alten Kupferbergbau im Sultanat Oman. In: Der Anschnitt 29,5/6: 190-211.

WELLSTED, J.R., 1978: Travels in Arabia. London 1838. Repr. Graz.

WHITE, A.W., BARWANI, M.A., 1971: Common sea fishes of the Arabian Gulf and Gulf of Oman. Trucial States Council. Dubai.

WILKINSON, J.C., 1971: The Oman question: the background to the political geography of south-east Arabia. In: Geogr.J. 137: 361-371.

WILKINSON, J.C., 1972: The origins of the Omani state. In: HOPWOOD, D. (ed.), 1972: 67-88.

——,-, 1975: The Julandā of Oman. In: J. Oman Stud. 1: 97-108.

——,-, 1974: Bayāsirah and bayādīr. In: Arabian Stud. 1: 75-85.

——,-, 1977: Water and tribal settlement in South-East Arabia. A study of the Aflaj of Oman. Oxford Research Studies in Geography. Oxford.

WILKINSON, T.J., 1975: Sohar ancient fields project: Interim report No. 1. In: J. Oman Stud. 1: 159-166.

——,-, 1976: Sohar ancient fields project: Interim Report No. 2. In: J. Oman Stud. 2: 75-80.

WILLIAMSON, A., 1973: Sohar and Omani seafaring in the Indian Ocean. Muscat.

WILSON, A.T., 1927: A periplus of the Persian Gulf. In: Geogr.J. 69,3: 235-259.

——,-, 1928: The Persian Gulf. A historical sketch from the earliest times to the beginning of the twentieth century. London.

WIRTH, E., 1962: Agrargeographie des Irak. Hamburger Geogr. Stud. 13.

——,-, 1969(a): Das Problem der Nomaden im heutigen Orient. In: Geogr.Rdsch. 21,2: 41-51.

——,-, 1969(b): Der Nomadismus in der modernen Welt des Orients - Wege und Möglichkeiten einer wirtschaftlichen Integration. In: KRAUS (ed.), 1969: 93-105.

WISSMANN, H.v., 1932: Übersicht über Aufbau und Oberflächengestaltung Arabiens. In: Z.d.Ges. Erdkunde Berlin: 335-357.

——,-, 1961: Bauer, Nomade und Stadt im islamischen Orient. In: PARET, R. (ed.), 1961: 22-63.

WITTFOGEL, K.A. 1962: Die orientalische Despotie. Eine vergleichende Untersuchung totaler Macht. Köln - Berlin.

WÜSTENFELD, F., 1868: Die Wohnsitze und Wanderungen der arabischen Stämme. In: Abh.d.kgl.wiss.Ges. Göttingen 14.

ZAPF, W. (ed.), 1971: Theorien des sozialen Wandels. Neue Wissenschaftliche Bibliothek. Soziologie. Köln - Berlin.

ZEHME, A., 1873: Der Wahabismus in Arabien seit 1819 und die Staatenbildungen auf der arabischen Halbinsel im 19. Jahrhundert. 3: Der Staat Oman, dessen Geschichte und Sultane. - Stellung zu den Engländern und zu den Wahabis. In: Globus 23: 379-381.

ZWEMER, S.M., 1902: Three journeys in northern Oman. In: Geogr.J. 19: 54-64.

ZIMMERMANN, W., 1977: Theoretische Untersuchungen der sozioökonomischen Grundlagen "traditionaler" nomadischer Gesellschaftsformationen - dargestellt am Beispiel Nordarabiens. Ms. Göttingen.

——,-, 1980: Die Badū in der nord-omanischen Exklave Musandam (Straße von Hormuz). Eine empirische Studie zur Integration mobiler Lebensformgruppen. Erscheint in: SCHOLZ (ed.), 1980.

Veröffentlichungen ohne Verfasser

C.B.O., 1977	Central Bank of Oman. Annual Report 1977. Muscat.
E.S., 1972	Whitehead Consulting Group. Economic Survey of Oman 1972. Harold Whitehead and Partners. London 1972.
F.F.S., 1977	The scientific results of the Oman Flora and Fauna Survey 1975. J. Oman Stud. Special Rep. Muscat 1977.
H.B.A., 1920	Great Britain, Admirality. Naval Staff. A Handbook of Arabia. i: General. Geogr. Sec. Naval Intelligence Div. (comp.). HMSO, London.
IOR	Foreign and Commonwealth Office. India Office Library and Records. Files Nos.
IOR R/15/6/242	Muscat State Affairs. List of tribes and Sheikhs of Oman and information about their activities. 24 Oct. 1938 - 6 Dec. 1948.
IOR R/15/6/264	Muscat State Affairs. Relations of Sultan with tribes of Oman. Treaty of Sib 1920. 14 Oct. 1920 - 13 July 1934.

I.D.S.	Integrated Development Sohar Urban Region, Sultanate of Oman. Consulting Engineering Services (India), New Dehli.
I.F.F.S.	Sultanate of Oman, Ministry of Diwan Affairs. Interim Report on the results of the Oman Flora and Fauna Survey, 1975. Engl. and Arabic eds. Muscat.
A.F.	Sultanate of Oman, Ministry of Information and Culture. Agriculture and Fisheries. Engl. and Arabic eds. Muscat.
E.D.	Sultanate of Oman, Ministry of Information and Tourism. Economic Development. Muscat.
Oman, 1976	Sultanate of Oman, Ministry of Information and Tourism: Oman, a nation builds its future. Muscat.
FYDP	Sultanate of Oman, Development Council. The Five-Year Development Plan (1976-80). Muscat.
S.Y.B.	Sultanate of Oman, Development Council. Statistical Year Book. 1972, 1975, 1976.
N.M.S.	Sultanate of Oman, National Meterological Service. Monthly Climate Summaries. Ab 1974.
W.R.S.	Sultanate of Oman, Ministry of Development. Water Resources Survey of Northern Oman. Interim Report 2. Soils and agricultural studies. Alexander Gibb & Partners Consulting Engineers. London 1974.
	Sultanate of Oman, Ministry of Communications. Water Resources Survey of Northern Oman. Final Report on Phase 1. Soils and agricultural studies. v.
WRDP	Sultanate of Oman, Ministry of Communications. Water Resources Development Project Northern Oman. Interim Report 3. ILACO. Arnheim 1975.
Maskat 1895	Globus 54: 292-298.
Omantel	Oman Telecommunication Company S.A.O. Oman Telephone Directory 1976. Engl. and Arabic. Muscat 1977.

OSNG Oman	United States, Department of the Interior. Oman. Official Standard Names Gazetteer. United States Board on Geographic Names. Washington D.C. 1976.
S.H.O.	A Short History of Oman from the Earliest Times. Muscat 1972.

NACHTRÄGE

BRANDES, V., TIBI, B. (eds.), 1975: Handbuch 2: Unterentwicklung. Frankfurt - Köln.

DÜSTER, J., SCHOLZ, F. (eds.), 1980: Bibliographie über das Sultanat Oman: Stand Juli 1980. Dokumentations-Leitstelle Moderner Orient. Hamburg.

KORSCHING, F., 1980: Beduinen im Negev. Eine Ausstellung der Sammlung Sonia Gidal. Mainz.

PARSONS, T., 1961: Das Problem des Strukturwandels: eine theoretische Skizze. In: ZAPF (ed.), 1971: 35-54.

KARTEN

1 : 100 000	Oman and the United Arab Emirates. Edition 2 GSGS. Blätter Bāṭinah.
1 : 250 000	Oman, United Arab Emirates. Joint Operations, Graphic-Ground. Blätter NG 40-10, NG 40-14, NF 40-2, NF 40-3, NF 40-4.
1 : 500 000	World. Blätter 548-D, 563-A, 563-B.
1 : 500 000	Iran, Oman, United Arab Emirates. Tactical Pilotage Chart. Blätter TPC H-7 D, J-7 B.

APPENDICES

(1) Die wichtigsten nomadischen Bevölkerungsgruppen der Bāṭinah

(2) Territoriale Herrschaft des Sultanats (ca. 1900)

(3) Steuereinzug des Sultanats in der Bāṭinah (ca. 1900)

(4) Vertrag zwischen der East India Company und dem Imamat Oman

(5) Verbreitung indischer Händler in der Bāṭinah (ca. 1900)

(6) Warenexporte des Sultanats

(7) Die wichtigsten Nutzfische der Bāṭinah-Küste

(8) Anbindung der Küstenprovinz Bāṭinah an das Entwicklungszentrum Masqat: Reisedauer Ṣuḥār - Masqaṭ (ca. 235 km)

(9) Einrichtungen des Gesundheitswesens vor 1970 in der Bāṭinah

(10) Liste der im Text zitierten Informanten

(11) Glossar

(12) Fotos

Appendix 1

Die wichtigsten nomadischen Bevölkerungsgruppen der Bāṭinah (ca. 1900)

	Stamm	Anzahl	hināwī/ ghāfirī	Hauptort
(1)	Ḥawāsinah (sing. Ḥawsinī)	17.500	H	Ghuzayn
(2)	Yal Sa'd (sing. Sa'di)	13.000	H	Al Masna'ah
(3)	Banī Kharūṣ (sing. Kharūṣī)	4.500	G	Hijār
(4)	Āl Ḥamad (sing. Yaḥmadi)	500	H	Al Harm
(5)	Al Wahībah (sing. Wahībī)	n.a.	H	
(6)	Yal Jarād (sing. Jarādi)	2.000	H	Bū 'Abālī
(7)	Mawālik (a) (sing. Māliki)	2.000	H	
(8)	Nawāfil (a) (sing. Nawfilī)	300	H	
(9)	Al Bu Qurayn (a) (sing. Quraynī)	400	H	
(10)	Al Bu Rashīd (a) (sing. Rashīdī)	600	H	
(11)	Shabūl (sing. Shiblī)	600	H	Ghayl Shabūl
(12)	Biduwāt (sing. Bidwī)	1.000	H	

(a) Enge Bindung an die Ḥirth Inner-Omans
n.a.: keine Angabe

Quelle: HAWLEY, 1977, 76-77; LORIMER, 1970, 284, 687-690, 1402-1406, 1620-1621, 1921-1922; MILES, 1919, 422-437; WILKINSON, 1977, 157; Min. Interior 1977; Erm. d. Verf. 1977, 1978.

APPENDIX 2

Territoriale Herrschaft des Sultanats (ca. 1900)

	Siedlung	wālī-Sitz	Militärstützpunkt, Anzahl 'askarīyah
Bāṭinah			
(1)	Shinās	nā'ib	10 (c)
(2)	Al Liwā'	nā'ib	10
(3)	Burj ash Shukayri (W. al Jizī)	–	10
(4)	Ṣuḥār	x	30
(5)	Ḥayaḍ (W. al Ḥiltī)	–	10
(6)	Hībī (W. Sarāmī)	–	40 (c)
(7)	Aṣ Ṣaḥm	nā'ib	10
(8)	Al Khābūrah	x	10
(9)	As Suwayq	x	25
(10)	Al Maṣna'ah	x	70
(11)	Barkā'	x	20 (c)
(12)	As Sīb	x	40 (c)
(13)	Nakhl (a)	x	25
(14)	'Awābī (a)	–	30
Küstenregion Masqaṭ – Ṣūr			
(15)	Maṭraḥ	x	100
(16)	Masqaṭ	x (b)	200
(17)	Qurayyāt	x	15
(18)	Ṣūr	x	135 (d)
(19)	Al Ḥadd	–	15

Fortsetzung APPENDIX 2

	Siedlung	wālī-Sitz	Militärstützpunkt, Anzahl 'askarīyah
Inner-Oman			
(20)	Bidbid	-	20
(21)	Ḥisn Samā'il	x	25 (c)
(22)	Mizahīt	-	10
(23)	Izkī	x	25
(24)	Nizwā	x	30 (c)
(25)	Manah	-	15
(26)	Al 'Arāqī	x	20
Exklaven in (e)			
(27)	Al Khaṣab (Musandam)	x	15
(28)	Gwādar (Baluchistan)	x	20

(a) Gebiet Ghadaf

(b) Sitz der Zentralgewalt

(c) zuzüglich 1 'aqīd

(d) an verschiedenen Standorten im Nahbereich der Siedlung; zuzüglich 1 jamā'dar

(e) ohne Dhufār

Quelle: LORIMER, 1970,ii,1422-1423
LANDEN, 1967,348

APPENDIX 3

Steuereinzug des Sultanats in der Bāṭinah (ca. 1900)

	wilāyah	'ushr	zakah	Abfluß an die Zentralgewalt
		in MT$/Jahr (a)		
(1)	Ṣuḥār (incl. Ḥībī)	n.a.	25.000	-
(2)	Al Khābūrah	-	2.000	-
(3)	As Suwayq	- (b)	2.000	-
(4)	Al Maṣna'ah	3.000 (b)	2.000	4.000
(5)	Barkā'	3.000 (b)	1.800	1.200
(6)	As Sīb	(c)	1.000	1.000
			39.800	6.200

Als Vergleich:		
Gesamtaufkommen des Sultanats an 'ushr und zakah	429.000	
davon fließen an die Zentralgewalt ab	290.700	
in den wilāyāt verbleiben		138.300

n.a. keine Angabe

(a) Mariatheresientaler (riyāl firans; qursh)

(b) ab 1901/02 direkter Steuereinzug durch die Zentralgewalt

(c) in Masqaṭ eingezogen

Quelle: LORIMER, 1970,ii,1421-1424

APPENDIX 4

Vertrag zwischen der East India Company und dem Imamat Oman (1646)

Agreement and conditions of peace pronounced by Philip Wylde (...) to the people of Sohar, for them to keep, and observe, without breach.

1. That we may be granted and permitted free trade within the dominions of this kingdom, without prohibition of any commodity to be brought, bought, or exported out of the kingdom; neither limitation, confining to a certain quality of merchandise: in lieu of which, being sold, to receive such coins as may stand with our liking; - carrying it where and wither we please.

2. That if any of our goods shall be stolen, the King shall be liable to make satisfaction.

3. That we shall pay no Custom for any Goods or Merchandise brought or imported out of the kingdom.

4. That no man shall engross to himself, in the way of merchandising such commodities as the English bring: - but that all Merchants, without exception, may have free liberty to buy, at such rates as they can agree for.

5. That we may have licence to exercise our own Religion.

6. That if any, it should so happen, broils and offences betwixt the English and these Country people: - the Governor of the same place shall punish the Mussulmen; and the Chief of the English shall do justice among his own people.

7. That the English shall be tolerated to wear the Arms ashore.

8. That no Christian shall have license, in any part of this kingdom, besides the English: - on which performance, they enjoin themselves to supply this Port, yearly, with Ship, or Ships, bringing such Commodities as India, etc., adjacent ports, afforded, suitable to what be demanded.

Quelle: SKEET, 1975,211-212.

APPENDIX 5

Verbreitung indischer Händler in der Bāṭinah (ca. 1900)

	Siedlung	Banians	Khojahs	Läden des sūq
(1)	Shināṣ	4	3	7
(2)	Al Liwā'	4	-	7-8 (a)
(3)	Ṣuḥār	6	3	ca. 200
(4)	Aṣ Ṣaḥm	7-12 (a)	1	50
(5)	Al Khābūrah	-	25	n.a.
(6)	As Suwayq	11	6	n.a.
(7)	Al Maṣna'ah	7-11 (a)	wenige (a)	ca. 50
(8)	Barkā'	4-11 (a)	wenige (a)	ca. 100
(9)	As Sīb	6-8 (a)	-	ca. 50
(10)	Al Muladdah	-	-	50
	Als Vergleich: Ghadaf			
(11)	Ar Rustāq	-	-	80
(12)	'Awābī	-	-	ca. 50
(13)	Nakhl	-	-	ca. 60

(a) Angaben ungenau bzw. bei den Autoren voneinander abweichend

n.a. keine Angabe

Quelle: MILES, 1910, 422, 454-458
LORIMER, 1970, ii, 186, 266, 288, 1002, 1109, 1179, 1360, 1604, 1649, 1812-1813, 1824, 1839
LANDEN, 1967, 141.

APPENDIX 6

Warenexporte des Sultanats

	Jahr	Priorität	Produkte
(1)	ca. 1585		Perlen Datteln Halwah ("Marmalades")
(2)	ca. 1750		Häute, Felle, Honig, Bienenwachs, lebende Ziegen/Schafe, Rinder, Datteln
(3)	1915	1. 2. 3.	Datteln Agrumen (getrocknet) Fisch (gesalzen und getrocknet) Perlen, Perlmutter Früchte (frisch)
(4)	ca. 1950	1. 2. 3.	Agrumen (getrocknet) Datteln Tabak Fisch (gesalzen und getrocknet) Früchte (frisch)
(5)	1971	1. 2. 3. 4.	Agrumen (getrocknet) Datteln (getrocknet und frisch) Fisch (gesalzen, getrocknet und frisch) Tabak

Quelle: (1) Linschoten in BIDWELL, 1978, 125
(2) HAWLEY, 1977, 187
(3) LORIMER, 1970, ii, 285, 1187, 1413
LANDEN, 1967, 124
(4) HAWLEY, 1977, 204
SKEET, 1975, 63 f.
(5) S.Y.B., 1973, 103
Vgl. PELLY, 1863-1864, 97

APPENDIX 7

Die wichtigsten Nutzfische der Bāṭinah-Küste

(1) Sardinen und Sardinenverwandte

'umah	Sardinella longiceps, Sardinella sindensis
barīyah	Stolephorus indicus

(2) Barschähnliche

sahwah	Thunnus albacores
sīmā	Rastrelliger kanagurta
sadā'	Euthynnus affinis
kan'ad	Scomberomosus commersoni
dibsī	Caranx ignobilis
qufdār	Caranx speciosus
ṭulāh	Trachinotus blochii
khayyāt	Alecticus indicus
salsūl	Istophorus gladius

(3) Haie und Rochen

jarjūr	Gattungsname für Hai
jarjūr abū qarn	Sphyrna zygaena
sannūr	Stegostoma fasciatum
qadd	Sphyraena spp.
ṭabāq	Pteroplatea poecilura, Stoasodon narinari

(4) Verschiedenartige

kawfār	Argyros spinifer
sha'rī	Lethrinus miniatus, Lethrinus lentjan
'andaq	Nemipterus japonicus, Nemipterus tolu
hāmūr, simān hāmūr	Epinephelus areolactus, Epinephelus tauvina

Fortsetzung APPENDIX 7

naysir	Luthanus viagiensis
bayāḥ	Liza subviridis

Quelle: LORIMER, 1970, i, 2308-2318
MILES, 1919, 403-411
BERTRAM, 1948
WHITE/BARWANI, 1971
BOULOS, 1975
E.S., 1972, Part III, 2
S.Y.B. 1972, 82
Erm. d. Verf. 1977/78

APPENDIX 8

Anbindung der Küstenprovinz Bāṭinah an das Entwicklungszentrum Masqat: Reisedauer Ṣuḥār - Masqaṭ (ca. 235 km)

Jahr	Transportmittel	Verkehrslinie	Zeit
1930	Kamel	Karawanenweg	7 Tage
1960	Geländewagen	Fahrspuren, Strand	12 h
1967	Geländewagen	Schotterpiste	3 h
1977	Geländewagen	Asphaltstraße	2,5 h

Quelle: Genauere Angaben über die Streckenverhältnisse zu Beginn der fünfziger Jahre gibt VESEY-FITZGERALD, 1951, 555-558.

CODRAI, 1950, 187
SKEET, 1975, 62
Erm. d. Verf. 1977

APPENDIX 9

Einrichtungen des Gesundheitswesens vor 1970 in der Bāṭinah

Gesundheitszentren	(1)	Ṣuḥār
	(2)	Aṣ Ṣaḥm
	(3)	Al Maṣna'ah
	(4)	Ar Rustāq
Sanitätsstationen	(5)	Shinās
	(6)	Al Khābūrah
	(7)	Barkā'
	(8)	As Sīb
	(9)	Āfī
	(10)	Nakhl

Quelle: E.S., 1972, Part 2, 4.1.1.

APPENDIX 10

Liste der im Text zitierten Informanten

---

(1) Husayn al Makhdār, <u>Director Extension Service</u>, <u>Ministry of Agriculture and Fisheries</u>, 1977.

(2) <u>Shaykh</u> Muḥammad b. Sa'ūd al Yaḥmadī, Al Harm.

(3) Sa'īd und 'Alī as Siyābī, Barkā'.

(4) Ḥamad b. al 'Abd Ḥamad al Mabī'sī, Salāḥah.

(5) Mas'ūd al Maskarī, Maṭraḥ.

(6) Nāsir b. Khalfān Āl Bū Sa'īd, <u>nā'ib al wālī</u> Ṣuḥār, 1978.

(7) 'Abdallah b. Sa'īd Āl Bū Rashīdī, Ḥifrī.

(8) Sa'īd b. Ḥamad al Mālikī, Al 'Abr.

(9) Dhabab b. 'Alī al Wahībī, Sayḥ Qaray'ah.

(10) Ḥamad b. 'Alī al Qanuwī, Sayḥ Aflaj.

(11) Sayf b. Khalfān ash Shidī, As Suwayq.

(12) 'Alī b. Sulaymān al Balūshī, Aṣ Ṣaḥm.

(13) Sa'īd b. Sālim Adh Dhuhlī, <u>Secretary Shinās School</u>, 1978.

(14) Muḥammad b. 'Alī al 'Alī, <u>Administration Officer</u>, <u>Ṣuḥār Hospital</u>, 1978.

(15) Hilāl ash Shamakhī, Director <u>baladīyah</u> Ṣuḥār, 1978.

(16) M.A. Barwānī, <u>Research Director Fisheries</u>, <u>Ministry of Agriculture and Fisheries</u>, 1977.

(17) Sabīl b. Almās, <u>Water Drilling Company</u>, Barkā'.

(18) <u>Shaykh</u> Sayf b. Muḥamad al Ḥawsinī, <u>wālī</u> Barkā', 1977.

(19) 'Ibrahīm b. 'Alī az Za'ābī, Salāḥah.

(20) Sālim b. Sa'īd al Mabī'sī, Salāḥah.

(21) <u>Shaykh</u> 'Alī b. Muḥammad al Hūm, <u>murāqib</u> <u>Extension Service Centre Shinas</u>, 1977.

(22) 'Alī b. 'Abdallah al Wahībī, Sayḥ Qaray'ah.

(23) Sālih b. Muḥammad al Balūshi, Barkā'.

(24) 'Alī b. Maḥmud al Haydarābādī, Ṣuḥār.

(25) Hassan b. 'Āmur al Jabūrī, Sidāb/Ḥarādī.

GLOSSAR (mufradāt al kalimāt)

omanisches Arabisch Sing.	Pl./Coll.	deutsches Äquivalent
A		
'abd	'abīd	Sklave
'adhaq		Dattelfruchtstand
akhḍar		"grün", feucht (hydrolog. Klassifikation)
'ambah		Mango
'amlah		(Ruder-) Boot
'arīsh	'urush	Behausungsform, quarderartig → bayt ẓūr
asfirī		Herbst
'askarī 'askarīyah	'asākir	Angehöriger der Stammesmiliz, Stammesmiliz
B		
badan	badadīn	Bootstypus mit genähten Planken
badārah		trad. festgelegte Pflichten eines → bīdār
badawī	badū	mobiler Viehhalter, "Beduine"
baḥrīyah		Seefahrt, Marine
baladīyah		Stadtverwaltung, Kommune
baqr	abqār	Rind
barastī		→ bayt ẓūr
barīyah		Anchovis
barsīm		Klee-/Luzerneart
baṣal		Zwiebel
baṭḥā'	biṭḥah	Strandsee (Süß-/Brackwasser)
bāṭinīyah		omanische Kamelrasse (in der Bāṭinah gezüchtet)
	bawsh	Kamelherde
bayt	buyūt	Haus, Stammessegment
bayt ash sha'r		"Haarhaus", Ziegenhaarzelt
bayt ẓūr		"Palmwedelhaus", aus → da'ān konstruierte Behausung

baysah		Wahrungseinheit Oman → riyal
bazinjān		Aubergine
bīdār	bayādīr	Lohnarbeiter in der Landwirtschaft mit bestimmten Pflichten → badārah
bin (= ibn)	banī	Sohn, Nachkomme; Angehörige eines Stammes
birkah	birak	Brunnen, Wasserstelle
blywūd		Sperrholz ("plywood")
burtuqāl		bittere Orange, → nāranj
bustān	basatīn	Dattel-, Fruchthain
burzah		Versammlung

D

dalāl		Auktionator, Mittelsmann
dār	dirah	Bannbereich eines Stammes
daraj		Truhe
daqīq		engmaschig (Netz)
da'n	da'ān	Matte aus Wedelrippen der Dattelpalme, u.a. verwendet zur Konstruktion von Behausungen → bayt ẓūr, 'arīsh, khaymah
dars	durūs	Viehpferch
dhirrah		Hirse
	dhōd	Ziegen
dīj	dajāj	Geflügel, Hühner
dikkān	dakākīn	Laden
dirham		Währungseinheit UAE
dubāyah		Fischkorb, Reuse

F

faddān	faddadīn	Flächenmaß (ca. 0,3 ha)
fakhīdhah	fakhā'idh	Stammessegment
falaj	aflāj	unterirdische Wassersammelanlage → ghayl falaj
farīq	firqān	Lager nomadischer Bevölkerungsgruppen
farrāsh	furūsh	Bote, (Büro-) Diener
fāruwah		Streichtuch (Netz)
fifay		Papaya
filfil		Pfeffer, Peperoni

G

ghādūf	ghādīf	Paddel
ghāf		Prosopis spicigera
ghāfirī, ghāfirīyah		politische Fraktion, nach dem omanischen Stamm Banī Ghāfir
ghall	ghallāt	Wurfnetz
ghaliyūn		Tabak
ghanamah	aghnām	Ziegen
	ghanam	Ziegen
gharab		Kamelkrankheit, Räude
ghawwās	ghawāwīs	Perlfischerei
ghayl falaj		Oberflächenkanal → falaj
ghayẓ		Frühjahr
ghazū		reiterkriegerischer Überfall
ghazil	ghuzūl	Wollknäuel

Ḥ

ḥaḍar		seßhafter Oasenbauer / Städter
haddād	haddādīn	Schmied
ḥārah	ḥawāyir ḥarāt	Quartier einer Siedlung → ḥillah
	hawsh	Ziegenherde → ghanam; Hof eines Gehöfts
ḥatab	aḥtāb	Brennholz
ḥayā		Starkregen
ḥayyal	ḥayayīl	Treibnetz
hays	huyūs	Hakenpflug
ḥayr	ḥayrāt	Perlenbank
hīb		Meißel
ḥillah	ḥillāt	Quartier einer Siedlung → ḥārah
hināwī hināwīyah		politische Fraktion, nach dem omanischen Stamm Banī Hinā
harm		Zygophyllum sp., Zwergstrauch
hūrī	hawārī	Fischerboot, Einbaum

I

ibāḍī, ibaḍīyah		"Schule" des Islam, deren Lehre in Oman vorherrscht
'isqah	'isqāt	Dattelfruchtstand
'īd		islamischer Festtag
'inab		Wein (-rebe)

J

jamā'dar		Offizier
jamal	jimāl	Kamel → bawsh, nāqah
jarjūr	jarājūr	Gattungsbezeichnung Hai; Fischreuse
jidh	adhjā' judh'ān	Stamm (Dattel-)
jihād		Heiliger Krieg

K

karjīn	karājīn	(pers.) "Zelt", Behausungsform
khawr	akhwār	Strandsee (Süß-/Brackwasser)
khaws		Palmwedel
khaymah	khiyām	"Zelt", Behausungsform → arīsh, bayt ẓūr
khayṭ	khuyūṭ	Leine
khiyār		Gurke
khuḍrah	khuḍrawāt	Gemüse
kuttāb	katātīb	Qur'ānschule

L

lānsh	lānshāt	Motorboot
lawḥ	alwāḥ	Holzplanke (Boot)
laykh	layākh	Netz
laymūn		Limone, Limette
līf		Palmfaser
lūmī		Limone, Limette

M

madrasah	madāris	Schule
maḥṣūl	maḥāṣīl	Ernte
majisī		Heck → badan
majlis	majālis	Versammlung, Versammlungsraum
manṣab		Netz
manṣūl		Umhang aus gewebtem Ziegenhaar
markaẓ	marākiẓ	Zentrum, zentraler Ort
mashuwah	mawāshī	(Ruder-) Boot
masnā' aṭ ṭumur		Dattelfabrik
maṭbakh	maṭābikh	Küche, Kochplatz
maṭīyyah	maṭāyah	Lastkamel
matūt		Trockenfisch (Sardine)
maẓra'	maẓāri'	Nutzlandparzelle
mawẓah	mawẓ	Banane
mīdāf	mayādīf	Ruder
misaw		Sinkstein (Koralle)
miqiss	imqass	Sichel
miskīn		arm
mizḥ		Ziegenhaarbahn (gewebt)
mufādāh		Auktion
murāqib	muraqibīn	Leiter (landw. Beratungsdienst)
murshid	murshidīn	Agrikulturingenieur
mustashfā	mustashfiyāt	Krankenhaus

N

nabkhah		Sandaufwehung
nakhlah	nakhl	Dattelpalme
	nakhīl	Dattelbäume, Dattelhain
nākudah	nawākhidh	Kapitän
nāqah	nāqāt	weibl. Kamel
nā'ib	nuwwāb	Vizegouverneur → wālī
nāẓir	nuẓẓār	Leiter, Vorsteher

Q

qabīlah	qabā'il	Stamm
qabīlī		einem Stamm zugehörig
qāḍī	quḍāh	islam. Richter
qashī		getrockneter Anchovis → barīyah
qafaṣ	aqfaṣ qafṣān	Deckelkorb für Hühner
qammat	qammāmīt	Fischhändler
qayẓ		(Hoch-) Sommer
qaṭt (jaṭṭ)		Luzerneart
qirbah	qirbāt	Wasserschlauch, Tierbalg, "Gerba"
quffah	qifaf	Haltegurt
qumāshah	qumāsh	Perle
qursh		Währungseinheit Golf, "Groschen" → riyāl fīrāns

R

rā'ī	ru'ah	Hirte
rakab		Reit-/Rennkamel
rashīd	rushād	Stammesfunktionsträger
	raṭab	Dattel
ratīnī		Sprache der → zuṭūṭ
riḥ al khaws		SW-Monsun
riyāl		Währungseinheit Oman → (1000) baysah
riyāl fīrāns		Mariatheresientaler (MTD) → qursh
	rubiyān	Garnelen
ramaḍān		islam. Fastenmonat

S

sabkhah	sibākh	Salzpfanne; Depression
saddah		horizontaler Webstuhl (Badū)
safarjil		Quitte
sāḥil	sawāḥil	Küste, Strand
sā'iq	suwwāq	Fahrer
sāj		Teakholz
sāliyah	sāliyāt	Wurfnetz
sall sīfah		Tran (aus Haileber)

samīkah	samā'ik	Kielleiste → badan
samrah	samr	Schirmakazie, acacia sp.
saman		Butterfett
samak	asmāk	Fisch
ṣayd (as samak)		Fischfang
ṣayf		(Vor-) Sommer
sayḥ		Ebene
ṣayyād	ṣayyadīn	Fischer
sayyid		"Herr", Titel der Āl Bū Sa'īd
shāhūf		Bootstypus
shakhr		Calotropis procera (Strauch)
shammām		Melone
shar'ia		"Weg", islam. Rechtskodex
shāshah	shāsh	Bootstypus (aus Wedelristen)
shaykh	shuyukh	Stammesführer
shirā'	shurū'	Segel
shitā'		Winter
sidrah	sidr	Ziziphus spina-christi
ṣūf	aṣwaf	Wolle
sūq	aswāq	(städt.) Markt

T

ta'ām		"Speise", Dattelkerne
ṭamāṭim		Tomate
tamīmah	tamīmāt	Stammesführer
ṭamr	ṭumūr	Dattel
ṭarbāl	ṭarābīl	Zelt
ṭawī	ṭawīyān	Brunnen; Bewässerungseinheit (Landwirtschaft)
taqah	taqat	Netz
thawr	thīrān	Stier
thūm		Knoblauch

U

'umānīyah		omanische Kamelrasse (in Inner-Oman gezüchtet)
'ushub	'āshāb	Grasvegetation

'ushr	a'shār	Zollabgabe
ustādh	asātidhah	"Lehrer", Schiffszimmermann
'umah		Sardine

W

wādī	widyān	Trockental, "Wadi"
wālī	wulā	Provinzgouverneur, "Wali" → nā'ib
wasm	wusūm	eingebranntes Eigentumszeichen (Kamel)
wazīr	wuzarā'	Minister
wilāyah	wilāyāt	Provinz
wizārah	wizārāt	Ministerium

Y

yārūf		Uferwade (Netz)

Z

ẓabī	ẓibā'	Gazelle
zakah	zakāt	islam. Steuer, Almosen
zawliyah		Teppich
ẓūr		Palmwedelrippe → bayt ẓūr, da'n
zuṭṭī	zuṭūṭ	mobile Pariagruppe

VERZEICHNIS DER FOTOS

(1) Naturräumliche Großgliederung der Bāṭinah (Schrägluftbild)

(2) Wadiregion (Schrägluftbild)

(3) Weidevegetation

(4) bāṭiniyah-Kamel und Badū

(5) Baumhütte der Bāṭinah-Badū

(6) Zelt der Bāṭinah-Badū

(7) Permanenter Siedlungsstandort der Bāṭinah-Badū

(8) Gruppensiedlung der Bāṭinah-Badū (Schrägluftbild)

(9) Formsteinhaus

(10) Landverteilung in der Bāṭinah (Schrägluftbild)

(11) Badū-Betriebe der N-Bāṭinah (Schrägluftbild)

(12) Badū-Betrieb der S-Bāṭinah

(13) Landwirtschaft der Bāṭinah-Badū in der Wadiregion

(14) Fischfang in der Bāṭinah mit Uferwaden (Schrägluftbild)

(15) Fischreusen in der S-Bāṭinah

(16) Fischerboote in der Bāṭinah (I): hūrī

(17) Fischerboote in der Bāṭinah (II): shāshah

(18) Fischerboote in der Bāṭinah (III): badan

(19) Versuchsfarm Rumays in der S-Bāṭinah (Schrägluftbild)

(20) Administratives Zentrum Nakhl in der Wadiregion (Schrägluftbild)

F 1 Naturräumliche Großgliederung der Bāṭinah: Küstenregion mit Dattelpalmenzone und wādī, das einen baṭḥā' ausbildet. Hintergrund: Wadiregion.
Schrägluftbild: ASCHE, Feb. 1977

F 2 Wadiregion in Gebirgsfußnähe: Konzentration der Strauch- und Baum- (samr) Vegetation entlang der Wadiränder.

Schrägluftbild: ASCHE, Feb. 1977

F 3 Weidevegetation der Bāṭinah: harm-Büschel und Schirmakazien (samr). Bāṭiniyah-Kamele.

Aufnahme: ASCHE, Mai 1977

F 4 Bāṭiniyah-Kamele und Maqābīl-Badū (W. al 'Arad).

Aufnahme: ASCHE, Feb. 1978

F 5 Temporärer Lagerstandort der Bāṭinah-Badū: Baumhütte einer Gruppe der Āl Ḥamad (W. Ṭaww). Grundriß Abb. 21.

Aufnahme: ASCHE, März 1977

F 6 Lagerstandort einer Wandergruppe der Wahībah (Sayḥ Qaray'ah). Zelt und Windschirm mit Ziegenhaarbahnen.

Aufnahme: ASCHE, Feb. 1978

F 7 Wandel des Siedlungsverhaltens der Bāṭinah-Badū: Permanenter Siedlungsstandort einer Gruppe der Surayhāt (W. al Ḥiltī) im ehemaligen Winter-Weidegebiet.
Aufnahme: ASCHE, Jan. 1978

F 8 Wandel des Siedlungsverhaltens der Bāṭinah-Badū: Bodenstete Gruppensiedlung Al Harm der Āl Ḥamad im ehemaligen Sommer-Weidegebiet. Bayt ẕūr- Wohnstättenkomplexe und Fomsteingehöft (hawsh).
Schrägluftbild: ASCHE, März 1978

F 9 Formsteinhaus (majlis) des shaykh der Āl Ḥamad. Al Harm.
Aufnahme: ASCHE, Juli 1977

F 10 Landverteilung in der Bāṭinah: Bewässerungslandwirtschaft in der N-Bāṭinah, Anbau von Marktfrüchten.
Schrägluftbild: Mai 1977

F 11 Ab 1971 entlang der Piste Ṣuḥār - Khaṭmat Malaḥah von Badū angelegte Parzellen (Khaḍrawayn), vorw. Anbau von Tabak.

Schrägluftbild: ASCHE, Mai 1977

F 12 Badū-Betrieb einer Gruppe der Wahībah. Billah. Qatt- und Tomatenanbau (Vordergrund). Grundriß Abb. 28.

Aufnahme: ASCHE, März 1977

F 13 Erstanlage einer Ackerfläche einer Gruppe der Shabūl in der Wadiregion (W. 'Āhin).

Aufnahme: ASCHE, Jan. 1978

F 14 Traditionaler Fischfang in der Bāṭinah mit Uferwaden (yārūf). Die Besatzung des badan reguliert die Netzspannung. Vgl. Abb. 16.

Aufnahme: ASCHE, Feb. 1977

F 15 Fischfang in der Bāṭinah: Aus Draht gefertigte Fischreuse (dubāyah).

Aufnahme: ASCHE, Jan. 1977

F 16 Fischfang in der Bāṭinah: Fischer aus Ḥarādī. Hūrī mit Aufbau und Außenbordmotor, Nylonnetze.

Aufnahme: ASCHE, Apr. 1978

F 17 Traditionale Fischereifahrzeuge der Bāṭinah: shāsh, zum Trocknen auf Dattelstämme aufgebockt.

Aurnahme: ASCHE, Apr. 1977

F 18 Traditionales Fischerei-/Transportfahrzeug in der S-Bāṭinah: unmotorisierter badan mit traditionalen Ruderblättern (mīdāf).

Aufnahme: ASCHE, Feb. 1978

F 19 Entwicklungsmaßnahmen im Agrarsektor: Staatliche Versuchsfarm Rumays und Zentrum der Landwirtschaftsregion S-Bāṭinah.

Schrägluftbild: ASCHE, Juni 1977

F 20 Ausbau der Infrastruktur in der Bāṭinah: wālī-Sitz (Vordergrund), Sanitätsstation (vor 1970, Mittelgrund) und Schule (Hintergrund) mit Lehrerwohnungen (oberer Rand). Oase Nakhl.

Aufnahme: ASCHE, März 1978